KB204196

성경적 페미니즘과 여성 리더십

성경적 페미니즘과 여성 리더십

복음주의와 페미니즘의 만남

강호숙 지음

새물결플러스

차례

서문

내가 인격적인 하나님을 만나 나를 지킬 수 있게 된 방편은 '여성으로서 성경 읽기'였다. 가부장적 성경 해석과 신학으로 인해 방랑과 혼란을 경험하다가 여성으로서 주체가 되어 성경을 읽기 시작하면서부터 여성의 하나님에 대한 인식은 물론 하나님 나라의 비전과 담대함을 얻을 수 있었다. 돌이켜보면 성경적 페미니즘과 여성 리더십이라는 개념은 나를 신앙적 삶, 그리고 신학적 고투의 울퉁불퉁한 길을 지나오면서 선명하고 단단해지도록 이끄신 하나님의 계획이었다는 생각이 든다. 나에게 성경적 페미니즘은 신앙과 삶을 지탱해준 버팀목이며, 신학 연구의 의미를 되찾게 해준 새로운 도전이다.

　보수 기독교 안에서 성경적 페미니즘의 필요성을 자각하기 시작한 것은 총신대에서 '교회 여성 리더십'으로서 실천신학 박사 학위를 받았음에도, 여성에게 신학 과목을 배정하지 않는 학교 방침에 의해 '현대 사회와 여성'이라는 교양 과목을 강의하게 되었을 때부터다. 처음에는 신학적 정체성에 대한 혼란이 왔으나, 가정과 사회뿐 아니라 교회 안에서 여성들이 어떤 정체성을 가지고 어떤 역할을 해야 할지 여성학과 페미니즘 이론을 적용하고 성경과 실천신학적에 접목하여 강의하고자 노력했다. 강의하는 동안, 하나님과 여성의 관계, 현대 사회에서 여성과 젠더의 관계, 교회와 여성의 관계에 대한 인식의 틀이 세워지게 되면서, 성경적 페미니즘의 필요성을 깨닫게 되었다. 그리고 여성의 눈으로 성경을 읽을 때, 하나님 나라의 구원의 평등성과 그리스도 복음의 인격성이 실현되리라는 기대와 사명감도 생겼다.

나는 성경적 페미니즘이 보수 신학이나 복음주의 안에서 성경을 보는 '필수 코드'라고 생각한다. 왜냐하면, 젠더는 사회적·인격적인 요소이고, 페미니즘 역시 "여성됨은 곧 인간됨"이라는 명제를 추구하는 이념으로서, 하나님의 형상대로 지음 받은 남성과 여성이 함께 자유, 정의, 평화와 인간성 회복을 목표로 하는 것과 일치한다고 보기 때문이다. 지금까지 페미니즘과 젠더를 무시하는 가부장적 성경 해석은 마치 하나님을 높이고 찬양하는 것 같지만 '남성성'을 특권화하면서, 여성의 하나님과 여성에 대한 가부장적 악에 눈감아버렸다. 이러한 가부장적 신학의 무정함, 배제, 폭력과 불의가 마치 '성경적'인 것처럼 회칠해지고 교리로 굳어지면서, 교회 여성들은 더 이상 신앙적 삶의 주인이 되지 못하게 된 것이다. 남성이 규정하는 정체성과 역할에 수동적으로 끌려다니는 여성은 행복하기 어렵다. 나는 교회의 부당하고 불공정한 처우나 성차별에 대해 문제의식을 품는 것이 하나님의 형상을 입은 주체자로서의 저항이요 믿음의 결단이라고 생각한다. 이런 이유로 성경이 신앙과 삶의 최종 권위라고 믿는 보수 교단에 속한 여성 신학자에 의해 성경적 페미니즘이 제시된다면, 페미니즘에 대한 오해가 불식되고, 여성에 대한 이해가 깊어짐은 물론, 나아가 남녀의 공존과 화해를 모색할 수 있는 디딤돌이 되지 않을까 생각해 용기를 내어 이 책을 쓰게 되었다.

이 책은 크게 세 가지 관점으로 다뤄졌다. 첫째는 그리스도 복음과 페미니즘의 만남을 통해 '예수와 여성'을 살폈고, 둘째는 '교회와 여성'의 관점에서 여성 리더십의 필요성을 살폈으며, 셋째는 하나님 나라 실현과 인간성 회복을 위한 남녀 파트너십을 다뤘다. 구체적으로 1부에서는 그리스도의 복음과 페미니즘의 만남을 다뤘다. 1장에서는 성경적 페미니즘이 없는 한국교회의 현실과 성경적 페미니즘의 과제, 2장에서는 성경적 페미니즘의 신학적 논의로서 하나님 형상을 입음의 의미와 성과 관련한 하나님의 본성 문제, 기독교 신앙과 성 문제, 인간됨의 신학적 의미를 남녀관계와 남성 헤드십 및 역할론과 직분론 측면에서 살폈고, 3장에서는 성경적 페미니즘 해석기준과 방식은 무엇인지, 페미니즘과 여성학, 여성주의 인식론과 여성 정체성, 4장에서는 그리스도 복음과 페미니즘, 5장에서는 성경적 페미니즘으로 성경 읽기를 바울의 여성 관련 본문 해석, 여성 혐오 본문 해석, 여성의 성경 읽기 실제와 적용을 통해 다루었고, 6장에서는 성경적 페미니즘과 젠더 문제를 다루었다. 2부에서는 성경적 페미니즘에 근거한 여성 리더십의 이론과 실천을 다뤘다. 7장에서는 구약에 나타난 여성 리더십, 8장에서는 신약에 나타난 여성 리더십, 9장에서는 기독교 역사에 나타난 여성 리더십, 10장에서는 초기 한국교회에서 여성의 복음 사역과 공헌, 11장에서는 한국교회 여성 리더십 활동 현황과 문제점, 12장에서는 성경적 페미니즘에 근거한 여성 리더십의 과제와 활성화 방안을 다루었고 결론으로 하나님 나라 실현과 인간성 회복을 위한 남녀 파트너십을 다루었다.

이 책은 보수적인 성경관과 페미니즘 기본 이념 간의 만남이라고 할 수 있다. 하지만 페미니즘에 대한 이론보다는 '여성의 눈으로 읽는 성경'에 더 비중을 두고 썼기에, 페미니즘과 관련해선 많이 부족한 책이다. 그럼에도 이 책은 남성 중심의 보수 신학 안에서 '여성의 성경 읽기'의 중요성을 외치고 싶은 나의 신학적 고투와 보수 기독교의 젠더 인식 변화에 대한 갈망을 품은 책이라고 할 수 있다. 바라기는 이 책이 보수 기독교 안에서 성경적 페미니즘의 필요성을 인지할 수 있는 플랫폼이 될 수 있기를 바라며, 아울러 교회 여성 리더십 연구의 모멘텀이 되기를 기대해본다.

이 책이 나올 수 있었던 것은 새물결플러스 김요한 대표님의 진취적이고 열린 마인드 덕분이다. 기독교 페미니즘과 관련한 책은 많지만, 보수 기독교 안에서 페미니즘을 다루는 책을 내고 싶다는 나의 의견을 흔쾌히 허락하여 부족한 원고를 가다듬어 출판해주셨기 때문이다. 또한 1차 독자를 자처하며 글을 꼼꼼하게 살펴준 최호연 편집자님을 비롯한 편집자분들과 멋있게 책을 디자인해준 디자인팀 여러분들, 그리고 함께 애써준 직원분들께도 감사를 드린다. 아울러 보수 교단에 속한 여성 신학자로서 마음을 함께하며 학문적으로 많은 도움을 준 구약학 박유미 박사에게 감사를 드린다. 마지막으로 보수 교단의 여성 신학자로서 때론 비난과 배척을 받는 외로움과 저항의 길에 늘 동행하며 용기를 북돋워준 남편 정혜열 장로에게도 고마움을 전하고 싶다.

집 근처 호숫가 산책길을 걷다 보면, 추운 날씨에도 꿋꿋이 버티고 서있는 앙상한 나무들을 보면서 대견하다는 생각을 하게 된다. 그래! 조금만 이 추위를 견뎌내고 봄이 오면, 어느새 파란 잎들이 돋아나 생명의 신비와 아름다움을 선사할 테지! 나는 자연의 생명력을 보면서 하나님 앞에 서 있는 여성 한 사람 한 사람의 존귀함을 본다. 그리고 그 여성은 마치 '모자이크의 한 조각'처럼 '하나'라도 빠지면 하나님의 창조의 완성과 아름다움이 발현되지 않는 소중하고도 독특한 존재라는 하나님 나라의 진리를 붙잡는다. 여성이 복음적 자존감을 가지고 당당하고 활기찰 때, 비로소 교회는 하나님 나라의 실현과 남녀 평화의 봄을 맞이하리라 믿는다.

2020년 2월

강호숙

들어가는 말

- 왜 성경적 페미니즘이 필요한가?

나를 깨어나게 한 '성경적 페미니즘'

내가 총신대학교 신학대학원에서 신학을 시작했을 때, 페미니즘은 자유주의 이념으로 간주되었다. 나 역시 보수 교단에서 신앙을 키우며 신학을 배웠기에, 처음에는 페미니즘에 대해 열려 있지 않았다. 하지만 아버지에게서 경험했던 가부장적인 모습과, 보수 교단에서 '성경적'인 것으로 굳어진 가부장 신학 및 교회 문화는 너무도 닮아 있었다. '하나님은 여성인 나를 왜 기뻐하실까?', '여성으로서 나는 어떻게 살아야 할까?'를 고뇌하지 않을 수 없었다. 이러한 몸부림과 도전 의식으로 마침내 2009년, 총신대에서는 처음으로 "교회 여성 리더십의 이론과 실천"이라는 실천신학 박사 학위 논문을 쓰게 되었다.

논문을 쓰면서 페미니즘과 여성 신학 관련 서적을 더 접하게 됐고, 조금씩 페미니즘에 눈을 뜨기 시작했다. 이후 2009년부터 2015년까지 총신대에서 "현대 사회와 여성", "여성학", "한국 사회와 여성 문제"라는 교양 과목을 강의했다. 그러면서 '성경적 페미니즘'이야말로 성경을 통해 진정한 여성됨을 여성 스스로 찾는 길이요, 하나님과 인간, 인간과 창조세계, 그리고 남녀로 이뤄진 교회 공동체의 모습이 어떠해야 할지를 읽어내는 또 다른 관점이라는 것을 깨닫게 되었다. 성경적 페미니즘은 내 인생과 신앙을 지탱해주는 버팀목이요, 신학 연구의 의미를 되찾게 해준 새로운 도전이었다.

이후로 연구 재단의 지원을 받아, 여성 신학적 입장에서 보수 교단의 성 윤리, 남녀 파트너십, 성차별적 설교, 교회 리더의 성(聖)과 성(性), 젠더 인식과 젠더 문제에 대한 학문적 연구를 해왔다. 또한 여성 리더십 강의와 여성의 눈으로 성경 읽기를 통해 '성경적 페미니즘'의 필요성을 외치고 있다. '성경적 페미니즘'은 여성이 신앙의 주체가 되어 성경을 통해 '여성의 하나님'을 찾도록 도와줄 뿐 아니라, 가부장적으로 치우친 교회가 남녀 평등한 성경 해석으로 나아가게 하는 인식론적 전환의 지평을 열 것이며, 궁극적으로는 하나님의 형상 회복, 즉 인간성 실현을 담아내는 새 부대가 될 것이라 확신한다.

한국 사회와 한국교회에 불을 지핀 '페미니즘'

2016년에 발생한 강남역 여대생 살인 사건을 계기로, 여전히 여성이라는 이유로 일상에서 차별, 폭력, 배제, 살인의 대상이 되는 여성들의 두려움과 분노가 표출되었고, 이는 우리 사회에 '페미니즘'이라는 화두를 던졌다. 또한 2018년 서지현 검사의 성추행 폭로로 촉발되어 법조계·문화예술계·대학계·정치계까지 번진 '미투 운동'(Me Too Movement)은 성별 권력에 의한 불평등과 성폭력에 대한 저항 운동으로서, 권력자 남성들의 조직적 관행에 맞선 여성들의 용기 있는 폭로를 확산시켰다. 페미니즘과 미투 운동을 통한 여성의 주체적 정체성 찾기와 남녀평등을 염원하는 거대한 물결은, 개인의 삶에 미치는 영향을 넘어 공평한 사회로 전환되는 엄청난 동력이 될 것이다.

이러한 페미니즘의 부상은 한국교회 안에서 잠자고 있던 여성 혐오(misogyny)와 성차별(sex discrimination) 등의 의제를 불러일으켜, '믿는 페미', '갓 페미' 등의 기독교 여성 모임을 중심으로 페미니즘 관련 포럼이 활발히 열리고 페미니스트 여성 신학자의 책들이 저술되는 계기가 되었다. 대표적으로는 강남순 교수와 백소영 교수를 꼽을 수 있다. 강남순 교수의

『페미니즘과 기독교』는 1998년에 쓴 책의 개정판인데, 강 교수는 본문에서 자신이 '여성중심적 페미니스트'(gynocentric feminist)가 아닌 '휴머니즘적 페미니스트'(humanist feminist)라는 입장에 서 있다고 밝혔다. 백소영 교수는 『페미니즘과 기독교의 맥락들』에서 기독교 사회 윤리학자로서, 신학, 사회학, 윤리학의 세 영역을 연결하여 기독교 맥락의 페미니즘을 설명했다. 두 교수가 고민한 공통 화두는 '페미니즘과 기독교는 양립 가능한가?'로서, 견고한 한국교회의 가부장적 신학과 교회 담론에 페미니즘 관점을 접목시키려 했음을 볼 수 있다.[1]

　　나 역시 기독교와 페미니즘은 서로 만날 수밖에 없고, 또 반드시 만나야 한다는 입장이다. 우선 남자와 여자는 하나님의 형상으로 동등하게 창조되었고, 하나님의 원형상인 예수님께서는 유대 가부장 사회 속에서도 여성을 하나님의 형상을 입은 원래의 존재로 대우하셨기 때문이다. 이를 근거로 한 남녀의 동등성 실현을 위해서도 페미니즘은 필수적이다. 남성 중심의 한국교회 안에 페미니즘이 없다면, 여성에 대한 이해는 사실상 불가능하다. 가부장적 교회의 성경 해석과 전통을 진리인 양 학습해온 여성들은, 자신의 역사가 부정당하고 침묵을 강요받아왔다는 사실조차 인식하기 어렵다. 아울러 '남성용' 성경으로는 여성의 자존감을 회복하거나 복음적 위로를 찾기가 힘들다. 현재 한국교회 내 페미니즘의 부재는 남성 중심주의에 의한 힘의 불균형, 젠더 감수성 결핍, 여성 배제에 따른 인격성 상실과 비윤리성 및 무책임성을 양산하고 있다.

1　　강남순, 『페미니즘과 기독교』(파주: 동녘, 2017); 백소영, 『페미니즘과 기독교의 맥락들』(서울: 뉴스앤조이, 2018). 이와는 반대로, 양혜원은 "기독교와 페미니즘은 양립할 수 없다"는 견해를 피력하기도 했다. "양혜원의 종교 페미니즘 수업", 「뉴스앤조이」(2019. 2. 14 기사를 참조하라) m.newsnjoy.or.kr.

복음서를 보면, 예수님께서는 유대 사회의 가부장적 문화와 편견 속에서도 여성을 인격적으로 대우할 정도로 급진적이고 혁명적인 분이셨다. 백소영 교수는 『페미니즘과 기독교의 맥락들』에서 '성경적 페미니즘'이 가능한 이유는 성경이 줄곧 수직 위계를 90도 꺾는 하나님의 정의로운 손길을 고백하기 때문이라고 했다. 이처럼 성경적 페미니즘은 가부장적 성경 해석과 교회의 가부장적 관습에 균열을 일으키는 문화 충돌이면서, 동시에 협력과 공존을 도모할 수 있는 인식적 사유이기도 하다. 성경적 페미니즘 관점으로 그리스도 복음을 해석하여 하나님이 창조하신 본래의 선하신 뜻에 맞는 여성됨과 사명을 찾고 목소리를 내는 일은, 여성의 본모습을 살려내는 일이요, 진리를 추구하는 길이며, 나아가 남녀가 평등하게 하나로 연합할 수 있는 모멘텀(momentum)이 될 것이라고 본다.

복음주의 안에 '성경적 페미니즘'이 필요한 이유

여기서 '기독교 페미니즘' 대신 '성경적 페미니즘'이라는 용어를 써서 그 필요성을 말하려는 이유는 크게 두 가지다.

첫째, 복음주의권 내지 보수 기독교[2] 내의 페미니즘에 대한 오해와 거부 때문이다. 보수 기독교는 페미니즘을 "성 평등을 조장하는 헤게모니", "거짓 인권", "거짓 평등", "거짓 사상"으로 몰아붙이면서, 여전히 "신학계와 교회를 무너뜨리는 불온하고 위험한 이념"으로 오해하고 있다. 하지만

---

2   이 책에서 '복음주의권'과 '보수 기독교'는 일명 보수 신학(개혁주의, 근본주의, 일부 복음주의)을 표방하는 교단을 뜻한다.

'성경적 페미니즘'(biblical feminism)이라는 용어는 복음주의 학자 존 스토트가 엘레인 스토키의 『페미니즘의 옳은 점』(What's Right with Feminism)이라는 책을 소개하면서 사용했던 용어다. 그는 엘레인 스토키의 말을 빌려 다음과 같이 말한다.[3]

페미니즘을 대체로 비기독교적 운동으로 여기는 것은 잘못일 것이다. 엘레인 스토키는 대체로 역사적이며 사회학적인 개관서 『페미니즘의 옳은 점』(What's Right with Feminism)이라는 훌륭한 책에서 이러한 오류를 바로잡는다.…그녀는 이어서 세속 페미니즘의 세 가지 주된 흐름―자유주의적, 마르크스주의적, 급진적―을 비판적으로 분석한다. 그녀는 이러한 운동들에서 올바른 점은 인정할 준비가 되어 있다. 하지만 기본적으로 이 세 운동은 모두 계몽주의와 인간 자율성에 대한 결정적인 확신에 뿌리를 두고 있기 때문에 잘못된 것이다. 따라서 그다음에 기독교적 반응의 양극단을 설명한다. 그것은 "페미니즘에 반대하는 기독교"(무비판적이고, 종종 제대로 알지 못하고 거부하는 것으로, 진지하게 생각하지 않으려고 한다)와 "페미니즘을 통한 구원"(성경을 선택적으로 믿거나 심지어 무시하는 '대체로 기독교적인' 입장으로부터, 기독교를 여성 중심적 종교로 재규정하려 해온 '기독교 이후'[post-Christian] 입장에 이르기까지)이다. 엘레인 스토키는 '제3의 길'로 결론을 맺는데, 그것은 성경적 페미니즘의 기원을 종교개혁으로 보며, 그 신학적 토대를 규정한다. 그렇다면 모든 형태의 페미니즘―비기독교적이건, 기독교적

---

3   John Stott는 페미니즘의 세 가지 주된 흐름인 자유주의적·마르크스주의적·급진적 페미니즘이 계몽주의와 인간 자율성에 근거한 세속적 운동으로 잘못되었다고 보면서, 페미니즘에 대한 기독교적 반응의 양극단을 설명한다. John Stott, 정옥배 역, 『현대 사회 문제와 그리스도인의 책임』(New Issues Facing Christians Today, 서울: IVP, 2005), 13장 "여자, 남자, 하나님"을 참조하라.

이건, 기독 이후의 것이건—은 교회에 긴급한 도전을 가한다. 페미니즘은 유행을 좇는 교회들이(세속성으로 인해서) 편승하는 세속적 시류로 무시해버릴 수 없다. 페미니즘은 창조와 구속, 사랑과 정의, 인류애와 사역에 대한 것이다.

존 스토트가 인용한 성경적 페미니즘의 기원을 종교개혁으로 보는 견해는, 만인 제사장설에 기초한 것으로 해석된다. 종교개혁은 르네상스 휴머니즘의 영향 아래, 교황과 사제만이 신적 권위를 취하면서 교인을 열등하게 취급한 중세 교회의 비인간적 악행을 뒤집어 인간 본연의 존엄과 가치를 되살린 '인간성 회복 운동'이었다. 따라서 종교개혁은 남녀노소 예외 없이, 모든 사람이 인식의 주체로서 성경을 읽고 세상 속에서 하나님의 제사장으로 서게 하고자, 성경을 자국어로 번역하는 일에 총력을 기울였다.

안타깝게도 이런 종교개혁의 정신을 이어받는다고 자처하는 한국교회, 특히 보수 기독교계는 남성의 눈으로 성경을 읽는 것을 '성경적'이라고 하면서 여성의 눈으로 성경 읽기는 완강히 거부해왔다. 페미니즘과 낙태, 기독교 성 윤리, 성차별과 성폭력 같은 젠더 문제를 다룰 때도 여성의 입장과 관점이 무시되고 있다. 결과적으로 복음주의와 보수 기독교 안에서는 '성경적 페미니즘'이라는 용어조차 생소하며, 이에 관한 서적과 논문 역시 전무한 실정이다.[4] 이것이 이 책을 써야 하는 이유다.

---

4 '성경적 페미니즘'과 관련한 국외 논문은 발견되었으나, 국내 논문은 발견하지 못하였다. 대표적인 국외 논문으로는 Esther Fuchs의 "Biblical Feminisms: Knowledge, Theory and Politics in the Study of Women in the Hebrew Bible," *Biblical Interpretation* 16 (2008): 205-26이 있다. 이 논문은 여성주의적 성경 연구가 다양한 젠더 인식에 의해 이뤄져야 함을 전제하면서, 방법론적·신학적·정치적·문화적으로 대화하는 열린 방식으로 성경적 페미니즘을 접근해야 할 필요성에 대해 연구한다. 또한, Scanzoni, Letha Dawson의 "Biblical Feminism As a Social Movement," *New York Wiley* 10 (1984): 18-20라는 논문은 성경적

여성학 강사 정희진은 "페미니즘은 그렇게 거창하거나 '무서운' 것이 아니다. 이제까지 잘 들리지 않았던 여성들의 목소리에 귀 기울여보자는 것이다"라고 했다.[5] 지금까지는 남성들이 종교개혁의 세 가지 모토인 '오직 성경', '오직 믿음', '오직 은혜'를 말해왔다면, 이제는 성경적 페미니즘의 성경 읽기를 통해, '여성이 주체가 되어 읽는 성경', '여성이 발견한 믿음', '여성이 하나님께 받은 은혜'가 무엇인지에 귀를 기울여, 기독교 신앙과 페미니즘의 양극단에서 여성을 좀 더 이해하고, 창조와 구속, 사랑과 정의, 인류애와 사회적 책임을 논의하고자 한다. 이러한 복음 사역이 바로 성경적 페미니즘이다.

둘째, 복음주의와 보수 기독교 내에서는, 진보적 여성 신학자들에 의해 촉발된 여성 안수와 기독교 페미니즘이 성경의 권위를 훼손한다고 오해하고 있기 때문이다. 보수 신학자 웨인 그루뎀(Wayne Grudem)은 여성 안수주의자들을 성경의 권위를 폐기하는 자들로 치부하여, 성경과 페미니즘이 서로 대치된다고 간주한다.[6] 따라서 보수 교단에 속한 여성 신학자로서 성경

페미니즘이 여성들을 일깨우고 그들을 세워 영향력을 미치는 사회 운동임을 제시하는 연구 논문이다. 이 외에도 Nancy Fuchs-Kreimer의 "Feminism And Scriptural Interpretation: A Contemporary Jewish Critique," *Journal of Ecumenical Studies* 20 (1983): 534-48이 있다. 국내 연구에서는 '성경적 페미니즘'(biblical feminism)이라는 키워드로 연구한 논문이나 서적을 발견하지 못하였다. 다만 송인규 교수가 "성경적·복음주의적 신앙을 표방하면서도 페미니즘을 내세울 때 이를 가리켜 '성경적 페미니즘'이라 한다"는 정의를 내렸다("송인규 교수의 교회 탐구", 「목회와 신학」, 2018년도 8월 호).

5   정희진, 『페미니즘의 도전』(서울: 교양인, 2014), 78.

6   John P. Hoffmann, John P. Barthowski, "Gender, religious Tradition and Biblical Literalism," *Social Forces* 86 (2008): 1245-72. 보수 교단은 포스트모더니즘의 영향으로 제기된 새 해석학이 성경 본문 중심에서 해석자 중심으로 그 위치를 옮기면서 급물살을 탄 급진적 페미니즘, 여성 신학, 여성 리더십에 대한 논의를 성경의 권위에 대한 도전으로 간주하고 있다. 하지만 이는 잘못된 선입견에서 파생된 오해일 뿐이다. 실제로 강남순 교수와 백소영 교수의 기독교 페미니즘 관련 서적을 읽어보면, 이들은 성경의 권위를 인정하는 여성 신학자임을 알 수 있다.

적 페미니즘을 언급하면 이 주제에 대한 접근이 상대적으로 수월할 것이라고 본다. 한편, 한국의 보수 기독교가 페미니즘을 포스트모더니즘에서 파생한 하나의 아류로 여기고 신학계와 교회에 부정적 영향을 미치는 불온하고 위험한 이념으로 보는 데는, 총신대 총장이었던 고 김의환 박사의 책 『도전받는 보수 신학』의 영향이 매우 크다고 할 수 있다. 고 김의환 총장은 '여성 안수 = 동성애'라는 프레임을 씌워 페미니즘과 여성 안수에 대한 반대야말로 보수 신학을 지키는 최후의 보루라는 관점을 고착시켰다.[7] 이런 이유로 현재 보수 교단에서는 '여성 안수', '여성', '페미니즘'이라는 말만 해도 성경을 위반하는 것으로 생각하는 분위기가 만연하다.

그러나 여성 안수나 페미니즘이 교회를 어지럽히는 것이 아니라, 오히려 가부장적 프레임으로 성차별과 성추행을 정당화하는 것이 더 큰 문제다. 성경적 페미니즘은 하나님의 형상인 여성을 차별해온 교회사의 가부장적 성경 해석에 대한 비판적 성찰이다. 그것은 또한 교회가 성적으로 평등한 온전한 성경 해석으로 진리를 넓고 깊게 추구하도록 돕는 인식론적 지평이 될 수 있다. 보수 기독교에 속한 여성 신학자가 성경적 페미니즘을 소개한다면, 페미니즘에 대한 오해를 해소함과 동시에 성경적 페미니즘을 통한 여성의 자기 이해를 돕고, 보수 기독교 안에서 도외시되었던 성 윤리, 여성 리더십, 성차별, 성폭력, 간통, 낙태 등의 여성 인권 및 젠더 문제를 해결하는 데 보다 쉽게 접근할 수 있을 것이라고 본다.

---

7   김의환, 『도전받는 보수 신학』(서울: 생명의말씀사, 1970).

여성 안수에도 '성경적 페미니즘'이 필요하다

여기서 '여성 안수'와 '페미니즘'이 어떤 관계인지 따져볼 필요가 있겠다. 여성 안수가 이루어지는 교단이라도 여전히 가부장적 교회 문화와 의사 결정 구조가 유지되고 있기 때문이다. 실제로 예장 통합 측의 경우 여성 안수가 시작된 지 20년이 넘었지만, 여성 목회자들은 현실적으로 여전히 '보이지 않는 천장'에 갇혀 있는 것으로 나타난다. 2013년 전국여교역자연합에서 실시한 여교역자 실태 조사에 의하면, 여성 목회자는 남성 목회자보다 사례비, 사택 제공, 업무 배정에서 불리했고, 사역이나 설교의 기회 자체도 남성보다 적은 것으로 드러났다. 시무 장로의 경우에도, 2018년 대한예수교장로회 통합 총회 통계에 따르면 남성 장로가 1만 7,835명인 데 반해 여성 장로는 889명에 불과하며, 최근 여성 장로의 증가 추이도 크지 않아 교회 내 여성의 목소리가 제대로 반영되지 못하고 있음을 알 수 있다.[8]

요컨대 여성 안수를 시행하기는 하더라도, 여성의 주체성은 인정하지 않고 남성 중심 체제의 주변부를 겉도는 여성 리더십에 한해서만 허용하고 있다는 것이다. 여성의 주체성과 자율성이 허락되지 않는다면, 성령의 역동성, 하나님 나라의 인격성, 복음의 확장성은 후퇴하고 만다. 여성 안수를 시행하면서도 여성의 주체성과 독립성을 인정하지 않는 가부장적 교회 문제를 해결할 수 있는 접점이 바로 성경적 페미니즘이다. 보수 기독교 안에서도 여성 신학자와 여성 목사가 증가 추세에 있는 만큼 교단의 진영논리를 뛰어넘어, 텍스트(text)로서의 '성경'과 컨텍스트(context)로서의 '페미니즘'의 만남을 통해, 성경에 근거한 여성 리더십을 재정립할 필요가 있다.

---

8   「한국기독공보」 제3136호(2018. 4. 21).

여성 안수 문제에서도 페미니즘이 필요한 이유는 기존의 남녀 경쟁 혹은 남녀 우열 구도에서 벗어나 남성은 남성대로 여성은 여성대로 각자의 존재 가치와 의미가 있음을 깨닫고 필요할 때 서로 협력하면서 하나님의 형상을 이뤄가도록 도울 수 있기 때문이다. 여성 인권, 성차별, 여성의 몸에 대한 혐오 발언 문제 등을 들여다보는 일 역시 여성만을 위한 게 아니라, 남녀로 이뤄진 교회 공동체를 위해 중요한 주제다. 성경은 남녀가 동등하고 독특하게 창조된 위엄을 지닌 존재며 남녀 모두 그리스도의 제자요 교회의 몸이라고 말하고 있기 때문이다.

성경적 페미니즘이란?: 성경적 페미니즘의 정의

페미니즘은 "여성됨에 대한 여성 스스로의 근원적 물음으로 시작하는 이념"으로서, "여성됨이 곧 인간됨"이라는 인식에 바탕을 두고 있다. 18세기 서구에서부터 근대 사회로의 본격적 전환이 시작되면서, 자유와 평등사상에 따라 여성도 남성과 동등한 인간으로서의 권리를 주장하게 되었다. 차별적 교육 제도, 법률, 관습에 대한 저항을 중심으로 한 자유주의적 흐름은, 특히 여성의 참정권이 확보되는 20세기 초·중반까지 여성 운동의 중요한 축을 이루었다.[9]

실존주의 철학자 시몬 드 보부아르(Simone de Beauvoir)가 "여성은 태어나는 것이 아니라 길러지는 것이다"라고 말한 것처럼, 페미니즘은 남성 사

---

9   김영희, "평등과 해방의 꿈: 페미니즘의 다양한 모색", 『새 여성학 강의』(파주: 동녘, 2005), 35-58.

회에서 여성이 어떻게 역할·규범·행위·가치관을 강요받고 내면화하는지에 주목한다. '하나님은 왜 남성과 여성을 만드셨을까?', '하나님이 성을 만드신 뜻과 목적은 무엇인가?', '남성학, 남자대학교, 남교수라는 말은 없는데, 여성학, 여자대학교, 여교수라는 말은 왜 통용되는가?'와 같은 성차별에 대한 인식적 물음이 21세기인 오늘날에도 여전히 요구되는 게 사실이다. 일부 남성은 지금이 여성 우위 시대라고 말하기도 한다. 육·해·공군 사관학교에서 여학생 입학이 허가되고 대학교에서 여성 ROTC를 뽑으며, 사법 고시 여성 합격률과 여교원 합격률이 증가 추세에 있고 여성 전투기 조종사가 탄생하는 마당에, 왜 여성들은 계속 '억울하다', '차별이다'라고 떠들어대느냐는 것이다.

그러나 페미니즘은 여성이 남성보다 우위에 서려는 게 아니라 오히려 여성의 불평등한 지위와 현실적 고통을 문제 삼아, 성별 제약 없이 자유롭게 능력과 희망에 따라 살아갈 것을 목표로 삼는 이념이다. 오늘날 현대 여성이 참정권, 교육권, 주체적 인식, 인권, 성폭력 방지법, 가정폭력 방지법 등의 혜택을 비롯해 인간으로서의 자유와 권리를 누릴 수 있는 것은 페미니스트들의 사력과 공헌 덕분임을 놓쳐선 안 된다. 페미니즘이 말하는 "여성도 인간이다", "개인적인 것이 곧 정치적인 것이다"라는 캐치프레이즈는 여성 인권 요구의 출발점이기도 하다. 여성학 강사 정희진은 '개인적인 것이 왜 정치적인 것인가?'라는 문제에 관해 "현대 사회의 공사(公私) 영역 분리 이데올로기가 여성 인권 침해의 가장 핵심적인 논리 기반으로 작동하기 때문"이라면서, 우리 사회의 페미니즘이 "소통, 경합, 횡단의 정치 페미니즘"으로 자리 잡을 것에 대한 기대를 다음과 같이 밝히고 있다.[10]

---

10   정희진, 『페미니즘의 도전』, 12-6.

앞으로 우리 사회의 페미니즘이 성차에 대한 문제 제기를 '넘어' 사회 현상 자체를 파악하는 주요한 장치로서, '절망 사회'의 대안적 인식론으로서 상상력의 마르지 않는 수원(水源)으로서 자리 잡기를 기대한다.

한스 큉(Hans Küng)은 새 시대 기독교 여성들의 자아 확신을 위한 새로운 용어로 '여성 신학'을 만들게 되었다고 하면서, 기독교인이 되는 것과 사회적으로 해방되는 것이 서로 모순되지 않으려면 여성의 성장을 위한 노력이 더는 실패해선 안 된다고 지적했다. 그리스도의 복음이 여성의 위엄을 확신시켜줄 뿐 아니라, 교회와 사회의 모든 영역에서 여성이 남성과 동등한 권리를 가지고 참여하기에 충분한 존재임을 내포하고 있기 때문이다.[11]

그러므로 성경적 페미니즘을 정의하자면, 페미니즘에 담겨 있는 "여성 됨에 대한 여성 스스로의 질문"이 곧 '인간됨'이라는 인식을 바탕으로, 성경을 통해 여성의 정체성과 역할을 기독 여성 스스로 규정하게 하려는 이념이라고 할 수 있다. 지금까지 교회사적으로 남성 교부나 남성 신학자들에 의해 여성됨이 규정되어왔음을 자각하고 기독 여성 스스로 여성의 정체성과 역할이 무엇인지, 즉 성경적 여성관이 무엇인지 주체적으로 논의하려는 의지와 목표를 가지는 것이다. 이런 점에서 성경적 페미니즘은 여성으로서 하나님을 찾고 여성의 정체성을 찾기 위해 주체성을 확립하는 것이며 남녀평등과 정의, 궁극적으로는 하나님의 형상 회복, 즉 인간성 실현을 위한 여성주의 관점이라고 할 수 있다.

---

11   Hans Küng, John Bowden(tr.), *Women in Christianity* (London, New York: Continuum, 2001), 79-94.

성경과 페미니즘, 어떻게 만날 수 있는가?

성경적 페미니즘(biblical feminism)은 '성경적'(biblical)이라는 단어와 '페미니즘'(feminism)이라는 단어의 만남이다. 이는 단순한 만남이 아니라, '무엇을'(what) '어떻게'(how)라는 관점을 함의한다. 강남순 교수는 "어떠한 '기독교'와 어떠한 '페미니즘'을 연계시키는가, 더 나아가 '양립'한다는 것이 과연 어떤 상태를 의미하는가도 생각해봐야 한다"면서 평등주의적 페미니즘 방법론 중 급진적이거나 자극적인 방식의 위험성을 피력하기도 했다.[12]

페미니즘의 갈래는 자유주의 페미니즘으로 시작하여 마르크스주의 페미니즘, 급진주의 페미니즘, 사회주의 페미니즘, 정신분석학 페미니즘, 실존주의 페미니즘, 포스트모던 페미니즘, 에코 페미니즘 등 다양하다. 일부에서는 페미니즘 갈래 가운데 다소 과격한 '메갈리아'나 '워마드'를 페미니즘의 전부로 보거나, 페미니즘이 기존 질서를 깨고 혼란을 야기하며 '남성혐오'를 부추기는 이념이라고 보기도 한다. 하지만 페미니즘은 잠깐 유행하다 사라지는 하나의 트렌드가 아닌 인류 역사 가운데 면면히 이어져 내려온 여성 인권과 정의를 위한 저항 운동이다.

'성경적'이라는 용어의 의미는 성경 해석자에 따라 다를 수 있으며, 지금까지 보수 교단에서 사용해온 '성경적'이라는 말은 대부분 가부장적 성경 해석에 따라오는 말이었기에 여성 입장에서 의심과 재평가가 요구된다. '무엇을'(what)에 대해서는 성경무오를 인정하는 성경관, 하나님의 형상을 입은 남녀가 동등하다는 관점과 여성도 그리스도의 복음을 믿는 신앙적 주체라는 전제를 "여성됨이 곧 인간됨"임을 추구하는 페미니즘의 기본 이념

---

12   강남순, 『페미니즘과 기독교』, 11-5.

과 만나게 하려 한다. '어떻게'(how)에 대해서는 첫째, 그리스도 복음과 페미니즘의 만남을 통해 '예수와 여성'을 살피고, 둘째, '교회와 여성'의 관점에서 여성 리더십의 필요성을 성경적·역사적·실천적으로 살펴볼 것이며, 셋째, 하나님 나라 구현과 인간성 회복을 위한 '남녀 파트너십'이라는 관점에서 풀어가려 한다.

교회와 페미니즘

페미니즘은 여성 운동이라는 기나긴 저항의 역사를 거쳐 21세기의 우리에게 이르렀음을 인지할 필요가 있다. 장미경은 "여성 운동은 인간의 역사 속에서 소외되고 누락된 여성의 목소리를 복원하고, 여성의 지위를 높이며 성 평등 사회를 만들기 위한 노력과 실천을 의미한다. 즉 여성 운동은 한 성(性)에 의해 다른 성이 일방적으로 억압되어온 것에 대한 저항과 해방을 지향하는 운동으로서 성적 자율권과 주체성 확보 등을 핵심 과제로 삼고 있다"고 하였다.[13]

이상화 교수는 여성주의 이론을 만드는 것이 여성 억압에 대한 인식 및 그에 대한 저항을 공유하는 것이라고 말하며 인종, 계급, 연령, 교육 수준에 따라 그리고 여성 각 개인에 따라 당하는 억압의 양태와 방식 사이의 '다름'을 강조하였다. 그런데도 '같음'의 문제라고 말할 수 있는 것은 여성이라는 보편적 주체나 대상을 상정하기 때문이 아니라 여성주의자들이 억

---

13 한국 여성 운동의 역사에 관해선, 장미경, "한국 여성 운동의 어제와 오늘",『새 여성학 강의』, 305-30을 참조하라.

압에 저항할 때 여성주의의 입장이 자유·평등·정의·자기 결정권 같은 가치 이념을 승인하고 있기 때문이라고 했다.[14]

이는 페미니즘의 기본 이념과 입장이 어떠한지를 보여준다. 이 세상에 존재하는 모든 여성은 자신의 선택으로 여성이 된 것이 아니라 하나님의 절대적 주권과 뜻에 따라 여성으로 살아가게 된다. 단지 여성이라는 이유만으로 받는 차별에 대해 하나님의 형상을 입은 존재로서 자기 결정권을 행사하며 저항하는 건 마땅한 일이다. 그러나 지금까지 기독교 역사를 보면, 성경의 권위를 인정하는 여성의 주체적 성경 해석 권한은 인정하지 않고 오로지 남성이 성경을 해석해왔다. 남성 교부와 남성 신학자들은 여성이 열등한 존재, 종속된 존재, 심지어 위험한 존재('꽃뱀', '음녀', '유혹자')라는 부정적 선입견을 갖게 함으로써, 여성의 인격과 가치관에 손상을 입히고 여성의 하나님에 대한 인식을 왜곡했다.

가부장적 구속사에만 매몰되어 성경에 나오는 여성 인물의 역할을 축소·왜곡하거나, 부정적인 모습으로 등장하는 특정 여성의 모습이 마치 모든 여성의 모습인 양 일반화하는 일도 비일비재하다. 가부장적 교회는 남녀 질서라는 교리에 갇혀 하나님의 형상을 입은 여성 본래의 위엄과 자유를 빼앗았다. 그러므로 '여성의 눈으로 성경 읽기'는 그동안 기독교 역사에서 잊힌 여성의 목소리를 복원하고 여성의 긍정적인 면을 밝혀내어 가부장적으로 왜곡된 부분을 곧게 펴는 바로미터가 될 수 있으며 남녀 모두 균형을 잡고 성경을 읽도록 도울 수 있다.

강남순 교수는 교회에서 페미니즘이 필요한 이유에 관해 "교회가 인

---

14 이상화, "여성주의 인식론에 대한 비판적 성찰", 『한국여성철학』(서울: 한울아카데미, 1995), 41-78.

간의 평등이나 자유, 즉 인권에 대해 너무 편협한 이해를 가지고 있다"면
서, 예수가 우리를 '구한다'(redeem)고 생각하면 우리도 제도적 틀과 교리
로부터 예수를 '구해서'(redeem) "성차별과 가부장제에 저항하는 '페미니
스트'로 만들어야 하고, 성별, 계층, 인종, 장애 여부, 성 정체성에 상관없이
'모든' 인간의 권리를 지지하는 '급진적 평등주의자'"로 만들어야만 "예수
가 기독교의 중심에 있는 존재로서 현대사회에서 그 의미를 지닐 수 있다"
고 했다.[15]

성경과 페미니즘의 만남:
성경 해석 방법론으로서의 여성주의 인식론

성경(text)과 페미니즘(context)이 '어떻게'(how) 만나야 하는지에 관해서는,
여성주의 인식론(feminism epistemology)이라는 관점을 성경 해석 방법론으
로 취하고자 한다. 여성주의 인식론은 여성의 경험과 입장을 탐구해가려
는 여성주의적 관점이다. 여성주의 인식론의 물음은 세 가지다. 첫째, '누가
(who) 아는가?' 즉 인식주체에 관한 물음이며, 둘째, '무엇을(what) 아는가?'
즉 인식대상에 관한 물음이며, 셋째, '인식주체가 인식대상을 어떻게(how)
아는가?' 즉 인식주체와 대상 간에 이뤄지는 인식 과정과, 참된 인식의 원
천과 권위를 판정하는 기준이 누구에 의해 결정되는가를 묻는 여성주의적
관점이다.[16]

---

15   강남순, "기독교인은 왜 보수적인가", 『권력과 교회』(파주: 창비, 2018), 13-71.
16   이상화, "여성주의 인식론에 대한 비판적 성찰", 41-78.

성경적 페미니즘 해석에 관해서는 3장에서 다루겠지만 우선 간단히 설명하자면 여성주의 인식론의 첫 번째 관점은 성경 해석의 주체로서 여성의 관점을 반영한다는 의미다. 이는 여성을 차별하고 억압해온 가부장적 성경 해석을 의심하고 재평가하는 해석 과정을 수반한다. 두 번째 관점은 여성의 하나님에 대한 인식과 여성 자신에 대한 이해를 찾는 것이다. 세 번째 관점은 성경 해석의 특권이 지금까지 억압받고 살아온 여성 자신에게 있음을 자각하는 것이다. 1980년대 제3세계 신학을 거치면서, 서구 유럽의 성경 해석이 가진 자, 지배자, 억압자의 시각에서 비롯했음을 비판하고 피억압자의 해석학적 특권이야말로 성경 본문에 접근할 수 있는 가장 중요한 요소임을 인정해왔다.[17]

이 외에도 성경적 페미니즘 해석은 여성학·사회학·윤리학·인류학·심리학·철학 등 모든 분야와 연계하여 성경을 다원적으로 해석하는 방법을 포함한다. 성경 해석의 기준과 관련해서는 엘리자베스 쉬슬러 피오렌자(Elisabeth Schüssler Fiorenza)의 성경 해석 방법을 참고하고자 한다. 그는 1980년대 초반, 가부장적 성경 해석을 의심하고 이를 여성주의 입장에서 재구성을 시도하여 페미니즘 성경 해석의 제2물결의 실제적 창시자로 자리매김했다.[18]

신학은 하나님에 관한 학문인 동시에 인간에 관한 학문이다. 성경을 통해 여성을 이해하는 것은 곧 인간을 이해하는 일이다. 페미니즘이 지향하는 자유, 평등, 주체성, 정의는 하나님의 형상 회복, 즉 인간성 회복과 맞닿아 있다. 성경 속 페미니즘 가치를 찾아 하나님의 형상인 여성의 위엄과

---

17   김순영, "여성신학적 성서 해석 방법론", 「기독교사상」 39(5): 161-81.

18   Elisabeth Schüssler Fiorenza, *In Memory of Her: A Feminist Theological Reconstruction of Christian Origins* (New York: Crossroad, 1994)를 참조하라.

독특성을 살려내는 일은 "철이 철을 날카롭게 하듯" 남녀 모두 윈윈(win-win)하고 서로 평화하여 하나님 나라 공동체를 실현하는 일이라고 믿는다.

성경적 페미니즘에 근거한 여성 리더십의 정의

21세기는 여성 리더십이 강력하게 요구되는 시대다. 여기에는 그동안 축적돼온 여성의 지적 훈련 및 사회 진출 경험과 함께, 급속한 시공간 변혁으로 새로운 관계성·창의력·비전을 추구하게 된 시대적 요청이 그 토양이 되었다.[19] 우리나라도 여성 리더십을 적극 장려하는 가운데, 정치, 경제, 과학, 교육, 사법, 행정, 문화예술 등 사회 모든 분야에서 여성의 활약이 눈에 띄게 늘었다. 세계적으로 볼 때 여성 리더십이 활발한 나라일수록 부강하고 자유, 정의, 인권, 평화 등의 가치가 존중되고 있다. 21세기 사회는 이렇게 여성 리더십을 장려하고 그 영역을 점점 확대하는데, 한국교회의 여성 리더십은 교단마다 다소 차이가 있긴 해도 여전히 남성에게 종속된 리더십에 머물러 있다.

월터 리펠트(Walter L. Liefeld)는 현대 교회 내에서 디모데전서 2:12을 근거로 여성의 가르침을 제한하는 것은 잘못된 적용이라고 지적한다. 정경 완성 이후 가르침의 권위가 교사에서 성경 말씀 자체로 옮겨졌기 때문이다. 그는 현대 교회 안에서 권위는 말씀 자체에 있는 것이지, 목사나 장로에게 있는 것이 아니라고 했다. 성경적 사역(biblical ministry)의 핵심은 봉사

---

19 김영옥, "새로 쓰는 '모성 신화': 여성 계보학의 재사유와 여성 리더십의 새로운 구상을 위하여", 「여성학논집」 22(2005), 23.

이지 권위 행사가 아니라는 것이다.[20] 현대 신학자 한스 퀑(Hans Küng) 역시, 초기 교회 리더로 활동한 여성인 뵈뵈 집사나 브리스길라를 봐도, 오늘날 모든 분야에서 리더십을 발휘하는 여성들의 달라진 위치를 봐도, 더는 교회 안에서의 여성 리더십을 지연시켜선 안 된다고 촉구했다.[21]

이에 따라 필자는 여성 리더십을 다음과 같이 정의한다. '여성의 성경 읽기를 통해 예수 그리스도로 말미암는 하나님 나라의 인격적 구원과 그리스도의 복음을 실현하기 위한 성경적 페미니즘 리더십'이라고 말이다. 구체적으로는 인간의 상호 존중과 보살핌을 중시하고, 직관과 감수성을 갖춘 인격성, 영성, 열림과 변화를 모색하는 변혁적 리더십이다.

이 책의 대상과 관심

이 책은 우선 복음주의와 보수 기독교에 속해 있는 남성과 여성을 대상으로 저술되었다. 그중에서도 특히 남성 목회자와 신학생 및 교회 여성을 대상으로 삼았다. 따라서 페미니즘과 기독교 페미니즘의 자세한 내용을 담기보다, 성경적 페미니즘의 관점에서 '예수와 여성', '교회와 여성' 그리고 '남녀로 이루어진 교회 공동체'라는 세 가지 키워드를 중점적으로 다루고자 한다. 이는 우선 하나님 나라가 "이리와 어린 양이 함께 거하는 전복된 평

---

20   Ruth A. Tucker, Walter L. Liefeld, *Daughters of the Church: Women and Ministry from New Testament Times to the Present*(Grand Rapids, MI: Zondervan, 1987)를 참조하라.

21   Hans Küng은 사람들이 일반적으로 여성 리더십에 반대하는 신학적 이유가, 예수님의 열두 제자 모두 남성이었다는 점에 있다고 했다. 하지만 예수님의 열두 제자가 남성이었던 것은 예수님 당시의 사회문화적 상황이라는 조건하에서 이해되어야 할 문제이지, 신학적 근거로 판단될 것이 아님을 강조하였다. Hans Küng, *Women in Christianity*, 101.

화의 나라"(사 11:6)이기 때문이다. 또 십자가에 달린 예수님이 부활했다는 부활의 복음이 교회의 설립을 촉진한 결정적 사건이었는데, 부활 복음의 첫 증인도 다름 아닌 막달라 마리아라는 여성이었기 때문이다. 마지막으로 바울은 갈라디아 교인들에게 "유대인이나 헬라인, 자유인이나 종, 남자나 여자 모두 그리스도 안에서 하나"(갈 3:28)라고 외쳤는데, 이 선언이야말로 교회 공동체가 종말론적으로 구현해내야 할 하나님 나라의 전형이라고 보기 때문이다.

마지막으로 이 책의 관심은 다음과 같다. 첫째, 여성과 성(sexuality)에 대한 이해를 돕기 위해 페미니즘, 여성학, 여성 정체성을 다룰 것이며, 하나님 형상을 입음의 의미, 성 윤리, 성과 기독교 신앙의 관련성 등을 다루고자 한다. 둘째, 페미니즘에 입각한 성경 해석은 무엇이고 해석의 기준은 무엇인지 알아보고, 여성 혐오 본문과 성경 속 여성 인물을 성경적 페미니즘에 입각해 해석해보고자 한다. 셋째, 그리스도의 복음에 나타난 페미니즘 가치와 성경적 여성관, 여성 안수 반대 논쟁을 일으킨 바울의 여성 관련 본문에 관한 해석을 다룰 것이며, 마지막으로 성경적 페미니즘에 근거한 여성 리더십 활성화 과제와 남녀 파트너십를 다룰 것이다.

모쪼록 이 책이 디딤돌이 되어, 복음주의와 보수 기독교 안에서 성경적 페미니즘, 여성 리더십 그리고 남녀 파트너십과 관련한 폭넓은 신학적 논의와 연구 논문이 쏟아져 나오기를 희망한다.

일러두기

이 책은 필자의 박사 학위 논문인 「교회 여성 리더십의 이론적 근거와 실천방안 연구」 (2009)를 책으로 펴낸 『개혁주의 여성 리더십의 이론과 실천』(서울: 요나미디어, 2009) 과 성경적 페미니즘 강의 및 세미나, "여성의 눈으로 성경 읽기" 강의 및 특강, 그리고 한 국연구재단의 지원을 받아 연구한 "개혁교회 내 성 윤리"(2011), "개혁교회 남녀 파트너 십"(2012), "보수 교단 내 성차별적 설교"(2013), "교회 리더의 성(聖)과 성(性)에 관한 연 구"(2015), "보수 기독교 내 젠더 인식과 젠더 문제"(2018)의 모든 부분을 포함해 저술하 였음을 밝힌다.[1]

"개혁교회 성 윤리에 대한 여성 신학적 고찰: 목회자의 성 문제를 중심으로", 「복음과 실천 신학」 26(2012): 172-200; "개혁교회 내 남녀 파트너십에 대한 여성 신학적 고찰", 「복음 과 실천신학」 32(2014): 9-40; "개혁교회 내 성차별적 설교에 대한 여성 신학적 고찰: 성차 별적 설교의 정의와 기준 마련 및 복음적 설교에 대한 여성 신학적 접근", 「한국기독교신학 논총」 102(2016): 301-26; "교회 리더의 성(聖)과 성(性)에 관한 연구: 성의 사각지대를 형 성하는 교회 메커니즘 문제에 대한 실천신학적 분석", 「복음과 실천신학」 47(2018): 9-43.

성경적
페미니즘과

제1부

복음주의와 페미니즘의 만남

여성
리더십

1장

성경적 페미니즘

- 성경적 페미니즘이 없는 가부장적 한국교회의 현실
- 성경적 페미니즘의 지향과 과제

1. 성경적 페미니즘이 없는 가부장적 한국교회의 현실[1]

신분 사회와 유교적 가부장제가 팽배했던 구한말 기독교가 전래될 때만 해도, 기독교는 남녀평등 사상과 인간 존중 사상을 바탕으로 구원·자유·지성·개화로써 사람들의 의식을 바꾸며 시대를 선도했다. 하지만 해방 후, 남성만이 성직을 취해야 한다는 남녀 직분 위계화와 가부장 중심의 담론으로 교회의 남녀평등 사상이 우리 사회보다도 한참 뒤떨어지게 되었다. 오늘날 한국교회가 페미니즘을 교육받은 젊은 여성의 주체적 인식과 성 평등 사상을 외면하고, 성차별과 목회자 성 문제의 심각성을 간과하면서 여성과 소통하려 하지 않는다면, 여성들은 성차별적 교회를 떠날 수밖에 없다.

1) 교회의 남성 중심주의(가부장주의)의 폐쇄성

가부장제(patriarchy)는 남성이 가정의 지배자나 우두머리가 된다는 성적 위계질서(sexual hierarchy) 내지는 남성 중심주의를 뜻한다. 김현경은 가부장주의에서 "여성이 집 안에 있다"는 건 곧 "남자의 지배 아래 있다"는 뜻으로서, 이처럼 여성에게 공간을 허락하지 않는 "장소의 박탈"이 곧 "인격의 박탈"이라고 말한다.[2] 한국교회도 마찬가지다. 교회에서 여성의 공간은 의사 결정을 위한 자리가 아니라 일종의 수발드는 여종의 자리다. 게다가 "여자는 교회에서 잠잠해야 함"이 진리라 하여, 여성의 소리와 여성의 공간을 허락하지 않고 있다. 김현경에 의하면, 이는 인격 박탈에 버금가는 수준

---

1   이 부분은 필자가 "가부장적 남성 목회자 중심주의에 대한 성찰"이라는 제목으로 기독교신문 베리타스 창립 10주년 세미나에서 발제한 일부를 실었다(2018. 11. 15).
2   김현경, 『사람, 장소, 환대』(서울: 문학과지성사, 2018), 27-75, 281-7.

이다. 이처럼 성경적 페미니즘이 없는 보수 교단에서 말하는 신앙과 신학은 지나치게 남성 중심적이고, 기독교 신앙 안에서 하나님이 창조하신 성(sexuality)의 목적과 뜻을 간과한 나머지 여성을 차별하며 도구화하고 있다고 본다. 이와 같은 교회의 남성 중심주의적 폐쇄성은 다음 네 가지 모습으로 나타난다.

첫째, 가부장적 성경 해석으로 여성의 하나님을 거세하며 여성의 실존적 삶에 필요한 것이나 임신, 출산, 육아를 비롯한 여성의 실존적 경험을 외면한다. 여성을 '유혹자'로 해석하거나, 남성 인물을 지나치게 영웅화함으로써 상대적으로 여성의 행동을 비난 또는 축소한다. 그러면서 교회나 가정 내 여성의 역할을, 현모양처나 침묵하며 순종하는 존재로 획일화시키고 있다. 둘째, 남성 중심의 교회 운영과 의사 결정 조직은 여성의 은사와 지혜, 통찰과 사명을 사장하고 불공정한 직위와 차별적 처우를 초래한다. 셋째, 남성 중심의 제왕적 리더십은 교회를 위계화하고, 강자 독식, 성공주의 문화를 조장하며, 성적 일탈에 취약한 구조로 만든다. 넷째, 한국교회 주류가 여성을 개체 존엄적 존재로 보기보다는 '남녀 질서'에 따른 집단으로 취급하면서, 여성 개개인의 독특한 개성과 가치를 훼손하고 있다. 이처럼 여성의 종속은 인간성 회복을 방해하는 '자충수'가 되어 비인간성을 초래하고 있다.

2) 남녀 직분 위계로 인한 성차별과 성 문제

(1) 남녀 직분 위계로 인한 성차별

성차별주의를 양산한 직접적 원인은 종교와 철학이다. 특히 기독교 역사에서 남성 교부와 남성 신학자의 성경 해석은, 현대 남성 설교자에게 그들의 여성관이 전통적이고 올바른 관점인 양 보증해주는 근거가 되어왔다. 예수 그리스도를 믿음으로 의롭다고 인정받아 모든 사람이 차별이 없음에도 불구하고(롬 3:22) 남성 목회자들은 성직자라는 직분을 차지하면서 가부장적이고 성차별적 교회 담론을 형성해왔다. 여성 안수를 허용하지 않는 보수 교단은 가부장적 신념과 신학적 이데올로기를 내세워, 여성의 역할을 제한하거나 여성을 배제함으로써 성차별과 성 문제를 야기하고 있다. 남성은 정규직(항존직), 여성은 비정규직(임시직)으로 정해놓고 성 역할에 따른 분업을 강요하고 있다. 여성이 남성과 똑같이 신학 학위를 취득해도 목사가 될 수 없다는 것은 곧 신학 교수 채용 대상에서도 배제하는 것이며, 직위, 임금, 퇴직, 해고 문제에서도 불평등과 성차별의 악순환을 발생시킨다.[3]

이뿐만이 아니다. 가부장적 교회가 자본주의와 합세하면서 신앙을 명분으로 여성을 무임 노동자로 만들고 있다. 마리아 마이즈(Maria Mies)가 쓴 『가부장제와 자본주의』(Patriarchy and Accumulation on a World Scale)를 보면, "1760-1800년 무렵, 가톨릭(프랑스)이든 개신교(영국, 네덜란드)든 상관없이 남성 농장주들은 '아이를 낳는 것보다 [돈으로] 여성을 사는 것이 더 싸다'는 생각을 공유하면서 여성의 출산을 적극 방해하였다"라고 설명한다.[4] 오늘날 교회 재정이 어려워지면 제일 먼저 정리 해고되는 것은 여성 사역자다. 마이즈의 설명은 한국교회 내에서 가부장제와 자본주의가 작동할수록 차별받고 노동을 착취당하는 대상이 여성이라는 것과 같은 맥락이다.

---

3 신학 교수 채용 대상에서 여성을 배제하는 것은 교육법 제17조 2항 "국가 및 지방자치단체와 제16조에 따른 학교 및 사회교육시설의 설립자 경영자는 교육을 할 때 합리적인 이유 없이 성별에 따라 참여나 혜택을 제한하거나 배제하는 등의 차별을 하여서는 아니 된다"에 저촉되는 성차별이다.

4 Maria Mies, 최재인 역, 『가부장제와 자본주의』(Patriarchy and Accumulation on a World Scale, 서울: 갈무리, 2014), 207.

(2) 목회자의 성 문제

'남성 머리론'(male-headship)은 우리가 '남녀 질서'에만 매몰되도록 만들었다. 그 결과, 여성에게 접대받으려는 왜곡된 성 문화 속에 있는 남성 목회자가 성을 오남용 하여 성범죄를 저지르기 쉬운 교회 구조가 되어버렸다. 2014년 국감 때 국회 안전행정위원회 박남춘 민주당 의원이 경찰청으로부터 제출받은 자료에 따르면, 최근 5년간(2010-2014) 강간과 추행 등의 성범죄를 저지른 전문직 가운데 성직자가 1위를 기록했으며, 그 가운데서도 목사가 1위를 차지했다고 한다. 성직자(聖職者)인 목사들이 성범죄군(性犯罪群)이 되어가는 원인은 그것이 목사 개인의 문제라는 관점보다는, 성을 오용·남용·악용하기 쉽게 만드는 '교회의 성적 메커니즘'(sexual mechanism in church)의 관점에서 살펴볼 필요가 있다.

목회자의 성 문제가 심각한 이유는 '개교회·노회·총회'라는 의사 결정 구조가 남성 중심으로 이루어져, 성추행한 목사를 정당하게 처벌하기 어렵게 하는 '성범죄 은닉 메커니즘'(sexual offense concealment system)이 작동하기 때문이다. 이로 인해 성범죄를 저지른 담임 목사는 여전히 인사권을 집행하고 당회를 주관하며 축도권을 가진다. 또 교회 여성에게 성적 수치심과 혐오감을 주고 침묵을 강요하는 성차별적 설교, 성적 무방비 상태로 행해지는 상담과 심방에도 면죄부를 주게 되어, 도덕적 해이와 불감증으로 이어진다. 반면 성적 피해자인 여성은 하나님과 신앙에 대해 왜곡된 관념을 가지게 되고 성적 존재로서의 자존감과 정체성에 혼란을 겪으며 수치심, 우울, 낮은 자존감, 죄책감에 시달리다가, 심하면 신앙을 포기하거나 영적 공황(spiritual panic)에 이를 수 있어 매우 위태롭고 심각한 상황이다.

(3) 복음의 위축 & 여성의 몸과 은사 무시

인간의 성 활동(sexuality)은 몸의 소중함과 정절을 지켜야 하는 기독교 신앙에 있어 대단히 중요한 주제다. 그런데 교회의 가부장적 성경 해석과 젠더 인식은 여성을 창조하신 하나님에 대한 인식과 그분의 상(Image)을 왜곡시키면서, 여성의 몸과 관련된 임신과 출산 및 실존적 삶의 문제인 고부 갈등, 낙태, 우울증 등의 고통을 복음과 연계하지 못하고, 여성의 역할을 단지 교회 일에 충성하는 여종 정도의 수준에 머물게 하고 있다. 교회는 여성의 은사를 인정하지 않고 있으며, 비록 인정하더라도 담임 목사와 당회의 결정에 따르게 함으로써 하나님이 직접 주신 여성의 은사를 사장하고 있다.

(4) 책임 전가, 희생양 찾기, 가해자로 몰기

2,000여 년의 교회사를 돌아봐도, 남성 교부와 남성 신학자의 부정적 선입견은 여성의 인격, 가치관, 하나님에 대한 인식을 왜곡했다. 이들은 남성의 잘못을 여성에게 뒤집어 씌우고 죄책감과 수치감을 부추겨왔다. 현재 한국 교회 주류 교단에서 혹시 누가 목사의 성 문제를 지적하면, "주의 종은 주님이 알아서 심판한다", "여성은 꽃뱀이다", "이단이다", "목회자를 비방하면 교회가 부흥이 안 된다"라며 회피하거나 오히려 피해 여성을 가해자로 몰아버려, 피해 여성의 억울함과 고통의 소리를 억누르고 있다.

(5) 젠더 문제에 대한 무관심

페미니즘을 거부하고 있는 보수 기독교의 젠더 인식 수준과 젠더 문제 접근 방식을 보자면, 우선 위안부 문제, 헌법재판소의 간통죄 위헌 결정(2015년), 여성 혐오로 저질러진 강남역 여대생 살인 사건, 미투 운동, 성매매, 성추행에 대해서는 공식 입장을 표명하지 않았고, 대법원에서 판결한 전병욱 목사의 성추행 사건을 '성범죄 은닉 메커니즘'으로 덮어버렸다.

　　내부적으로는 혼전 순결을 강조하고, 결혼, 젠더 정체성, 젠더 역할에 대해서는 "마더 와이즈" 교육 등의 가부장적 관점으로 호도하고 있다. 반면, 보수 기독교가 대내외적으로 보수 정치권과 결탁하면서 유일하게 큰 소리를 내는 젠더 문제는 '반동성애'다. 한기총은 '성적 지향'이라는 문구가 동성애(LGBTQ)를 지향한다는 이유를 앞세워 차별금지법에 반대하는 성명을 발표하기도 했다. 또한 여성가족부의 '성 평등'이라는 용어가 성 소수자를 옹호하는 말이라 하여 '양성평등'으로 해야 한다는 입장을 밝혔다.[5] 성차별이 만연한 보수 기독교의 입장에서, '성 평등' 대신 '양성평등'이라는 용어를 사용하자며 차별금지법에 반대하는 것은 자가당착이다. 더구나 인간의 성 활동과 정치적 과정으로 발생하는 수많은 젠더 문제가 있는데, 오직 '동성애'라는 하나의 화두로 몰아가는 것은 지나치게 편협하고 종교 전체주의적인 행태라고 볼 수밖에 없다.

2. 성경적 페미니즘의 지향과 과제

1) 성경적 페미니즘의 지향과 목표

한국교회에 성경적 페미니즘이 필요한 이유는 그것이 남녀 모두의 인간됨에 관한 문제이며, 남녀평등과 정의에 관한 문제이며, 21세기 젠더 이슈와

5　신문 지킴이, "한기총 동성애 반대 1천만 서명운동 전개", 「아이굿뉴스」(2014. 12. 9); 오원석 기자, "기독교계(한기총)는 여가부에 '성평등' 반대…'동성애' 포함이라서"(2018. 1. 10) http://www.kidokin.kr.

관련된 사회적 책임의 문제이며, 하나님 나라 공동체의 구현을 위한 문제이기 때문이다. 성경적 페미니즘이 지향하는 것은 구체적으로 다음과 같다.

첫째, 여성의 주체적 성경 읽기를 통한 인식의 전환을 지향한다. 이때 남녀의 하나님 인식이 어떻게 같고 어떻게 다른지에 관해 서로 존중하는 열린 태도로 대화하고자 하며, 상호 간의 평화를 추구한다. 또한 기독교 신앙의 균형, 다양성, 조화, 풍성함을 드러내고자 한다.

둘째, 페미니즘 신학의 물음과 도전을 통해 균형 잡힌 신학과 신앙 담론을 구축하고자 한다. 기독교 신앙과 성(sexuality)의 상관성, 성(sexuality)과 영성(spirituality), 여성 혐오 본문에 대한 해석, 죄와 문화의 관계, 성경적 여성관 등을 재고할 필요가 있다.

셋째, 여성 리더십의 특징과 장점을 살려 한국교회를 변화시키는 복음적 사명을 지향한다. 성경적 페미니즘은 수평적 인간관계, 돌봄, 공감, 사랑의 실천으로, 교회의 유기체성과 거룩함을 회복하는 교회 갱신 및 사회적 책임을 위해 남녀 파트너십을 모색하고자 한다.

넷째, "여성도 인간"이라는 정체성 인식이 여성 인권을 요구하는 출발점이라는 것과, 기독교 신앙의 목표가 '남성됨'이 아닌 '인간성' 회복에 있다는 점을 재확인하고자 한다. 진정한 인권과 정의, 조화와 균형, 연합과 평화를 실현하기 위해 젠더 문제를 풀고 인간성을 실현하려면 성경적 페미니즘이 필수적이다.

2) 성경적 페미니즘의 과제

성경적 페미니즘은 여성 리더십에 관한 신학적 논의와 더불어, 교회사에 나타난 가부장제에 대한 비판과 성찰을 촉구하고 나아가 복음을 실현하고 사회적 책임을 다하기 위한 남녀 파트너십을 모색하는 단계까지 나아가야 할 과제가 있다.

첫째, 성경적 페미니즘에 기초한 성경신학적 논의가 필요하다. 여성이 주체가 되어 성경을 읽고 해석하면서 여성의 정체성과 여성의 하나님을 드러나게 해야 한다. 여성만의 독특성과 장점, 지혜와 통찰을 발견해 여성으로서의 자존감을 회복시켜야, 남성과 함께 정의·거룩·평화·연합을 구현해 나갈 수 있다. 성경에 나오는 여성 인물을 재해석하며 가부장적 성경 해석을 의심하고 재평가함으로써 성 평등과 인권의 중요성을 학습한 젊은 세대에게 신앙적 모델을 제시해야 한다.

둘째, 기독교 신앙과 성의 상관성을 밝혀가고, 성 윤리 문제와 젠더 이슈들을 풀기 위해 페미니즘은 필수적이다. 지금까지 가부장적 교회는 젠더 문제를 사소하고 부차적인 문제로 여겼고, 인간의 고통과 억울함, 불의와 차별에 대한 인권 감수성과 젠더 감수성이 부족했다. 따라서 성에 대한 고정화된 신앙과 교리에 머물지 말고 성 인식, 성 신학, 성 윤리, 성과 영성의 관계에 관하여, 성경의 원리와 인간 경험에 근거한 창의적이고 건전한 담론을 발전시켜야 한다. 남성이 아닌 여성의 입장에서, 하나님이 성을 만드신 목적, 성과 하나님의 형상을 입음의 관계, 성 정체성과 성 역할, 결혼과 이혼, 성폭력과 강간, 임신과 피임, 독신, 낙태, 동성애, 인공수정, 출산, 양육을 비롯한 젠더 문제와 성문화에 관해 논의할 필요가 있다.

특히 성경 본문 중 롯이 소돔 사람에게 정혼한 딸을 내준 사건(창 19장), 레위인이 자신의 첩을 베냐민에 거주하는 불량배들에게 윤간당하도록 내어준 사건(삿 19장), 사사 입다가 딸을 서원하여 죽게 한 사건, 세겜이 야곱의 딸 디나를 강간한 사건과 암논이 다말을 강간한 사건, 여성의 생리를 부정하게 보았던 레위기 12장에 대한 여성주의 해석은 오늘날 페미니즘 교육을 받은 젊은 세대들에게 긴급한 과제라고 본다.

셋째, 성경적 페미니즘에 근거해 여성 안수와 여성 리더십에 대한 성경신학적·실천신학적 논의를 해야 한다. 바울 서신의 여성 관련 본문(고전 11, 14장; 딤전 2장; 갈 3:28)에 대한 성경신학적 해석이 필요하며, 교회사와 실천신학적 측면에서 여성 리더십에 관해 다양한 논의를 해야 한다. 특히 현재 목회학, 교회 행정학, 기독교 교육학, 예배학, 교회 정치 등 실천신학의 여러 이론은 20세기 초에 만들어진 그대로 유지되어 인권과 남녀평등으로 가는 시대 흐름 및 성 인식적 요소를 간과해왔다. 따라서 교회 헌법을 비롯한 기독교 교육, 교회 교리, 성 윤리, 신앙 교육, 상담 이론에 대한 수정과 보완적 연구가 시급하다. 현재 한국교회의 가부장적 문화와 목회 구조 안에서의 성 평등과 여성 인권 및 여성 안수와 여성 리더십에 대한 논의는 다른 신학 분야 연구와 함께 재해석하고 풀어가야 할 실천신학의 과제이기도 하다.

넷째, 성경적 페미니즘은 궁극적으로 남녀 파트너십과 열린 교회 공동체를 지향해야 한다. 지금까지 한국교회는 하나님의 형상으로 지음 받은 남녀의 존엄성·독특성·다양성·자유·책임이라는 인격적 관점보다는, 남성에게만 신적 권위를 부여하는 가부장적 관점으로 '닫힌' 공동체를 강화해 왔다. 하지만 위르겐 몰트만(Jürgen Moltmann)은 "권력자들에게 부여된 자유가 지배권이 아니라 '공동체성'이며, 자유를 위한 해방이라면 그 해방은 '두려움 없는 열린 공동체성'으로 이어져야 한다"고 강조했다.[6] 그러므로 남녀의 파트너십에 관한 열린 논의 안에서는 인간 실존의 모든 국면을 포

---

6   박성철, "위르겐 몰트만의 신학에 나타난 정치윤리의 변화에 대한 연구", 「성경과 신학」 84(2017): 73-100.

함하여 기독교 신앙, 권력 관계, 기독교 성 윤리, 악의 문제, 용서와 화해, 젠더 정의(gender justice)와 젠더 문제 등 페미니즘 신학의 다양한 물음과 도전이 다뤄져야 한다.

2장

성경적 페미니즘의
신학적 논의

- 성과 관련한 하나님의 본성
- 여성의 하나님 형상을 입음의 신학적 의미
- 기독교 신앙과 성(성 윤리와 성 문제)
- 인간됨의 신학적 의미(남성과 여성의 관계)
- 역할론과 직분론

여성의 신학적 확신의 초점은 하나님이시다. 따라서 본 장에서는 성(性)과 관련한 하나님의 본성 문제와 여성이 하나님의 형상을 입는다는 것의 의미를 밝히고, 기독교 신앙과 성(性)의 상관성 및 인간됨의 신학적 의미를 살펴고자 한다.

1. 성과 관련한 하나님의 본성:
하나님은 성(性)을 초월하는 인격적인 분이시다

성과 관련한 하나님의 본성 이해는 성경적 페미니즘의 가장 중요한 신학적 근거가 된다. 지금까지는 여성 관련 본문에 대한 성경 해석에서조차 '남성적 하나님 이미지'가 강하게 부각되어왔는데, 이는 성경 속에 나타난 하나님이 남성적 이미지가 훨씬 더 우세하다는 일반적 관념 때문이다. 또 우리는 인간에 대한 하나님의 통치를 '다스림'이나 '권력'으로 보고 있다. 예를 들어 하나님은 우주 만물의 주님이시며 온 땅의 왕이시며 인류의 아버지이시고, 이스라엘의 남편이자 목자라는 이미지에 우선권을 두고 있다. 이처럼 남성 관점의 성경 해석은 하나님의 남성적 이미지만 취하여 '남성의 머리됨'(male headship)에 따라 여성의 종속을 하나님이 정하신 질서로 확고하게 붙들게 한다. 하지만 그레첸 헐(Gretchen Gaebelein Hull)은 남성 성경 해석자들이 신학적 원리로 삼는 하나님의 남성 이미지가 오류임을 다음과 같이 지적한다.[1]

---

1   Gretchen Gabelein Hull, *Equal to Serve* (Ole Tappen, NJ: Revell, 1987), 221을 재인용. Stanley J. Grenz, Denise Muir Kjesbo, 이은순 역, 『교회와 여성』(*Women in the Church*, 서울: CLC, 1997), 190.

오직 남성만이 하나님을 효과적으로, 균형 있게 아버지 하나님과 아들 하나님으로 나타내줄 수 있기 때문에, 성직자가 남성이어야 한다는 가르침은 증명하기가 어렵다. 어떤 반대주장에도 불구하고 이 견해를 단언하는 사람들은 정말 남성 하나님―전설적인 한 남성신―으로 끝을 맺는다. 그들은 하나님을 남성들의 형상으로 제한시켜버리는 오류에 빠진 것이다.

그렇다면 성경 저자들은 왜 하나님을 남성 인칭대명사로 표현했을까? 하나님이 인격적인 분이시므로 남성·여성 인칭대명사 중 어느 것이라도 사용할 수밖에 없기 때문이다. 폴 주이트(Paul K. Jewett)는 "우리가 성경을 해석할 때 하나님에 대한 남성적 언어를 문자적으로 해석하지 아니하고 유추적으로 해석한다. 그런데 유추의 분명한 요소는 그 단어의 성(性)적인 의미가 아니라 인격적인 의미를 가리키는 것이다"라고 말하고 있다.[2] 매들린 부처(Madeleine Boucher)는 초기 교부들이 칭호의 이런 비유적 성격을 분명히 인식하고 있었다면서 다음과 같이 말한다.[3]

초기 기독교 신학자들은 '아버지'와 '아들'과 같은 명칭은 비유이며 하나님을 묘사하기에는 불충분하다는 것을 잘 이해하였다. 1, 2세기 말의 신학자들에게 있어서 '아버지'라는 비유는 단순히 창조자이며 만물의 주인으로 여겨졌던 하나님을 의미하는 것이었다.…초기 신학자들에게 있어서 '아들'이라는 비유는 단지 두 가지 핵심을 주장하는 것으로 생각되었다. 제2위격(그리스도)은 제1위격(하나님)과 '닮았다'(like)는 것과 제2위격은 '무(nothing)'로

---

2   앞의 책, 191.

3   Madeleine Boucher, "Ecumenical Documents: Authority in Community," *Midstream* 21 (1982/7): 409.

부터' 나온 것이 아니라 '제1위격으로부터' 나온 것이다(즉 창조된 것이 아니다). 이 비유는 그 이상을 강조하는 것이 아니었다. 그것들은 신적인 본성 혹은 삼위일체의 성적인 특징을 표현하기 위해 취해진 게 아니다.

따라서 성과 관련한 하나님의 본성을 논할 때, 하나님의 남성적 이미지뿐 아니라 여성적 이미지도 인정해야 한다. 하나님의 여성적 이미지는 어머니와 자식의 관계에 초점을 맞춘 여성적 양육의 비유를 통해 나타난다(시 17:8; 36:7; 57:1; 61:4; 63:7; 91:4; 사 1:2; 49:13-15; 호 11:1-4; 마 23:37). 이스라엘 백성에게 보여주신 하나님의 사랑이나 예수 그리스도의 성육신 탄생, 그의 생애, 치유 사역, 십자가 사역에서 보여주신 희생에서도 하나님의 남성적 이미지보다 여성적 이미지를 더 많이 발견하게 된다.

애초에 하나님께서는 남성뿐 아니라 여성도 창조하셨으므로, 하나님은 본질적으로 남성도 여성도 아니다. 성을 초월하지 못하는 신은 절대적 신이 될 수 없다. 그러므로 남성적 하나님 이미지가 여성의 지위와 역할을 판단하는 준거가 되고, 그 때문에 자유, 정의, 평등 측면에서 여성에게 실존적 위기가 발생하는 것은 하나님의 뜻이 아니다. 남녀의 성 대결 구도에서 자유롭게 되고 여성 자신의 존재 의미를 하나님 앞에서 발견할 때, 비로소 여성은 자신의 정체와 정신세계에 대한 확신을 가지고 주체적으로 하나님 나라를 위한 역할을 감당할 수 있다.[4]

---

4   한미라, 『여자가 성경을 읽을 때』(서울: 대한기독교서회, 2002), 293-4.

2. 여성의 하나님 형상을 입음의 신학적 의미:
인격적 존재, 주체적 존재, 책임 있는 존재

여성의 하나님 형상(Imago Dei)을 입음과 관련한 문제는 초대 교부 때부터 논의되어왔다. 3세기 후반 로마의 암브로시우스(Ambrosius)는 남자만이 하나님의 형상대로 지음 받았다고 주장했다. 그는 "남자의 지배에 복종해야 하고 아무런 권한도 갖지 못하도록 정해진 여자가 어떻게 하나님의 형상이라고 말할 수 있는가? 여자는 가르칠 수 없고 법정에서 증인이 될 수 없으며 서약을 하거나 판결을 내릴 수 없다"라고 말했다.[5] 기독교의 성자로 불린 성 아우구스티누스(St. Aurelius Augustinus)는 "여성 자체를 놓고 볼 때, 여성은 하나님의 형상이 아니다. 오직 남성과 함께 할 때만이 하나님의 형상이다"라고 했다.[6]

중세 교회의 성직자와 신도 간의 신적 위계 구조에 대한 문제 제기는 종교개혁 시대에 들어오면서 시작된다. 창조 시 인간 본래가 지녔던 인간 존엄 사상은 르네상스 휴머니즘(ad Fontes)과 함께 제기되었고, 이것이 여성 본성 논쟁(querelle des femmes)으로 이어지면서 여성도 하나님의 형상을 입은 존재로서의 지위가 회복되었다. 하지만 종교 개혁가들 가운데 누구도 여성이 하나님의 형상을 입은 존재로서 실제로 어떤 의미를 지니는지에 관심을 두지 않고, 여성의 역할을 가정 내 남편에게 종속된 성 역할로 곧바로 규정해버렸다. 오늘날까지도 여성의 하나님 형상을 입음에 대한 신학적 논

---

5   Alvera Mickelsen, 정용성 역, 『복음주의와 여성신학』(Women, Authority & the Bible, 서울: 솔로몬, 2001), 103.

6   Gene Edwards, 임정은 역, 『하나님의 딸들』(The Christian Woman...Set Free, 서울: 죠이선교회, 2009), 26.

의는 사라진 채, 종교 개혁자들의 가부장적 여성관을 그대로 답습하고 있는 것이 현실이다.

여성이 하나님의 형상으로 지음 받았다는 것은 신학적으로 어떤 의미인가? 개혁주의 신학에서 인간이 하나님의 형상을 입는다고 할 때, 그 형상은 의·거룩·진리라는 협의의 형상과 이성·감정·자유의지·도덕 등 광의의 형상으로 나눈다. 하지만 인간이 타락한 이후 협의의 형상은 없어졌으며, 이성·감정·자유의지·도덕 등 광의의 형상은 훼손된 채 남아 있는 것으로 본다.[7] 그런데 17세기의 교육가요 신학자인 요한 아모스 코메니우스(Johann Amos Comenius)는 하나님의 형상이란 "창조주 하나님의 인격적 성품을 그대로 모사한 거울적인 존재"이며, "하나님과의 인격적 교제 가운데 창조주의 뜻을 반영하고 그에게 영광을 돌리는 창조 세계의 책임 있는 존재"라는 독창적 견해를 제시했다.

코메니우스가 하나님의 '형상론'에서 특별히 중요하게 다루는 것은 '자유의지'다. 그가 생각하는 자유의지는 전적으로 인간 자신의 의도와 욕망의 의지를 따라 사용하는 것이 아니라 창조주 하나님의 의도와 원하심에 맞게 주체적으로 사용해야 하는 것이다. 또한 타인에게 자신의 세계관을 강요하며 맹목적 동의와 복종을 요구하는 것은 인간 본성을 왜곡하는 일이라고 했다.[8] 키르케고르(Søren Kierkegaard)에 따르면, 인간이 하나님의 형상을 입었다는 것의 의미는 "인간을 재는 잣대가 자그마치 신(神)"이라는 뜻

---

7   최홍석, 『사람이 무엇이관대-인간론』(서울: 총신대학출판부, 1991), 26-35.

8   코메니우스의 인간론에 관해서는 정일웅, "코메니우스의 교육신학 사상 연구", 「신학지남」 243, 207; Klaus Großmann, Henning Schröer(hg.), 정일웅 역, 『코메니우스의 발자취』 (Auf den Spuren des Comenius, 서울: 여수룬, 1997), 57; Johann Amos Comenius, Klaus Schaller(hg.), 정일웅 역, 『코메니우스의 범교육학』(Pampaedia-Allerziehung, 서울: 도서출판 그리심, 2003), 62-79을 참조하라.

이다. 인간은 어떤 경우에도 상대화할 수 없는 절대적 자아 가치를 소유한 개별 인격체로서, 그와 타인의 인격적 관계는 영적이며 정신적인 것이라고 했다.[9]

앤서니 티슬턴(Anthony C. Thiselton)은 『기독교 교리와 해석학』(The Hermeneutics of Doctrine)에서 하나님의 형상에 대한 이해를 인간의 이성 또는 인식적 판단 능력으로서, 동물과 차별화된 지성(知性)을 사용한다는 특징으로 간주한다. 또 하나님의 형상을 입음은 피조물에 대한 통치권이나 청지기 직분을 가지는 것이며, 동시에 하나님 및 동료 인간과 관계 맺는 능력을 갖춘다는 뜻이라고 본다.[10] 이와 다르게 제럴드 브레이(Gerald Bray)는 "하나님의 형상을 지성이나 이성적 영혼을 의미하는 것으로 보는 전통적 정의는 처음엔 매력적으로 보이지만, 정신질환을 앓는 사람을 저급하게 보거나 귀신들렸다고 결론을 내리기가 쉽다. 따라서 하나님의 형상과 모양을 위격성(personhood) 개념과 연계시키면, 하나님이 한 분 안에서 세 위격이신 것과 마찬가지로, 남자와 여자는 개별 인격들(persons)이다. 우리는 개별 인격들이라는 사실로 인해 하나님 및 우리 서로와 관계를 맺을 수 있는 능력을 갖고 있다. 우리와 하나님의 관계는 선천적이며, 인간 상호 간의 관계는 살아가면서 개발된다"라고 했다.[11]

필자는 제럴드 브레이가 하나님 형상을 '위격성'(personhood)으로 보는

---

9   Søren KierKegaard, *The Concept of Irony*, (New York: Harper and Row, 1966) 재인용. 김종두, 『키에르케고르의 실존사상과 현대인의 자아 이해』(서울: 새물결플러스, 2014), 10-11.

10 Anthony C. Thiselton, 김귀탁 역, 『기독교 교리와 해석학』(*The Hermeneutics of Doctrine*, 서울: 새물결플러스, 2016), 400-7.

11 Gerald Bray, 김귀탁·노동래 역, 『갓 이즈 러브』(*God is Love: A Biblical and Systematic Theology*, 서울: 새물결플러스, 2019), 453-67.

견해에 동의한다. 하나님 형상 입음의 의미를 제대로 파악하기 위해서는 하나님의 원형상인 예수 그리스도를 봐야 한다. 예수님은 완전한 하나님이시면서 동시에 완전한 인간으로서 진정한 인간성을 체현하신 분이기 때문이다. 필자는 하나님을 닮은 인격적인 모습이란 주체적 존재로서와 관계적 존재로서의 모습을 모두 지닌 것이라고 해석한다. 주체적 존재는 자유롭고 선택의 권리가 있으며 책임을 지는 존재를 의미한다. 관계적 존재는 인간관계 속에서 정의, 사랑, 평화, 절제, 용서, 교제, 관용을 이뤄낼 줄 앎으로써 하나님의 인격적인 모습을 삶 가운데 실현하는 존재를 의미한다.

따라서 여성이 하나님의 형상으로 지음 받았다는 것은, 여성이 존재론적 측면과 기능적 측면을 모두 포함하는 전인(wholeness)적 의미에서, 하나님의 온전함을 닮아야 할 인격적 존재라는 뜻이다. 즉 남성의 강요에 의해서가 아니라 자신의 자유로운 의지로 하나님과 교제할 수 있는 인격적 존재요, 남녀 구분 없이 모든 인간과 동등한 관계를 맺고 교제하고 사랑하며 살아가는 주체적 존재요, 창조세계를 목적에 맞게 다스리고 관리해야 하는 책임적 존재로 규정할 수 있다.

3. 기독교 신앙과 성(sexuality)

1) 기독교 신앙과 성의 상관성

복음주의 성 윤리학자 스탠리 그렌츠(Stanley J. Grenz)는 "인간의 성은 인간 존재를 내포하는 것으로서 생물학적·심리학적·문화적·사회적·영적인 모든 것이다. 성은 몸인 동시에 정신이며, 인격인 동시에 교제다. 한 인간이

되는 것은 성적 존재가 되는 것이다"라고 정의했다.[12]

신학자 루이스 스미즈(Lewis Smedes)는 성을 선한 피조물로 보아야 할 이유를 첫째, 성은 육체를 가진 인간(body-person)을 만드신 하나님의 의도와 관련 있기 때문이라고 했다. 창조 기사는 하나님을 향해 살아난 한 육체에 관한 것으로서, 인간은 하나님께서 보시기에 '좋다'(joyous, pleasing, desirable, suitable)고 말씀하신 모든 물질과 유기체의 일부라는 것이다. 둘째, 성은 우리 안에 있는 하나님의 형상의 일부로서 사회성과 관계있기 때문이라고 했다. 삼위의 하나님이 내재적으로 사회적이신 것과 마찬가지로, 남녀도 하나의 인류로 통일된 하나님의 형상이지만 성적으로 분명히 구분되는 두 개의 몸이어서, 완전한 하나님의 형상이 되려면 '남녀의 상보성 의식'이 필요하다는 것이다.[13]

셋째, 성은 하나님의 형상의 일부로서 긴밀한 교제를 향한 인간의 욕구이기 때문이라는 것이다.[14] 성은 다른 사람의 몸을 결정적으로 끌어안음으로써 그 사람의 인생 속으로 들어가 하나가 되는 것이기에, 상호 신뢰와 자기 표출을 향한 성적 친밀감은 최대의 연합(communion)이자 최상의 선이 된다. 그런데 성(性) 연합이 인격적 관계에서 이루어지지 않고 종속적이거나 강압적일 때 그것은 가장 악한 것이 된다. 그러므로 창조 신학에 입각

---

12 Stanley J. Grenz, 남정우 역, 『성 윤리학』(Sexual Ethics, 서울: 살림, 2003), 46.

13 Lewis Smedes는 복음주의적 신학교에서 가르치고 있는 개신교 신학자이자 윤리학자로서, 성에 관한 다른 기독교 저서에 결여되기 쉬운 규범적인 것과 목회적인 것의 균형을 유지하고 있다. Mary Stewart Van Leeuwen, Gender and Grace (Downers Grove, IL: Intervarsity Press, 1990), 302.

14 Geoffrey Miller는 성(Sex)이 인간의 본성을 만든다고 주장하기도 한다. 이와 관련해서는, Geoffrey Miller, 김명주 역, 『메이팅 마인드(섹스는 어떻게 인간 본성을 만들었는가)』(Mating Mind: How Sexual Choice Shaped the Evolution of Human Nature, 서울: 소소, 2004)를 참조하라.

한 성에 대한 올바른 태도는, 성적 연합과 생명의 잉태가 서로 연결되어 있으므로 성적인 행위가 단지 종족 번식만이 아닌 '인간성'과 깊이 관련되어 있음을 인지하는 태도다.[15]

하나님이 인간을 남성과 여성으로 만드신 것은 독창적인 섭리다. 그런데도 중세 신학자는 성의 기능을 오로지 출산으로만 보았고, 아우구스티누스 같은 대 신학자 역시 성적 쾌락을 원죄로 보아 여성 혐오의 단초를 제공하기도 하였다. 반면 루터와 칼뱅 같은 종교 개혁자는 성적 쾌락을 하나님이 주신 선물로 이해하면서 성에 대한 이해를 넓혀 나갔다. 이후 정신분석학자 프로이트는 성을 남근중심적·에로스적 차원에서 이해하여 성차 이론을 펼친 반면, 마르쿠제(Marcuse)는 성이 에로스적 차원을 넘어 보다 넓은 만족의 영역인 자기 초월을 시도하는 것으로 이해하기도 했다.[16]

존 호웰(John C. Howell)은 "성경은 하나님의 인간 성(性)에 대한 승인을 '보시기에 좋았다'(창 2:18)라는 말로 기록하고 있고, 모든 인간에 대한 관심의 신학(theology of concern)이 성경에 기초한다"라고 말한다. 그는 로마서 12:1의 "너희 몸을 하나님이 기뻐하시는 거룩한 산 제물로 드리라"와 고린도전서 6:12-30의 "너희 몸으로 하나님께 영광을 돌리라"를 예로 들면서, 사도 바울은 '영혼 구원'이 몸과 관련한 개인의 성적 태도와 연결되어 있음을 강조하고 있다고 했다.[17]

한편 조지프 앨런(Joseph Allen)은 성이란 삶을 주지만 빼앗을 수도 있고

---

15   Lewis Smedes, *Sex for Christians* (Grand Rapids, MI: Eerdmans, 1976), 28을 재인용. Mary Stewart Van Leeuwen, *Gender and Grace*, 234-8.

16   강호숙, 『여성이 만난 하나님』(경기도: 넥서스, 2016), 59-61.

17   John C. Howell, "The Christian Faith and Human Sexuality," *Southwestern Journal of Theology* 10 (1997): 47-59.

은혜지만 은혜가 없을 수도 있으며, 미(美)의 정상을 선사하지만 수치의 종말로 이끌 수도 있는 영적인 문제라고 했다.[18] 결국 인간이 된다는 것은 성적인 존재로서 살아간다는 의미이며, 성(性)이 가져다주는 은혜를 알아야 하지만 죄에 빠지기 쉬운 위험성에 대해서도 늘 경각심이 요구된다고 하겠다.

하나님께서는 남성과 여성을 서로 다른 몸을 지닌 성적인 존재요 하나님의 형상을 입은 존재로 만드셨다. 하나님께서 남성과 여성을 각각 다른 몸으로 지으면서 성을 각인시켰으므로 성과 몸은 분리될 수 없다. 케네스 베일리(Kenneth E. Bailey)는 바울이 인간의 성 관습을 적절히 표현할 수 있는 포괄적 신학 관점을 부활과 십자가에서 찾았다고 하면서 다음과 같이 말한다.[19]

> 신자는 부활로 말미암아 자기 몸이 다시 살아나리라는 것과 자신의 성 관습이 부활할 몸과 관련되어 있음을 알게 된다. 또한 신자는 십자가로 말미암아 자신이 값을 치르고 산 존재이며 자기의 육체적인 몸을 하나님을 영화롭게 하는 데 사용해야 함을 알게 된다.…성적 음행은 그리스도와 철저히 분리되는 일이요, 자신의 몸과 교회 연합을 파괴하고 새로운 결합을 형성하는 일로 간주된다.

부활의 첫 열매 되신 주님의 부활체는 몸을 지닌 영의 모습이었다. 부활한 몸은 남녀 간의 생식 기능은 없어지더라도(마 22:30) 하나님과 함께 영원히

---

18   Joseph Allen, "Practical Issues of Sexuality," *St Vladimir's Theological Quarterly* 27 (1983): 39-51.

19   Kenneth E. Bailey, 김귀탁 역, 『지중해의 눈으로 본 바울』(*Paul Through Mediterranean Eyes: Cultural Studies in 1 Corinthians*, 서울: 새물결플러스, 2017), 275-82, 291.

살아가는 존재로 이해된다. 제인 그로비전(Jane M. Grovijahn)에 따르면, 하나님이 성을 창조하셨다는 인류학적 전개는 남녀의 에로스 행위가 '고안'되었음을 말해준다. 즉 신성과 에로스에 대한 성 이해는 에로틱한 인간관계의 초상으로서 하나님 창조를 이해하도록 도와주며, 성(sexuality)에 대한 이러한 신학적 묘사는 창조 가운데 드러나는 하나님의 자기 계시와 성적 거룩함이라는 구별된 통찰을 제공해준다는 것이다.[20]

또한 앤서니 티슬턴(Anthony C. Thiselton)은 "창세기 2:23의 '내 뼈 중의 뼈요, 살 중의 살이라'라는 극적인 감탄사는 남자와 여자가 함께 누릴 수 있는 친근함과 친밀함을 암시한다. 창세기 2:19과 2:24에 대한 '언어학적' 주석은 각각 동료 인간 간의 상호인격적 관계가 동물계와의 관계보다 훨씬 더 가깝다는 것을 암시한다"고 했다.[21] 이처럼 하나님 형상의 일부로서 성이 선사하는 '친밀감'의 욕구는 남녀 관계뿐 아니라, 인간관계, 하나님과의 관계, 성도들의 친교를 위한 필수적인 인간성이다. 성은 인간의 생명 및 사랑의 가치와 연결된 전인적 성격(육체적·정신적·영적)을 지니고 있으며, 성적 존재로서의 자유와 책임, 성적 에너지와 친밀감은 하나님의 충만을 경험하게 하며 인간성을 이루게 한다.[22]

그러므로 기독교 신앙과 성(性)의 상관성은 하나님의 뜻에 따라 창조된 남녀가 인간 실존과 전인 차원에서 상호 보완적 의미를 지닌 파트너라는 데 있다. 하나님께서 남성과 여성을 창조하셨다는 것은, 하나님의 인격성을 닮았다는 전제하에 생육, 대화, 친밀, 교제, 문화, 신앙, 궁극적으로는

20   Jane M. Grovijahn, "Godly Sex, a Queer Quest of Holiness," *Theology & Sexuality* 14 (2008): 121-42.

21   Anthony C. Thiselton, 김귀탁 역, 『기독교 교리와 해석학』, 387.

22   권지성 외 9인, 『성폭력, 성경, 한국교회』(서울: CLC, 2019), 204-5.

하나님의 형상 회복 즉 인간성을 반영하는 것이다. 따라서 기독교 신앙과 성은 반드시 함께 가야 한다.

2) 성 윤리·책임성·전인성의 관점에서 본 기독교 신앙과 성

박충구 교수는 "성의 양극성은 남성과 여성 모두 서로 보완해야 할 전인적 존재로서의 성격이다. 그러므로 여성을 억압하거나 차별하는 가부장적이며 위계적 질서 신학에 근거한 윤리 사상은 비판되어야 하고, 인격적인 관계로서의 평등한 성 윤리가 정착되도록 노력해야 한다"라고 했다.[23] 윌리엄 슈바이커(William Schweiker)는 기독교 윤리의 문제는 힘이 도덕적 기초가 되지 않는 방식으로 자유가 인간의 핵심 가치가 되도록 해야 하며, 하나님의 계시에 일치하도록 힘을 사용하는 것이야말로 그리스도인의 책임이라고 했다.[24] 기독교 성 윤리 역시 성적 존재라는 전제에서 논의되는 인간 실존의 모든 차원에서 하나님과 다른 성에 대해 얼마나 책임 있게 행동하는가를 성찰하는 것에 근거한다.

노먼 피텐저(W. Norman Pittenger)는 인간의 성적 표현과 일상의 방식은 이성(異性)과의 관계성을 통해서라고 말한다. 그는 성의 남용과 무책임성·비인격성을 지적하면서, 성적 표현의 무책임성은 인간 존엄과 인간성을 훼손할 수 있다고 했다.[25] 따라서 기독교 신앙과 성의 상관성을 인지하여, 여

---

23   박충구, "기독교와 성 윤리", 「그말씀」 45(두란노서원, 1996): 136-47.

24   William Schweiker, 문시영 역, 『포스트모던 시대의 기독교 윤리-힘, 가치, 그리고 확신』
      (Power, Value and Conviction: Theological Ethics in the Postmodern Age, 서울: 살림출판사,
      2003), 47, 233-4.

25   W. Norman Pittenger, "Towards a Christian Theology of Sexuality," Union Seminary
      Quarterly Review 30 (1975): 121-9.

성 관점에서 하나님과 성경을 말하게 함으로써 교회가 온전한 하나님을 보게 하고, 남녀가 인격적 연합을 통해 주님 안에서 하나 됨을 이루어갈 수 있도록 힘써야 할 것이다.

4. 인간됨의 의미: 남성과 여성의 관계

앤서니 티슬턴(Anthony C. Thiselton)은 인간됨의 해석학에 관한 다양한 이해의 지평이 있다고 말한다. 그는 인간됨을 하나님의 형상을 지닌 인간, 타자와의 관계성을 지닌 인간, 육체적·시간적 삶을 살아가는 인간이 되는 것으로 설명한다. 하나님과의 관계 속에서 인간됨을 이해하는 학자로는 칼뱅, 슐라이어마허, 바르트, 판넨베르크, 몰트만, 발타자르, 라너 등을 꼽으며, 라이오넬 손턴(Lionel Thornton)은 근본적인 초개인적 차원으로서 교제나 공동체적 참여(코이노니아)를 강조했다.[26]

1) 현대성과 남녀 관계의 문제

남녀 관계의 문제는 교회뿐 아니라 인간의 역사만큼이나 오래된 논쟁이다. 현대 사회에서 "남성은 남성이고, 여성은 여성이다"라는 양극주의를 복잡하게 하는 요인은 첫째, 남녀의 이원론이다. 구체적으로는 남성과 여성의 차이에 관한 생물학적 이원론과 형이상학적·존재론적 기초에 입각한 이원론이다. 둘째, 남녀 간의 권력 관계로서, 남성이 여성을 힘과 권력으로 지배

---

26   Anthony C. Thiselton, 김귀탁 역, 『기독교 교리와 해석학』, 334-96.

하는 상하 계급구조의 관계로 보는 것이다. 셋째, 남성과 여성이 각각 분리되고 독립적 삶을 살 수 있다고 주장하는 극단적 양극주의와, 남녀 간의 통합을 선호하고 서로 보완해줄 것이라고 보는 평등주의적 양극주의다.[27]

오늘날 남녀 관계의 문제에 대한 논쟁은 현대성의 문제, 남녀 간 권력구조의 문제, 그리고 각 개인의 주관적 정체성 인식 수준에서 논의된다. 현대성이란 정체성 및 의미의 문제, 공적·사적 존재로서의 경험 사이의 분열, 아노미와 소외 등을 중심하여 이것들이 현대 사회의 합리화, 전문화, 다중관계, 다원화의 구조와 맞닿으면서 생겨났다. 지금까지 여성은 남성과 다르고 분리되어 있으며 대부분의 사회에서 종속된 존재인 '귀속적 범주'나 '종속적 타자'로 인식되어왔다. 하지만 현대 사회를 살아가는 여성들은 남녀 문제에서 자아 존재와 사회 간의 '대칭적 균형'이 결여되어 있다는 인식을 하게 되었다.[28] 결국 현대의 남녀 문제에서는 여성의 존재론적 의미와 자아실현의 의미를 찾는 데 관심이 집중되고 있다. 따라서 남녀 각자의 개별적 독립성을 전제하면서도 다른 성의 낯섦과 다름을 존중하는 양성 간의 관계 수립이야말로 정의롭고 평화로운 인간 공동체의 미래를 위해 절실하게 요청되는 것이라 하겠다.

2) 남성과 여성의 존재론과 역할론

개혁 신학에서 "여성은 남성과 똑같이 하나님의 형상을 입은 존재로서 평등하지만, 기능적으로는 창조 때부터 남성과 역할이 다르다"라고 보는 입장

---

27   Lynda M. Glennon, 이수자 역, 『여성과 이원론』(Women and Dualism, 서울: 이화여자대학교 출판부, 1990), 138-203.

28   앞의 책, 199-203.

은 옳은 것인가? '존재적 평등, 기능적 종속'이라는 말은 진위를 따지는 논리학으로 볼 때 타당하지 않은 명제(proposition)요 신학적 오류다. '성경은 남녀평등을 말하는가?'라는 물음 앞에서 '존재적 평등'과 '기능적 불평등'이라 하여 긍정과 부정이라는 두 개의 답이 나온다면 '성경은 남녀평등을 말하지 않음'과 동일하기 때문이다. 또한 남녀 모두 하나님의 형상을 입었다는 것은 존재적 측면과 역할의 측면 모두를 일컫는 전인성(wholeness) 차원에서 하나님의 온전함을 닮아야 할 존재론적·기능적 목적 모두를 내포하기 때문이다. 코메니우스는 모든 인간이 소유한 평등한 본성이란 "물방울 위에 물방울이 떨어지지 않는 것"이라고 표현하면서, 사람 위에 사람 없음을 본받아 실천해야 한다고 했다.[29] 갈라디아서 3:28에 입각하여 봐도, 구원론 차원에서의 신분(존재)과 역할은 이방인에게도 그대로 실천되어야 한다.

하나님의 인간 창조에 대한 온전한 근거는 여성이 남성에게서 난 것같이 남성도 여성으로 말미암아 났으며, 그리하여 남성과 여성 모두가 하나님으로부터 났다는 데 있다(고전 11:12). 따라서 남성이 인식하는 하나님에 대한 믿음과, 여성이 인식하는 하나님에 대한 믿음은 동일한 것으로서 존중 및 공유될 수 있어야 한다. 폴 주이트는 "하나님은 삼위일체의 사귐이기 때문에 사람도 인간 속에서 하나의 사귐이며, 이 사귐의 근본적인 구성은 남성과 여성이다. 사람의 존재에 대한 견해는 삶의 협력을 의미한다"고 했다.[30]

제럴드 브레이(Gerald Bray) 역시 남녀의 차이가 복잡한 문제임을 인정하고 이를 고려해야 하지만, 모든 인간의 선천적 평등은 남녀의 차이에도

---

29   Johann Amos Comenius, Klaus Schaller (hg.), 정일웅 역, 『코메니우스의 범교육학』, 282.

30   Paul K. Jewett, *Man as Male and Female* (Grand Rapids, MI: Eerdmans, 1975), 13-4.

적용된다고 했다. 하나님께서 보시기에 그리고 영원한 구원과 관련해서, 똑같이 하나님의 사랑을 받고 영원히 하나님의 선택을 받은 남성과 여성 사이에 차이는 전혀 없다. 특히 성경이 말하는 첫 번째 사실은 남성과 여성이 상호 보완적이고 한쪽이 없으면 다른 한쪽도 오래 존재할 수 없다는 것이다.[31]

메리 에반스(Mary J. Evans)는 신약에서 남성과 여성은 서로 하나 됨으로 관계 맺는 방식에서나 하나님께서 그들과 관계 맺는 방식에서나 아무런 차이점이 없다고 했다. 남성과 여성의 관계는 다양성, 연합, 상호 보완이라는 세 원리의 견지에서 제시된다는 것이다.[32] 필자는 에반스의 견해에 전적으로 동의한다. 남성과 여성의 관계는 인격적 관계 속에서 신뢰와 존경을 바탕으로 하나님의 사랑과 예수 그리스도의 구원과 성령의 역동성 가운데 다양성, 연합, 상호 보완을 원리로 하여 작동하는 관계로 보는 것이 공정한 신학적 견해다.

5. 역할론과 직분론에 대한 신학적 재고

1) 남성 헤드십 원리

보수 교단에서 주장하는 '남성 머리론' 혹은 '남성 헤드십 원리'는 여성의 존재나 역할에 관한 성경 본문을 해석할 때 창조 질서와 원리로 적용되어

---

31 Gerald Bray, 김귀탁·노동래 역 『갓 이즈 러브』, 468-70.

32 Mary J. Evans, 정옥배 역, 『성경적 여성관』(*Woman in the Bible*, 서울: IVP, 1992), 190.

왔다. 이는 하나님께서 남성(아담)을 여성(하와)보다 먼저 창조하셨고, 여성(하와)이 남성(아담)보다 먼저 타락했다고 말한 바울의 본문(딤전 2:9-15)에 근거한 생각이다. '헤드십'은 '우두머리', '대표', '권위', '다스림', 즉 여성에 대한 남성의 힘(power)과 권세(authority)의 의미로 해석되면서 남녀의 주종 관계를 확증했다. 미셸 푸코는 다스림과 지배에서는 진리나 자유 같은 형이상학적 근거보다 억압과 굴종이라는 부자유하고 비인격적인 모습이 드러난다고 지적한 바 있다.[33] 그래서인지 여성을 종속시켜 비인격적으로 취급한 실례는 세계 교회 역사나 한국교회사에서 너무도 쉽게 찾아볼 수 있다. 굵직한 예를 든다면, 중세부터 근세까지에 걸쳐 발생했던 마녀사냥, 십자군 전쟁에서 여성을 성적 노리개로 이용한 것, 오늘날까지 이어지는 성직자의 성적 타락 문제와 남성 목회자가 여성을 함부로 대하는 비인격적인 모습 등이 있다.

따라서 이 '남성 헤드십'에 관해 두 가지를 재고해보고자 한다. 첫째, 성(性)의 질서로 자리 잡은 남성 헤드십은 인간됨이나 정의와 평등, 사랑과 연합, 자유와 연합이라는 하나님 나라의 가치 및 하나님께서 직접 부여하신 은사보다 더 우선할 가치인가? 둘째, 성경에 나타난 남성 헤드십의 성격이 여성을 다스리며 여성 위에 군림하는 직분론을 말하는 것인가? 메리 에반스는 이를 반증한다. 남성이 먼저 창조된 것이 존재나 기능의 우월성을 나타내지는 않으며, '여성이 남성에게서 취해졌다'라는 것이 종속을 의미하지는 않는다는 것이다. 여성이 최초로 접촉한 것은 창조주 하나님이고 남성은 여성 창조의 참여자도 관객도 의논 상대도 아니었기 때문에 남성이

---

33   Michel Foucault는 권력의 실체를 파헤치면서, 결국 힘과 권력의 논리는 진리보다는 굴종과 부자유, 비인격적인 모습의 형태를 갖게 마련이라고 역설하고 있다. Michel Foucault, 오생근 역, 『감시와 처벌』(Surveiller et punir, 서울: 나남, 1975)을 참조하라.

먼저 창조된 것이 남성의 머리 됨을 의미한다고 볼 수 없다.[34] 또한 여성이 먼저 타락한 것을 헤드십의 근거로 보면 기독론이나 인간의 죄에 대한 책임 측면에서 큰 문제를 야기할 수 있다. 예수 그리스도께서 죄와 상관없으신 분으로서 남성의 개입 없이 여성의 인성을 취하신 '여자의 후손'으로 탄생하신 것을 놓고, 여기서 죄란 철저히 남성과 관련한 것이라고 말할 수 있기 때문이다(롬 5:12).

그런데 앨버라 미켈슨(Alvera Mickelsen)은 리델(Liddell)과 스코트(Scott)의 편집으로 1843년에 출간된 가장 완벽한 그리스어-영어 사전(호메로스 그리스어, 전통 그리스어, 코이네 그리스어까지 모두 포함)을 보면, 스물다섯 가지 이상의 파생적 의미를 갖는 '머리'(κεφαλή, 케팔레)의 뜻 가운데 '권위', '지도자', '최고의 위치'와 비슷한 의미가 나타나지 않는다고 했다. 신약 시대 당시의 그리스어 문학 독자들은 '머리'라는 단어를 '권위'나 '지도자'라는 개념으로 받아들이지 않았음을 추정할 수 있다는 것이다.[35]

메리 에반스 역시 '케팔레'(κεφαλή)라는 단어는 '생명의 근원'에 대한 하나의 비유라고 했는데, 1세기 당시 사고와 이성의 근원은 머리가 아니라 오히려 가슴으로 여겨졌다는 것이다. 또 남성이 여성의 '머리'라고 말하는 에베소서 5:22-33에서, 이것을 예수 그리스도의 머리 됨으로 보는지, 남자와 여자의 관계로 보는지에 따라 본문의 의미가 달라질 수 있다고 언급했다. 이러한 본문은 양 끝에 기독론적 진술이 있고, 그 사이에 인류학적 진술, 즉 남녀 관계에 대한 진술이 있지만, 여기서 바울이 말하는 '머리 됨'의

---

34 Mary J. Evans, 정옥배 역, 『성경적 여성관』, 19-23.

35 Henry George Liddell, Robert Scott, Henry Stuart Jones(rev.), Roderick McKenzie(assist.), A Greek-English Lexicon (Oxford: Clarendon Press, 1940), 1: 944-45 재인용. Alvera Mickelsen, 홍성희 역, 『성경과 여성』(Women, Authority & The Bible, 서울: CLC, 1999), 114.

의미는 '연합 안의 구별'을 강조하는 것으로 보는 게 더 타당하다는 것이다.[36] 에베소서 5:32의 "이 비밀이 크도다! 나는 그리스도와 교회에 대하여 말하노라"에서, 바울은 '남성의 머리 됨'보다 '그리스도가 교회의 머리 되신다'는 기독론적 진술을 더 강조하고 있다.

2) 역할론과 직분론

현재 교회에서의 남녀 간의 역할론과 직분론에 관해 몇 가지 문제를 제기할 수 있다. 첫째, 남성 헤드십은 하나님께서 여성에게 직접 부여하신 은사의 역할보다 더 우선적인 원리인가? 둘째, 그렇다면 여성은 교회에서 무슨 역할을 해야 하는가? 셋째, 신약 시대 당시 여성의 직분과 오늘날 한국 교회의 여성 직분론 사이에 어떤 연속성과 비연속성이 있는가? 여성의 직분을 논할 때, 바울 시대와 오늘날 사이에는 문화적·시간적 간격이 매우 크므로 현시대에 맞는 직분론은 무엇인지에 대한 의문이 제기되지 않을 수 없다.

우선, 남성 헤드십은 하나님께서 여성에게 직접 부여하신 은사보다 더 우선적인 원리인가? 여기서는 도널드 거스리(Donald Guthrie)를 통해 '역할론과 직분론'이 은사와 어떤 관련이 있는지 알아본다. 바울이 고린도 교회의 은사에 대한 논의에서(고전 12:28) 중요시한 것은, 첫째로 '은사'는 여지없이 성령의 역사이며 하나님의 주권적 의지에 따라 분배된다는 점, 둘째로 돕고 다스리는 자들이 사도들과 예언자들과 교사들에 첨가되어 나온다는 점, 셋째로 바울은 직책의 순위보다 사역에 중점을 두었다는 점이다. 즉 직분과 은혜의 표출 두 가지가 다 있어야 한다면서, 만일 어떤 사람이 지도

---

36   Mary J. Evans, 정옥배 역, 『성경적 여성관』, 96-7.

력의 은사를 가졌다면 그(그녀)는 교회의 어떤 특수한 직분과 상관없이 독립적으로 자기 은사를 활용할 수 있어야 하는 반면, 누가 직책을 가졌다면 그(그녀)는 그 일에 대한 은사를 소유해야만 효과적으로 임무를 수행할 수 있다고 했다.[37] 그러므로 은사와 직분은 동전의 양면처럼 함께 가야 하며, 은사와 직분을 행할 때는 힘의 권위(authority)보다는 권고나 모범적 행위(섬김)로서 해야 한다는 것이다.

다음으로, 교회에서 여성은 무슨 역할을 해야 하는가? 기독교 신앙으로부터 동기를 부여받는 공동체에서 여성의 역할에 관한 논의는 교회의 기독교다움을 좌우하는 가장 핵심적 범주 중 하나다. 여성은 역할을 잘 감당하고 있는가? 아니면 가장자리로 내몰려 있는가? 실천신학자 코메니우스는 교회의 본질적인 일을 믿음, 소망, 사랑으로 보았다. 이것은 인간이 하나님과 관계를 맺는 데 본질적이며 결정적인 사건들이기 때문이다. 그는 교회의 부수적이거나 부가적인 일이 교회 공간에서 하나님과 인간이 교제할 때 자리나 직위와 관련된 것들, 예를 들어 예전과 교회 질서 등이라고 했다. 이러한 일은 복음의 진리가 훼손되지 않는 범위 안에서 필요에 따라 유동적일 수 있다는 것이다.[38]

코메니우스가 교회의 본질과 비본질을 분류한 것에 따르면 교회 내 여성 문제는 인간 교제와 관련된 비본질적 문제로서 얼마든지 유동성 있게 접근할 수 있다. 예수 그리스도는 이것을 하나님 나라의 실천으로 이해했으며, 하나님 나라에서 성차별은 원칙적으로 아무런 의미가 없기 때문이

---

37 Donald Guthrie, 이중수 역, 『교회·성경(신약신학4)』(New Testament Theology, 서울: 성서유니온, 1987), 98-117.

38 Jan Marius van der Linde, 정일웅 역, 『미래를 가진 하나님의 세계』(Die Welt hat Zukunft, 서울: 여수룬, 1999), 188-9.

다.[39] 교회 내 여성의 역할이 가사의 연속이라면, 예수 그리스도의 제자 됨, 하나님 나라의 포괄성, 성령의 역동성, 종말론적 구원의 성격과는 너무도 거리가 멀다. 우리가 예배 때마다 "성도가 서로 교통하는 것을 믿사오며"라고 고백하는 사도신경 안에는 직분 개념도 남녀 개념도 없고 모두 다 '성도'일 뿐이다. 남성 중심의 직제가 된 이후 목사에게 성례를 집행하는 직무를 부여하고 있지만, 예수 그리스도께서 잡히시기 전 포도주와 빵을 제자들에게 나눠주심 같이, 성찬에 참여하는 모든 사람은 '성도'로서 그리스도와 연합해야 할 존재들이다. 교회의 가부장적 체제와 직분론은 남녀나 권력 유무를 따지지 않는 '성도'라는 귀한 단어를 잃게 만들었다. 하지만 그리스도를 경외하는 성도들은 피차 복종하면서 그리스도 안에서 '하나'가 되는 몸의 지체다.

마지막으로, 신약 시대 당시 여성의 직분과 오늘날 한국교회 여성의 직분론 사이에는 어떤 연속성과 비연속성이 있는가? 도널드 거스리는 교회 직분에 관해 이렇게 지적한다. 첫째, '감독' 같은 직분은 경직된 체제라기보다 현실적 고려에 의한 유동적인 것이었으므로 오늘날 교회 체제에 적용해서는 안 된다. 둘째, 바울이 직책의 서열보다 사역 자체를 더 중요하게 여겼음을 감안해야 한다. 셋째, 바울은 고린도 교회에 "모든 것을 품위 있게(적당하게) 하고 질서 있게 하라"(고전 14:40)라고 말했을 뿐, 교회 운영에 관해 규정된 체제를 강요한 적은 없다.[40] 현재 한국교회의 여성 직분론은 신학적·교회 정치적으로 남성 중심의 교직 제도를 갖춘 상황에서 만들어

39　Susanne Heine, 정미현 역, 『초기 기독교 세계의 여성들: 여성 신학에 대한 역사적 성찰』(Frauen der frühen Christenheit: Zur historischen Kritik einer feministischen Theologie, 서울: 이화여자대학교출판부, 1990), 239-43.

40　Donald Guthrie, 이중수 역, 『교회·성경(신약신학4)』(New Testament Theology, 서울: 성서 유니온, 1987), 101-3.

진 것이므로, 이는 성경 권위의 문제가 아니라 성경 해석과 적용의 문제임을 인식해야 한다.

6. 성경적 페미니즘의 신학적 결론

이와 같이, 복음주의 안에서의 여성 리더십에 관한 논의는 성경 권위의 문제가 아니라 성경 해석자의 이데올로기적·신학적·사회정치적·문화적 가치관의 문제요 이에 따른 적용 방식의 문제다. 따라서 더는 복음주의 안에서의 여성 역할에 대한 논의를 '비성경적'이라거나 '자유주의적'이라고 몰아서는 안 된다.

앞서 언급한 바와 같이 여성의 신학적 확신의 초점은 하나님이며, 하나님은 성을 초월하는 인격적인 분이다. 하나님은 남성적 이미지뿐 아니라 여성적 이미지를 동시에 갖고 계신다. 그러므로 하나님과 예수 그리스도의 남성적 이미지를 지나치게 강조한다면, 성과 관련한 하나님의 온전한 본성을 이해한 것이라고 할 수 없다.

그리고 여성이 하나님의 형상을 입은 존재라는 의미는 자유 의지로써 하나님과 교제할 수 있는 인격적인 존재요, 인간 상호 간에 동등한 관계로 살아가는 자유롭고 주체적인 존재요, 창조세계를 하나님 뜻대로 다스리고 관리해야 할 책임이 있는 존재로서 이에 상응하는 역할도 동일하게 주어진다는 뜻이다. 그러므로 남녀 관계는 남성의 머리 됨에 따른 종속 관계가 아니라, 서로의 다름을 인정하면서도 인격적인 관계 속에서 신뢰와 존경을 바탕으로 하나님의 사랑, 예수 그리스도의 구원, 성령 충만 가운데 다양성이 인정되고 연합, 조화, 상호 보완이 실현되는 관계여야 한다.

한편 '남성 머리론'은 "그리스도가 교회의 머리" 되신다는 말씀에 근거한 기독론적 관점에서 출발해야 한다. 그리스도는 군림하고 다스리는 위계적 권위로서가 아니라, 성육신하셔서 고난의 삶을 사시며 인격적 '책임'과 '섬김'을 실천하여 교회의 '머리'가 되셨다. 따라서 '머리 됨'을 다스림, 대표, 권위라는 의미로 해석하기보다 섬김, 보살핌, 희생, 책임이라는 의미로 해석하여 여성을 해방해줘야 한다. 또한 남녀 각자에게 하나님의 기쁘신 뜻대로 주어진 은사가 있다면 이를 실천할 수 있는 직분의 자격을 주어 역할을 감당하도록 하는 것이 신학적으로 공정한 역할론과 직분론이다.

마지막으로 여성의 역할에 관한 논의는 남녀 관계의 문제에서 출발할 것이 아니라 하나님 나라의 구원 공동체, 하나님 나라의 포괄성, 성령 충만 가운데 교회의 복음적 사명을 위해 소명과 은사를 가지고 헌신하는 차원의 실천적 과제로 다루어야 한다.

3장

성경적 페미니즘 해석이란?

- · 여성학과 페미니즘
- · 여성주의 인식론과 여성 정체성
- · 성경적 페미니즘의 해석 기준과 방식

성경을 읽을 때 '누가'(who), '어떻게'(how) 읽느냐는 물음은 매우 중요하다. 이 물음은 단순히 성경을 읽는 '주체'만이 아니라 그 주체의 관점, 입장, 경험, 이해력 등의 문제를 모두 포함하기 때문이다. 누가복음 10:26을 보면, 예수님께서 한 율법교사에게 "율법에 무엇이라 기록되었으며 네가 어떻게 읽느냐"라고 물었다. 우리는 예수님의 질문에서 성경을 읽는 주체가 중요하다는 것과, 기록된 문자를 어떻게 이해하는가, 즉 해석의 문제가 중요함을 간파할 수 있다. 아울러 여성이 성경을 읽는 주체라도, 어떤 방식으로 성경을 읽는지는 해석자의 관점, 지향, 지식 형성, 지위(position)에 따라 달라질 수밖에 없다. 이는 사복음서만 봐도 알 수 있다. 마태, 마가, 누가, 요한 모두 예수 그리스도의 복음을 전하지만 관점과 지향은 각자 다르기 때문이다.

앞에서도 언급하였거니와, 성경(text)과 페미니즘(context)이 어떻게 만날 수 있는가의 문제 역시 중요하다. 이를 위해 '여성주의 인식론'(feminist epistemology)이라는 관점을 성경 해석의 기본 입장으로 삼고자 한다. 아울러 성경 해석 기준과 관련해서는 1980년대 초반에 가부장적 성경 본문과 해석 방식에 의심을 품고 이를 여성주의적 입장으로 재구성을 시도하여 페미니즘 성경 해석의 '제2물결'의 실제적 창시자로 자리매김한 쉬슬러 피오렌자의 해석 방법을 참고하고자 한다.

1. 여성학과 페미니즘[1]

1) 여성학의 공헌

여성학은 여성 연구 또는 여성에 관한 강좌를 통칭하며, 일차적으로 사회 속 여성의 역할, 경험, 지위를 새롭게 이해하고자 하는 학문이다. 또한 사회 속 여성 차별을 인식하고 진정한 여성됨이 무엇인지를 여성의 입장에서 규정하는 학문 체계다.

흑인 페미니스트 벨 훅스는 "우리 모두가 그냥 우리 자신으로 살 수 있는 세계, 평화와 가능성의 세계를 만들기 위한 도전을 담은 것이 여성학이다"라고 했다. 서구의 경우 1968년경에 여성학이 처음으로 대학에서 강의되었고(영국 반 대학의 줄리엣 미첼), 우리나라에서는 1977년 이화여자대학교에서 첫 강의가 이루어졌다. 여성학은 지난 30여 년간의 급격한 사회 변화 속에서 새로운 성별 질서를 구성하기 위한 학문으로 기능해왔다.

이렇게 대두된 여성학의 새롭고 도전적인 시각과 실천은 다음과 같았다. 첫째, 남성과 여성이 같은 인간이라는 시각에서 그 차이와 같음을 연구했고, 둘째, 지극히 개인적인 것으로 여겨지던 문제를 재고하여 그에 대한 법적·사회적 대안을 찾아냈다. 예를 들자면, 가정 폭력 및 성폭력에 대한 새로운 법과 노동 시장에서의 여성 차별 금지법 등의 입법에 성공했다. 현재 미국의 주 의회에서는 가정 폭력과 청소년 임신 관련 법안 등을 여성 의원이 발의하여 통과시키는 추세다. 셋째, 여성의 활동을 지원하고 사회적 참여를 확대했으며, 넷째, 사회적·제도적 평등을 이루어 기회와 가능성을

---

[1]   강이수, "여성학이란 무엇인가", 『새 여성학 강의』(파주: 동녘, 2008), 13-33을 정리하였다.

확대하는 등 많은 성과를 냈다.

2) 여성학의 연구 영역과 성격

여성학의 연구 영역은 현대 사회에 성차별이 존재한다는 인식하에 여성이 현재 당면한 사회적 모순과 내적 갈등에 초점을 두고, 미래의 여성 해방과 그 방법을 전망하며, 과거의 여성에게 정당한 위치를 부여하고 평가하는 것을 모두 포함한다. 결과적으로 여성학의 연구 범위는 남녀의 인격 형성과 사회화의 문제, 가족 문제, 성과 몸에 관련된 문제, 취업 및 경제생활, 복지, 노동, 문화, 통일 등 모든 문제에 이른다.

　여성학의 성격은 첫째로 비판적이다. 여성학은 여성의 집단 이익을 위해 편파적이고 배타적으로 연구하는 학문이 아니라, 기존 학문과 전통적 지식의 많은 부분에 나타나는 여성 차별, 인종 차별, 계급 차별을 비롯한 모든 편견과 오류에 도전하는 비판적 학문이다. 둘째, 여성학은 다학문적(multi-disciplinary)이고 학제적(inter-disciplinary)이다. 단일 학문 체계를 갖기보다 여러 학문 영역에서 여성을 대상으로 연구하는 다학문적 특성을 가지며, 여러 학문 분야의 연구 방법을 각각의 여성 문제에 결합해서 연구하는 학제적 특성을 갖는다. 그러므로 여성학은 다양한 학문 간 '관계의 학'이라고 할 수 있다. 셋째, 실천적 성격이 있다. 여성학은 여성의 지위 향상이라는 명확한 목적을 가지고, 성별에 따른 역할 분업이라는 사회 현상에 대해 변화를 요청하므로 실천적이고 혁신적인 학문이기도 하다.

3) 여성학의 과제와 전망

여성학의 과제와 전망을 세 가지로 정리하면 다음과 같다. 첫째, 여성주의 학문의 정체성을 확립하는 일이다. 지금까지 이루어진 많은 여성 관련 교육이 우리에게 내면화되어 있던 억압과 불평등의 문제를 해결하고 극복하는 데 기여해왔다. 그러나 여성만을 위한 학문이라는 협소한 틀로는 학문적 정체성을 확립하기 어렵다. 여성학은 사회적 불평등과 편견에 도전하는 학문으로서, 여성은 물론 남성에 대한 편견과 신화까지 극복할 대안을 제공할 수 있는 보편 학문으로서의 입지를 명확히 할 필요가 있다.

둘째, 여성학은 다양한 여성의 이해를 반영하고 연대를 형성하기 위한 기반을 제공하는 학문이 되도록 노력해야 한다. 무수히 다른 여성들의 경험과 차이를 인정하면서 이를 하나로 묶는 일은 쉽지 않다. 따라서 불평등 극복 차원에서 출발한 여성학이 여성 내부의 다양한 차이의 극복을 지향할 수 있도록 하는 노력이 요구된다.

셋째, 가부장제, 성폭력, 지구화, 평등에 관한 미래 지향적이고 포용력 있는 모델 구축이 필요하다. 20세기의 한계를 뛰어넘고 변화를 도모하려면, 세계적인 문제에 대해 여성의 전문 지식과 경험이 활용되어야 한다는 인식이 확산하고 있다.

2. 페미니즘이란 무엇인가?:
페미니즘의 갈래와 한국 여성 운동의 역사

'페미니즘'(feminism)이 오늘날처럼 보다 적극적이고 포괄적인 의미로 통용되기 시작한 것은 1960년대 후반부터다. 구체적으로는 시몬 드 보부아르의『제2의 성』(Le Deuxième Sexe)에 언급된 페미니즘이라는 단어를 여성들이 그들의 활동을 표현하는 이름으로 사용하기 시작하면서다. 이것이 오늘날에 와서는 새로운 의미를 갖추게 된 페미니즘의 출발점이 되었다.[2] 페미니즘은 '여성됨'에 관한 여성 스스로의 근원적 물음에서 시작된다. 여성의 법적 지위가 과거보다 크게 신장된 것은 사실이지만, 여성을 열등하게 보는 관념이 여전히 우리 사회나 교회에 깊숙이 뿌리내리고 있다. 페미니즘은 여성을 단순히 '아이 낳는 존재'로 치부하면서 그것이 여성의 운명인 양 몰아붙이는 가부장적 사고에 도전한다. 그리고 남녀 사이의 '구별'이 아닌 '차별'을 자아낸 주범은 '성'이 아니라 '성별'이라고 말한다.

18세기 서구에서 시작된 중세 신분 사회에서 근대 사회로의 본격적 전환은 자유와 평등사상을 불러일으켰으며, 그런 가운데 여성도 남성과 동등한 인간으로서의 권리를 주장하게 되었다. 여성 차별적인 교육 제도, 법률, 관습에 대한 저항을 중심으로 한 자유주의의 흐름은 특히 여성의 참정권이 확보되는 20세기 초·중반까지 여성 운동의 중요한 한 축을 이루었다. 산업 혁명 이후 노동 계급의 급격한 성장과 함께 사회 변혁 운동이 활성화하면서, 여성 운동에도 마르크스주의를 비롯한 사회주의 운동과 맥을 함께하는 흐름이 생겨났다. 이들은 종전의 자유주의 여성 운동과 달리 남녀 차별뿐 아니라 경제적 억압을 포함한 여성의 상황 전반에 관심을 기울이고 사회 구조의 근본적인 변화를 추구했다. 또한 서구 산업화와 더불어 시작된 제국주의적 식민 사회에서 일어난 민족 해방 운동 역시 여성 운동에 영

---

2   하희정,『역사에서 사라진 그녀들』(구리: 선율, 2019), 222-3.

향을 미쳐, 여성 운동이 민족 해방 이념과 결합하게 되었다.[3]

1) 페미니즘의 갈래

페미니즘은 프랑스 혁명과 미국 독립 혁명에서 나온 '시민 권리 운동'(civil rights movement)에 의해 촉발되어 "여성도 인간이다"라고 외친 자유주의 페미니즘(메리 울스턴크래프트, 『여성의 권리 옹호』[A Vindication of the Rights of Woman], 1792)을 시작으로 하여 여러 갈래로 발달한다. 우선 19세기 이후 여성 억압을 낳은 근본 원인을 사적 소유제 혹은 근대적 형태인 자본주의 체제로 본 마르크스 페미니즘이 출현했고, 다음으로 1960년대 후반 서구에서 여성 운동의 물결이 거세게 일어나면서 여성 억압의 뿌리 깊은 근원성을 강조해 발본적(拔本的)으로 접근한 급진적 페미니즘(생물학주의·문화주의)이 나왔으며, 마르크스주의와 급진적 페미니즘이 통합되어 사회주의 페미니즘으로 나타났다. 또한 프로이트의 오이디푸스 콤플렉스와 거세 콤플렉스에서 성 억압의 뿌리가 여성의 의식 속 깊이 박혀 있다고 보고 해방의 논의를 시도한 정신분석학 페미니즘, 여성을 타자인 제2의 성으로 보고(시몬 드 보부아르) 이의 극복을 강조한 실존주의 페미니즘, 여성의 진정한 자유와 해방을 위해 전통적 가정과 남성 중심의 활동을 거부하고 새로운 여성문화 활동을 주창한 포스트모던 페미니즘(뤼스 이리가레, 엘렌 식수, 줄리아 크리스테바, 자크 라캉, 자크 데리다)이 있으며, 그 외에도 생태학과 여성주의 이론을 결합하여 여성 해방과 자연 해방을 동시에 추구하고자 한 에코페미니즘

---

3   김영희, "평등과 해방의 꿈: 페미니즘의 다양한 모색", 『새 여성학 강의』, 35-58.

등의 갈래가 있다.[4]

여기서 페미니즘, 여성학, 여성 운동을 정의할 필요가 있겠다. 페미니즘이 사회에 성차별과 성에 따른 불평등이 존재함을 인식하게 하고 여성에 대한 긍정적 시각을 제공해주는 거시적 이론 틀을 마련하는 한편 억압을 폐지하고 남녀평등 사회를 지향하려는 실천적 의지를 담은 이념이라고 한다면, 여성학이란 정치적 실천과 학문적 영역을 결합하여 포괄적인 여성문제를 다루는 학문이다. 여성 운동은 페미니즘의 기반 위에서 여성 문제를 구체적으로 해결해 나가려는 실천, 또는 여성 해방을 위한 다양한 활동을 지칭한다. 현재 모든 대학에 개설될 정도로 '여성학'이 중요한 학문적 위치를 점하게 된 것은 페미니스트들이 공헌한 결과라 하지 않을 수 없다. 다른 것은 몰라도, 페미니즘의 캐치프레이즈(catch phrase)인 "여성도 인간이다", "개인적인 것이 곧 정치적인 것이다"만큼은 기억해두는 것이 유익하다.

2) 현대 사회의 여성에 대한 인식 변천사: 한국 여성 운동의 역사

강남순 교수는 페미니즘의 가장 근원적인 인식론 틀을 제공해준 '여성의 한 인간으로서 자기 이해'가 한국 사회의 근대화 과정에서는 수용되기 어려웠다고 말한다. 여성이 남성 의존적, 남성 중심적, 가족 중심적 삶을 사는 것이 '한국적' 미덕으로 고양되어왔기 때문에 "여성도 개체성을 지닌 인간"이라는 페미니즘의 가장 기본적인 원리가 한국적 원리와 근원적 대립을 피하기 어려웠다는 것이다. 그의 말을 더 들어보자.[5]

---

4   앞의 책.

5   강남순, "근대성, 기독교, 그리고 페미니즘의 관계에 대한 비판적 고찰", 「신학과 세계」 44(2002): 470-94.

19세기 한국 사회에 도입되기 시작한 근대화는 서구 사회가 혁명의 과정을 통하여 자생적으로 형성된 것과는 달리, 서구의 외적인 힘들에 의하여 촉발되었다. 기독교는 서구 문명과 동의어로 인식되었으며, 한국 사회에 수용되어 온 근대성의 의미는 계몽주의 사상과 프랑스 혁명을 가능하게 했던 해방의 근대성이 아니라, 산업혁명으로 촉발된 기술의 근대성을 주로 근대화의 의미로 수용하기 시작하였다. 즉, 한 인간이 지니고 있는 존엄성에 대한 인식과 그러한 인식에 따른 인간의 자유와 평등에의 추구라는 서구 근대성이 지닌 해방적 인간 이해가 아니라, 도구적 근대성이 한국 사회에 도입되었다.···외면적으로는 개인주의를 수용하면서도, 내면적으로는 개인주의가 아닌 집단주의적, 위계적 인간 이해를 바탕으로 한 기형적 교육을 하게 되었다.

(1) 여성 운동의 개념[6]

여성 운동은 인간 역사 속에서 소외되고 누락된 여성의 목소리를 복원하고 여성의 지위를 높이며 성 평등 사회를 만들기 위한 노력과 실천을 의미한다. 즉 한 성(性)에 의해 다른 성이 일방적으로 억압되어온 것에 대한 저항과 해방을 지향하는 운동으로서, 가부장제 철폐, 성별 분업 폐지, 성차별적 조건 개선, 섹슈얼리티 부분에서의 성적 자율권과 주체성 확보 등을 핵심 과제로 삼고 있다. 주체가 여성이고 여성주의적 목표를 추구한다는 성격이 있는 것은 사실이나, 여성 운동의 역사성을 간과하면 여성 운동의 폭을 좁힐 우려가 있으므로, 역사적으로 여성이 참여한 사회 변혁 운동이라면 성별 변화와 상관없이 여성 운동으로 간주하고 있다. 예를 들어 민족 해방 운

---

6   장미경, "한국 여성 운동의 어제와 오늘", 『새 여성학 강의』, 305-30을 정리하였다.

동, 계급투쟁, 독립운동은 주체와 목표 중 하나만 충족되면 여성 운동으로 본다.

(2) 한국의 근대 여성 운동: 여성 계몽 및 민족 해방 운동

한국의 여성 운동은 초기 근대화 운동, 식민지 민족 해방 운동, 민주화 운동, 통일 운동 등 식민지 경험과 미군정 및 군부 독재 정치 경험과 분단 체제 고착처럼 서구와는 다른 고유한 역사적·사회적 배경과 더불어 진행되었다. 한국 여성 운동의 역사적 연원은 조선 시대 말기라고 할 수 있다. 당시에는 양반가 여성이 중심이 되어 여성을 속박하던 봉건적 관습과 법에서 벗어나려고 여성의 교육과 경제적 자립 및 사회 참여를 목표로 운동을 벌였다. 20세기 들어 민간 차원의 학교 설립 운동에서 이루어진 여성 교육의 내용은 구국을 위해 자녀를 키우는 어머니 양성에 초점이 맞춰졌으며, 이외에도 한일부인회나 여자교육회가 봉건적 인습에서의 해방, 가정의 개혁 및 여성의 권리를 주장하였으나, 일제 침략 세력에 관한 언급은 회피하게 되었다.

그러면 이제 한국의 여성 운동 역사를 간략하게 살피고자 한다. 우선 일제 강점기의 여성 운동으로는 비밀 결사 단체인 송죽회와 대한애국부인회가 있었다. 여성 항일 애국 단체들은 상하이 임시 정부를 위한 군자금 모금, 국내 통신, 연락 관계 등을 맡았다. 또한 1919년 3·1운동으로 여성들의 국채 보상 운동, 구국 애국 운동, 농촌 계몽 운동 등은 민족 해방 운동 차원의 여성 운동을 본격화하는 계기가 되었다. 1927년에는 식민지하 민족 해방 운동의 통합 조직인 신간회가 창설되었으며, 여러 민족주의·자유주의·사회주의 계열의 여성 단체들이 통합된 근우회도 창립되었다. 1930년대 후반에는 여성 노동자들의 파업, 여성 농민 운동, 제주도 해녀 투쟁, 기생 조합의 생존권 투쟁, 계급별·계층별 생존권, 노동권, 평등권 확립을 위한 운동들이 전개되었다.

1945년 해방 이후부터 1960년대까지는 여성 운동이 좌절과 정체를 겪던 시기였다. 해방 이후 미군정 시대의 여성 운동은 친일파 청산, 전쟁 복구, 이념 갈등 등의 문제 해결과 봉건 철폐라는 과제를 안고 있었다. 1945년 8월에 여성 해방과 자주 국가 건설을 목표로 탄생한 건국부녀동맹은 여성 단체들의 통일 전선을 구축하려 했지만 결국 이념 차이를 극복하지 못해 한 달 만에 우익 단체인 한국애국부인회 및 대한부인회와, 좌익 단체인 조선부녀총동맹으로 분리되고 말았다. 1948년 자유주의 계열의 남한 단독 독립 정부가 수립된 후 여성 운동은 박애 정신에 입각한 상류층 중심의 운동으로서 전쟁 복구, 가난 해소, 대중 계몽 활동을 주로 전개했다. 좌·우익 여성 단체가 공동으로 이루어낸 가장 큰 성과로는 공창제의 법적 폐지(1948)를 들 수 있다.

1960년대 여성 운동은 5·16 이후 박정희 군사 독재 정권의 지배하에 이루어졌는데, 새마을부녀회(1967)는 여성 운동보다는 정부 정책을 선전하는 기관 단체의 성격이 강했고, 대한부인회가 이름을 바꾼 한국부인회(1964), 한국여성단체협의회(1959) 역시 그러한 성격이 강화된 가운데 부분적으로 여권 증진 활동을 전개했다.

1970년부터 1980년대까지는 여성 노동자 운동과 여성주의 인식이 도입된 시기였다. 독재 정권에 저항하는 민주화 운동과 여성 노동자 문제를 담아내는 민중적 여성 운동이 나타나 반독재 투쟁, 구사대 폭력 반대, 민주 노조 설립, 임금 투쟁 등의 이슈는 표면화되었지만, 모성 보호, 성폭력 같은 이슈는 여론화되지 못했다. 한편 서구의 여성 해방론과 여성 운동이 수입되면서 학계와 지식인 사회에서도 여성 문제에 대한 집단적 인식이 새롭게 형성되었다. 1977년 이화여자대학교에 여성학 과정이 처음 개설되었고, 1980년대 초에는 크리스천 아카데미의 '여성인간선언'이 발표되었다. 이 선언은 여성 운동을 문화 개혁과 인간 해방 운동으로 규정하고 "한국 여성 운동의 과제는 민주화의 달성과 여성 노동의 사회화"에 있다고 선언했다. 1983년 창립된 여성평우회는 "여성 운동은 가부장제를 포함하여 여성을 억압하는 사회 구조를 변혁함으로써 남녀 모두 인간답게 살 수 있는 사회를 건설하는 것을 목표로 한다"고 했으며, 여성 운동의 이념은 "여성 해방 및 인간 해방이며, 우리가 속한 사회의 모든 비인간적 요소를 타파하고자 하는 총체적 운동을 지향한다"(「여성평우」 2호)라고 선언했다.

이 두 선언의 강조점은 다소 다르지만, '여성 운동'을 남성과 함께하는 인간 해방 운동으로 정의하고 민주적·민중적 사회로의 변혁을 지향했다는 공통점이 있다. 이처럼 이 당시 여성 운동은 민주화 운동, 민중 운동으로서의 성격이 강한 가운데, 1980년대 광주 민주화 운동, 1987년 최루탄 추방 운동과 화염병 처벌법 입법 반대 투쟁, 민주화실천가족운동협의회의 양심수 석방 운동, 국가보안법 철폐를 위한 목요집회 등의 사회 운동에 적극 개입했다. 여성 해방적 인식과 실천의 필요성에 지식인 여성들이 빠르게 공감하기 시작했고, 그 과정에서 여성의전화(1983), 또하나의문화(1984), 한국여성단체연합(1987), 한국여성노동자회(1987) 등이 속속 탄생했다. 여성 운동가들은 여성이 사회에서 느끼는 성적 억압과 차별 문제를 집단적으로 제기하고 여성 운동의 정당성을 주장하는 한편, 민주화 운동 및 노동 운동권에서 나타나는 여성 문제에 대한 편견을 없애고자 노력했다. 이후 결혼 퇴직, 고용 불안정, 임금 차별, 모성 보호 등의 일하는 여성 문제와 성매매, 성폭력, 자녀 양육 문제, 가사 노동의 가치 문제 등이 활발하게 연구되고 중요한 사회적 관심사로 부각되었다.

1990년대 이후부터는 운동 영역이 확대되고 다양성이 확보되는 시기였다. 1980년대의 민주화 및 민중적 여성 운동은 '성 평등 및 반 가부장제' 이슈를 중심으로 하는 여성 해방적 운동으로 변모하면서 사회 전반에 성 평등 인식을 확대했으며, 여성 운동의 영역을 새롭게 형성했다. 이로써 여성 운동은 독자적 사상과 이념 체계를 갖춘 사회 운동으로 인정받게 된다. 그동안 주목받지 못했던 영역, 즉 몸의 권리나 섹슈얼리티 영역을 비롯해 정치, 환경, 평화, 문화, 소비 등 다양한 영역이 발견되고 각 영역에서 실천 활동이 활발히 이루어졌다.

가장 활발한 여성 운동 영역은 첫째, 여성의 몸에 대한 권리와 섹슈얼리티 관련 분야다. 김부남, 변월수, 김보은, 김진관 사건 등의 성폭력 사건을 중심으로 한국성폭력상담소와 한국여성의전화연합이 성폭력 반대 운동을 활발하게 펼쳤고, '성폭력 특별법'이 제정되었다. 이전까지 성폭력 범죄는 여성의 신체에 대한 치명적 상해나 폭력에만 적용되었는데, '서울대 신 교수 성희롱 사건'을 계기로 '여성 피해자의 주관적 관점과 견해'를 더 고려하는 성폭력 형태가 인정되었다. 성희롱은 "직장, 학교, 조직과의 연관 속에서 위계적 권력을 가진 자가 그렇지 않은 자에게 원하지 않는 성적 접근을 강요하는 것"으로 정의됨으로써, 피해자의 '저항'보다 '동의'를 중심으로 정의하는 성폭력 개념을 더 명료하게 하는 데 기여했다. 1990년대 중반을 거치면서 '가정폭력방지법'과 '남녀차별금지법'도 제정된다. 성매매 문제와 관련해서는 1995년 '윤락행위 등 방지법'(1961년 제정)이 개정되었다.

둘째, 학술·문화적 측면의 여성 운동도 활발하게 전개되었다. 1990년 각 대학에 확산된 여성학 강좌와 여성신문, 여성과사회, 이프(if), 또하나의 문화를 비롯한 여성학 관련 언론·출판의 성장이 페미니즘 의식의 대중적 확산에 기여했다. 여성 단체들은 언론과 방송에서 성차별적 행위에 맞서

항의했고, 대안적인 여성 문화 운동으로서 안티 미스코리아 페스티벌과 월경 페스티벌을 새로 기획했다. 문학에서는 '여성적 글쓰기 방식'에 대한 관심이 중요한 특징으로 나타났다.

셋째, 가부장적 가족 구조에 대항하는 운동과 양성 평등한 가족 만들기 운동이 전개되었다. 가정법률상담소를 중심으로 지속해온 가족법 개정 운동은 1979년, 1991년에 가족법 개정이라는 성과를 냈으며, 그 후에도 여전히 남아 있던 성차별적 조항인 호주제를 폐지하자는 '호주제 폐지 운동'과 '부모 성(姓) 함께 쓰기 운동'을 확산시키는 계기로 작용한다. 그 외에도 가부장적 인식과 용어를 고치자는 여러 운동이 전개되었다.

넷째, 노동·농업 분야에서는 '남녀고용평등법'과 '영유아보육법'의 제·개정을 비롯한 법 관련 운동과 더불어 여성 노동자들의 평생 평등 노동권 확보 투쟁, 가사 노동을 전제하는 이념(ideology) 반대 및 결혼 퇴직제 반대 운동이 전개되었다.

다섯째, 환경·통일·평화 운동 분야에서도 여성 운동이 전개되었다. 환경을살리는여성들, YWCA를 비롯한 여러 단체가 적극적으로 활동했으며, 북한 동포 동기, 북한 이탈 여성 주민을 위한 활동 등 통일 운동도 전개되었다. 한편 위안부 할머니들과 한국정신대문제대책협의회, 한국정신대연구소의 적극적 활동에 힘입어 피해자들의 생활 대책이 마련되는 성과를 거두었지만, 일본 정부의 진상 규명과 배상 및 전범 재판에 관해서는 매듭을 풀지 못하고 있다.

여섯째, 정치 참여와 관련된 여성 운동으로는 1992년 기초의회 의원 선거를 앞두고 조작된 정치참여를 위한 범여성 모임, 의정 감시 활동 모임 등이 있다. 또한 여성들은 맑은정치여성네트워크를 구성해 '여성 100인 국회 보내기 운동'을 벌이기도 했다.

3. 여성주의 인식론 살피기

1) 여성에 대한 인식 전환을 위한 첫 단계: 여성주의 인식론이란?[7]

여성에 대한 인식 전환을 위해서는 여성주의 인식론을 살펴볼 필요가 있다. 여성주의 인식론이란 여성의 경험과 입장을 탐구해가려는 여성주의 관점이다. 철학의 한 분과인 인식론은 인식의 본질과 원리를 탐구하는 학문이며, 인식의 원천, 가능 조건, 범위, 한계에 대한 물음이 주요 주제다. 인식론에서 문제가 되는 인식은 궁극적으로 참된 인식이다. 또한 우리가 앎 혹은 지식이라는 부르는 것이 믿음이나 억견과는 구별되어 타당한 근거를 가지고 정당화될 수 있는 조건은 무엇인가 하는 물음으로 귀결된다는 점에서, 지식론이 된다.

대상을 파악하고 규정하는 인식 작용에서 인식에 도달하기 위한 수단으로서 일련의 근본 개념을 말하자면, '관점'을 사용한다. 이 개념(관점) 속에 가장 근본적이고 보편적인 개념을 '범주'라 부른다. 따라서 범주라는 것은 사유의 형식이며 사유의 규정이다.

여성주의 인식론적 물음은 다음과 같다. 첫째, '누가 아는가?'라는, 인식 주체에 관한 물음이다. 누가 지식을 생산하며 누가 지식에 대한 권위를 부여하는가를 묻는 이 물음은 지식과 권력의 상관관계를 지시한다. 둘째, '무엇을 아는가?'라는, 인식 대상에 관한 물음이다. 셋째, '인식 주체가 인식 대상을 어떻게 아는가?'라는 물음이다. 이는 인식 주체와 대상 간에 이루어

---

7   이상화, "여성주의 인식론에 대한 비판적 성찰"『한국여성철학』(서울: 한울아카데미, 1995) 을 참조하였다.

지는 인식 과정과 참된 인식의 원천에 대한 물음이다.

2) 여성주의 인식론: 입장론과 경험론

여성주의 인식론에는 입장론(관점 이론)과 경험론이 있다. 입장론은 '연구자가 자신의 주관을 연구에 개입시키지 않아야 한다'는, 기존 학문의 객관성 개념이 기초한다는 가정에 대해 회의적인 자세를 취한다. 기존의 인식론이 과학적 지식의 '정당화 맥락'만 중요시했지 과학적 '발견의 맥락'은 소홀히 해온 점을 비판하는 것이다. 따라서 기존의 전통적이거나 남성 중심적인 입장과는 달리, 여성이 사회와 세계를 더 올바르게 이해할 수 있는 인식론적 특권을 가진다고 주장한다. 이러한 비판과 더불어 여성주의 인식론에서는 과학적 발견의 맥락에서 작용하는 편견들, 즉 남성 중심주의, 성차별주의, 성별 이데올로기 등을 밝혀내 보여주었다. 여성주의 인식론의 기본 범주는 여성, 여성 본성, 여성 체험(어머니됨과 성)이다. 그래서 체험주의 인식론은 '구체성'과 '다름'을 포기하지 않으면서도 '보편성'과 '같음'을 동시에 담아낼 수 있는 틀을 지향한다. 여성 체험의 이질성과 편파성은 지엽적인 것과 전체적인 것, 텍스트(text)와 콘텍스트(context)를 상호 매개시킬 수 있는 방법론이 제시되어야만 인식론의 출발점이 될 수 있다.

한편, 여성주의 경험론은 기존 학문이 남성의 경험을 인간 전체의 경험을 대표하는 양 제시하며 여성을 배제해온 것에 비판적 입장을 취한다. 여성의 경험을 학문적으로 무시하거나 배제함으로써 사회적 왜곡과 편견이 생긴다고 보기 때문이다. 따라서 기존 과학의 남성 중심적 편견을 극복하려면 여성의 경험을 포함하는 쪽으로 확대해야 하며, 이것이 참다운 객관성을 확보하는 길이라고 보는 입장이 여성주의 경험론이다. 경험론은 여성을 중심에 두고 여성의 일상적 경험과 입장을 탐구하는 여성주의적 관점을 정립해나가야 한다.

여성주의 인식론은 여성주의가 과학으로부터 단절되거나 자유롭게 되어야 한다는 주장이 아니라, 지식, 인식, 과학을 이미 생산된 산물로 보기보다 하나의 과정으로 보아야 하며, 내용으로 보기보다는 실천으로 봐야 한다는 관점이다. 그래서 '여성주의적 과학이 있느냐'의 문제보다는, 여성주의자로서 과학을 수행하는 것에 초점을 맞추어야 한다. 여성주의 이론의 주장과 요구가 담지하고 있는 진리치와 타당성을 보다 설득력 있게 만들고 학적 권위가 있음을 입증하기 위해서는, 여성주의 이론 안에 있는 과잉 일반화의 오류와 논리적 비일관성을 과감하게 인정하고 극복하려는 노력이 필요하다.

여성주의적 이론은 이분법, 본질주의적 환원론, 관념적 보편주의를 벗어나 새로운 인식론적 기반을 마련해야 한다. 여성주의 이론에서 이분법의 극복은 보편과 특수, 같음과 다름을 이분법으로 사유하지 않을 수 있는 길이 존재하는가에 귀착된다. 같음과 다름을 이분법적으로 보지 않는 유일한 길은 다름을 관용하고 존중할 수 있는 같음을 찾아나서는 것이다. 하지만 같음의 문제는 여성이라는 보편적 주체나 대상을 상정하기에 나오는 것이 아니라 '왜 억압에 저항해야 하는가'라는 물음에서 나오는 것이다. 여성주의자들이 억압에 저항한다면 여성주의적 입장은 자유, 평등, 정의, 자기 결정권과 같은 가치 이념을 승인하는 셈이 된다.

3) 여성에 대한 인식 전환을 위한 제언

강남순 교수는 "근대성과 기독교, 그리고 페미니즘이 공유하는 것이 있다면, 그것은 인간의 외적인 조건들, 즉 인종, 신분, 성별 등을 넘어서 모든 인간 개개인이 지니고 있는 개체적 인간으로서의 존엄성에 대한 인식이다. 이러한 인간 이해는 인류 역사에서 끊임없이 존재하여온 차별과 배제의 사회 구조에 저항하고, 보다 보편적인 평등과 해방의 지평으로 나아가게 하는 인식론적 전제가 되어야 한다"라고 했다.[8] 이처럼 '여성으로서 나는 누구인가?'를 질문하는 것은 여성에 대한 인식 전환의 출발점이기도 하면서, 같음과 다름을 찾아나서는 인식 전환의 도전이기도 하다.

인류 공동체는 남성만을 위한 공동체가 아니라 여성과 함께하는 공동체로서 친밀함, 소통, 연합, 평등의 공동체다. 이제는 어떠한 강요나 억압이나 차별도 없는 자유와 상호 존중과 조화와 균형을 통해 인간성을 이루어나가도록 여성이 스스로 노력해야 한다. 따라서 여성에 대한 인식의 전환을 위해 몇 가지를 제안해본다.

첫째, 여성의 자기 이해와 인간관 정립을 위한 페미니즘 교육이 요구된다. 자신을 성적인 존재로서 인식하는 젠더 정체성은 인간의 정체성 및 인간관계에서 매우 중요하며, 성 역할에 대한 인식을 갖추는 데 기초가 되기 때문이다. 둘째, 교육·정치·문화·노동·예술·법·윤리 등 모든 영역에서 여성 입장에서의 학문적 논의와 재평가가 필요하다. 셋째, 가부장제나 성폭력 문제 해결 및 평등과 정의의 실현을 위해 미래 지향적이고 포용력 있는 실천적 모델 구축이 필요하다. 21세기에 변화를 도모하려면 여성들의 전문 지식과 경험이 공유되고 활용되어야 한다.

넷째, 21세기는 공감과 소통, 감성과 직관의 시대다. 이에 따라 여성의

---

8   강남순, "근대성, 기독교, 그리고 페미니즘의 관계에 대한 비판적 고찰", 「신학과 세계」 44(2002): 470-94.

장점과 은사를 살리는 역동적인 여성의 '힘 갖추기'(empowerment)를 통해 기존의 남성 정치 구조 속 여성의 진출 기회를 늘림으로써 여성 인재풀을 구축하여, 남녀 평등하면서도 유효한 정책이 마련되도록 노력해야 한다. 다섯째, 제도적 접근을 넘어 문화적 접근으로 나아가야 한다. 여성 친화적인 법과 정책도 중요하지만, 가정과 사회에서의 일상생활과 사회문화적 의식을 근본적으로 바꾸려면 교육이나 대중매체에 나타는 것을 비롯하여 모든 성 편견적 문화와 의식을 바꾸어나가도록 노력해야 한다.

4. 여성 정체성과 정신 분석학으로 보는 여성성

1) 여성성과 여성 정체성[9]

1987년 매사추세츠 공과대학의 페이지 박사는 염색체 이상과 호르몬 분비 이상으로 인해 현대 과학으로도 전체 인구 중 10%에 이르는 사람의 XX염색체와 XY염색체를 분명하게 밝힐 수 없다고 주장했다. 그렇다면 여성을 여성이라고 말할 수 있는 '여성성'이란 무엇일까? 오랫동안 여성은 임신과 출산 기능 때문에 남성과 다르다고 여겨져왔다. 그러나 가임기 이전의 영유아, 폐경기 이후의 여성, 가임 능력이 없는 여성이라고 하여 여성이 아니라고 할 수 없다. 게다가 트랜스젠더(trans-gender)나 복장 도착 문제까지 생각하면 우리가 알고 있는 여성성 개념은 혼란에 빠진다. 존 그레이(John Gray)의 베스트셀러 『화성에서 온 남자 금성에서 온 여자』는 남녀의 육체적

---

9   조현순, "여성성과 젠더 정체성", 『새 여성학 강의』, 93-120을 정리하였다.

차이보다 심리적 동일시 모델을 중요한 요소로 여기고 기술한 책이다. 그레이는 남성의 사랑에 대한 욕구가 신뢰와 인정, 감사와 찬미, 찬성과 격려라면, 여성의 사랑에 대한 욕구는 관심과 이해, 존중과 헌신, 공감과 확신이라고 구분하고 있다.

2) 젠더 혹은 젠더 정체성이란?

요즘 젠더에 대한 관심과 더불어 학문적 연구의 중심으로 자리 잡게 된 것이 '정체성' 문제다. 사회주의를 지향하던 동구권의 몰락으로 국가, 민족, 이데올로기, 정당에 관심을 보이던 거시적 관점이 개별 구성원, 하부 집단, 한 개인 안에서 시시각각 변모하는 정체성 등의 미시적 관점으로 좁혀졌다.

성(性)은 남녀를 구분하는 용어인데, 생물학적 성(sex)과 사회학적 성(gender) 개념을 구분하여 사용하고 있다. 생물학적 성(sex)은 한 개인의 해부학적 특징에 근거하여 남성, 여성을 결정하는 신체적·유전적 의미인 반면, 사회적 성인 젠더(gender)는 사회문화 과정에서 획득되고 형성된 성의 구분을 의미한다. 즉 젠더란 사회문화적 의미가 각인되어 의미를 갖게 된다는 뜻이고, 다른 의미로는 고정적으로 결정되어 있는 게 아니라 언제나 과정 속에 새로운 의미화로 열려 있다는 뜻이다.

정체성(identity)이란 내가 누구인지 스스로 규정하는 것이다. 즉 자신의 참모습, 본체, 본마음이라 할 수 있다. 또한 정체성이란 성격, 취향, 가치관, 능력, 관심사, 인간관, 세계관, 미래관에 이르는 모든 부분에서 지속적이고 통합적인 자아 개념을 형성하는 것이라고 할 수 있다. 정체성은 본질주의적 개인과 집단, 구성주의적 개인과 집단이라는 네 가지 관점에서 조망할 수 있다. 본질주의란 여성 고유의 핵심적 특성이 존재한다는 신념하에 생식기의 차이에 따라 구분하는 것이고, 구성주의란 고유성이 아니라 인종, 계급, 권력, 식민 경험의 유무, 섹슈얼리티 상황이나 사회적 문맥, 다시 말해 백인종/유색 인종, 지식인/노동자, 고용자/피고용자, 유산 계급/무산 계급, 주류/비주류, 이성애자/동성애자 여부에 따라 언제나 변할 수 있다는 가정에 근거한 것이다.

역사적으로 보면 정체성에 대한 관점은 집단에서 개인으로, 본질주의에서 구성주의 관점으로 변모해왔는데, 그중에서도 여성의 정체성은 '성차'가 아니라 '개인차'로 보는 경향이 강하다. 그러나 현대 페미니즘에서 젠더 정체성의 문제는 본질적으로 여성성이 존재하는지 여부로 쟁점이 모아진다. 본질주의적 여성성은 여성 해방의 정치성을 말하는 데는 유용하지만 이론적으로 단일한 의미에 고정된다는 단점이 있는 반면, 구성주의적 여성성은 다양한 해석 가능성을 열어주지만 페미니즘이라는 정치적 이슈를 이끌어 갈 단일한 주체의 입지를 불분명하거나 모호하게 만들 수 있다.

3) 정신 분석학으로 보는 여성성

정신 분석학자 프로이트는 구순기, 항문기에 이은 남근기부터 시작되는 오이디푸스 단계에 이르러 여자아이와 남자아이의 성 심리가 근본적으로 다르게 구성된다고 보았다. 즉 남성은 남근을 가진 완전한 존재, 문명에 적합한 주체로서 적극성, 공격성, 사디즘(sadism), 초자아, 윤리성을 지니는 반면에, 여성은 남근이 없는 불완전한 존재, 문명에 부적합한 주체로서 수동성, 방어성, 마조히즘(masochism), 나르시시즘, 퇴행적 유아 성향을 지닌다고 본 것이다.

하지만 뤼스 이리가레(Luce Irigaray)는 여성이 하나의 음경(one penis)

대신 두 개의 음순(two lips)을 가지고 있기에, 다양하고 다층적이며 복수적인 특징이 있다며 프로이트의 견해를 반박했다. 또 엘렌 식수(Helene Cixous)는 남자의 리비도가 소유성(the proper)으로서 자기 동일성과 배타적 성격을 지닌 반면, 여자의 리비도는 허여성(the gift)으로서 관계적이고 소통적이라고 설명했다.

남성 중심의 프로이트 성 심리 이론을 비판하고, 여성 입장에서 적극적이고 긍정적으로 여성성을 재해석한 대표적 여성 이론가로는 낸시 초도로우(Nancy Chodorow)와 캐럴 길리건(Carol Gilligan)을 들 수 있다. 초도로우는 유아가 자아를 형성하는 방식, 즉 자아와 세상의 관계를 중재하는 심리과정에 초점을 맞춰 아버지의 법이나 질서보다는 어머니와 맺는 관계가 유아의 인성이나 성 역할 혹은 정체성의 무의식적 형성에 중요하다는 대상 관계 이론을 주장했다. 딸은 어머니와 자연스럽게 대인적 동일시(personal identification)를 하며, 어머니는 이런 딸을 확장된 자아라고 생각한다. 딸은 어머니와 자신을 동일시하고 보살핌과 애정 관계를 중요시하면서 관계 지향적 정체성(relational identity)을 형성하는 반면, 아들은 독립성과 경쟁심 등의 개체 지향적 정체성(individual identity)을 형성한다는 것이다. 초도로우는 결론적으로 남녀가 성 정체성을 다르게 형성하는 이유가 최초에 무한한 사랑을 베푸는 대상이 여성이기 때문이라고 보면서, 아버지도 사랑을 베푸는 존재가 되어야 한다고 말한다.

종교 심리학자 권수영은 정신 분석적 심리학 연구에서 다루는 죄책감, 수치심, 자아 정체성 등이 종교의 중요한 주제로서 종교와 심리학의 만남이라는 통합적 의미를 산출할 수 있다고 했다. 죄나 고통에서 벗어나는 구원을 추구하는 것과 참된 나를 찾아 탐구하려는 구도적 태도 역시 종교 현상이라는 것이다. 이로써 정신 분석적 심리학 연구들은 정체성 문제가 인간의 정서적 경험에 대한 진지한 관심과 연결되어 있음을 보여준다고 했다. 또한 인간의 성은 단계적인 사랑과 감정 발달을 통해 열매 맺는 선물이 되어야 함을 함축한다고 봤다.[10] 캐럴 길리건은 여성의 도덕 관념이 '보살피는 행동'과 관련이 있고 책임 관계에 대한 이해를 둘러싼 도덕적 발달을 그 중심에 두는 반면, 남성의 도덕 관념은 정의와 규칙에 대한 이해와 결부되어 있다고 했다. 우리 사회는 남녀가 남성성이나 여성성이라는 당대의 문화적 규범에 저항할 때 여기에 병리적 의미를 부여한다. 여성이 여성적이지 못하면 히스테리고 우울증이라고 말하는데, 노처녀 히스테리와 주부우울증 등이 그 예이다. 그러나 이것은 병리적 증후라기보다는 '규범화된 여성성에 저항하기'이자 '가부장적 모성성 거스르기'이다.

여성의 젠더 정체성은 수동성인 것도 아니고, 나르시시즘, 관계 지향성, 보살핌의 윤리, 요조숙녀, 천사, 모성성도 아니다. 부정적 요소든 긍정적 요소든 '여성성이란 어떤 것이다'라고 규정하는 순간부터 분리가 일어나고, 분리는 억압을 낳고, 억압은 병적 징후를 만든다. 여성 안의 남성성, 남성 안의 여성성을 인정하고 포용하는 것이 억압적 여성성이나 모성상을 극복하는 대안이 될 수 있다. 즉 성별 분화가 되지 않은 다양한 '차이'들을 인정하는 방식이 요구된다.

허라금은 여성주의적 관점에서 도덕 이론을 분석하고 문제를 인식하는 것에서 출발할 필요가 있다고 했다. 그러면서 여성에게 여성으로 살 것인지 인간으로 살 것인지 양자택일하라고 강요하지 않는 삶의 질서, 여성이 원하는 것을 선택하며 산다고 말할 수 있는 삶의 구조가 세워졌을 때,

---

10   권수영, 『누구를 위한 종교인가: 종교와 심리학의 만남』(서울: 책세상, 2006), 91-116.

여성은 더 이상 자신과 자신의 역할에 대해 갈등하지 않을 것이라고 했다.[11] 여성학 강사 정희진은 정체성이란 본질적인 것이 아니라 사회적 맥락 속에 있다고 했다. 따라서 페미니즘 역시 여성 정체성의 정치를 벗어나야 하고, 실제로 정체성의 정치 그 이상의 세계관이 되어야 한다고 말한다. 페미니즘은 성별 관계뿐이 아닌 다양한 타자들과의 소통, 그리고 사회적 모순과 성차별 관계에 주목해야 한다는 것이다.[12]

5. 성경적 페미니즘 해석의 기준과 방식

1) 성경적 페미니즘 해석의 관점과 목표

성경적 페미니즘 해석은 '여성의 눈으로 성경을 읽는' 여성주의 성경 해석이다. 이는 성경(text) 속에서 페미니즘적 가치와 젠더 요소를 찾아 기존의 가부장적 젠더 인식을 의심하고 재평가하는 페미니즘 해석이다. 성경은 무공간 상태에서 쓰인 책이 아니라 인간 역사의 시간과 공간 속에서 쓰인 책이다. 이에 관해 앤서니 티슬턴(Anthony C. Thiselton)은 "[성경] 해석학은 특별히 우리가 사는 시대와는 상이한 시대 또는 삶의 컨텍스트 속에서 기록된 텍스트를 읽고 이해하고 다루는 방식을 탐구한다. 성경 해석학은 우리가 성경 텍스트를 어떻게 읽고 이해하고 적용하고 반응해야 하는지를 좀 더 구체적으로 탐구한다"라고 했다.[13] 산드라 슈나이더스(Sandra M.

---

11   허라금, "여성의 자기 분열",『한국여성철학』(서울: 한울아카데미, 1995), 79-95.

12   정희진,『페미니즘의 도전』, 30-3.

13   Anthony C. Thiselton, 김동규 역,『성경 해석학 개론』(Hermeneutics: An Introduction, 서울:

Schneiders)도 여성주의 성경 해석의 목표는 성경 본문 자체나 진리가 요구하는 것을 거절하지 않으면서도, 진리의 문제에 대해 신뢰할 만한 기독교적 가치가 무엇인지를 분별해내는 데 있다고 했다.[14] 이경재는 성경 해석과 설교를 다루면서, 위르겐 하버마스(Jürgen Habermas)가 말한 인간 삶의 네 가지 세계, 즉 자연적 세계(진리), 내적 세계(정직함), 사회적 세계(정당함), 문화적 세계(타당성과 다양성)의 원리 속에서 상호 설득과 상호 인정을 바탕으로 한 합리적 의사소통과 해석학적 상상력을 강조했다.[15]

강남순 교수가 언급한, 새로운 신학적 패러다임을 창출하기 위해 페미니스트 신학이 갖춰야 할 몇 가지 전제를 살펴보는 것이 성경 해석의 기준을 찾는 데 도움이 될 수 있다. 첫째, 학문적 '가치중립성'이 불가능함을 이해해야 한다. 둘째, 신학은 인간의 경험과 분리되지 않는다. 셋째, 신학은 인간의 사회정치적 정황과 연결되어야 한다. 넷째, 신학의 과제는 기독교 전통을 이해하고 해석할 뿐 아니라 변화시키는 것이다. 즉 비인간화되고 주변화된 이들의 구체적 삶의 자리를 좀 더 정의로운 곳으로, 좀 더 하나님 나라에 가까운 곳으로 만들기 위한 변화의 한 부분이 되어야 한다.[16]

앨버라 미켈슨(Alvera Mickelsen)은 "모든 성경 해석은 개인에 의해 왜곡되어 있고, 교회적, 신학적으로 영향을 받고 있다는 사실을 인정해야만 한다.…또 성경 본문의 저자들은 다양한 역사적인 상황을 향하여 선포한 것이기 때문에, 하나님의 말씀은 문화적 상황 안에 있는 것임을 인정해야

새물결플러스, 2009), 14.

14   Sandra M. Schneiders, *The Revelatory Text: Interpreting the New Testament as Sacred Scripture* (San Francisco, CA: HarperSanfrancisco, 1991), 75.

15   이경재, "해석학적 상상력과 설교: 말씀의 날개", 「신학과 세계」 42(2001): 266-307.

16   강남순, 『페미니즘과 기독교』, 62-9.

한다. 그러므로 성경 해석자들은 자신이 범할 수 있는 적용을 포함한 해석적 오류와 위험에 대하여 열린 마음으로 이 점을 인정하고 가능한 한 높은 수준의 성경 해석적인 온전함과 일관성을 향하여, 또 성경 본문의 역사적 배경에 대한 민감함과 더불어 신중함과 인간다움과 헌신을 가지고 적용으로 나아가야 한다"라고 했다.[17]

김순영 박사는 여성 신학이 제기된 이후 신학적으로 가장 중요한 문제는, 성차별적 본문을 포함해 '성경을 어떻게 여성을 위한 성경으로서 이해할 수 있을까'라는 성경 해석의 문제라고 말한다. 여성 신학적 성서 해석학은 지금까지의 해석이 남성 중심적 관점에 치우쳐 있다고 의심하여, 단순히 성(sexuality)에만 초점을 맞추는 게 아니라 억압받는 계급, 인종, 민족들에게 관심을 두면서, 성경이 모순 없이 하나의 진리만을 가진 참 본문(true text)이라는 주장을 거부하고, 그 의미의 모순적 불확정성과 다양성을 전제로 성경을 해석한다는 것이다. 아울러 본문, 독자, 상황에 대한 비판적 접근을 통해 역사 비평적 성서 해석학이 접근하지 못했던 여성에 대한 편견, 소외, 은폐에 관해 신학적으로 말하고 바로 잡으려는 것이라고 했다.[18]

그동안 지나치게 가부장적인 성경 해석으로 인해 문화적 요소를 진리의 문제로 해석한 결과, 여성의 정체성과 인격성은 심한 손상을 입었다. 그러므로 성경 안에서 영원히 변하지 않는 진리는 무엇이고 시대 상황에 의해 파생된 문화적 편견은 무엇인지를 페미니스트적 관점에서 의심하고 재해석할 필요가 있다. 아울러 성경적 페미니즘 해석의 목표는 "여성도 인간이다"라는 인식 아래 기독교 신앙의 목표인 하나님 형상 회복, 즉 인간성

17　Alvera Mickelsen, 홍성희 역, 『성경과 여성』(Women, Authority & The Bible, 서울: CLC, 1999), 254-5.

18　김순영, "여성 신학적 성서 해석 방법론", 「기독교사상」 35(1995): 161-81.

회복에 맞닿아 있다고 하겠다.

이러한 성경적 페미니즘 해석의 관점과 방식은 성경 속 여성의 하나님, 여성의 정체성, 여성의 역할을 복원해냄으로써 하나님 나라 공동체의 비전을 함께 나누며, 남녀 모두 인간성 회복의 지평으로 나아가게 하는 해석 방식이 될 수 있으리라고 본다.

2) 페미니즘 해석학과 우머니즘 해석학

앤서니 티슬턴은 그의 책 『성경 해석학 개론』에서 1980년대 초반 페미니즘 성경 해석의 '제2물결'의 실제적 창시자로 자리매김한 세 명의 여성 신학자를 소개하면서, 페미니즘 해석학과 우머니즘 해석학을 설명하고 있다. 그는 특히 쉬슬러 피오렌자를 성경에 대한 페미니즘 해석에서 가장 유의미하고 영향력 있는 목소리를 낸 인물이자, 페미니즘 성경 해석이 다양한 주제로 파편화되기 이전에 영역 전체를 아우르던 마지막 학자로서 소개하고 있다.[19]

> 수많은 아프리카계 미국인 여성 및 아프리카 여성 저술가들은 "페미니스트"가 백인 중산층, 전문직이거나 학문적 직업을 가진 여성들의 이익과 관심을 배타적으로 대변한다는 근거 아래 "우머니스트"라는 용어를 선호한다. 해방신학과 제3세계에 대한 류터(쉬슬러 피오렌자를 위시해 다른 페미니스트들도)의 공감에도 불구하고 이것은 사실이다. 이런 상황에서 우머니즘 신학이

---

19 Anthony C. Thiselton, 김동규 역, 『성경 해석학 개론』, 447-8. 페미니즘 해석학과 우머니스트 해석학의 자세한 내용은 제14장 전체를 참조하라.

폭넓게 알려지는 데 기여를 한 연구로는 「교회에서 여성과 남성의 공동체」
(The Community of Women and Men in the Church, 1978-1983)와 「여
성과 연대하는 그리스도인」(Christians in Solidarity with Women, 1988-
1998)이 있다. 이 논고들은 류터의 저술보다 훨씬 더 에큐메니칼한 성격을
가진다.

3) 성경적 페미니즘의 해석 방식

(1) 페미니스트 전통 재구성 II의 해석

백소영 교수는 『페미니즘과 기독교의 맥락들』에서 기독교 페미니즘의 해
석학을 "전통의 재구성 I, II"로 나누어 설명하고 있다. 복음주의에 속한 필
자의 입장으로서는 메리 데일리 같은 탈성경/탈기독교 페미니즘을 주장하
는 기독교 페미니스트의 해석 방식은 받아들이기 어렵다. 그러나 페미니스
트 전통 재구성 II의 해석은 성경적 페미니즘 성경 해석 방법을 찾는 데 매
우 유용하다. 백소영 교수가 소개한 전통 재구성 II의 해석 기준과 방법은
다음과 같다.[20]

> 전통을 재구성하려는 페미니스트들의 핵심 주장은 '우리도 전통을 만들어갈
> 권리를 부여받았다'는 것이다. 여성들은 초월성과 보편성의 기준을 가지고
> 주저하지 말고 두려움 없이 권위를 가지고 새로운 전통들을 계속 만들어가
> 야 하며, 하나님의 계시 안에서 만든 이론이나 실천이 누군가를 억압하거나
> 배제하지 않고 초월이요 보편이신 하나님을 더 잘 드러낸다면 새로운 전통이

---

20   백소영, 『페미니즘과 기독교의 맥락들』(서울: 뉴스앤조이, 2018), 111-201.

될 자격이 충분하다.

① 하나님만을 '아버지'로 인정함으로써 인간 '아버지들'에게 부여된 가부장적 권력을 거부하는 것, ② 남성 중심의 문화에서 여성의 죄는 교만이 아니라 의존, 자기 정체성의 결여, 자기를 버릴 정도로 타인에게 자신을 내어 주는 행위임을 인정하는 것, ③ 분노하는 것은 죄라는 가르침에 대해 의문을 제기하고, "사랑의 행위 가운데 행해지는 분노의 힘"을 새로운 기독교 윤리 덕목으로 제안하는 것, ④ 비성경권에서 새로운 전통을 만들어 가는 스펙트럼이 다양할 수 있음을 인정하는 것 등을 '새로이 재구성된' 전통의 예로 들 수 있다.

(2) 페미니즘 성서 해석의 '제2물결'의 창시자 쉬슬러 피오렌자

1980년대 초반 페미니즘 성경 해석의 '제2물결'의 실제적 창시자로 알려진 대표적 여성 신학자와 그의 저서를 나열하자면, 쉬슬러 피오렌자의 『크리스찬 기원의 여성 신학적 재건』(*In Memory of Her: A Feminist Theological Reconstruction of Christian Origins*), 로즈메리 류터의 『성차별과 신학』(*Sexism and God-Talk*), 필리스 트리블(Phyllis Trible)의 『하나님과 성의 수사학』(*God And The Rhetoric Of Sexuality*) 등이 있다. 그 가운데서도 쉬슬러 피오렌자의 성경 해석 논의의 핵심은 의심의 해석학이다. 그의 저서 『크리스찬 기원의 여성 신학적 재건』은 가부장적 성경 해석을 의심하여 그리스도 복음을 여성주의적 입장으로 재구성한 대표적인 책이다.

쉬슬러 피오렌자는 그리스도의 복음은 여성 제자들이 행한 것을 회상하지 않는다면 선포될 수 없다고 보면서, 마가복음 14:9에 나오는 '향유를 부은 여인'의 예언자적 행위를 참된 제자의 패러다임으로 해석하고 있다.

아울러 "In Memory of Her"라는 책의 원제목에서도 알 수 있는 것처럼, 복음서에 나오는 여성들의 증언과 선포가 신학적으로 개념화되고 기억되지 않는다면, 남성에 의한 성경 텍스트와 전승들은 도리어 여성을 억압하는 기제가 된다고 보았다. 그녀는 예수님의 소피아(Sophia, 지혜)를 통해 여성들이 경험한 예수님의 죽음과 고난의 지혜를 해방과 평등한 제자도로 해석하고 있다.[21]

앤서니 티슬턴은 쉬슬러 피오렌자가 갈라디아서 3:28을 초기 교회 내에서 여성의 역할을 결정하는 데 있어 중요한 본문으로 다루고 있으며, 그 당시 부유했던 여성 개종자들이 "가정 교회를 성장시키는 데 큰 영향력을 행사했을 거라고 주장"한다고 했다(행 12:12; 17:12). 쉬슬러 피오렌자는 이 외에도 성경에서 "여성 사업가인 루디아는 한 집안을 통솔하는 주인으로 언급되며(행 16:14-15), 눔바는 골로새에서 교회 장소를 제공한 건물 소유주로 등장(골 4:15)"하고 유니아는 '사도'로 소개했음을 밝힌다(롬 16:7). 그러면서 "여자는 교회에서 잠잠하라"는 구절인 고린도전서 14:33b-36과 11:2-16을 해석하는데, "바울의 주요 관심사는 여성의 지위가 아니라 기독교 공동체의 보호라고 지적"했다. 티슬턴은 피오렌자의 이러한 성서 해석을 제시하면서, 그가 부활의 증인으로서 막달라 마리아의 위치를 중요하게 여기며 가부장적 교회가 여성의 증언을 평가 절하한 현상에 대해 설득력 있게 논증한다고 평가하고 있다.[22]

쉬슬러 피오렌자는 해석학적 중심을 '여성 교회'(εκκλεσια γυναικον)에 두면서, 네 가지 양태의 페미니스트 성서 해석학 모델을 제시한다. 첫째는

---

21   Elisabeth Schüssler Fiorenza, *In Memory of Her: A Feminist Theological Reconstruction of Christian Origins* (New York: Crossroad Publishing Company, 1994), 3-67.

22   Anthony C. Thiselton, 김동규 역, 『성경 해석학 개론』, 423-45.

'의심의 해석학'(hermeneutics of suspicion)이다. 성경 본문에 대한 이해는 시간적 거리, 언어적 의미의 차이, 해석자가 속한 역사·문화적 정황에 따라 다르게 나타날 수 있기에 성경 본문과 해석을 의심과 비판의 관점으로 검증해야 한다. 둘째, '선포의 해석학'(hermeneutics of proclamation)이다. 억압적이고 가부장적인 성경 본문과 성차별주의 전통은 '신의 계시'라는 권위를 부여받을 수 없음을 선포해야 한다. 셋째, '기억의 해석학'(hermeneutics of remembrance)이다. 역사-비판적 재구성을 통해 모든 성서 전통을 재발견하며 여성의 고통과 희망의 경험을 발굴하고 기억해야 한다. 넷째, '창조적 실현의 해석학'(hermeneutics of creative actualization)이다. 이는 끊임없이 계속되는 해방적 성경 이야기에 적극적으로 관여하는 해석학으로, 역사적 상상, 예술적 창조, 제의화(ritualization)의 도움으로 성경 이야기에 관여하는 해석학이다.[23]

(3) 성경적 페미니즘 해석의 관점과 방식

필자는 쉬슬러 피오렌자의 성경 해석을 참조하여 복음주의와 보수 교단의 가부장적 성경 해석을 의심하고 재해석함은 물론, 여성의 성경 읽기로 발견한 여성 리더십과 남녀 파트너십을 중심으로 성경적 페미니즘 해석의 관점과 방식을 다음과 같이 정립하고자 한다.

① 성경적 페미니즘 해석은 가부장적 구속사를 남녀 구속사 혹은 남녀 파트너십 구속사로 해석하고자 한다. 지금까지 아브라함, 이삭, 야곱으

---

23   Elisabeth Schüssler Fiorenza, *Bread Not Stone* (Boston: Beacon Press, 1984), 15-22;
      idem, "Feminist Hermeneutics", Letty M. Russell (ed.), J. Shannon Clarkson, *Dictionary of
      feminist Theologies* (Louisville, KY: Westminster John Knox Press, 1996)를 재인용. 강남순,
      『페미니즘과 기독교』, 286-8.

로 이어지는 남성 중심의 구속사적 성경 해석은 하나님과 여성, 여성과 창조세계, 그리고 남녀로 이루어진 교회 공동체의 정체성과 그리스도 복음의 인격성을 간파하지 못했다. 가부장적 구속사의 문제점은 남성의 하나님만을 특별 계시로 만들고, 여성의 하나님을 구속사에서 축소·배제시켰다는 것이다. 하지만 마태복음 1장에 나오는 예수 그리스도의 계보로 이어지는 구속사를 보더라도 룻, 라합, 다말, 우리야의 아내 밧세바, 예수님의 어머니 마리아와 같이, 여성들, 심지어 이방 여인들까지 열거되고 있다. 여성의 하나님과 여성의 복음이 무엇인지를 드러내는 일은 다른 한편으로 '잃어버린 남성다움'과 '인간성'을 밝히는 작업이기에, 하나님과 여성, 예수와 여성, 남녀로 이루어진 교회 공동체의 정체성을 재해석하고자 한다(갈 3:28). 이때 가부장적 구속사나 그리스도의 복음 사역에서 축소 또는 왜곡된 여성의 역할을 찾아 남녀 파트너십 구속사 관점으로 해석하게 될 것이다.

② 사복음서에 나오는, 남성 제자의 부재 시 여성 증인에 의해 기록된 텍스트를 눈여겨보고자 한다. 사복음서를 모두 남성 제자들이 썼다 해도, 그리스도의 성육신 탄생과 어린 시절과 공생애 이전의 생애에 관해 증언할 수 있는 사람은 예수님의 어머니 마리아가 유일했다. 또한 십자가의 증인이 된 막달라 마리아야말로 부활의 첫 증인이 될 수 있었으며, "내가 주를 보았다"(요 20:18)라는 그의 유일한 증언을 토대로 성경 본문이 기록되었다. 이 사실을 복원하는 해석에 관심을 가지며, 그 외에도 사마리아 여인과의 대화(요 4장), 마르다와 마리아 본문 등(눅 10장) 남성 제자들이 부재한 상태에 예수님을 만난 여성들의 증언 본문을 통해 그리스도 복음과 페미니즘의 관계를 해석하고자 한다.

③ 여성의 역할을 단지 '출산'이나 '현모양처'라는 가정 내 성 역할로 고정하는 가부장적 해석을 거부하고, 성경에 나타난 여성의 믿음과 여성의

주체적이고 도전적인 역할을 보여주는 본문을 찾아 해석해보고자 한다(한나, 라합, 룻, 에스더).

④ 신구약 성경 속 가부장 문화가 여성을 어떻게 대우했는지, 현대 사회에서 폐기된 구약 율법의 제의적 정·부정의 문제(여성의 생리)는 물론 현대 사회에서도 여전히 여성 인권 존중의 정신을 드러내는 여성 해방적인 요소가 있는지에도 관심을 둔다. 반면에, 남성을 쓸데없이 영웅화 내지 신격화하여 여성에게 죄책을 씌우거나 여성의 역할을 비난하고 축소하는 가부장적 해석을 재평가하고자 한다.

⑤ 여성 혐오 본문(레 12장)이나 여성 성폭력 사건이 나오는 본문을 다루면서, 21세기인 오늘날 이를 어떻게 볼 수 있을지 여성의 입장과 관점으로 살펴보고자 한다. 남성 중심으로 교권화된 신학과 성경 해석은 여성을 '쓸모없거나' '유혹하는' 존재로 만들어서 여성을 성적으로 종속시키는 '교회의 성적 메커니즘'(sexual mechanism in church)을 양산했다. 따라서 가부장적 직분 제도와 의사결정 구조, 성차별적 교회 문화, 성 인지 감수성의 결핍을 인지한 젠더 정의(gender justice)[24]의 관점에서 해석하고자 한다.

⑥ 그동안 가부장적 성경 해석에 의해 은폐되거나 발굴되지 못한 여성 인물의 주체적이고 도전적인 역할을 복원하며 여성 리더십에 대한 새로운 해석을 시도하고자 한다(요게벳, 미리암, 슬로브핫의 딸들, 야엘, 마르다의 동생 마리아, 사마리아 여인).

---

24 젠더 정의(gender justice)란 보편 개념으로서의 정의가 간과해온 세부적이고 다양한 정의 개념이 도입되면서, 여성이 마땅히 누려야 할 정의에 대한 요청에 의해 젠더 간의 정의 개념으로 등장하게 되었다. 젠더 정의에 관해서는 다음을 참조하라. 강남순, "기독교인은 왜 보수적인가-후퇴한 민주주의의 표상", 『권력과 교회』(파주: 창비, 2018), 62-3; Nancy Fraser, Axel Honneth, 김원식·문성훈 역, 『분배냐, 인정이냐?: 정치철학적 논쟁』(*Redistribution or recognition?*, 서울: 사월의책, 2014)

4장

그리스도의 복음과 페미니즘

• 여성에게 예수님의 복음은 어떤 의미로 다가올까?

그리스도의 복음 사역이란 무엇이며, 남성 제자들이 부재한 상태에서 여성이 전한 복음은 무엇인가? 유대 가부장 사회에서 여성의 위치는 어떠했으며, 그런 여성들에게 그리스도의 복음은 어떤 의미로 다가왔을까? 본 장에서는 이런 질문을 가지고 그리스도의 복음과 페미니즘이 서로 어떤 연관성이 있는지 알아보려 한다. 그동안 감춰졌지만 그리스도의 복음 사역의 증인과 제자로서 여성이 감당한 중요한 역할에 담긴 의미와 전망을 살펴볼 것이다.

1. 그리스도의 복음 사역이란?

'복음'(福音, 복된 소리)은 εὐαγγέλιον(유앙겔리온)의 번역어다. 복음이란 하나님의 구원이 그리스도를 통해 나타난 선포요, 그리스도의 생애와 이루신 사역, 즉 성육신 탄생, 생애, 십자가, 부활, 승천, 성령 강림 모두를 말한다.[1] 그리고 복음 사역(Gospel Ministry)이란 예수 그리스도를 통한 하나님의 구속 의지를 설명한다. 하나님의 주되심이 인간을 구원하는 방식으로서 그리스도로 말미암아(선포·생애·사역) 나타난 것이 복음이며, 교회가 이 복음을 통해 예수 그리스도의 주되심을 실현하는 것이 복음 사역이라고 할 수 있다.[2] 따라서 현대 교회에서 행하는 복음 사역은 개인과 교회 공동체뿐만 아니라 사회와 세계를 포괄하는 역동적·실천적 해석자로서 그리스도의 주되심을 전해야 한다는 사명과 시대적 과제가 있다.

---

1   정훈택, 『신약개론』(서울: 대한예수교장로회총회, 1998), 111.

2   김광열, 『총제적 복음사역의 신학과 실천』(서울: 아이에스, 2004), 15.

1) 그리스도 복음 사역의 일꾼들: 사도, 제자, 여성

그리스도의 복음 사역은 예수 그리스도의 행하신 사역과 그분의 하나님 나라 선포를 통해 세상 모든 사람이 하나님 나라에 참여할 수 있도록 초청하는 종말론적·우주적 사역이다. 예수 그리스도는 성육신 탄생, 생애, 십자가 죽음, 부활, 승천, 성령 강림으로 복음 사역을 이루셨으며, 이 복음 사역을 위해 사도, 제자, 여성들을 일꾼으로 사용하셨다. 물론 제자라는 단어 속에 사도와 여성 모두 다 포함된다고도 볼 수 있다. 마태복음의 몇몇 구절을 보면, 제자라는 말이 일반적으로 사도 이외의 제자를 지시하기도 하며(마 10:42; 27:57) 여자들도 포함되어 있다(마 12:49).[3]

또한 누가복음을 보면 예수님과 함께 유랑한 열두 제자뿐 아니라 막달라 마리아, 구사의 아내 요안나, 수산나와 같은 갈릴리 여인들도 예수님의 여행에 동참하며 섬긴 유랑 제자라고 표현하고 있으며(눅 8:1-3), 각자 집에 머물면서 예수님의 가르침을 따라 살기를 기뻐하는 무리까지 포함하는 더 넓은 의미의 제자를 포함하고 있다.[4] 무엇보다 사도들은 예수님의 사역의 시작부터 모든 것을 보고 들은 목격자로서 역사적으로 믿을만한 가치와 신적 권위를 부여받았다는 것이, 복음서의 권위에 있어 인정되는 사실이다. 그러므로 유대 사회 당시에 증인이 될 수 없었던 여성들이지만 그럼에도 그들이 예수님의 성육신 탄생, 생애, 십자가 죽음, 부활의 첫 증인임을 볼 때, 복음 사역의 일꾼으로서 그들도 매우 중요한 위치를 차지한다고 할 수 있다.

---

3   정훈택, 『열매로 알리라』(서울: 총신대학출판부, 1994), 344.

4   김경진, 『누가 신학의 제자도와 청지기도』(서울: 솔로몬, 1996), 139-47.

2) 그리스도 복음의 목격자인 사도들과 제자들

예수님은 하나님 나라 복음을 위해 지상 사역을 시작할 때 처음부터 열두 사도를 조력자로 선택하셨다. '사도'(Apostles)라는 용어는 '보내심을 받은 자'라는 뜻으로서 신약성경에 79번 나오며, 바울 서신에 29번, 누가-행전에 34번 등 바울과 누가에 의해 80%나 사용되고 있다.[5] '사도'라는 용어는 복음서보다 바울 서신에 더 많이 사용되었는데, 이는 바울 자신의 사도직을 변증하기 위해서였다. 사실 바울의 사도직에 대한 해석은 누가-행전에 모범으로 나와 있는 보통의 평가 기준과는 맞지 않는다(행 1:21-22). 복음서를 볼 때 '사도'의 의미는 무엇보다 예수님의 공생애 사역과 부활의 증인 역할을 함으로써 교회의 지속적 믿음과 생명을 위한 기본적인 터를 마련하는 것이었다.[6] 그래서 사도성은 성경의 정경성을 판단하는 중요한 근거이기도 했다. 사도들은 복음의 목격자요 예수님께 특별한 권한을 위임받은 이들이었고, 교회를 설립하는 과정에서 이미 그 권위를 인정받았다.[7]

주님이 부른 열두 사도 대부분은 유대 사회에서 출신, 학벌, 직업이 좋은 자들이 아니라 갈릴리 출신의 낮은 위치에 있는 자들이었다(어부·세리). 주님은 지상 사역에서 하나님의 비밀을 아는 자요 목격자요 전달자로서 사도를 부르실 때, 그들의 외모를 보지 않고 복음 사역을 감당하도록 부르셨다. 이에 그들은 지체 없이 자신의 것을 다 버리고 주님의 부르심에 응답했다. 주님은 사도들에게 더러운 귀신을 쫓아내고, 모든 병과 모든 약한 것을

---

5   Gerhard Kittel, Gerhard Friedrich, *TDNT* 1, 420-1.

6   황영자, "Accent 하나!: 유니아(롬 16:7)에 대한 고찰"(총신대학교 대학원 석사학위 논문, 2003), 56.

7   정훈택, 『신약개론』, 92.

고치는 권능을 주셨다(마 10:1). 이렇듯 사도의 역할은 주님의 지상 사역의 증인이요 전파자로서 아주 중요한 위치를 차지했다.

열두 사도를 제외한 제자를 규정하기란 쉽지 않지만, 제자 그룹의 범위를 알기 위해서는 누가복음 10:1-16의 '70인 전도 파송 사건'을 눈여겨볼 필요가 있다. 비록 '제자'(Disciples)라는 단어로 불리지는 않았지만, 파송된 최소 70명은 예수님의 복음을 전하도록 파송되었다는 사실만으로도 제자임에 틀림없다고 볼 수 있다.[8] '제자'에 관해서는, 특별한 부름을 받은 열두 사도처럼 모두의 출신이나 직업이 나타나지는 않는다. 그러나 제자라함은 "누구든지 나를 따라오려거든 자기를 부인하고 자기 십자가를 지고나를 따를 것이니라"(막 8:34)라는 말씀에 근거해서 예수님을 따르는 자들이었다고 규정할 수 있다. 제자들은 주님을 따라 다니며 무리 가운데 끼어주님이 병자들을 고치고 이적 베푸시는 것을 목격하였으며, 천국 말씀을들은 자들이었다. 또 무엇보다 예수님의 복음을 전하는, 추수할 일꾼으로보냄 받을 자들이었다(눅 10:1-24). 그러나 이 '제자들' 역시 열두 사도처럼예수님의 체포와 십자가 죽음 및 부활 사역에서 도망함으로써 직접적인 증인은 되지 못하고 만다.

2. 증인이 될 수 없었던 여성의 증언:
남성 제자가 부재한 상황에서 여성이 전한 복음은 무엇인가?

그동안 그리스도의 복음 사역에서 여성 증인의 역할은 남성인 열두 사도와

---

8   김경진, 『누가 신학의 제자도와 청지기도』, 136-7.

제자들의 역할에 묻혀 진지하게 고찰되지 않았다. 그리스도의 복음 사역에서 '사도'와 '제자'라는 의미가 목격자, 증인, 전파자로서 그들의 신적 권위 및 역할의 중대함에 집중되어왔기 때문이다. 반면 1세기 당시 여성은 회당에서 토라(torah)를 배울 수도 없고 계명을 지켜야 할 의무도 없으며, 가부장적 유대 사회 안에서 남편에게 의존해야 했고 소유권이나 재산권을 행사하는 자율성도 발휘할 수 없었다.[9]

따라서 그리스도의 복음이 당시 유대 여성들에게 어떤 의미로 다가왔을지를 물어야 한다. 예수님이 선포하신 복음과 여성들을 만나주신 사건의 의미를 해석하려면, 먼저 당시 유대 여성의 사회문화적 위치를 살펴볼 필요가 있다. 예수님께서는 여성들을 제자 그룹에 포함시키셔서 문화적 규범에서 두드러지게 이탈하신 모습을 보이셨기 때문이다.[10] 또한 여성들을 열두 제자와 함께 자신의 여행에 동참시켰을 뿐 아니라, 여성들이 자기 소유로 주님과 사도들을 섬겼다고도 기록되어 있다(눅 8:1-3). 이러한 일은 예수님 같은 랍비에게 있어 당시에 유행하던 관습에 맞지 않는 모습이었다.[11] 무엇보다 예수님은 여성들을 그리스도의 복음 사역에서 가장 중요한 십자가 사건의 증인과 부활 사건의 첫 증인으로 삼아, 오히려 남성 사도들에게 주님의 부활을 전하는 자로 세우기까지 하셨다.

---

9   최우혁, "평등한 교회 여성들의 동역자 바울",『새롭게 읽는 성경의 여성들』(서울: 대한기독교서회, 1994), 424-5.

10   Stanley J. Grenz, Denise Muir Kjesbo, 이은순 역,『교회와 여성』(Women in the Church, 서울: CLC, 1997), 88.

11   김경진,『누가 신학의 제자도와 청지기도』, 146.

1) 1세기 유대 여성의 사회문화적·종교적 위치

예수님 시대에 여성은 확실히 열등한 존재로 취급되었다. 구약성경에서 적지 않은 여성 영웅을 찾아볼 수 있는 것과는 달리, 신약 시대에 관해서는 탈무드에 나오는 랍비들의 언급으로부터 정보를 얻을 수 있는 정도이다. 기록된 자료들, 즉 요세푸스(Josephus)나 필론(Philon) 등이 기록한 당시 자료는 저자들의 특정 관점을 반영하기 때문에 일반인의 생활 방식을 완전히 드러내지 못한다는 약점이 있다. 그러나 1세기 유대교에서 얻을 수 있는 매우 강력한 증거는 여성의 낮은 위치를 명시하고 있다.[12] 복음서에서도 여성의 위치가 사회적으로 열등하다는 것을 보여주는 몇몇 예를 찾아볼 수 있는데, 첫째, 여성들은 수(數)에 들지 못하는 존재였다는 것(마 14:21; 15:38; 눅 9:14), 둘째, 예수님 당시 남자들은 집 밖에서 여자들과 대화하는 것이 금기시 되었다는 것(요 4:27), 셋째, 유대 사회에서 여성들은 종교 행위를 능동적으로 할 수 있는 위치에 있지 않았다는 것(제사장, 랍비, 바리새인, 사두개인 모두 남성이었다), 넷째, 예수님의 열두 제자 가운데 여성은 한 명도 없었다는 것(마10:1-4) 등이다.

예레미아스(Jeremias)는 여자를 경멸하는 견해가 존중하는 견해를 훨씬 압도한다고 지적했고,[13] 요세푸스도 "여자는 모든 것에서 남자보다 열등하다"라고 그 시대 상황을 요약했다. 유대교에서는 결혼을 매우 중시했는데, 이는 결혼이 거룩한 백성을 증가시키고 후손을 통해 남자의 미래를 보장하기 때문이었으며, 다른 한편으로는 '가정은 거룩하다'는 종교적 이유

---

12   Mary J. Evans, 정옥배 역, 『성경적 여성관』(Woman in the Bible, 서울: IVP, 1992), 47.

13   앞의 책, 48.

에서였다. 그래서 결혼한 사람보다 결혼하지 않은 사람을 더 부정하게 여겼다. '일부다처제'와 '이혼'이 상당히 쉽게 허용되었지만 이혼에 대한 권리가 전적으로 남편에게 있어, 여성의 지위에 치명적 영향을 끼치는 요소가 되었다. 결국 여자가 역할을 수행할 자리는 전적으로 가정에 있다고 여겨져, 가정 밖에서 행하는 모든 종류의 공적 활동에는 소극적일 수밖에 없었다.[14]

무엇보다 신약 시대 여성의 사회적 위치를 가장 잘 보여주는 증거는 2세기에 랍비 예후다가 "유대인들은 매일 세 번의 찬사를 보내야 한다. 나를 이방인으로 만들지 않으신 이여, 찬송을 받을지어다. 나를 여자로 창조하지 않으신 이여, 찬송을 받을지어다. 나를 율법에 미개인으로 만들지 않으신 이여, 찬송을 받을 지어다"라고 한 말이다. 여자는 남자에게 종속되어, 증인으로 법정에 나설 수도 없었고 예배에 참석할 수도 없었다. 회당 예배에서는 방청만 가능하고 적극적 참여는 허용되지 않았다. 더구나 여성은 모든 계명을 지킬 필요도, 율법을 공부할 필요도 없었다.[15]

신약 시대 당시 여성의 옷과 장식에 관한 언급에서도 여성의 사회적 위치를 엿볼 수 있다. 플루타르코스(Plutarch)가 "여자들에게 화려한 옷치장을 하지 못하게 하면 당연히 집에 있을 것이다"라고 한 것을 통해, 여성을 수동적이고 단순히 사치를 추구하는 존재로 여겼음을 엿볼 수 있다. 데이빗 숄러(David Scholer) 역시 "초기 교회의 문화적 상황에서 외적인 장식의 거부가 일반적으로 남편에 대한 여성의 복종과 여성의 위치를 알 수 있는 중요한 부분이었음은 의심의 여지가 없다. 당시 남자들은 여성의 외적

---

14   앞의 책, 46-9.

15   Eduard Lohse, 박창건 역,『신약성서 배경사』(Umwelt des Neuen Testaments, 서울: 대한기독교 출판사, 1983), 128.

인 장식을 성적 부정(sexual infidelity)이나 물질의 낭비라 인식하여 가장 바람직하지 못한 특성으로 여겼다"고 하여 이를 뒷받침한다.[16] 이처럼 예수님 당시 여성들은 종교적 위치상 열외적 존재로 인식되었고, 이혼권과 사유재산권이 허락되지 않아 남편에게 종속된 의존적 존재였음을 알 수 있다.

2) 그리스도의 복음 사역에서 여성 증인 역할의 세 가지 중대한 의미

유대 여성들이 종교적·사회적으로 열등하고 남성에게 종속된 위치에 있었음을 감안할 때, 그리스도의 복음 사역에서 여성 증인의 역할은 더욱 중요한 의미를 띤다.

첫째, 주님은 당시 법적 증인도 될 수 없었던 여성을 십자가와 부활 사건의 유일한 증인으로 세웠다. 복음서를 보면 사도와 제자들은 예수님을 따라다니면서 보고 들은 사건을 기록하고 있고, 따라서 예수님의 성육신 탄생, 생애, 십자가 죽음, 부활, 승천, 성령 강림 사역 전체의 목격자와 증인이 되는 것이 당연했다. 하지만 사도와 제자들은 예수님의 성육신 탄생과 생애의 직접적 목격자가 되지 못했을 뿐 아니라, 정작 그리스도가 체포되시고 십자가에 달리시고 부활하셨을 때 부재함으로써 그리스도 복음 사역의 일꾼으로서 제 위치와 역할을 제대로 감당하지 못했다.

반면 여성들은 예수님의 성육신 탄생, 생애, 십자가 죽음, 부활, 승천, 성령 강림에 모두 동참하여 그리스도 복음 사역의 일꾼이 되었다. 그래서 사복음서에 나오는 십자가와 부활 사건, 성육신 사건, 예수님의 어린 시절,

---

16   Craig S. Keener, *Paul, Women and Wives,* (Peabody, MA: Hendrickson Publishers, 2004), 151.

생애, 사마리아 여인과의 대화(요 4장)를 해석할 때는, 비록 본문은 남성 제자들이 기록했다 하더라도 예수님을 처음 만난 증인과 전달자가 여성이라는 것과 그 여성의 신앙, 즉 "내가 주를 보았다"(요 20:18)라고 한 증언이 담겨 있음을 감안하고 본문을 해석해야 한다. 쉬슬러 피오렌자는 메리 데일리가 『교회와 제2의 성』(The Church and the Second Sex)에서 "매체가 곧 메시지다"라고 한 말을 인용하면서, 가부장적 해석학이 그리스도의 복음에 참여한 여성들의 증언과 역사에 집중하지 않았으므로 기독교의 기원에 대한 여성 신학적 재건이 필요하다고 했다.[17]

둘째, 그리스도의 복음 사역에서 남성 제자가 부재한 상태에서 발생한 사건은 여성 증인에 의해 전달되어 복음서에 기록됐다. 사복음서는 마태, 마가, 누가, 요한 등 남성 제자들에 의해 예수님의 생애와 지상 사역, 선포하신 말씀이 기록된 것이지만, 예수님의 성육신 탄생, 공생애 사역 기간 이전의 사건에 대해서는 남성 제자들이 직접적 증인이 되지 못했다. 이처럼 남성 제자가 부재한 상태에서 기록된 본문은 여성 증인의 목격자적 전달 과정이 개입되었음을 간과해서는 안 된다. 예를 들어 성육신 탄생을 포함하여 공생애 사역 기간 이전의 유아, 아동, 청소년, 청년 시절의 생애를 목격하여 증언해줄 수 있었던 것은 예수님의 어머니 '마리아'가 유일했다(눅 2:51).

우리는 예수님의 어머니 마리아를 통해 가브리엘 천사의 수태고지 사건(눅 1:26-56), 예수님이 말구유에서 태어나신 일과 헤롯왕이 예수님을 죽이려 한 일(마 2장), 사가랴와 엘리사벳 이야기, 시므온과 안나 예언자 이야

---

17   Elisabeth Schüssler Fiorenza, *In Memory of Her: A Feminist Theological Reconstruction of Christian Origins*, 26-35.

기(눅 2장), 예수님을 성전에서 잃어버린 사건을 비롯한 유아 시절 이야기 (눅 2장), 가나의 혼인 잔치 이야기(요 2장)를 알게 되었다. 예수님의 어머니 마리아는 그리스도의 성육신이라는 복음 사역의 시작부터 그리스도의 생애, 십자가 죽음, 부활, 승천 그리고 성령 강림이라는 마지막 사역에 이르기까지 그리스도의 모든 복음 사역에 대하여 유일한 증인이 된 온전한 제자였다.[18]

여기서 예수님의 어머니 마리아에 대한 한스 큉의 평가를 눈여겨볼 필요가 있다. 한스 큉은 *Women in Christianity*에서 중세 교회의 마리아 숭배 사상은 마리아를 독신 성직자들에게 친밀감, 친절, 여성성, 모성을 경험하게 하는 하나의 '영적 방식'으로서의 보상 인물로 고안한 것이라고 비판했다. 그러면서 "복음서의 마리아는 천상적 존재가 아니라 전적으로 한 인간이며 어머니로서 예수의 참된 인간성을 증언한 증인이었으며, 기독교 믿음의 유일한 예요 본보기이다.…마리아의 아들 예수는 '전형적인 남성'도 아니고 '가부장적인' 특성도 없는 여성의 친구였으며, 여성을 제자요 협력자로 따르도록 부르셨다"라고 했다.[19] 아쉽게도 한국교회는 중세의 '마리아 숭배사상'에 대한 적대감에만 머물러 신약성경에 나타난 마리아의 에큐메니컬한 참의미를 찾지 못했다. 보수 신학은 가부장적 태만과 중세 마리아 숭배 사상에 담긴 '부정적인 여성관' 뒤에 숨지 말고, 사복음서에 나타난 예수님의 어머니 마리아를 기독교 신앙의 유일한 증인과 본보기로 복원해야 한다.

---

18   최근 초교과 연구팀은 누가복음에 나타난 예수님의 어머니 '마리아'야말로 남자와 여자 모두를 통틀어 필적할 자 없는 하나의 이상적 제자상으로 묘사된다고 결론을 내렸다. Mark A. Powell, 배용덕 역, 『누가복음 신학』(서울: CLC, 1995), 130.

19   Hans Küng, John Bowden(tr.), *Women in Christianity* (London, New York: Continuum, 2001), 29-60.

또한 부활을 처음으로 목격한 여성에게 "제자들에게 가서 이 소식을 알리라"고 사명을 주신 분도 주님이시다(요 20:17-18). 주님은 여성을 복음 사역에서 가장 중요한 십자가와 부활 사건의 최초 목격자와 증인으로 세우셨을 뿐 아니라, 말씀의 목격자로서 신적 권위를 가진 사도와 제자들에게 알리는 복음 전달자로도 사용하셨다(마 27-28장; 막 16장; 눅 24장; 요 20장). 이외에도 사마리아 여인과 대화하신 사건(요 4:3-26), 간음하다 붙잡힌 여인과 대화하신 사건(요 8:9-11), 마르다와 마리아 사건(눅 10:38-42)[20]을 남성 제자들이 부재한 상태에서 여성 증인에 의해 전달된 본문으로 꼽는다. 복음서와 신약성경을 남성 사도나 제자들이 기록했다 해도, 온 세상의 주님이시요 그리스도가 되신 주님과 만나 그분의 사역과 생애를 목격하고 말씀을 전달해준 최초 전달자가 여성이라는 것은, 그리스도 복음 사역의 내용과 그에 대한 역할에 있어 대단히 중요한 의미를 띤다.

셋째, 그리스도의 복음 사역에서 여성은 제자된 온전한 일꾼이었다. 일꾼으로서의 자격은 주님을 따르는 것이며, 어느 누구도 십자가와 부활을 떠나서는 제자됨의 온전한 의미를 이해할 수 없다.[21] '따름'이란 예수님의 뒤를 따라 걷는 것만으로 충분하지 않고, 자기 십자가를 지는 것을 통해 완성된다. 즉 주님께서 요구하시는 것은 예수님을 따르기 위해 자기를 부인하며 자기 십자가를 지는 것이다.[22] '자기를 부인한다는 것'은 '자기 없음'이

---

20 눅 10:38을 그리스어와 영어 성경으로 보면 종속절의 주어와 주절의 주어가 일치하지 않는다. 즉 예수님과 제자들이 함께 길을 가다가 예수님 홀로 마리아의 집에 들어간 것으로 나타나 있고, 본문을 볼 때 제3자인 제자들의 목격적인 문장체가 드러나지 않는다. 따라서 필자는 본문을 제자들이 부재한 상태에서 마르다와 마리아를 만나신 사건으로 본다.

21 Frank J. Matera, 류호영 역, 『마가복음 신학』(What are They Saying about Mark?, 서울: CLC, 1995), 80.

22 정훈택, 『열매로 알리라』, 337-8.

아니라 자기를 그리스도 안에서 새롭게 발견하는 '자기 인식의 전환'이라고 볼 수 있다. 사도와 제자들은 주님을 따라다니면서 주님의 삶과 사역과 그분의 말씀을 가장 많이 보고 들었음에도, 예수 그리스도의 십자가와 부활의 신비를 온전히 이해하지 못했다. 이에 반해 여성은 예수 그리스도의 '메시아직'에 대한 민첩한 이해와 사랑으로써 주님의 발에 옥합을 깨뜨려 주님의 장사를 준비했기에, 주님께서는 복음과 함께 여성의 복음적 행위가 기념되어(in memory of her) 전해질 것이라고 말씀하셨으며, 인류 대속을 위한 하나님의 어린양으로서 십자가에 못 박히실 때도 여성들이 그분 곁을 지켜 십자가의 증인이 되었던 것이다. 그리고 반역 죄인으로서 십자가 처형된 예수님의 무덤에서 사람들 눈에 띄는 것 또한 몹시 위험한 일이었음에도 무덤으로 달려가는 담대한 행동으로 초역사적 부활의 첫 증인이 되는 제자됨의 온전한 모습을 보여주었다.

3. 그리스도의 복음에서 발견하는 페미니즘: 예수님의 복음은 여성에게 어떤 의미로 다가올까?

1) 페미니스트요 통합적 인간으로서의 예수 그리스도

사회적으로 낮은 위치에서 가정에 머물며 남편에게 종속되어 수동적으로 살아갈 수밖에 없었던 여성에게 예수님이 선포하신 복음과 여성을 대하셨던 예수님의 태도는 당시 유대 남자의 여성에 대한 통념이나 태도와는 너무도 다른 것으로, 타락으로 잃어버린 여성의 존엄성을 회복해주는 놀라움 그 자체였다.[23] 유대교와 신약 시대 로마 제국에서 여성이 사회적으로 차지한 위치로부터 눈을 돌려 복음서에 나타난 예수님의 태도와 행동을 살펴보면 깜짝 놀랄 만한 차이를 인식하게 된다. 예수님이 여성에게 접근하신 방식은 당시 유대교에서 전례가 없는 행동이었기 때문이다.

예레미아스는 하나님 나라가 신자들의 삶에 미치는 영향력을 고찰하면서, 여성들의 위치에 관해 "사회적 영역 어디에서도 여기만큼 새로운 생명이 일상사에서 두드러지게 침투된 곳은 없었다"라고 평가하고 있다.[24] 또한 마르키온(Marcion of Sinope)이 누가복음 23:2에 덧붙인 말인 "예수님이 여자들과 사귀었다는 것은 그의 재판 때 죄목 중 하나였다"에서, 여성을 대하는 예수님의 태도와 함께 많은 여성이 예수님을 따랐다는 사실이 드러난다. 이는 여성에 대한 예수님의 태도가 반대자들의 분노를 자아낼 만큼 예수님의 사역에 있어 독특한 특징으로 여겨졌을 수 있음을 보여주기도 한다.[25]

이처럼 예수님께서 가르친 복음의 내용과 여성을 대하는 태도를 살펴보면 그것은 매우 전복적이고 혁명적이었다. 레너드 스위들러(Leonard Swidler)는 『예수는 페미니스트였다』(Jesus Was a Feminist)라는 책에서 예수님을 페미니스트요 '양성공유 통합적 인간'으로 소개하고 있다. 그는 페미니스트란 남녀평등을 지지하며 이를 향상하기 위해 노력할 뿐 아니라, 여성

---

23 John Stott, 정옥배 역, 『현대 사회 문제와 그리스도인의 책임』(New Issues Facing Christians Today, 서울: IVP, 2005), 381.

24 Mary J. Evans, 정옥배 역, 『성경적 여성관』, 63.

25 비록 두 개의 라틴어 역은 5절에 이와 비슷한 사항을 추가하고 있지만, 다른 원문에는 이러한 추가 사항이 전혀 나와 있지 않기 때문에 마르키온이 의도적으로 추가한 것으로 보인다. 그러나 분명 본문의 일부는 아니더라도 마르키온이 알고 있던 어떤 전통에 대한 언급일 것이다. G. N. Stanton, Jesus of Nazareth in New Testament Preaching (London: Cambrige University Press, 1974), 151을 재인용. 앞의 책, 68.

이 남성과 같은 인간으로 취급되도록 노력하며 행동으로 사회적 통습에 저항하는 사람을 의미한다고 하였다. 그러면서 그는 만일 우리가 복음서를 남성 우월주의로나 영원한 여성성(eternal feminine)의 시각으로 보지 않는다면, 예수님은 페미니스트였다고 말한다.[26]

예수님은 당시 금기시 되었던 일임에도 불구하고 여성들을 친히 만나 치유하시고 따르도록 허용하셨다. 주님은 여성들에 대해, 그리고 여성들과 더불어 아무런 제약 없이 말씀하신 최초의 분이셨는데, 이는 여성을 성적 존재로서가 아니라 인격적 존재로 여기셨음을 보여준다. 즉 주님은 인격적 존재로서의 여성에게 관심을 가졌으며, 여성이라는 성을 필수적인 것으로 보기는 했어도, 당시 모든 남성처럼 여성을 열등하거나 부정적인 존재로 여기지는 않으셨음을 보여준다.[27] 이는 당시 유대 사회가 여성과의 대화를 금기시한 데 반해, 예수님은 심지어 유대 민족의 배타주의와 랍비 전통을 깨면서까지 사마리아 여인과 대화했으며(요 4:9-27) 율법을 배울 수도 없었던 여성을 일대일로 가르치면서(눅 10:39) 여성을 주체적이고 인격적인 존재로 대우하신 것에서도 알 수 있다(눅 10:42).

2) 예수님의 여성관과 당시 여성에게 다가온 복음의 의미

예수님의 여성관은 여성을 '하나님 나라의 가족', '하나님의 딸', '예수님의 제자', '남편과 동등한 한 몸', '예수님의 증인'으로 인정하고 세우신 혁신적인 여성관이었다. 필자는 예수님이 선포한 복음과 여성의 관계, 예수님의

---

26 Leonard Swidler, 이성청 역, 『예수는 페미니스트였다: 복음이 증거 하는 혁명적 관점』(*Jesus Was a Feminist*, 서울: 신앙과지성사, 2007), 31-9.

27 Mary J. Evans, 정옥배 역, 『성경적 여성관』, 63-4.

비유에 나타난 여성 이미지, 예수님이 여성을 만나신 사건의 세 가지를 중심으로 예수님의 여성관을 살핌으로써 그리스도의 복음에 나타난 페미니즘 요소들을 찾고자 한다.

(1) 예수님이 선포하신 복음과 여성의 관계

첫째, 예수님이 선포하신 말씀은 당시 남성에게 눌린 여성을 자유하게 하는 복음이다. 누가복음 4:18-19의 "주의 성령이 내게 임하셨으니 이는 가난한 자에게 복음을 전하게 하시려고 내게 기름을 부으시고 나를 보내사 포로 된 자에게 자유를, 눈 먼 자에게 다시 보게 함을 전파하며 눌린 자를 자유롭게 하고 주의 은혜의 해를 전파하게 하려 하심이라"라는 말씀은 주님이 오신 목적과 예언의 성취, 이 모두를 복음으로서 종말론적으로 선포하신 말씀이다. 특히 "눌린 자를 자유롭게 하고"라는 말씀에 여성에 대한 직접적 언급은 없지만, 당시 사회적으로 열등한 위치에서 업신여김과 눌림을 당하던 특별한 집단이 여성들이었으므로, 이 말씀은 여성에게 복음이었던 것이 확실하다.[28]

둘째, 예수님의 산상 수훈은(마 5:1-16) 하나님 나라의 새로운 법 제정이며, 하나님과 인간에 대한 태도를 결정하도록 지도하는 포괄적이고 전복적인 설교라고 할 수 있다. 산상 수훈은 하나님께서 지금, 예수님의 출현과 사역의 시대에 최상의 자비를 보이시며, 우리가 이 사랑과 자비를 기초로 행하도록 기대하신다는 것을 말하기도 한다. 헤르만 리델보스(Herman Ridderbos)에 의하면 '가난한 자'와 '심령이 가난한 자'라는 표현은 구약성경, 특히 예언서와 시편에 계속적으로 나타난다. 이들은 사회적으로 억압받

---

28 『독일성서공회판 해설·관주 성경전서』(대한성서공회, 1997), 누가복음 안내, 122-4.

는 자들이요, 불의의 세력에 의해 고통 받는 자들, 혹은 자기 유익이나 영향만을 생각하는 사람에게 가혹한 처우를 받고 있는 사람을 의미한다. 하지만 그런 중에도 하나님의 참된 백성은 하나님을 신뢰하며, 그의 나라로부터만 오는 구원을 대망하는 자들이다.[29] 바로 이 가운데 여성들이 있었다.

쉬슬러 피오렌자는 "오늘날과 마찬가지로, 가난한 자들과 굶주리는 자들의 대다수가 여성이었으며, 특히 가부장적 체계의 부유함을 가지지 못했던 여성이었다는 현실을 간과하는 경향이 있다. '가난한 자들'이라는 사회적 범주 안에 세리들, 창녀들, 죄인들로 여겨졌던 '주변화된 자들'이 포함되는 것은 예수 운동의 포괄적 성격을 묘사하는 것이다"라고 했다.[30] 그러므로 예수님의 산상 수훈은 여성도 동일하게 하나님과 교제하며 살아가는 의로운 주체자로 세워주는 복음이다. 여기서 복 있는 자로 선언된, 심령이 가난하고 애통하고 온유하고 의에 주리고 긍휼히 여기며 화평케 하는 자의 행위들은 당시 낮은 위치에 있던 여성이 하나님과 인간관계에서 보여준 삶의 모습이었고, 주님은 이렇게 주변화된 여성들의 삶을 하나님 나라의 범주 안에 포함하셨음을 볼 수 있다.

셋째, 그리스도의 복음은 남녀의 구별이 없는 하나님 나라의 동등성(equivalence)과 혁신성(innovative characteristic)을 드러내 준 복음이다. 마태복음 12:50의 "누구든지 하늘에 계신 내 아버지의 뜻대로 하는 자가 내 형제요 자매요 어머니이니라"는 말씀은 제자의 범주에 여성을 포함시킴으로써 '하나님 나라의 가족'이라는 새로운 공동체를 혁신적으로 보여주고 있

---

29 정훈택, 『열매로 알리라』, 424-42

30 Elisabeth Schüssler Fiorenza, *In Memory of Her: A Feminist Theological Reconstruction of Christian Origins*, 130-50.

121
4장 그리스도의 복음과 페미니즘

다.[31]

넷째, 예수님의 간음에 대한 가르침(마 5:28)과 이혼에 대한 가르침(마 19:4-9; 5:31-32; 막 10:10-12; 눅 16:18)은 창세기의 창조 기사로 돌아가서 일부일처제의 창조 원리를 천명함으로써 여성의 종속과 남편 소유물로의 변질을 막으셨고 남녀 동등성의 원리를 발견하게 해주셨으며, "창기들과 죄인인 여성들이 먼저 하나님 나라에 들어간다"와 "나중 된 자가 먼저 되리라"라는 말씀은 가부장 구조로 인해 피해를 본 여성의 처지와 상황을 종말론적으로 적용한 것이다.[32]

(2) 예수님의 비유에 나타난 여성 이미지

예수님의 비유에 나타난 여성 이미지는 하나님 나라의 성격과 주님의 신부로서의 '교회의 정체성'에 관한 것이었음에 주목해야 한다.[33] 예수님은 겨자씨와 누룩의 비유(마 13:33; 눅 13:21)에서 가장 작은 것이 전체를 변화시킨다는 믿음을 보여주시며, 여성의 일과 남성의 일을 동일하게 설명하면서 하나님 나라를 말씀하신다.[34]

또한 누룩의 비유는 하나님의 성실, 양육, 동정을 여성의 이미지로 나타내고 있는데, 이는 하나님의 '여성다움'뿐 아니라 성품과 더불어 행동으로 변화시키는 능동적인 여성 이미지를 드러낸다. 아울러 열 처녀의 비유(마 25:1-13)는 여성으로 전체 인간을 대표하면서, '책임 있는 대리인'으로

---

31 Herman Ridderbos, 오광만 역, 『하나님 나라』(서울: 엠마오, 1988), 251.

32 Hans Küng, John Bowden(tr.), *Women in Christianity* (London, New York: Continuum, 2001), 9-23.

33 Donald Guthrie, 이중수 역, 『미래·윤리(신약신학5)』(서울: 성서유니온, 1987), 76.

34 김순영, "예수의 가르침과 여성", 「새가정」(2003/7): 48-51.

서 여성의 위치를 확고히 하고 있다.[35] 또 주님의 비유를 통해 보여주신 여성 이미지는 하나님 나라를 지향하는 교회 공동체가 '순결한 신부'의 성격에 부합해야 함을 보여주므로, 여성 리더십은 필히 요청되는 리더십이라고 할 수 있다.

(3) 예수님께서 여성을 만나신 사건

예수님은 공생애 기간 동안 사람들을 만나 병을 고쳐주시고 귀신을 쫓아주셨다. 그리고 "세리와 죄인들의 친구"(눅 7:34)라고 놀림 받을 만큼 사회적으로 소외되고 비천한 자들을 찾아 만나주셨는데, 바로 이런 비천한 자와 죄인의 범주에 여성이 속했다. 이처럼 예수님은 진정한 덕목을 보여주시며 유일무이하게 흠이 없는 모범적 인간이요 혁명가요 개혁가요 '통합된' 인간으로서 여성들의 친구가 되셨다.[36]

예수님은 여성의 몸에서 태어나심으로써 제일 먼저 여성을 만나주셨으며(마 1:18-25), 베드로 장모의 열병을 고쳐주셨고(마 8:14-15), 회당장 야이로의 딸을 살리러 가는 도중에 열두 해를 혈루증으로 앓는 여인의 믿음을 보시고 치유와 구원을 베풀어주셨으며(눅 8:45-48), 헬라인이요 수로보니게 족속인 이방 여인의 귀신들린 딸을 고쳐주셨고(막 7:25-26), 18년 동안 귀신들려 꼬부라진 여인을 고쳐주셨다(눅 13:10-17). 또 예수님은 유대인이 개 취급하는 사마리아 지역에 사는 여인을 만나셨으며(요 4:4-42), 간음하다 붙잡혀 돌로 쳐 죽임을 당할 수도 있었던 한 여인을 용서하여 새로운 삶을 살게 하셨고(요 8:1-11), 일곱 귀신 들린 막달라 마리아를 만나 귀신을 쫓

---

35   정희수, "마태복음에 나타난 예수와 여성", 「세계의 신학」 8(1990): 151-64.

36   Susanne Heine, 정미현 역, 『초기 기독교 세계의 여성들: 여성 신학에 대한 역사적 성찰』, 92.

아주셨으며(막 16:9), 마르다와 마리아를 찾아가셔서 교제하시고, 말씀과 율법을 배울 수 없던 여성들을 가르쳐 제자로 삼으셨으며, 당시 증인이 될 수 없던 여성들을 오히려 십자가와 부활의 첫 증인으로 삼아 남성 제자에게 전달하는 자로 세움으로써 여성에 대한 편견과 한계를 초월한 혁신적인 모습을 보여주셨다.

　　이는 참된 증인의 자격은 성별에 있는 게 아니라 성령으로 거듭난 증인의 믿음에 달려 있음을 알려준다. 아울러 여성이 전한 증거를 믿는 자 역시 참된 믿음을 소유한 것임을 보여준다.[37] 이런 까닭에 예수님이 여성을 만나주신 사건은 예수님의 여성관을 살피는 데 있어 중요한 근거가 된다.

3) 여성이 전하는 그리스도의 복음

(1) 소외된 여성을 찾아가 치유해주심

예수님께서 천하고 무시받는 소외된 여성들을 찾아 그들의 연약함을 담당하시며 병을 고쳐주신 사건은 '복음'이다(마 8:17). 예수님을 만난 여성 대부분은 사회적 신분이 낮고 사람들로부터 고립된 인물이었다. 일곱 귀신 들린 막달라 마리아가 그러했고, 수로보니게 여인과 사마리아 여인은 유대인이 꺼리는 이방인이었으며, 사마리아 여인은 그 지역에서조차 소외된 여인이었다. 또한 열두 해 동안 혈루증을 앓은 여인은 '부정한 여인'으로 치부되어 가족과 유대 사회에서 버림받았을 것이다. 이 여인의 병은 당시 의학으로 치료가 불가능했기에(눅 8:43) 재산마저 모두 탕진했을 가능성이 높기

37　Robert Gordon Maccini, *Her Testimony is True* (Sheffield, UK: Sheffield Academic Press, 1996), 24-52.

때문이다. 게다가 이 여인은 육체적 병고만이 아니라 죄 많은 여자, '부정한 여자'라는 혐오와 배제 때문에 이중고, 삼중고에 시달려야 했을 것이다.

그런데 이 사건에 나타나는 복음의 진수는 바로 예수님의 태도에 있다. 만성 혈루증을 앓아 늘 하혈하고 있는 여성을 만지시고, 그녀도 주님을 만지게 허용한 것은 금기를 깬 일이었다. 정결 법칙에 따르면 예수님은 이 여인으로 인해 부정해질 것이기에, 정결 의식이 끝나기 전까지 그녀를 만지지 않고 그냥 돌려보내는 것이 마땅했다.[38] 하지만 예수님은 무리가 옹위하여 사람들이 미는 것이라고 말하는 제자들의 말에 아랑곳하지 않고, 오히려 의도적으로 이 여인의 고통과 치유를 사람들에게 드러내셨다. 그리고 모든 사람 앞에서 "딸아, 네 믿음이 너를 구원하였으니 평안히 가라"(눅 8:48)고 말씀하심으로써 이 여인의 유일한 소원과 간절함을 믿음으로 여겨 구원과 평안을 허락해주셨다.

또한 혈루증 앓는 여인을 고치신 사건은 회당장 야이로의 열두 살 된 죽은 딸을 고치시러 가는 도중에 발생한 것이기에 복음이다(눅 8:40-56; 마 9:18-26; 막 5:21-43). 높은 지위에 있는 회당장의 딸을 살리러 가시면서도, 소외된 혈루증 여인의 믿음을 외면하지 않으셨다는 점에서 그러하다. 마태, 마가, 누가 모두가 회당장의 딸을 고치러 가는 사이에 일어난 이 혈루증 여인의 치유 사건을 동일하게 기록하고 있다는 점에서 신분과 성(性)에 차별이 없는 복음을 보여주는 것으로 해석하게 된다.

아울러 예수님이 여성에게 가치를 부여한 사건 중 하나는 '열여덟 해 동안이나 귀신 들려 꼬부라진 여인'을 그것도 '안식일'에 고쳐주신 사건이

---

38 오현선, "자신의 구원을 찾은 여성 혈우병 여인", 『새롭게 읽는 성경의 여성들』(서울: 대한 기독교서회, 1994), 375-7.

다(눅 13:10-17). 당시 여성이란 기껏해야 책임져야 할 '짐'으로 여겨지는 경우가 허다했기에, '자매를 버리는 것'은 유대인들에게 당연한 일이었을 것이다. 하지만 예수님은 자매를 버리는 것을 부모나 자녀와 집을 버리는 것과 동일한 것으로 생각하실 만큼 여성들을 귀히 여기셨다.[39] 예수님은 유대 회당장이 안식일에 병을 고친 것에 대하여 비난하자, "열여덟 해 동안 사탄에게 매인 바 된 이 아브라함의 딸을 안식일에 이 매임에서 푸는 것이 합당하지 아니하냐"(눅 13:16)라고 응수하셨다. 이 '아브라함의 딸'이라는 칭호는 유대 문헌에서 찾아볼 수 없는 것이다. '아브라함의 딸'이란 아브라함과 사라가 하나님과 계약을 맺게 되었던 것처럼, 여성도 하나님의 은총, 치유, 권력 등을 받을 모든 권리를 얻게 됨을 말한다.[40] 주님께서 안식일 치유 사건에서 이 칭호를 사용하셨다는 것은 여성들을 아브라함으로 말미암는 '믿음 공동체'의 일원으로서 얼마나 귀히 여기셨는가를 보여주기에 복음이다.[41]

(2) 이방 여인과 대화하심

예수님께서 이방 여인과 거리낌 없이 대화하신 일은 '복음'이다. 예수님과 사마리아 여인이 대화할 때 제자들은 먹을 것을 사러 가느라 그 자리에 없었다. 따라서 이 본문은 사마리아 여인의 증언에 의해 기록된 사건으로서 복음으로 전달된 내용이다. 사마리아 여인과 대화하는 모습을 본 제자들은

---

39 Susanne Heine, 정미현 역, 『초기 기독교 세계의 여성들: 여성 신학에 대한 역사적 성찰』, 115

40 William Barclay, *The Gospel of Luke* (Philadelphia, PA: The Westminster Press, 1975), 113.

41 Mary J. Evans, 정옥배 역, 『성경적 여성관』, 67.

"예수께서 여자와 말씀하시는 것을 이상히 여겼다"(요 4:27)고 되어 있는데, 여기서 사용된 ἐθαύμασαν(제1 부정과거, 3인칭 남성 복수)의 원형인 θαυμάζω 라는 동사는 '놀라다'(to wonder), '이상하게 여기다'(to marvel), '깜짝 놀라다'(to be astonished)의 뜻을 지닌 단어다. 성경연구 소프트웨어 '바이블웍스'(Bible Works)로 살펴보면 θαυμάζω라는 단어는 주로 예수님께서 초자연적인 기적을 베푸실 때, 그리고 하나님의 현현(theophany)을 나타낼 때에 쓰였다.[42] 이처럼 당시 유대 사회에서 여성과 대화하신 것은 그 시대의 고정 관념과 통념을 초월하시는 하나님의 현현을 드러낸 복음이라고 해석해 볼 수 있다.

또한 예수님께서는 사마리아 여인과의 대화에서 제자들과도 나누지도 않았던 '생수', '예배', '메시아' 같은 신학적인 주제에 관해 대화를 나누실 정도로 여성을 지적인 존재로 인정하시면서 자신을 계시해주셨다. 아울러 마르다와의 대화는 '부활의 주님'을 계시하신 복음이며, 수로보니게 여인과의 대화는 유대인과 남성이라는 한계를 뛰어넘어 여인의 믿음을 인정함으로써 선교와 구원의 포괄성을 드러내 주신 복음이다.

(3) 여성을 부활의 첫 증인이자 전달자로 세우심

여성 가운데서도 가장 천한 막달라 마리아를 부활의 첫 증인과 전달자로 세운 사건은 '복음'이다. 교회가 선포하는 복음의 첫 번째는 십자가에 달린 예수님이 부활했다는 것이며, 이는 '복음'의 핵심이다. 그리고 이 부활의 복

---

42 복음서에서 'θαυμάζω'가 나오는 본문은 다음과 같다. 마 8:10, 27; 9:8, 33; 21:20; 27:14; 막 1:27; 5:20; 6:51; 10:32; 14:33; 15:5; 16:6; 눅 1:21, 63; 7:9; 8:25; 11:14; 20:26; 24:12, 41; 요 5:20, 28; 7:15 등을 참조하라.

음은 교회의 설립을 촉진한 결정적 사건이다.[43] 주님이 부활 사역에서 여성, 그것도 천한 신분이었던 막달라 마리아를 찾아와 부활을 알리시고, 신적 권위를 지닌 사도들에게 오히려 부활을 알리는 전달자로 세우셨기에 복음이다. 당시 법적·종교적·사회적으로 아무 효력을 발휘할 수 없던 여성을 재창조적·종말론적 부활 사건의 첫 증인과 반포자로서 베드로 같은 사도보다도 앞서 세웠다는 것은 예수 그리스도의 부활로 새롭게 시작되는 하나님 나라 복음 전파자로 서는 데 성(性)의 구분이 없음을 확정하신 것이라고 보기에 충분하다.

예수님은 왜 유대 사회에서 증인도 될 수 없던 막달라 마리아를 부활의 첫 증인이자 전달자로 세우셨을까? 이러한 질문을 통해 그리스도의 복음과 페미니즘의 상관관계를 더 분명히 알 수 있다. 신적 권위를 부여한 열두 제자 중 누군가에게 나타나 부활의 증인으로 세우면 훨씬 더 효과적이었을 텐데, 어째서 아무런 증언의 효력도 없는 여성, 심지어 일곱 귀신 들렸을 정도의 비천한 삶을 살았던 막달라 마리아에게 나타나셨을까?

한스 큉(Hans Küng)은 "초기 기독교 역사 편찬은 오랫동안 역사의 주체자라는 입장에서 여성 문제를 간과해왔다. 여성들은 기독 역사의 실종자들이다"라고 하면서, 초기 유대-기독교 공동체에서 예수와 가까운 범위에 있던 인물 가운데 가장 탁월했던 여성인 막달라 마리아의 역할을 제한했다고 지적한 바 있다.[44] 페미니스트들은 기독교 지도자들이 남성 중심적 시각 때문에 막달라 마리아를 의도적으로 숨겼다고 주장한다. 특히 쉬슬러 피오렌

---

43 Donald Guthrie, 이중수 역, 『미래·윤리(신약신학5)』(*New Testament Theology*, 서울: 성서유니온, 1987), 56.

44 Hans Küng, John Bowden(tr.), *Women in Christianity* (London, New York: Continuum, 2001), 15-8.

자는 부활한 예수님의 첫 증인이자 증거자라는 이중적 의미로 막달라 마리아의 사도성을 주장한다. 그리고 요한복음 20:17의 "내 아버지 곧 너희 아버지", "내 하나님 곧 너희 하나님"이라는 표현은 예수님의 죽음과 부활로 말미암아 하나님과 그의 자녀들로 완성되는 '예수님의 새로운 가족' 곧 '메시아 공동체'가 형성되었음을 표현한 것으로 해석한다.[45]

보수 교단에 속한 학자들도 여성이 부활의 첫 증인이라는 사실에는 동의하지만, 이를 여성이 보여준 사랑과 충성에 대한 주님의 보답 차원으로 가볍게 해석하기도 한다. 여성이 부활의 복음의 전달자가 된 것이 여성의 역할에 관한 모든 문제를 해결해주지는 못한다는 것이다. 총신대 서철원 교수는 『기독론』이라는 책에서 "사복음서에는 부활의 첫 증인이 막달라 마리아로 되어 있지만, 기독교 전통으로 볼 때 수제자였던 베드로를 부활의 첫 증인으로서 간주한다"라고 하였다.[46] 이러한 해석은 성경에 분명히 기록된 사실을 수정하면서까지 부활의 첫 증인을 남성으로 바꾸려는 가부장적 해석이다. 요한복음 20:1-18에서 시몬 베드로와 예수님께서 사랑하시던 다른 제자가 무덤에 갔는데도, 부활하신 예수님이 베드로는 만나주시지 않고 막달라 마리아를 만나주셨다는 것은 부활의 첫 증인의 자격이 무엇인지를 생각하게 한다.

필자는 학자들이 말하는 부활의 첫 증인이 여성이냐 남성이냐, 단순한 보답이냐 큰 의미냐에 관한 논의에 앞서, 주님께서 왜 수제자 베드로보다 막달라 마리아를 찾아오셨는지를 먼저 생각해봐야 그 답을 찾을 수 있다고 본다. 주님은 유대 사회에서 여성을 증인으로 세우면 부활의 복음이 제대

---

45 Elisabeth Schüssler Fiorenza, *In Memory of Her : A Feminist Theological Reconstruction of Christian Origins,* 130-53.

46 서철원, 『기독론』(서울: 은혜문화사, 1996), 27-31.

로 전해질 수 없다는 것과, 3년간 주님을 따라다닌 제자들이 증인도 될 수 없는 여성으로부터 부활의 소식을 듣는다면 별로 효력이 없으리라는 것을 아셨을 것이다. 필자는 이 문제에 대해 끊임없이 질문하며 묵상한 끝에, '십자가의 증인이 되지 못한 자를 부활의 증인으로 세울 수는 없다'라는 답을 얻게 되었다.

유대 가부장 사회에서 예수님이 열두 사도를 모두 남성으로 세웠다 하더라도, 십자가에서 증인이 되지 못한 자를 부활의 첫 증인으로 세울 수 없었음은 그리스도 복음에서 남성 제자만이 아니라 여성 제자들도 증인이 되었음을 보여준다. 주님께서 이 부활의 첫 증인을 여성으로 세우신 것은 복음이다. 주님을 사랑하여 십자가 현장까지 따라간 제자를 부활의 진정한 첫 증인으로 삼으신 것 역시 우리가 믿어야 할 복음이다. 그러므로 남성 제자들이 직접적 증인이 되지 않은 부활 사건을 다루는 본문을 읽고 해석할 때는, 최초 증인이 '여성'이라는 것과 예수 그리스도의 십자가 현장에서 희롱, 모욕, 침 뱉음, 채찍질, 그리고 십자가 처형까지 목격한 '막달라 마리아'의 "내가 주를 보았다"(요 20:18)라는 증언이 담겨 있음을 감안해야 한다. 바로 이런 점에서 그리스도 복음과 페미니즘의 관련성을 찾을 수 있다.

여기서 또한 예수님께서 부활 소식을 전한 여성들의 말을 믿지 않은 제자들의 '믿음 없음'과 '마음의 완악함'을 꾸짖으신 것의 의미를 살펴보는 것도 중요하다. 제자들은 복음 사역의 증인으로서 신적 권위를 부여받았음에도, 그리스도 복음의 절정이라 할 수 있는 십자가의 증인과 부활 사건의 첫 증인이 되지 못했다. 게다가 부활 소식을 듣고도 오히려 불신과 마음의 완악함을 드러냈고, 주님은 이런 제자들을 꾸짖으셨다(막 16:9-14). 필자는 마가복음 16:9-14[47]이 기독교 신앙과 관련한 교회 내 여성의 역할에 관해 중요한 기준과 지침을 제시한다고 본다.

주님은 부활을 처음 목격한 자들, 특히 막달라 마리아를 비롯한 여성의 말을 듣고 믿지 않은 제자들을 향하여 '믿음 없음'(ἀπιστίαν, lack of faith)과 '마음의 완악함'(σκληροκαρδίαν, stubbornness)을 꾸짖으셨다. '완악하다'라는 말은 구약성경의 '마음이 강퍅하다'(קשׁה)로 하나님에 대한 거역과 불신앙을 표현하는 단어이다(출 7:22; 삼상 6:6; 시 95:8). 따라서 '믿음이 없는 것'과 '마음의 완악함'은 연관되어 있음을 알 수 있다. 마태복음 19:8에서 예수님은 모세가 이혼을 허락한 것이 '남편 마음의 완악함'(σκληροκαρδίαν) 때문이라고 하시며 이 단어를 사용하셨다. 모세 당시는 이혼이 전적으로 남편의 임의에 좌우되던 시대였던지라, 예수님은 아내를 무시하고 함부로 취했다가 버리는 남편의 완악함을 비판한 것으로 보인다. 예수님이 사용한 '남편의 완악함'과 '제자들의 완악함'이라는 말에서, 구약 이스라엘이나 제2성전기 유대 사회 당시 여성의 말을 업신여겼던 가부장적 관습과 편견이 남성들의 가치와 도덕을 결정하게 되면서 마음을 완악하게 만든 주요 원인이 되었음을 간파하셨다고 볼 수 있다. 메리 에반스는 주님께서 부활을 직접 목격한 여성의 말을 믿지 않는 사도들의 남성 중심적 우월감과 편견을 꾸짖음으로써, 그것이 그리스도를 믿는 신앙에 장애가 됨을 일깨우신 것으로 보인다고 해석한다.[48]

주님은 제자들에게 세 번에 걸쳐 수난과 부활을 예고한 바 있고, 주님

---

47 막 16:9-20은 오래된 사본들에는 빠져 있는 본문이다. 이 단락은 누가복음과 요한복음에 있는 현현 보도의 종합으로서, 마가복음에도 다른 복음서들에 상응하는 결말을 제공하기 위해서 2세기에 덧붙여졌다고 추측하고 있다. 『독일성서공회판 해설·관주 성경전서』(대한성서공회, 1997).

48 Mary J. Evans, 정옥배 역, 『성경적 여성관』, 81-2.

이 말씀하시는 '믿음'에 부합하는 행동은 부활을 직접 목격한 증인의 말을 믿는 것임에도 불구하고 사도들은 부활을 목격한 증인과 전달자가 '여성'이라는 편견과 고정 관념에 마음이 완악해져 주님의 부활을 믿지 못했다. 특히 주님께서 사도들에게 '마음이 완악하다'고 꾸짖으신 사건이 부활 직후라는 점에 주목해야 한다. 즉 주님이 부활하신 이후부터 여성 증인이든 남성 증인이든 성(性)을 불문하고 주님의 부활을 목격한 자의 말을 믿지 않는 것은 불신앙임을 확정하신 것이다. 따라서 부활 후에 세워질 교회 공동체 안에서 여성이 복음의 증인으로서 차지할 지위와 역할을 전망하고 재해석할 필요가 있다.

(4) 여성에게 말씀을 가르치심

예수님께서 마르다와 마리아와 교제하셨으며, 특히 예수님 당시 율법을 배울 수 없었던 마리아에게 말씀을 가르치신 사건은 '복음'이다. 여성을 하나님의 은혜의 빛 아래서 주체적인 존재, 자유롭게 선택하는 존재로 보셨다는 것 또한 '복음'이다. 주님은 신약 시대 당시 제약이 많고 가정 안에서의 역할로 고정되어 자유롭게 선택하거나 율법을 배울 수도 없던 여성들을 자유롭게 하시며, 타의에 의해서가 아니라 주체성을 가지고 선택하는 인격적인 존재로 여기셨다. 이러한 여성의 주님에 대한 인식과 태도는 주님의 장사를 준비한 '마리아의 향유 사건'(요 12:1-8)에서 가장 잘 드러난다. 마리아가 자신의 가장 귀한 것을 주님의 장사를 위해 드린 자발적인 행위는 예수님의 십자가 사역에 대한 주체적인 믿음과 자발적인 헌신의 행위였다. 그래서 주님은 복음이 전파되는 곳에 마리아가 행한 일도 함께 말하여 기념하게 될 것이라고 말씀하셨다.

　　복음서에 나타난 사람들의 행위 가운데 '기념하게 되리라'(in memory

of her, 마 26:13b)라고 말씀하신 일은 '마리아의 향유 사건' 외에는 없다. 따라서 여성에 대한 유대 사회의 시대적 편견과 부정적 관념을 초월하여 여성을 자유롭고 주체적으로 선택할 수 있는 존재로 보신 예수님의 여성관과 태도는 복음이며, 이러한 주님을 인격적으로 믿어 사랑하고 따르며 주님의 장사를 위해 헌신한 마리아의 행위도 그리스도의 복음과 함께 우리가 기념하고 전해야 할 복음이다.

(5) 소외된 여성의 신앙적 행위를 인격적 믿음으로 여기심

주님께서 소외된 여성의 신앙적 행위를 '인격적 믿음'으로 여기셨다는 것은 '복음'이다. 주님은 무시와 한계를 뛰어넘은 이방인 수로보니게 여인의 대담한 요청과 끈질긴 신뢰를 '큰 믿음'으로 인정하셨다(마 15:21-28; 막 7:24-30). 여기서 '개들', '이방인들', '자녀들', '이스라엘 집의 잃어버린 양들' 그리고 '빵'이나 '빵조각'은 '예수 사역'의 비유어다. 이 비유어들은 유대인의 메시아가 이방인과도 관계가 있음을 알리기 위해 선택된 단어들이다. 수로보니게 여인은 예수님의 침묵과 거절에도 불구하고 그분이 자신을 도와주시리라는 믿음을 버리지 않았고, 결국 예수님 앞에 나아와 '주님'을 만나고 소원을 말하며 도움을 청했다. 이 여인은 이스라엘의 메시아인 예수님께서 이방인도 고쳐주실 것을 믿은 것이 분명하다. '믿음'은 예수님의 의지와 사랑과 관계되어 있다. 수로보니게 여인은 예수님의 메시아적 직무를 이방인인 자신과 자기 딸에게 미리 사용하도록 믿음으로 요청한 셈이다.[49]

주님께서 여성을 찾고 만나신 사건에서 "네 믿음이 너를 구원하였다"

---

49   정훈택, 『열매로 알리라』, 304.

라고 하신 말씀은 '믿는 행위'가 무엇인지를 알려주는 복음이다. 주님이 말씀하시는 '믿음'은 예수님에 대한 강한 기대감이었으며, 소외받고 무시당하는 시대적 한계 상황에서도 간절함과 도전으로 과감히 나아가는 인격적 신뢰였다. 주님은 여성들을 만나 이러한 인격적 믿음을 복음으로서 보여주셨다.

정리하자면, 예수님의 여성관은 당시 유대 사회의 통념과는 달리 여성을 성적 존재가 아닌 인격적 존재로 보셨다는 점에서 혁명적이었다. 예수님의 여성관은 그가 선포하신 말씀과 여성을 등장시킨 비유와 여성을 만나신 사건들을 통해 드러나며, 이로써 예수님이 선포하신 복음이 시대적·사회적으로 남성에게 눌려 있던 여성을 자유롭게 하는 복음이요, 하나님의 은혜 가운데 하나님과 교제하며 살아가는 의로운 주체자로 세우는 복음이요, 하늘에 계신 아버지의 뜻대로 살아가는 참된 예수님의 제자로 세우는 복음임을 알 수 있다. 그리고 여성을 십자가와 부활의 첫 증인으로 삼으신 사건은 시대를 초월하는 혁신적인 여성관을 보여주신 복음이다. 교회의 설립을 촉진한 예수 부활 사건의 첫 증인이 여성이었다는 것은 남성과 여성 모두 평등한 제자였음을 보여주기에 충분하다. 그리스도의 복음에 감읍한 여성들은 주체적이고 자발적으로 주님을 따랐으며, 가부장적 편견과 질서에 저항하며 도전하였고, 자신의 소유를 다 바쳐 예수님의 참된 인간성을 증언한 증인들이었으며, 기독교 신앙의 본을 보여준 여성 리더들이었다.

이처럼 그리스도의 복음 사역에서 여성들은 여성이기에 할 수 있는 꼭 필요한 일을 잘 감당했다. 그들은 그리스도의 성육신과 어린 시절을 포함한 생애를 목격하고, 공생애 시작과 이방인 선교의 개시를 알렸으며, 그리스도의 장사를 준비하고, 십자가와 부활의 첫 증인 역할을 감당한 것이다. 아울러 그들도 위로부터 오는 성령의 은혜와 능력 가운데 그리스도의 복음 사역에 동참할 것을 사명으로 위임받은 제자였다는 점에서, 그리스도의 복음과 페미니즘은 깊은 관련이 있다고 하겠다.

5장

성경적 페미니즘으로 성경 읽기

- 바울의 여성 관련 본문 해석
- 여성 혐오 본문 해석
- 여성의 성경 읽기

본 장에서는 바울의 여성 관련 본문을 둘러싼 여성 리더십(여성 안수) 논쟁을 살펴보고, 여성 혐오 본문(삿 19-21장), 구약의 한나 본문(삼상 1-2장), 신약의 마르다와 마리아 본문(눅 10:38-42)을 성경적 페미니즘의 관점에서 해석하고자 한다.

1. 성경 해석에 있어 본문과 독자 지평의 문제

한때는 여성 리더십에 관한 논쟁에서 '성경의 권위에 대한 헌신을 유지할 수 있는가'에 대한 질문이 더 우세했다. 하지만 지금의 복음주의자들은 '온전한 성경의 권위에 똑같이 헌신하면서도, 왜 성경 해석이 일치할 수 없는지'에 대해 질문을 던지고 있다.[1] 성경 해석은 불가피하게 이데올로기적·문화적·사회정치적 가치관과 해석자/신학자의 성향에 영향을 받게 되어 있기 때문이다. 카슨(D. A. Carson)은 『성경 해석의 오류들』(Exegetical Fallacies)이라는 책에서, 66권의 정경이 하나님 말씀이라고 믿는 사람들 사이에서도 서로 양립할 수 없는 신학적 견해가 많이 발생하는데, 이것이 바로 성경 해석에서 발생하는 오류라고 지적했다.[2]

---

1 여성 리더십 논쟁은 지난 50년간 교회가 씨름해온 것으로, 일부 교회를 분열시켰다. 하지만 최근 복음주의 신약 학자 네 명, 즉 Linda L. Belleville, Craig L. Blomberg, Craig S. Keener, Thomas R. Schreiner가 교회에서 여성의 사역과 안수에 관한 논쟁을 벌였다. Stanley N. Gundry(ed.), James R. Beck(ed.), Linda L. Belleville(contrib.), etc., 안영미 역, 『여성 리더십 논쟁』(Two Views On Women In Ministry, 서울: 새물결플러스, 2017)을 참조하라.

2 Carson이 지적한 성경 해석에서 발생하는 오류는 의미론적 오류, 논리적 오류, 선택적 증거에 호소하는 오류, 부적절한 삼단논법 사용의 오류, 세계관 혼동의 오류, 거만한 폐기 처분의 오류, 권위에 극단적으로 단순히 호소하는 오류, 성경 해석의 전제적 오류와 역사적 오류, 본문 병치와 관련된 오류들이 있다. D. A. Carson, 박대영 역, 『성경 해석의 오류』(Exegetical Fallacies, 서울: 성서유니온선교회, 2002), 187.

그는 그 가운데 여성 리더십에 관한 성경 해석의 오류 몇 가지를 지적한다. 예를 들어 데이비드 스타인메츠(David C. Steinmetz)의 논문은 남녀의 구분을 인식하지 못한 오류이고, 「트리니티 저널」(Trinity Journal)에 실린 디모데전서 2:1-15의 해석에 답변하는 글에서 더글러스 무(Douglas J. Moo)는 부적절한 삼단논법 사용의 오류를 범했다고 했으며,[3] 제임스 헐리(James B. Hurley)는 여성의 한계에 대한 예수님의 침묵을 적절하게 고려하지 않은 오류를 범했다고 했다.[4] 또한 교회에서 여자들은 침묵해야 한다고 언급한 고린도전서 14:33b-38에 대한 조지 나이트(George W. Knight)의 해석은 고린도 교회 독자들이 아직 기록되지도 않은 디모데전서 2:11-15을 이미 읽었다고 전제하기 때문에, 이는 본문 병치와 관련된 성경 해석의 오류라고 지적하고 있다.[5] 이 외에도 성경 해석 과정에서 일관된 사상과 논쟁이 포함되면서 발생하는 전제적 오류, 신약성경 문헌을 해석할 때 1세기 유대 역사와 기독교 역사에 대한 추론적 재구성에 많은 비중을 두고 해석하는 역사적 오류가 있다.[6]

카슨의 지적을 통해, 성경을 해석할 때 해석자의 신학적 전제, 문화, 적용 등 해석자의 역할이 오류로 작용하게 됨을 볼 수 있다. 따라서 해석자의 역할로서 독자 중심의 성경 해석도 중요하게 다루어야 할 부분이다. 최근

---

3   앞의 책, 33-177.

4   학자들은 종종 침묵을 통한 주장이 약한 것으로 간주하지만, 만약 어떤 특별한 상황에서 화자나 해설자의 언급을 보다 더 기대할 수 있는 경우라면 침묵을 통한 주장은 더욱 강해진다. Linda Merandante, writing about James B. Hurley, *Man and Woman in Biblical Perspective* (Grand Rapids, MI: Zondervan, 1981) in *TSF Bull* 6 (Jan.-Feb. 1983): 21-2를 재인용. 앞의 책, 185.

5   George W. Knight III, *The New Testament Teaching on the Role Relationship of Men and Women* (Grand Rapids, MI: Baker, 1977): 36-40을 재인용. 앞의 책, 186.

6   앞의 책, 167-77.

들어 전통적 성경 해석에 이의를 제기한 새해석학은 독자의 지평이 저자의 지평만큼이나 중요하고 매우 결정적이라는 점을 강조하고 있다.

2. 바울의 여성 관련 본문에 대한 성경 해석 원리

바울 복음의 정신과 원리가 그리스도의 복음에서 기원한 것이라면, 바울의 여성관 역시 예수님의 여성관으로부터 기원한다고 봐야 한다. 따라서 바울 서신의 여성 관련 본문을 해석할 때는 다음 세 가지 원리를 고려해야 한다.

1) 바울 복음의 원리와 정신은 그리스도의 복음에 따른다

바울은 그리스도의 복음을 하나님과 인간 사이의 화해뿐 아니라 모든 인간 사이에 화해와 평화를 이룬 사건으로 보았으며(롬 12:18; 고후 5:18-19; 살전 5:13), 주님 안에서 차별을 허물고 모두가 하나임을 선포하는 복음으로 이해했다. 메리 앤 런디(Mary Ann Lundy)는 이방 선교사로 부름 받은 사도 바울이 유대인뿐 아니라 유대인 기독교인들에게 받은 차별과 갈등으로 볼 때(예루살렘 사도 회의[행 15:1-35; 20:19; 갈 2:1-20]), 바울은 새 시대에 유대인과 헬라인, 주인과 노예, 남성과 여성 모두가 주님 안에서 하나임을 선포하는 복음 원리를 가장 중요하게 여겼을 것이라고 했다(롬 3:22; 8:15-16; 10:12; 갈 3:28)[7]. 바울은 '믿음'이 온 후로는 다시는 율법 아래 있지 않고(갈 3:22-25)

---

7   Mary Ann Lundy, "Saying What We Do, Doing What We Say: Church Policies on Sexism," *Church & Society* 82 (1991): 55-65.

약속대로 유업을 이을 자가 되는 것이라고 선포했다(갈 3:29). 그러므로 문자적 해석을 지양하고, 예수 그리스도 복음의 정신에 따라 동일한 믿음으로 해석해야 한다.

2) 바울 신학은 중심적/부수적 원리와 율법적/인격적 준거 틀을 구분하여 해석해야 한다

하워드 마샬(Howard Marshall)은 바울이 다메섹 도상에서 그리스도를 만난 체험을 나타내는 중심적 신앙과, 특정한 임시적 상황에 신앙을 적용하여 나온 부수적 표현을 구분했다. 또 하나님을 율법을 수여하는 분으로 생각하는 율법적 준거 틀과 자녀와 가족 관계에 있는 아버지로 생각하는 인격적 준거 틀 사이에 해석적 차이가 존재할 수 있다고 지적했다.[8] 바울의 복음 원리는 다메섹 도상에서 만난 예수님의 가르침과 정신을 이어받은 것임을 확실히 할 필요가 있다(갈 1:12).

　그래서 "각 남자의 머리는 그리스도요 여자의 머리는 남자요 그리스도의 머리는 하나님이시라"(고전 11:3)에 나오는 '머리', 즉 케팔레(κεφαλη)는 '권위'보다 '출처'나 '근원'으로 해석해야 "주 안에는 남자 없이 여자만 있지 않고 여자 없이 남자만 있지 아니하니라"(고전 11:11)의 '주 안에서'라는 표현이 '남녀의 새 질서는 계급적 질서가 아닌 상호 존중의 동등함'에 부합한다. 아울러 하나님과 그리스도의 관계 역시 서열이나 계급이 아닌 근원으로 해석되어야 문맥의 흐름이 적절하게 된다는 것이다.[9]

8　　Howard Marshall, 박문재·정용신 역, 『신약성서 신학』(New Testament Theology: Many Witnesses, One Gospel, 고양: 크리스천다이제스트, 2006), 34-6.

9　　이준호, "교회에서 여자의 위치와 역할에 대한 바울의 견해와 한국교회 여성 안수 논쟁"(백

3) 바울은 고린도 교회 문제를 자유와 덕의 원리로 해결한다

바울은 고린도 교회 문제를 해결할 때 때로 덕을 위해서라면 성도 개개인의 자유는 제한되며, 일반 원칙이 특수 상황에 의해 영향을 받을 수 있는 방식을 취하고 있다. 바울이 그리스도 복음의 가치와 정신을 양보하지 않으면서 관습이라는 임시적 논리를 세운 것은 교회의 질서와 경건을 유지하기 위함이었다.[10] 그러므로 여성과 관련된 바울 서신 본문을 대할 때는 해석자가 전제한 신학에 따라 선별해서 짜 맞추거나 상황적 규범과 일반적 기본 규범을 혼동해서는 안 되며, 원칙적이고 중심적인 가르침과 문화적이고 주변적인 요소를 구분하여 해석해야 하고, 문자적으로 해석하기보다 예수 그리스도 복음의 정신에 따라 해석해야 한다.

3. 복음주의 안에서 여성 리더십 논쟁:
종속주의자와 평등주의자

1980년대가 끝나갈 무렵 복음주의자들은 교회 내 여성 역할 논쟁에 따라 두 협회를 형성했다. "성경적 남성과 여성에 관한 협회"(The Council for Biblical Manhood and Womanhood)와 "성경적 동등함을 주장하는 기독교인들"(Christians for Biblical Equality)이 그것이다. 전자는 하나님께서 개인적 특성과 가치에서는 남자와 여자가 동등하나 역할 면에서는 서로 다르게 창조

석대학교 기독교전문대학원 박사학위 논문, 2006), 98-115, 374-87.

10   앞의 논문, 98-102.

하셨다고 주장하여 결과적으로 종속적인 여성 리더십을 주장하는 입장이다. 후자(CBE)는 페미니스트 운동과 함께 갈라디아서 3:28을 원리로 남성과 여성의 역할은 동등하며 상호보완적인 관계임을 주장하는 입장이다.[11]

우선 종속주의자들은 교회의 지도권을 남성의 특성으로, 복종을 여성의 특성으로 강하게 주장함으로써 역할 측면에서의 차등적 구조를 강하게 옹호하고 있다.[12] 여기에 속하는 대표적 학자로는 수잔 포(Susan Foh), 글리슨 아처(Gleason L. Archer), 나이트(G. W. Knight III), 더글러스 무(Douglas J. Moo), 오스번(C. D. Osburn), 제임스 헐리(James B. Hurley), 로버트 존스톤(Robert K. Johnston) 등이 있다.[13]

반면 평등주의자들은 여성 리더십을 환영하고, 교회 지도자 지위에 있어 남성과 여성의 새로운 동반자적 모습이 잠재력 있는 촉매제로서 긍정적 변화를 일으킬 수 있다고 본다.[14] 이들의 입장을 '복음적 페미니즘'(Evangelical Feminism) 또는 '성경적 페미니즘'(Biblical Feminism)이라고도 부른다. 대표적 학자로는 패트리시아 건드리(Patricia Gundry)와 스탠리 건드리(Stanley Gundry), 그레첸 게벨라인 헐(Gretchen Gaebelein Hull), 캐서

---

11 Stanley J. Grenz, Denise Muir Krjesbo, 이은순 역, 『교회와 여성』(Women in the Church, 서울: CLC, 1997), 20-6.

12 합동 총신은 '여성이 남성에게 종속되는 것'이 성경적 여성관이라고 주장하고 있다. 총신은 「신학지남」의 1996년 가을호(통권 제248호)와 1997년 봄호(통권 제250호)에서 여성 안수를 불허한다는 글을 펴냈다. 이를 중심으로 교회 안에서 종속적 여성관을 주장하는 이유를 찾아보면 다음과 같다. 첫째, 성경이 여성 성직 임명을 금지한다. 둘째, 지난 2,000여 년 동안 여성의 성직 임무는 금지되었고, 루터나 칼뱅 같은 종교 개혁가들도 이를 허락하지 않았다. 셋째, 구세주로 오신 예수도 남성이며, 그가 선택한 열두 제자가 모두 남성이다. 넷째, 여성은 교회 안에서 남성 헤드십(headship)을 인정하고 이에 상응하는 역할만 해야 한다.

13 Alvera Mickelsen, 홍성희 역, 『성경과 여성』(Women, Authority & The Bible, 서울: CLC, 1999), 230-58.

14 Stanley J. Grenz, Denise Muir Krjesbo, 이은순 역, 『교회와 여성』, 27.

린 크뢰거(Catherine C. Kroeger), 린다 벨빌(Linda L. Belleville), 크레이그 키너(Craig S. Keener) 등이 있다.

4. 바울의 여성 관련 본문
(고전 11:2-16; 14:33-36; 딤전 2:8-15; 갈 3:28)

1) 고린도전서 11:2-16에 대한 종속주의자의 해석

① '머리 됨'(headship, κεφαλή): 고린도전서 11:2-16에 대한 종속주의적 해석의 핵심은 남성의 '머리 됨'(headship)이다. 제임스 헐리(James B. Hurley)는 남자의 머리 됨이 결혼한 사람만이 아니라 교회에도 적용되는 것이라고 했다. 오늘날 '머리'라는 말은 사람의 신체 중 '생각의 좌소(座所)'로 알려져 있지만, 바울 당시 '머리'는 몸에서 가장 위에 있는 탁월한 기관을 뜻했으므로, 히브리어 '로쉬'를 번역한 '케팔레'(κεφαλή)는 '우월함'의 위치에 있을 뿐 아니라 권위(authority)를 지닌 사람 혹은 어떤 것의 '기원'을 의미하는 말로 사용되었다는 것이다.[15] 브루스(F. F. Bruce)는 '머리'가 '근원'(source)을 의미한다고 주장하고, 헤르만 리델보스(Herman Ridderbos)는 '머리'를 '대표'(representation)라는 의미로 보는 것이 가장 합당하다고 본다. 웨인 그루뎀(Wayne Grudem)은 '머리'의 은유적 사용이 대개 권세(authority)를 암시

---

15 James B. Hurley, *Man and Woman in Biblical Perspective*, 164; cf H. Conzelmann, *1 Corinthinas*, 183; H. Schlier, "kefalh," *TDNT* 3, 673-82; S. Bedale, "The Meaning of kefalh, in the Pauline Epistles," *JTS* n. s. 5 (1954): 211-5를 재인용. 이한수, 『바울신학연구』(서울: 총신대학출판부, 1993), 393.

하고 있다고 하여[16] 남성의 머리 됨(headship)을 '권위', '통치', '우월성'으로 해석하고 있다.

② **여성이 머리에 수건을 쓰는 문제**: 제임스 헐리(James B. Hurley)는 구약 시대나 후기 유대 사회의 베일을 쓰는 관습과 머리 스타일, 구약 시대 이스라엘에 베일을 쓰는 습관이 없었던 것, 그리고 유대 사회에서 부유한 몇 사람을 제외하고는 그런 행습이 요구된 적 없었던 것을 미루어볼 때, 본문의 중요성은 머리의 길이와 가꾸는 방식에 있는 것이라고 하였다. 그리스·로마·유대 여성들은 머리를 길게 길러 여러 형태로 따 올렸기에 머리를 풀어헤치거나 밀거나 잘라버리는 것은 사회에서 이탈해 살았다는 징표라는 것이다. 바울이 베일의 성격을 명기하지 않았으므로, 가리는 것(베일)이 반드시 수건이라고 말할 필요는 없다고 했다. 즉 여성의 긴 머리를 쓰는 것을 대신하여 주신 것으로 해석하는 것이다(고전 11:5-6).[17]

③ **"여자는 천사들을 인하여 권세 아래 있는 표를 그 머리 위에 두어야 한다"**(10절): 이 난해한 진술은 많은 논쟁 대상이 되어왔는데, 모나 후커(Morna D. Hooker)는 두 가지 논거로 해석한다. 첫째, 바울에 의하면 남자는 하나님의 형상과 영광이기 때문에 예배 때 그의 머리를 가릴 필요가 없지만, 여자는 남자의 영광이어서 예배 때 하나님의 영광을 드러내기보다는 남자의 영광을 드러내기 때문에 머리를 가려야 한다. 둘째, 여자가 수건을 써야 할 또 다른 신학적 이유는 하나님의 영광은 남자이므로 예배 때에도 남자가 능동적인 역할을 해야 한다는 것이다. 따라서 여자가 머리에 쓴 수

---

16 Wayne Grudem, "Does Kephal('head') Mean 'Source' or 'Authority Over' in Greek Literature: A survey of 2,386 Examples," *TJ* 6 (Spring, 1985): 38-59.

17 이한수, 『바울신학연구』, 395-6.

건은 여자에 대한 남자의 새로운 권세를 나타내는 것이라고 해석한다.[18] 총신대 총장이었던 고 김의환은 고전 11:2-15에 대한 해석에서 본문은 여성의 예언을 강조한 게 아니라 여성의 은사 활동까지도 남자의 머리 됨(고전 11:3) 아래 있음을 강조한 것이라고 하였다. 이는 여자도 예언은 할 수 있으나, 어디까지나 남자의 머리 됨을 인정하는 범위 내에서 은사를 활용해야 한다는 뜻이라고 해석했다.[19] 결론적으로 교회 안에서 여성의 예언의 은사 등 모든 사역은 남성의 '머리 됨'에 종속되어야 한다는 것이다.

2) 고린도전서 11:2-16에 대한 평등주의자들의 해석

① '머리 됨'(headship, κεφαλή): 바레트(C. K. Barett), 한스 콘첼만(Hans Conzelmann), 제롬 머피-오코너(Jerome Murphy-O'Conner)를 포함한 많은 주석가는 '머리'가 '원천'과 같은 의미가 있다고 주장한다. 이는 바울이 여자가 남자로부터 취해졌다는 창세기 2장의 창조 기사에 호소하기 때문이라는 것이다. 고든 피(Gordon Fee)는 '근원'이라는 의미의 '머리'가 은유적으로 사용될 때 보통 '권세'를 암시했다고 주장하면서도, 고대 그리스 문학에서 '머리'의 사용은 단 49번만 은유적이었다고 평가하고 있다.[20] 앨버라 미켈슨(Alvera Mickelsen)은 이 본문이 하나님 아버지-그리스도-남자-여자로 이어지는 위계 질서적 '사슬'의 연속이 아니라, 오히려 그리스도로부터 여자, 남자, 하나님에게로 연결한다고 하였다. 그리고 그리스도, 남자라는 순서는

---

18   Morna D. Hoocker, "Authority on Her Head," 415을 재인용. 앞의 책, 400-1.

19   김의환, "교회 내 여성사역의 제한성과 중요성", 「신학지남」 250(1997): 16.

20   Gordon Fee의 고대 헬라 문학 속 '머리'의 사용에 대한 비평은, Craig S. Keener, 이은순 역 『바울과 여성』(Paul Women & Wives, 서울: CLC, 1997), 71을 참조하라.

상호 관계가 우선이고, 서열과 예의 규범은 차선이 되어야 한다고 말했다. 또 그리스어 '케팔레'(κεφαλή)에 선입견을 품지 않아야 하며, 그 의미를 '지배자가 되는 것'으로 가정해서는 안 된다고 했다.[21]

매리언 톰슨(Marianne Meye Thompson)도 본문은 남성의 필연적 '우월성'을 의미하지 않는다고 해석한다. 본문 11절과 12절은 '상호 복종'의 본보기를 지적한 것으로서 "피차 복종하라"는 에베소서 5:21과 밀접한 관계가 있는 것으로 본다. 따라서 본문에서 '머리'의 의미는 직접적으로 가정, 사회, 교회 내 여성의 역할을 고려하는 것으로 말하는 게 아니라 그리스도의 사역으로부터 시작된 교회 공동체 내의 상호 봉사로 특징지어진다는 것이다(막 10:42-45). 그리고 본문에 대한 해석학과 실천에 있어서, 창조에 근거한 남녀 간의 위계보다는 신약에서 발견되는 구속과 윤리학의 영역에 우선권을 두어 위계질서보다 상호 의존에 더 비중을 둬야 한다고 주장했다.[22] 쉬슬러 피오렌자는 11절의 "주 안에서 여자 없이는"(γυναικὸς χωρὶς ἐν κυρίῳ)을 "주 안에서 여자는 남자와 다르지 않고, 남자는 여자와 다르지 않다. 기독교인으로서 여자와 남자는 동등하다. 자연과 창조를 근거하여 생긴 차이는 기독교 예배 공동체에는 더 이상 존재하지 않는다"라고 해석한다.[23]

② **여성이 머리에 수건을 쓰는 문제**: 쉬슬러 피오렌자는 이것이 남자와 여자의 구별을 광범위하게 확인하고 자연이 문화의 근원과 보증이라고

---

21 Walter L. Liefeld, "고린도전서 안에 나타나는 여성, 순종 그리고 사역", Alvera Mickelsen(ed.), 홍성희 역, 『성경과 여성』(Women, Authority & The Bible, 서울: CLC, 1999), 161

22 Marianne Meye Thompson, "리처드 롱네커(Richard Longenecker)의 권위, 위계질서, 그리고 지도권의 형태에 대한 논평", 앞의 책, 106-12.

23 Elisabeth Schüssler Fiorenza, In Memory of Her, 229-30.

주장하는 스토아 철학으로부터 온 사상이라고 본다.[24] 정훈택 교수는 고린도전서 11:5에 대한 해석에서 빠뜨리면 안 될 것으로서, 첫째, 고린도 교회에서 여성들이 이미 예배 시 기도와 예언에 가담하고 있었다는 것, 둘째, 우리가 예언을 한 번도 '설교'나 '가르침'으로 규정한 적이 없다는 것, 셋째, 본문은 당시의 관습과 관련된 충고로서 여성도 기도하거나 예언해도 좋다는 것에 초점이 맞추어진 게 아니라 여성이 머리에 쓰는 게 좋으냐를 다루는 것이라고 지적하였다.[25] 이한수 교수는 본문이 수건 쓰는 일에 관해서 교훈한 '유전'을 지키지 않고 비평적 태도를 취하려는 어떤 자유분방한 여자들의 태도를 바로잡기 위해서 주어진 것이라고 하면서, 본문은 남자와 여자가 주님 안에서 상호 의존적 관계임을 확실히 하고 있는 것으로 해석하고 있다.[26]

③ "여자는 '그 천사들 때문에' 자신의 머리에 권위를 가지는 것이 마땅하다"(10절)로 바꿔야 한다: 황영자 박사는 현재 성경에 나오듯이 고린도전서 11:10의 διὰ τοῦτο ὀφείλει ἡ γυνὴ ἐξουσίαν ἔχειν ἐπὶ τῆς κεφαλῆς διὰ τοὺς ἀγγέλους를 "그러므로 여자는 천사들로 말미암아 권세 아래에 있는 표를 그 머리 위에 둘지니라"로 번역한 것은 잘못이라고 말한다. 왜냐하면 '케팔레'(κεφαλή)는 여자의 머리이며 '엑수시아'(ἐξουσία)는 능동 의미의 권위인데, '권세 아래에 있는 표'라는 수동 의미로 잘못 해석했다는 것이다. 따라서 본문을 문법적으로 해석하면 "이런 이유로, 여자는 천사들 때문에 그 머리 위에 권위를 가져야만 한다"가 된다고 하였다. 또 3절의 '케팔레'(κεφαλή)는 은유적으로 '통치자', '지도자' 혹은 '원천'의 뜻이 있는데,

---

24   앞의 책, 229.

25   정훈택, "존재론적 평등성, 기능적 종속성?", 「신학지남」 252(1997년 가을호)259.

26   이한수, 『바울신학연구』, 391–403.

이 세 가지 가운데 본문의 문맥 안의 연관성이나 문법적 해석에서 상충하지 않는 해석은 '원천'으로 보는 게 타당하다고 했다. 7절의 "여자는 남자의 영광이니라"에 이어진 8-9절에서는 여자가 남자의 영광이 되는 이유를 창조 기사를 인용하면서 설명하는데, 여기에는 처음 창조된 여자를 대면한 순간 아담의 탄성(창 2:23)까지 포함하는 게 필수적이라는 것이다. 10절은 8-9절의 이 영광스러운 창조 기사로 인해(이 이유 때문에 또는 이런 이유로), 또 '그 천사들 때문에' 여자가 자신의 머리/원천/남자에게 권위를 가지는 것이 마땅하다고 말하고 있다.[27]

정리하면, 남자가 하나님의 형상과 영광이라는 말은 '하나님의 형상을 반영한다'는 의미가 된다. 즉 남자가 하나님의 인격적이고 사역적인 성격을 반사/반영한다는 의미로 해석할 수 있다는 것이다. 또 11절의 '주 안에서'(ἐν Κυρίῳ)를 통해 바울은 그리스도 안에서 남녀의 동등성이 여자도 남자처럼 기도하고 예언할 수 있는 권위(고전 11:5, 13)의 근거가 된다고 말하는 것이다. 12절의 "모든 것이 하나님께로부터 났다"(τὰ δὲ πάντα ἐκ τοῦ θεου)는 말씀은 하나님께서 남녀의 동등권을 제정하셨음을 강조한 것으로서, 남자가 일시적·기능적 원천을 근거로 여자에게 선재성의 우위를 점하려는 것과 여자가 자신의 원천인 남자에게 권위를 가지는 것을 허용하므로 남자와 여자는 서로를 존경하는 것이 옳으며, 남자와 여자의 궁극적 원천은 하나님이시므로 그분께 존경과 영광을 돌려드리라는 뜻이다. 이것이 고린도전서 11:3, 7-10, 11-12의 정점(climax)이라고 추론할 수 있다.[28]

---

27 고 황영자 박사는 여성 안수 반대의 근거로 삼는 바울의 여성 관련 본문을 그리스어 문법적으로 분석하고 연구하여 2016년에 신약학 박사학위를 받았다. 황영자, "바울의 눈에 비친 아담과 하와: 바울서신의 남녀관"(총신대학교 대학원 박사학위 논문, 2017), 84-111.

28 앞의 책, 111-50.

케네스 베일리(Kenneth E. Bailey)도 διὰ τοῦτο ὀφείλει ἡ γυνὴ ἐξουσίαν ἔχειν ἐπὶ τῆς κεφαλῆς διὰ τοὺς ἀγγέλους(고전 11:10)에서 바울이 창세기 2:21-23의 제2 창조 기사를 충분히 알고 있다고 단정하면서, "이것 때문에 여자는 그 머리에 권위를 두어야 하는데 이는 천사들 때문이다"라고 해석하고 있다. 그는 고린도 교회에 있는 남성과 여성 예언자들이 모두 예배 인도자로 참여했는데, 단지 '남자는 머리를 가리지 말고', '여자는 머리를 가려야 한다'고 말한 것이라면서, "처음부터 문제가 성(性)의 복종이 아니라 성의 구별에 있었음은 분명하다"라고 했다.[29]

이준호 박사는 '유전'을 '복음의 정신'으로 보며, 구체적으로 예수님 안에서 남자와 여자의 장벽이 무너지고 여자에게 하나님의 백성으로서 누릴 '자유'가 주어졌다는 것을 의미한다고 본다. 고린도전서 11:3에서 '머리'는 '지배'나 '권위'보다 '원천'으로 해석해야 문맥과 조화를 이룬다는 것이다. 이것은 지금까지 여성 안수를 반대하는 학자들의 주장을 수정하는 것으로서, 여성의 공적 사역을 인정했다는 긍정적인 정보를 얻을 수 있다고 했다. 또한 바울은 머리에 두건 쓰는 문제를 해결하기 위해 한편으로는 관습에 영향을 받는 '덕의 원리'를 설명하고, 다른 편으로는 복음의 정신을 통해 여성의 권위를 존중하는 '자유의 원리'를 중시하고 있다고 해석한다. 그는 이 두 가지 원리가 고린도 교회의 분쟁과 다툼을 해결하고 무질서를 바로잡는 데 기여하는 것이 고린도전서의 기록 목적 중 하나였다고 보고 있다.[30]

---

29 Kenneth E. Bailey, 김귀탁 역 『지중해의 눈으로 본 바울: 고린도전서의 문예-문화적 연구』(Paul Throught Mediterranean Eyes: Cultural Studies in 1 Corinthians, 서울: 새물결플러스, 2017), 451-73.

30 이준호, "교회에서 여자의 위치와 역할에 대한 바울의 견해와 한국교회 여성안수 논쟁", 98-115.

3) 고린도전서 14:33-36에 대한 종속주의자의 해석: "여성은 교회에서 침묵해야 한다"

제임스 헐리는 여기에 나오는 '여자들'이 교회의 일반적인 여성들을 가리킨다고 해석한다. 이때 바울이 여성들에게 말하는 것을 허용하지 않고 '잠잠하라'고 권면한 상황은 교회의 일반적인 상황이 아니라 예언자의 계시말씀을 판단하고 평가하는 특정한 상황이기에, 바울은 고린도의 여성들에게 예언을 토론하고 평가하는 남성들의 권위 문제에 끼어든 행위를 금지한 것이라고 해석했다.[31] 닐 플래나건(Neal Flanagan)과 에드위나 스나이더(Edwina Snyder)는 고린도전서 14:34-35이 내포하고 있는 의미가 고린도 교회 회중 가운데 어떤 구성원들이 교회 내에서 말씀 사역에 활발하게 참여하고 있는 여성들을 배제하고 있다는 사실이라고 했다.[32] 나이트(G. W. Knight)는 디모데전서 2:11-14에 비추어 본문이 여성이 남성에게 가르치는 것을 금지하는 것이라고 해석한다.[33]

4) 고린도전서 14:33-36에 대한 평등주의자의 해석: "여성들이 교회에서 질문했던 일시적 행위에 대한 것이다"

고린도전서 14:34-35 본문은 사본학적으로 불안정하여 후대에 삽입되었다고 보는 견해가 있다(Gordon Fee, Philip Payne, Peter Lockwood, Jacobus

---

31 이한수, 『바울신학연구』, 403-5.

32 Neal Flanagan, Edwina Snyder, "Did Paul Put Down Women in 1 Cor. 14:34-36?," *Biblical Theology Bulletin* 11 (1981): 10-2.

33 Craig S. Keener, 이은순 역 『바울과 여성』, 124.

Petzer). 이 구절이 원래 33절 뒤에 있었으나 40절 뒤로 옮겨졌거나, 반대로 원래 40절 뒤에 있었지만 33절 뒤로 옮겨졌거나, 아니면 원래 본문에 들어 있지 않았는데 33절과 40절 뒤에 각각 더해졌다는 추론이 있다. 이처럼 고린도전서 14:34-35 본문이 사본학적으로 불안정하다고 판단하는 이유가 있다. 황영자 박사는 14장 전체가 남녀가 모인 예배 공동체의 질서에 관해 지시하는데(고전 11:33), 갑자기 여자들을 향해 나온 지시가 문맥의 흐름을 깬다는 사실을 그리스어 분석으로 밝혔다. 35절이 여성들을 향한 지시임에도 36절의 "하나님의 말씀이…너희에게만 임한 것이냐"에서 '너희'에 해당하는 그리스어 '휘마스'(ὑμᾶς)는 남성 복수형이기 때문이라는 것이다. 이 단어는 남녀 모두를 지칭하도록 유일하게 사용하는 문법 용어로서 '총칭적인 남성 복수형'이다. 36절의 내용은 34-35절에서 '율법과 수치' 때문에 침묵과 복종을 요구받는 여성들과는 전혀 관계가 없는 반면 33절과 연결하면 완벽한 문장의 흐름으로 이어지는 것을 볼 때, 이 본문은 삽입된 구절로 추정된다고 했다.

36절의 '~만'(μόνους)에서 문법적으로 추정할 수 있는 것은, 36절은 33절과 연결될 수 있다는 점이다. 1-33절까지 보면 고린도 교인 중 스스로 "선지자나 신령한 영적인 사람들"(고전 14:37)이라고 자처하며 모든 은사를 하나님으로부터 직접 받은 것으로 생각하는 사람이 많았기 때문에 사도 바울이 '남녀 성도 공동체'를 향해 말할 때 '남성 복수 격변화'는 '총칭적인 성별'을 위해 사용했다는 것이다.[34]

크레이그 키너(Craig S. Keener)는 36절의 불변화사 '에'(ἤ)는 바울이 다

---

34 Ben Witherington III, *Women in the Earliest Churches* (Cambridge, UK: Cambridge University Press, 1988), 98, 259.

른 곳에서도 고린도 교인의 행동에 이의를 제기하고자 할 때(인용문을 반박할 때: ex. 고전 11:3, 14) 이 접사로 시작한다고 했다. 하지만 바울이 쓴 로마서를 보면 잘못된 진술을 바로잡아줄 때 종종 "그럴 수 없느니라!"라는 말로 반대했기 때문에(롬 3:4), 바울이 여기서 고린도 교인들의 잘못을 지적하고 있다는 증거가 그렇지 않다는 증거보다 훨씬 더 큰 비중을 차지한다고 해석했다.[35] 엥겔(G. Engel)은 이것이 고린도 여인들의 예배를 방해하는 말투로 인해 발생한 '어떤 무례함' 때문에 나온 말이라고 주장한다. 예배 시간에 잡담하며 주위 사람을 방해하는 경향을 염두에 뒀거나, 여성들이 이러한 일을 하면서 사회적 관습을 깔보며 허영으로 과시했거나, 그 때문에 교회의 평판이 나빠졌기 때문이라는 것이다.[36] 하워드 마샬(Howard Marshall)에 따르면 본문은 여인들이 예언의 검열에서 배제되었거나(특히 그 예언자들이 그들의 남편일 때), 혹은 교회에서 큰소리로 질문해서 예배를 산만하게 하는 행동을 해서는 안 된다는 의미로 해석된다. 따라서 오늘날 교회 집회에 여성이 참여하는 것을 더는 수치스러운 일로 간주하지 않는다면, 이를 막을 이유는 전혀 없다고 했다.[37]

또 이준호 박사는 이 본문의 배경으로, 우상 숭배자들의 종교 행위처럼 소란스러운 예배 행위가 고린도 교회에 유입되었을 가능성이 상당히 크다고 보고 있다(고전 5:9-13; 8:1-13; 12:2). 예를 들어 성만찬의 가르침은 무질서를 바로 잡는 것이며, 이는 12장과 14장의 은사 사용 문제에서 계속된다는 것이다. 그는 바울이 예배에서 여성의 사역과 예언 행위로 일어난 무질서와 무분별한 질문 공세를 바로잡는 동시에 우상숭배 제의의 혼란과 소

---

35 Craig S. Keener, 이은순 역 『바울과 여성』, 112-5.

36 G. Engel, "Let the Woman Learn in Silence. II," *Expository Times* 16 (1904/5): 189-90.

37 Howard Marshall, 박문재·정용신 역, 『신약성서 신학』, 323.

란함을 차단하기 위해 문제를 일으켰던 여성의 잘못된 태도를 고치면서도, 여전히 질서 아래서 방언과 예언의 은사를 사용하고 여성의 공적 사역도 이루어지길 원하고 허용했던 종전의 태도를 유지한 것으로 해석한다.[38] 케네스 베일리(Kenneth E. Bailey)는 고린도전서 11:2-16에서 바울이 예배의 리더십(남자와 여자)에 초점을 맞추다가, 고린도전서 14:33-36 본문에서는 예배를 드리는 남자 및 여자와 특별히 관련된 문제를 다룬다고 보면서, 고린도전서 11-14장을 이렇게 요약한다.[39]

> 만일 누구든지 자신을 예언하는 자로(11장), 또는 신령한 자로(12장) 생각한다면, 내가 너희에게 쓰고 있는 글이 주의 명령이라는 것을 인정해야 한다(13장). 만일 누구든지 이를 인정하지 않으면 그는 인정받지 못할 것이다. 그러니 내 형제들아, 예언하는 것을 간절히 사모하고(14:1-12) 방언하는 것도 금하지 말라(14:13-25). 그러나 모든 것을 품위 있고 질서 있게 하라(14:26-33).

필자는 고린도전서 14장에 관한 종속주의자의 해석에서 몇 가지 문제점을 지적하고자 한다. 첫째, 복음의 증인이 되어야 할 여성이 왜 교회에서 잠잠해야 하는가? 또한 오늘날 "교회에서 잠잠하라"의 의미가 "떠들지 말라"인지, "설교(예언)를 하지 말라"인지, 아니면 "교회에서 어떤 말도 하지 말라"는 뜻인지, 성경 문맥상 정확히 어떤 의미인지를 밝혀야 한다. 고린도 교회

---

38   이준호, "교회에서 여자의 위치와 역할에 관한 바울의 견해와 한국교회 여성 안수 논쟁"(백석대학교 기독교전문대학원 박사학위 논문, 2006)을 참조하라.

39   Kenneth E. Bailey, 김귀탁 역 『지중해의 눈으로 본 바울: 고린도전서의 문예-문화적 연구』, 617-31.

에는 예언하고 방언하는 이들 가운데 여성이 있었다(고전11:5). 즉 "여자는 교회에서 잠잠하라"라는 명령 자체가 이미 고린도 교회에서 여성들이 잠잠하지 않았음을 전제하고 있다. 아울러 방언하는 자(고전 14:27-28)와 예언하는 자(고전 14:29-30)에게도 똑같이 잠잠할 것을 명령하고 있음은 왜 빼버렸느냐는 것이다. 이 본문은 성경이 완성되지 않은 고린도 교회의 예배 상황이 오늘날 현대 교회의 예배 상황과 다름을 고려해서 해석해야 한다.

둘째, "교회에서 여자는 잠잠하라"는 진리로 지키면서, "여자는 머리에 수건을 쓰라"는 말씀은 왜 지키지 않는가? 교회에서 여자가 잠잠해야 하는 것이 진리라면 여자가 머리에 수건을 쓰는 것도 진리로 받아들여야 하는데, 그렇지 않다는 것은 성경 해석의 일관성 결여로 보인다.

셋째, 바울은 "교회에서 여자는 잠잠하라"고 하면서, 왜 자신은 유니아 사도, 뵈뵈 집사, 브리스길라, 다비다, 예언자인 빌립의 네 딸 같은 여성을 세워 동역했는지에 대한 설명이 필요하다. 이런 이유로, "교회에서 여성은 잠잠하라"를 "여성은 설교하지 마라", "여성은 목사가 되지 마라"라는 의미로 해석하는 것은 남성 중심의 직제에서 이루어진 무리한 가부장적 해석이라고 판단할 수밖에 없다.

5) 디모데전서 2:11-15에 대한 종속주의자의 해석: 여성 리더십을 제한하는 가장 강력한 본문

나이트와 제임스 헐리는 이 본문을 교회 안에서 여성이 설교하고 가르치고 권위를 행사하는 일을 제한하거나 반대하는 강력한 성경 구절로 본다. 이들은 본문이 여성의 종속에 대해 창조 질서에 호소하면서 어떤 타협도 하지 않고 있다고 보며, 이 구절을 역사적·사회적 배경을 알아내는 가장 우선적이고 기본적이며 성경적인 증거로 생각하기 때문이다. 또한 본문을 "디모데전서의 표명된 목적"으로 이해하면서, 여기서 당면한 상황과 같은 제한된 상황에만 적용되는 것이 아니라 일반적으로 적용되는 말씀이라고 주장한다.[40] 더글러스 무(Douglas J. Moo)도 12절의 ἀνδρός(남자) 앞에 '그녀의'라는 인칭 대명사나 적어도 정관사가 붙어야 하는데, 그런 수식이 없기에 바울이 일반적인 남자와 여자의 관계를 염두에 두고 있다고 해석한다.[41]

권성수는 바울이 창조 순서를 암시하지 않은 창세기 1장을 인용하지 않고, 남녀의 창조 순서를 언급한 창세기 2장을 선택한 것만 봐도 이 본문은 규범성이 될 수 있다면서, 더글러스 무의 견해에 전적으로 동의한다. 또 바울이 창조 원리 및 하와가 먼저 타락한 점을 언급한 것은 '언약적 헤드십'이 암시된 것으로 봐야 한다면서, 15절에서 '해산함으로 구원 얻음'의 의미는 하와가 먼저 꼬임에 빠졌기에 신자 안에서 주권적으로 행하시는 하나님의 구원에 믿음으로 올바른 반응을 보이는 것이라고 해석했다. 결론적으로 바울의 이런 권면은 남성의 대표이자 최초의 남성인 아담이 여성의 대표이자 최초의 여성인 하와보다 먼저 창조된 사실(딤전 2:13)을 근거로 남성의 헤드십 원리를 지적한 것이고, 하와가 먼저 속아 넘어간 사실을 근거로 교회 내 여성의 역할에 대한 부정적 권면을 한 것이라면서, 여성의 적극적 역할의 전형은 해산이라고 단언했다.[42] 정리하자면, 여성은 '언약적 헤드십'이라는 창조 원리 아래서 '해산'을 여성만의 전형적·적극적 역할로 여기고, 교회에서는 종속적 역할을 해야 한다고 해석했다.

---

40   Alvera Mickelsen, 홍성희 역, 『성경과 여성』, 229-31.

41   이한수, 『바울신학연구』, 408.

42   권성수, "딤전 2:11-15에 관한 주석적 고찰", 「신학지남」 248(1996년 가을호)을 참조하라.

6) 디모데전서 2:11-15에 대한 평등주의자의 해석: 여성에 대한 상황적 금지 명령

평등주의자들은 본문에 대한 배경으로서 당시 교회 공동체가 영지주의자 집단에게 위협을 당했는데, 그 집단에서 여성들이 주도적이고 선교적이며 공격적인 역할을 했다고 본다(딤전 2:12; 5:13; 딤후 3:6). 그러한 여성들이 그들의 성적 역할을 극복해야 한다는 견해를 펴면서 성관계와 혼인과 자녀 출산의 포기를 요구했고, 그래서 바울은 다른 곳에서보다 더 강력하게 유대적 관념을 원용하게 됐다는 것이다. 즉 "여자는 순종해야 한다", "여자는 남자보다 늦게 창조되었고 먼저 타락했다", "여자는 그 해산함으로 구원을 얻으리라"라는 비기독교적인 말로 상술한 것은 여성들이 영지주의에서 말하는 구원의 길을 위해 자연적 규정을 거부하는 태도를 교정하려 한 것이지, 교회 내 여성의 모든 역할을 모든 시대에 적용하도록 확정하는 율법은 아니라고 해석했다.[43] 데이비드 숄러(David M. Scholer)는 바울이 디모데전서 전체를 쓴 목적이 거짓 교훈에 대항해 싸우기 위한 것이므로, 본문도 같은 맥락에서 한 묶음의 진지한 교훈으로 주어진 것이 확실하다고 했다.[44]

리처드 크뢰거(Richard Clark Kroeger)는 바울이 "나는 어떠한 여성도 가르치는 것을 허용하지 않는다"(I permit no woman to teach)라는 명령법이 아닌 현재 능동태 직설법(ἐπιτρέπω, 허락하다)을 사용했으므로, 영구적 명령이

---

43 『해설 관주 성경전서 개역한글판 (독일성서공회 해설)』(서울: 대한성서공회, 1997), 496-7 의 해설 부분을 참조하라.

44 David M. Scholer, "딤전 2:9-15과 교회사역에서의 여성의 위치", 264-65를 재인용. 정명 희, "해산함으로 구원 얻음의 의미연구"(총신대학교 대학원 석사 학위 논문, 2003), 45.

아니라 특정 상황에 적용되는 일시적 명령을 한 것이라고 결론짓는다.[45] 또 12절에 나오는 '주관하다'($\alpha\grave{\upsilon}\theta\epsilon\nu\tau\epsilon\hat{\iota}\nu$)라는 단어는 여기에 단 한 번 나오는 단어로서 남성의 머리 됨을 무시하는 여성의 공적 다스림을 금지하는 게 아니라, 여성이 남성의 근원이라고 주장하는 영지주의적 신화와 싸우기 위한 것이라고 해석했다. 즉 바울은 에베소의 특정한 문제였던 하와에게 영광을 돌리는 영지주의 이단을 염두에 두고 창조와 타락을 언급하였고, 창조와 타락에 관해 바른 교리와 전통적 성경으로 돌아오라는 단호한 호소로서 성경적 근거를 제시했다는 것이다.[46]

그리고 '해산함으로 구원 얻음'은 결혼을 금하는 영지주의의 거짓 가르침에 대항하여 여성이 전통적 가르침에 따라 아이 낳는 것을 포기하지 말아야함을 피력한 것으로 받아들여야 한다고 해석했다.[47] 차정식 교수 역시 당시 성령 충만을 빙자하여 교회 안팎에서 너무 나서거나 드세게 행동하는 여성들을 통제하고자 하는 움직임이 있었으며, 본문은 인간의 결혼까지 교리적으로 억압하려는 꽉 막힌 금욕주의 풍조를 견제하려는 의도가 있다고 해석한다. 요컨대 바울이 말한 '해산 구원론'의 구원은 공동체를 반사회적 집단의 오명과 생물학적 생존 위기 상황에서 구제하려는 의미의 구원으로 봐야 한다고 해석한 것이다.[48]

황영자 박사는 디모데전서의 남녀관 해석을 위해서는 에베소 지역의

---

45 Stanley J. Grenz, Denise Muir Krjesbo, 이은순 역, 『교회와 여성』, 165-6.

46 정명희, "해산함으로 구원 얻음의 의미연구", 51-8.

47 부인 Catherine Clark Kroeger 교수는 7년 넘는 기간 동안 에베소 지역에 머물며 남편 Kroeger 교수와 고고학적 증거 발굴을 통해 연구한 결과, 딤전 2:11-15절에 언급된 사도 바울의 여성에 대한 훈계는 에베소라는 특정한 항구 지역에서 성적으로 부도덕한 문제를 많이 일으켰던 이단적이며 품행이 단정하지 못한 여성들에 대한 제한적인 메시지임을 밝혀냈다. 김영관, "남과 여의 동등성에 관한 신학적 고찰", 「목회와 신학」(2004년 5월호), 126.

48 차정식, 『거꾸로 읽는 신약성서』(서울: 포이에마, 2015), 305-16.

철학과 이교 제의 등 문화적·종교적 배경 이해가 필수적이라고 했다. 사도 바울은 모계 중심 사회의 오랜 역사적 모태인 아데미 여신 제의와 영지주의 문화에 길들어 그릇된 구원관에 사로잡힌 에베소의 상황을 파악하고 있었다. 황 박사는 여기서 금지한 것이 '가르치는 것'과 '남자를 주관하는 것' 두 가지가 아니라 하나라고 말하는데, 그 근거는 다음과 같다. 첫째, 배움과 가르침에 대한 랍비 관행에 따르면 배우라는 명령에 가르치는 것도 포함되어 있는데, 지금까지는 가부장적 성서 해석으로서 "남자를 가르치고 다스리지 말라"라는 이중 금지로 해석해왔다는 것이다. 그러나 실은 여기서 금지한 것은 "하와가 속은 것이 아니고 아담이 속았다"는 영지주의 논의나 "여자가 남자의 원천"이라는 아데미 여신 제의에 물든 에베소 교회 여성도의 "가르치는 태도에 관한 것"이라고 해석할 수 있다. 문법적으로 볼 때 능동적 의미의 '가르치는 것'(διδάσκειν)과 부정적 의미의 '남자를 다스리는 것'(αὐθεντεῖν ἀνδρός)을 οὐκ... οὐδέ라는 문법적 장치로 연결하여 하나의 의미, 즉 '남자의 창시자가 된 듯 잘못된 권위 전횡의 태도로 가르치는 것을 여자에게 허락하지 않는다'로 해석하는 것이 바람직하다는 것이다. 즉 11절의 배움과 12절의 διδάσκειν(가르치는 것)을 하반절의 ἀλλ᾽ εἶναι ἐν ἡσυχίᾳ(오직 조용히 하다)와 함께 "조용히 가르치는 것은 여자에게 허락한다"로 해석한 후에, 12절의 상반절 οὐκ... οὐδέ라는 문법적 장치의 기능을 이용하여 하나의 금지로 해석할 수 있다.

또한 기존 해석이 소유격 '안드로스'(ἀνδρός)를 '안드라'(ἄνδρα)나 여격인 '안드리'(ἀνδρί)로 오역했다고 지적했다. 본문에서 중요한 점은 가르침 받는 대상을 남자로 제한하지 않았다는 점이고, 가르칠 때 특히 여자가 '마치 자신이 남자의 창시자인 것처럼 하거나, 남자보다 먼저 지음 받은 듯 권위를 전횡하는 태도로 가르치는 하나의 행위'를 금지했다는 점이다. 12-14

절은 창조 순서와 범죄 순서에서 여자가 "남자의 창시자"라는 아데미 제의와 "아담이 얄타바오에게 속았다"라는 영지주의 논의를 교정하는 것으로 해석했다.

15절에서 주절 "여자가 구원을 받을 것이다"(σωθήσεται)의 단수 주어와 종속절 "그들이 머물게 된다면"(μείνωσιν)의 복수 주어가 누구를 가리키는가에 대한 해답을 얻기 위해 능동형으로 변형시킨 결과, 주절의 하와 혹은 여자는 총칭적 단수를 의미하고, 칭의 받은 후 성화 단계에 머무는 사람들은 종속절의 복수 주어가 된다. 이는 아담이 비록 뱀에게는 속지 않았지만 하나님의 명령을 알고도 불순종하는 죄를 범했으므로(창 3:17), 그 아이의 출생(예수님의 탄생)을 통해 구원받을 사람의 대상에는 포함시켜야 한다는 것이다. 따라서 하나님께서 예수 그리스도의 출생을 통해 구원하실 단수와 복수 주어 대상들은 모두 13-14절에 선행되었던 하와와 아담을 포함한 모든 자손이라는 것이다. 이는 '모든 사람이 구원을 받으며 진리를 아는데 이르기를 원하시는 하나님의 소원 성취'(딤전 2:4)로서, 근접 문맥과 일치하는 성경 자증 가운데 하나의 사례로서 추정한다고 해석했다.

7) 갈라디아서 3:28에 대한 종속주의자의 해석: 해법이 아닌 부분을 의미

종속주의자들은 바울이 갈라디아서 3:28을 말 그대로 의미한 것으로 보지 않는다. 이들은 바울 이전에 존재했던 문형을 바울이 사용한 것이며, 공동체의 진정한 가치로 삼을 의도 없이 사용한 것이라고 주장한다. 마리 드 메로드(Marie de Merode)는 본문이 바울 이전 초기 공동체의 여성에 대한 신학을 반영하고 있는 것이며, 바울의 생각보다는 좀 더 자유로운 개념을 담고 있다고 했다. 존 오닐(John C. O'Neill)은 갈라디아서에 관한 토론에서 이 구절을 배제하고 있는데, 이 구절은 바울 이후 교회의 사상이 표현된 것으로 보기 때문이라는 것이다. 다른 학자들은 갈라디아서 3:28을 광신주의자의 부르짖음이나 영지주의자의 말로 보기도 한다. 브린스미드(B. H. Brinsmead)는 바울이 논쟁을 위해 본문의 말을 사용하기는 했지만, 이는 그의 대적자로부터 차용해온 것이라고 했다.[49]

또한 이 본문은 마태복음 22:30과 연관되는 '단일화'(unification)의 말씀으로서, 갈라디아 교인에게 미래에 달성될 천사의 지위에 대한 관심이 많았음을 암시하는 것이라고 했다.[50] 한스 디터 베츠(Hans Dieter Betz)는 고린도전서에 나타나는 바울의 여성에 관한 가르침이 본문에 표명한 그의 입장을 철회하는 것이라고 했다.[51] 이들은 모두 바울이 본문을 통해 단지 부분만을 말하려 한 것으로 보면서, 갈라디아서 3:28은 구원론적 선언이지 사회적인 문제와는 아무 상관이 없이 제기되었다고 해석한다. 제임스 헐리도 본문은 '누가, 무슨 근거로 하나님의 아들이 될 것인가?'라는 질문에 대한 답이지 그리스도의 몸 안에서의 관계성 문제로 생각하지 않는다고 하여 본문을 남성과 여성의 관계에 대한 규범이 되는 구절로 여기지 않음을 밝혔다.[52]

8) 갈라디아서 3:28에 대한 평등주의자의 해석: 남녀 관계에 관한 규범적 본문

평등주의자들은 갈라디아서 3:28을 남녀 관계에 대한 해석학 차원의 원리

---

49   Alvera Mickelsen, 홍성희 역, 『성경과 여성』, 191.

50   앞의 책, 192.

51   앞의 책, 194.

52   갈 3:28에 대한 종속주의자의 해석에 대해서는 앞의 책, 189-227을 참조하라.

로 받아들인다. 김세윤 교수는 갈라디아서 3:28을 다른 세 본문(고전 11:2-16; 14:33-36; 딤전 2:8-15)보다 예수님의 정신을 가장 잘 표현한 우선적이고 원칙적인 말씀으로 보고 있다. 그는 이 본문이 그리스도의 복음의 의미, 즉 구원의 복음이자 새 창조의 복음이라는 사회적 함축 의미를 가장 잘 표현한 말씀으로서 기독교 사회 윤리의 가장 기본적인 원칙이 된다고 했다. 그리스도 안에서 이루어진 구속과 새 창조의 질서 속에서는 불평등과 불의를 초래하는 이 세상의 모든 차별이 해소되었는데, 대표적으로 유대인과 이방인이라는 구속사적 차별, 상전과 노예라는 신분적 차별, 남자와 여자라는 성적인 차별 모두가 해소되었다는 것이다. 따라서 바울이 가정생활이나 사회생활에 남녀의 동등성과 상호주의를 혁명적으로 적용한 것이라고 해석했다.[53]

정훈택 교수는 바울 당시의 사회에 차별적 사회 구조가 깔려 있었기 때문에 곳곳에 필요한 충고를 삽입한 것 중 하나가 갈라디아서 3:28이라고 해석한다. 그는 현대에 와서는 바울의 이러한 정신에 따라 헬라인과 유대인의 차별도, 주인과 종의 차별도 사라졌는데 왜 남자와 여자의 차별은 여전히 존속하는 것인지 의문을 제기하면서 본문에서 바울 사도가 남녀 차별을 철폐한 것으로 보고 있다.[54]

황영자 박사는 ἕνι는 동사 ἔνειμι의 축약형으로서 "그리스도 예수 안에"(ἐν Χριστῷ Ἰησου~)와 만나면, "그리스도 예수 안에 있다"는 의미로 규정된다고 보았다. 학자들은 '그리스도 안에서 하나 됨'을 '그리스도 안에서 동등함에 대한 복음 선포의 본질에 따라 조화를 이루며 함께 걸을 것을 요

---

53   김세윤, "성경은 남성과 여성의 관계에 대해 무엇이라고 하나?", 65-8.
54   정훈택, "바울의 여성관", 『신학적 도약』(서울: 민영사, 2002), 254.

구하는 것'으로 해석한다는 것이다. 특히 갈라디아서는 '~나 ~도 아니다' 혹은 '없다'와 비슷한 ~οὐκ ~οὐδέ 구문을 사용한 세 개의 병행구로 이루어져 "유대인이나 헬라인이나"(οὐκ ἔνι Ἰουδαῖος οὐδὲ Ἕλλην), "종이나 자유자나"(οὐκ ἔνι δοῦλος οὐδὲ ἐλεύθερος)로 되어 있는데, 남자와 여자에 관한 구문에서 유독 οὐδέ 대신 καί를 사용한 이유는 창세기 1:27의 "사람을 창조하시되 남자와 여자를 창조하시고"를 반영한 것이라고 했다. 즉 하나님의 형상으로 창조된 남자와 여자는 그리스도가 구속한 '인류의 원형'임을 보여주는 것이라고 해석했다. 즉 유대인과 헬라인을 포함한 이방인이 평등한 '하나'인 것처럼 남자와 여자 역시 평등한 '하나'라는 것이다.[55]

이상에서 볼 때, 바울의 네 본문에 대한 종속주의자의 해석에서 가장 기본적으로 드러나는 것은 남성의 '머리 됨'(headship)이며, 이 머리 됨을 '여성에 대한 다스림' 또는 '우월'로 보는 관점이다. 그 근저에는 본문에 대한 문자주의적 해석과 더불어 남녀의 관계를 말하는 본문에서 창조 질서와 타락의 순서를 인용하는 바울의 의도를 중요하게 보고, 이것이 창조 질서가 되는 것이기에 여성의 종속은 시대를 초월한 확고한 명령이라고 해석하는 시각이 있다. 결국 여성은 남성 헤드십과 관련하여 '존재적으로는 평등하기는 하지만 역할로는 종속'되어야 한다는 것이 그들의 주장이다.

반면 평등주의자의 해석을 보면, 고린도전서 11:2-15과 14:34-35, 디모데전서 2:9-15을 문자적 의미로만 받아들이지 않고 사회문화적 정황 속에서 그리스어 문법과 문맥을 살피면서, 나아가 예수 그리스도 복음의 정신과 여성관에 비추어 해석하고 있다. 아울러 갈라디아서 3:28을 남녀 관계의 기본 원리로 여기면서 나머지 세 본문은 당시 고린도 교회나 에베소

---

55   황영자, "바울의 눈에 비친 아담과 하와: 바울서신의 남녀관", 40-60.

의 상황 안에서 일시적으로 발생한 사건과 영지주의 및 아데미 여신 숭배 같은 이단을 따르려는 여성들의 행위에 대한 바울의 충고로 해석한다. 결론적으로 평등주의자들은 고린도전서 11장, 14장, 디모데전서 2장을 '초상황적 진리'로 해석하지 않음으로써 남성과 동등한 여성 리더십을 인정하고 있다.

5. 여성 안수에 관한 신학적 논쟁: 신학자/해석자의 문제

1) 신학자/해석자의 성경 본문 취사선택의 문제

본문 취사선택을 통한 해석은 성경의 메시지를 자기 선입견과 여성관에 맞추는 해석이다. 이때 해석자는 성경을 정치적 도구로 활용하기도 하고, 자신을 방어하기 위한 수단으로 사용하기도 한다. 예를 들어 '여성의 짧은 머리는 부끄러운 것'이라는 문화적 판단은 옛 시대의 유물이라고 하면서 '여성이 교회에서 말하는 것은 부끄러운 일'이라는 문화적 판단은 왜 오늘날에도 유효한 것인지를 설명하지 않고 있다.[56] 이처럼 자신이 원하는 본문만 취사선택하여 여성 리더십을 인정하지 않는 성경 해석은 일관성이 결여된 해석이라고 볼 수밖에 없다.

---

56 권연경, "달면 삼키고 쓰면 뱉기", "해석이라는 이름의 정치", 「복음과 상황」(2006년 1-2월호)를 참조하라.

2) 성경과 우리 사이에 존재하는 문화적 간극(Gap)의 문제

하나님의 말씀인 성경은 역사적·사회문화적 상황 안에서 기록된 것이며, 성경 저자들 역시 특정한 역사적·사회문화적 배경 안에 살았던 이들이기에 성경 본문은 시대적 배경과 매우 밀접하게 연관되어 있다. 특히 여성에 대해 언급하는 바울 서신은 더욱 당시의 일시적 상황 안에서 특수한 문제를 다루고 있다. 그러나 당시 상황을 다 이해할 만큼 성경적 자료가 충분하지 않기에 결국 바울이 여성을 대하는 태도를 토대로 그 상황을 이해할 수밖에 없다.[57] 따라서 현재의 문화가 하나님 나라 가치관에서 얼마나 벗어나 있는지 의문을 제기해 봐야 하며, 아울러 하나님 나라 가치관 중 어떤 것을 보존하고 있는지도 살펴봐야 한다.[58] 교회 내 남녀의 역할에 관한 문제는 성경과 우리 사이의 문화적 간극이 가장 두드러지는 영역이다. 또한 신약 시대의 직분(집사, 장로)은 오늘날 21세기 한국교회의 직분과 너무도 다르기에 시대적 간격을 무시한 문자적 성경 해석은 여성에게 억압적인 해석이 될 수밖에 없으므로 지양해야 마땅하다.

3) 신학자/해석자가 여성을 보는 시각에 관한 문제

이 문제는 여성에 관한 성경 본문 해석에 가장 부정적으로 작용했던 요소다. 2,000여 년에 걸친 교회사에 나타난 여성관을 살펴보면 테르툴리아누스, 클레멘스, 아우구스티누스를 포함한 초기 교회 대부분의 교부는 '남성-

---

57 정훈택, "바울의 여성관", 『신학적 도약』(서울: 민영사, 2002), 245-54.
58 Craig S. Keener, 이은순 역, 『바울과 여성』(Paul, Women & Wives, 서울: CLC, 1997), 302.

우월', '여성-열등'이라는 형이상학적 이원론에 따라 '남성의 머리 됨'에 근거한 성경 해석으로 여성 리더십을 제한했다. 중세 교회 신학자 토마스 아퀴나스는 혐오적인 여성관을 더욱 부추겨 '마녀사냥'이라는 무섭고 끔찍한 죄악을 저지르게 하기도 했다. 종교 개혁자들은 여성의 본성이 남성과 동일함을 강조했지만, 여성의 역할을 가정으로 한정하여 부정적 결과를 낳게 했다. 그 후 근세로 넘어오면서 중앙 집권화와 산업 기술 발달로 남성 중심의 엘리트 사회 및 문화가 형성되면서 가부장적 체계가 사회뿐 아니라 교회의 구조로도 자리 잡게 되어 오늘날에 이르게 됐다.

하지만 신학자/해석자는 여성 관련 본문을 해석할 때, 단지 남성과 같지 않다는 이유로 차별받아온 약자인 여성에 대해 공의와 자비의 마음을 가져야 한다.[59] 또 그리스도 복음의 빛 아래서 여성이 주체가 되어 여성의 경험과 입장에 따라 성경 본문을 해석할 수 있어야 한다.

6. 성경적 페미니즘으로 성경 읽기: 여성의 눈으로 성경 읽기

1) 여성 혐오 본문·성폭력 성경 본문 읽기의 중요성

2016년 강남역 여대생 살인 사건으로 '여성 혐오'(misogyny)라는 의제와 함께 '페미니즘'의 물결이 일어났고, 2018년 서지현 검사의 성추행 폭로로 촉발된 '미투 운동'(Me Too Movement)으로 여성들은 우리 사회 전반에 퍼져

---

59 김세윤, "서창원 목사의 여성 안수 허용 문제에 대한 이의 제기에 답함", 「목회와 신학」 (2004년 11월호)를 참조하라.

있는 성차별과 성 윤리 인식의 불공정성 문제를 들여다보게 되었다. 그러나 한국교회의 주류, 특히 복음주의 교회와 보수 교단은 인간됨을 외치는 페미니즘이나 사회와 인간을 형성하는 강력한 요소인 성차별과 성폭력 같은 젠더 문제를 무시하면서 우리 사회의 인권과 성 평등 의제에 반하는 행보를 보이고 있다. 이에 대해 구약 학자 권지성 교수는 "한국교회 구성원들이 오랫동안 제도적 장치와 관행에 사고와 행위가 굳어져 여성에 대한 폭력을 용인하는 분위기에 동조해왔다. 특히 목회자의 성범죄는 지난 20년간 한국의 대표적인 복음주의 교회들을 뒤흔들었다. 더 심각한 문제는 이러한 범죄들이 은폐되고 조작되고 있으며, 남성 중심적인 교회 문화 속에서 피해자 여성이 숨죽이며 교회를 떠나는 현실이다"라고 꼬집었다.[60]

구약성경에서 성폭력 사건을 다룬 본문으로는 야곱의 딸 디나이 세겜에게 강간당한 사건(창 34장), 레위인이 자신의 첩을 윤간당하도록 내어준 사건(삿 19-21장), 다윗이 밧세바를 범한 사건(삼하 11장), 다말에 대한 암논의 성폭력 사건(삼하 13장)이 있다. 보수 교단에 속한 여성 신학자의 입장에서 볼 때, 지금까지 보수 교단은 성경에 나오는 이러한 성폭력 본문을 신중하게 해석하기보다 "남성은 성적 욕망이 강하나, 여성은 약하다"라는 이중

---

60 권지성 외 9명, 『성폭력, 성경, 한국교회』(서울: CLC, 2019)을 참조하라. 책에서 다룬 내용은 다음과 같다. 권지성: 디나 사건에 대한 비평학적 접근법들(창세기 34장); 박유미: 왜 다윗은 다말의 부르짖음에 침묵했을까-암논의 성폭행 사건과 다윗이 암논에게 미친 영향; 최순양: 서발턴 여성 '레위인의 첩 이야기'와 한국교회 성폭력의 문제들; 유연희: 사사기 21장 모로 읽기-야베스와 실로의 딸들을 기억하며; 성기문: #MeToo 시대와 구약 선지서의 포르노그래피 해석논란; 송진순: 교회 내 젠더 폭력과 하나님 나라의 정의; 한수현: 바울의 서신, 동성애 혐오인가 성폭력에 대한 저항인가?; 강호숙: 교회 리더의 성(聖)과 성(性)에 관한 연구-성의 사각지대를 형성하는 교회 메커니즘 문제에 대한 실천신학적 분석, 보수교단 내 성차별적 설교에 대한 여성신학적 고찰; 박성철: 아우구스티누스와 쟝 칼뱅의 신학과 가부장제의 상관관계에 대한 연구; 오제홍: 종교 개혁 직분제도와 여성의 사회적/종교적 위치-사회학 이론을 통해 바라본 종교 개혁의 직제와 여성의 위치에 대한 관계성 연구.

적 성 윤리를 받아들이면서 다윗을 옹호하기에만 급급해 "밧세바가 유혹했다"는 식으로 오히려 여성을 비난하는 해석을 해왔다. 칼뱅도 암논의 다말 성폭력 사건에 관해 다말의 '울부짖음' 속에 드러난 근친상간이 성폭력보다 더 나쁘다고 해석함으로써, 왕의 권력으로 성의 사유화를 방임한 것과 겁탈의 죄악에 대해서는 침묵했다.[61]

이에 대해 구약 학자 박유미는 다말의 부르짖음이 다윗의 귀에 들어갔을 때 그는 화만 냈을 뿐 그 이상의 조치를 행하지 않음으로써 비극적 결말을 불러왔다고 해석한다. 구약의 지혜 문학 전통에서 '어리석음'은 '지혜'의 반대어일 뿐 아니라 무신론적·반지성적 행위를 말할 때 사용된다. 암논의 다말 성폭력 사건은 압살롬 반란의 서막 부분이며, 밧세바 간통 사건 이후 다윗에게 내리는 하나님의 벌로서 위치하는데, 자기 가정에서 일어난 범죄를 하나님의 법에 따라 지혜롭게 처리하지 못한 것이 집안과 이스라엘 전체를 비극으로 몰고 가는 원인이 되었다고 해석한다.[62]

이처럼 다윗의 밧세바 성폭력 사건(삼하 11장)과 암논의 다말 성폭력 사건(삼하 13장) 본문은 남성의 성폭력에 대해 침묵하는 사건으로 볼 것이 아니다. 그것은 다윗과 암논이 하나님 말씀을 업신여기고 행한 '악'이라는 사실과, 이로 인해 다윗의 집에 칼과 재앙이 떠나지 않는 벌을 받게 된다는 성경 저자의 의도를 놓쳐서는 안 된다(삼하 12:9-12; 삼하 13-19장). 이 외에도 여성 혐오증의 기원이 된 레위기 12장에 관해서도 많은 학자는 정결 문제에 대한 남녀 차별이 확실하다고 주장하지만, 성경에서는 정결이나 부정

---

61   Michael Parsons, "Luther and Calvin on Rape: Is the Crime Lost in the Agenda?," *The Evangelical Quarterly* 74:2 (2002): 123-42.

62   박유미, "다윗 왕조의 동반자로서의 지혜로운 여성들: 사무엘서의 지혜로운 여성 연구", 「성경과 신학」 77(2016): 1-28.

함의 이유에 대해 침묵하고 있는 바, 이것은 남녀에 대한 차별 대우라기보다는 레위기의 인간의 '온전성'에 대한 제의적 세계관에서 비롯한 것으로 봐야 한다.[63]

2) 사사기 19장에 대한 성경적 페미니즘 해석: 피해자 여성의 소리를 배제한 남성 중심의 악에 대한 논의는 더 큰 재앙을 불러온다

21세기 성경적 페미니즘 관점의 성경 읽기는 "아픈 사람이 곧 세상의 중심"이라는 교훈을 중시하는 성경 해석 방식이다. 지금까지 가부장적 성경 해석은 강자와 기득권자의 입장을 변호하기에 급급하다 보니 무시당하고 차별받는 여성에게는 오히려 억압적 기제로 작동했다. 이런 까닭에, 성경에 나오는 여성 혐오나 성폭력 사건 관련 본문을 억압받아 온 여성의 관점으로 해석하는 일은 성 평등을 배운 교회의 20-30대 여성과 가부장적 성경 해석을 학습해온 여성, 나아가 남성을 위해서도 중요한 과제라고 본다. 이는 보수 교단에 속한 여성 신학자인 필자에게 성경이 성폭력과 성 윤리에 관해 어떻게 말하고 있는지 이 시대에 맞게 여성의 관점으로 해석해야 할 막중한 책임이 있는 이유기도 하다.

여기서는 사사기 19-21장에 나오는 '레위인이 자기 첩을 윤간하도록 내어준 본문'을 다루고자 한다. 최순양 박사는 사사기 19-21장에 나오는 '레위인의 첩 이야기'를 '서발턴'(Subaltern, 종속계급)의 관점으로 보면서 한국교회의 성폭력 문제를 다룬다. 그녀는 가야트리 스피박(Gayatri C. Spivak)

---

63 성기문, "교회에 뿌리 깊은 여성혐오증…성경에 대한 편향적 해석일 뿐", 「뉴스앤조이」 (2003. 11. 20 기사를 참조하라) http://www.newsnjoy.or.kr/news.

의 용어를 빌려, 지식 담론의 역사 속에서 목소리가 사라진 '서발턴'의 관점으로 레위인의 첩 이야기를 해석했다. 즉 성경에 나오는 레위인의 첩 이야기를 더 이상 왕권 중심적 입장을 옹호하는 방식으로 읽어서는 안 되며, 오히려 그 공동체에서 부당하게 성폭력을 겪고 사라져 간 사람들이 누구였는지, 그들이 다시 고통을 겪지 않기 위해서는 어떤 신앙 고백과 결단이 필요한지를 질문하는 방식으로 읽어야 한다고 본다.[64]

(1) 사사기 19-21장의 레위인과 첩 사건에 관한 설명과 배경

① 에브라임 산지 구석에 거하는 레위인은 행음한 첩을 취했다고 나오는데, 최근의 대다수 학자는 '자나'(זנה)라는 히브리어를 '행음하다'로 보기보다 레위인의 첩이 남편에게 화가 나서 집을 나간 것으로 보는 해석을 지지한다.[65] 이에 레위인이 화가 나서 친정으로 가버린 그 첩을 데리러 갔다가 장인의 집에 며칠 머물게 되는 것으로 해석하는 편이 더 자연스럽다. 여기서 호세아 예언자가 이스라엘의 범죄를 비난할 때 "기브아 시대로부터 범죄하더니"(호 10:9)라고 하신 말씀을 감안해서 볼 필요가 있다. 기브아의 범죄란 단지 여인을 윤간한 반윤리적 문제일 뿐 아니라, 남자들이 자기 멋대로 행한 범죄다(레위인의 첩, 노인의 딸, 길르앗 야베스의 처녀들과 실로의 처녀들).

② 해질 무렵에 출발하는데 기브아에 우거하는 한 노인이 레위인을 환대한다. 당시 환대문화는 근동의 풍습이었다. 그런데 그 성읍의 불량배들이 레위인을 끌어내라고 한다. 그러자 노인은 자신의 처녀 딸과 레위인의 첩이 있으니 그들을 욕보이든지 말든지 맘대로 하되, 레위인을 건드린다면

---

64   최순양, "서발턴 여성 '레위인의 첩 이야기'와 한국교회 성폭력의 문제들",『성폭력, 성경, 한국교회』, 67-90.

65   박유미,『내러티브로 읽는 사사기』(서울: 새물결플러스, 2018), 332-4.

이는 망령된 일이라고 말한다.

③ 불량배들이 듣지 않자, 레위인은 자신의 첩을 무리에게 내주었고, 밤새 농락당한 첩은 새벽이 돼서야 남편이 거한 곳 문지방에 이르렀으며, 거기 두 손을 대고 엎드려 죽어 있었다.

④ 레위인은 집으로 돌아와 칼로 첩을 열 두덩이로 토막 내어 이스라엘 사방에 보냈고, 이스라엘은 이것을 출애굽 이래로 전무후무한 악행으로 평가하게 된다.

⑤ 이에 이스라엘 온 회중이 레위인을 불러 진술을 받은 후 베냐민과 전쟁을 하게 되고, 나중에는 베냐민 지파가 빠지게 되니 야베스 길르앗 여인과 실로의 여인들을 데려와 베냐민 지파의 아내로 취하도록 명령한다.

(2) 본문에 대한 질문

① 기브아 노인은 자기 딸을 불량배들에게 내주는 것은 악으로 인식하지 못한 반면 레위인을 지키지 못하는 것은 망령된 행동으로 봤다. 이러한 당시의 문화적 관습을 어떻게 봐야 할까? 또 자신이 살기 위해 첩을 불량배들에게 윤간당하도록 내어준 레위인의 행동으로 볼 때, 가부장 권력은 성(sexuality)을 어떻게 수단화하며 짓밟고 있는가?

② 레위인이 장인 집에서 서둘러 일찍 출발했다면 어땠을까? 자신의 첩이 밤새 농락당해 죽었음에도 최소한의 애도 하나 없이, 집에 돌아오자마자 첩의 시체를 열두 토막 내어 이스라엘 지파에게 보낸 레위인의 성격과 인간 됨됨이는 어떠한가?

③ 레위인 첩은 밤새 농락당한 후에도 마지막 순간까지 찾아가서 죽은 장소가 남편 레위인이 있던 곳 문지방이었다. 이를 통해 사사 시대 당시 여성의 처지와 형편이 얼마나 남편에게 의존적이고 가련했는지를 유추해보

자('첩의 아버지'에 관한 말은 없다).

④ 기브아 사람들이 자기 첩을 욕보여 음행과 망령된 일을 행했다는 레위인의 일방적인 말만 듣고 '악'을 규정하면서, 베냐민 지파를 향해 전쟁을 일으킨 이스라엘 회중의 악은 무엇인가?(삿 20:5-6)

⑤ 레위인 첩이 당한 폭력과 그의 비참함과 죽음에 대해 분노하지 않는 비인간적 가부장 공동체, 그리고 "우리 중에 누가 먼저 올라가서 베냐민 자손과 싸우리이까"라고 물을 때 "유다가 먼저 갈지니라"(삿 20:18)라고 하시며 폭력과 살육 전쟁을 정당화하는 하나님을 어떻게 봐야 할까? 그리고 사사기 저자가 "하나님이 직접(삿 20:35) 베냐민(사람들)을 치셨"으며 이 모든 것은 "이스라엘에 왕이 없었기 때문에 사람이 각각 그 소견에 옳은 대로"(삿 21:25) 행한 것이라고 하면서, 성폭력으로 인한 여인의 죽음과 시체 토막 사건의 잔인함을 감춘 채 살육이 난무하는 전쟁을 정당화한 것은 과연 정의로운 것일까?

(3) 본문이 주는 도전 혹은 메시지(교훈)

① 본문에서 말하는 '악'(삿 20:12-13)과 성경에서 말하는 악의 개념은 분명 다르다. 당시 이스라엘의 사회문화적 배경에 따라서 말하는 악의 기준은 성경 전체에 흐르는 악의 개념과 구분해야 하며, 이스라엘 문화가 규정한 '악'은 분명 가부장 문화가 그 시대에 규정한 '악'으로 봐야 한다. 니콜라스 월터스토프(Nicholas Wolterstorff)는 "하나님을 믿는 신앙(유신론) 안에서 모든 인간은 하나님의 사랑을 받은 존재라는 점에서 고귀한 존재, 즉 인권을 가진 존재임이 강조된다. 따라서 정의란 인간의 권리, 즉 인권이 지켜지는 것이며, 그것은 곧 인간이 학대받지 않을 권리가 지켜지는 것이다"

라고 하였다.[66] 이로 볼 때, 사사기 저자가 마치 하나님이 여성의 성폭력과 끔찍한 인권 유린을 모른 척하면서 이스라엘의 전쟁을 정당화시킨 것처럼 묘사한 것은 가부장 시대의 하나님을 보여준 것이다. 고로 오늘날 한국교회는 하나님께서 인간을 자기 형상대로 지으셨으며 정의와 사랑을 원하시는 분이라는 점과, 그 하나님의 본체셨던 예수 그리스도의 인격성을 오히려 드러내어 여성 인권과 젠더 정의(gender justice)를 찾고 복원해야 할 과제가 있다.

② 최순양 교수는 레위인의 첩이 당한 성폭력과 성차별이 두 가지 거대 담론 속으로 사라지게 되는 이유를 다음 두 가지로 설명한다. 첫째는 사사기 해설가의 의도처럼 이 모든 불의함과 폭력은 이스라엘에 왕이 부재하다는 사실에 기인한다고 보면서 이스라엘 내부에 있는 약자에 대한 심각한 폭력에 눈감아버리게 한다는 것이며, 둘째는 사사기의 전개 과정이 레위인이 당한 '모욕'과 보복을 정당화하고, 그것이 하나님이 지지한 전쟁으로 이어지는 동안 발생한 너무도 많은 희생자의 죽음을 눈에 띄지 않게 만든다.[67] 이는 오늘날 성폭력을 저지른 남성 목회자를 보호하기 위해 여성이 당한 성차별과 성폭력을 무조건 덮으려는 모습과 너무도 흡사하다.

③ 남성 중심 사회 속 여성 혐오, 폭력, 여성 차별이 낳은 엄청난 악행과 베냐민 지파와의 전쟁이라는 비극적 결말을 보면 억울해하는 피해 여성의 소리는 배제한 채 여전히 남성끼리 서로의 잘못을 추궁하며 책임을 전가하는 도토리 키 재기식 악에 대한 신학적 논의가 오늘날 한국교회에서 그대로 재현되고 있음을 깨닫게 된다(삿 20:12). 특히 합동 총회와 평양 노

---

66   Nicolas Wolterstorff, *Justice: Rights and Wrongs* (Princeton, NJ: Princeton University Press, 2008), 313.

67   최순양, "서발턴 여성 '레위인의 첩 이야기'와 한국교회 성폭력의 문제들", 76-7.

회는 피해 여성의 목소리는 들으려 하지도 않고, 오히려 여성을 성추행하여 대법원 판결까지 받은 전병욱 목사의 잘못은 "문제를 크게 만들면 교회의 부흥이 막힌다"는 논리로 성범죄 은닉 메커니즘을 가동하여 덮어버렸다. 그러나 과연 여성의 소리를 배제한 남성들의 총회에서 악을 제해버리는 것이 가능할까?

④ 필자는 "자기 소견에 옳은 대로 행했던" 사사 시대가 영적으로 어두웠던 이유는, 이스라엘 남성 지도자들이 여성을 성적 수단화하여 짓밟았으며, 그런 후에도 피해 여성의 울부짖음은 외면한 채 남자들끼리 책임을 전가하고 전쟁하는 비인간적 악행으로 이스라엘 하나님의 거룩하신 이름을 더럽힌 데 있다고 본다. 따라서 오늘날에도 여전히 성경이 말하는 악에 대한 논의에서 여성의 관점을 배제하고 피해 여성의 소리를 듣지 않는다면 더 큰 악을 자초하고 말 것이다.

3) 여성의 눈으로 성경 읽기 실습 I : 지혜자 한나와 동역자 남편 엘가나(삼상 1:1–2:10)

지금까지는 아브라함, 이삭, 야곱의 하나님으로 이어지는 가부장적 구속 역사에만 집중하느라 여성 인물에게 역사하신 하나님의 구속 사역을 놓쳤다. 가부장적 성경 해석은 남성이 하나님을 만나면 '특별 계시'로 보지만 여성이 하나님을 만나면 '일반 계시'로 만들어, 성경 속 여성의 성 역할을 '현모양처'로 획일화했다. 하지만 성경을 보면 하와는 "모든 살아 있는 자들의 어머니"(the mother of all the living)이며 사라는 "열국의 어미"(a mother of nations)로서 하와는 아담과 함께한 파트너고 사라는 아브라함과 함께한 파트너임을 보게 된다. 하나님 앞에서 행하는 남성과 여성의 믿음은 모두 독특하고 귀한 것이다. 여성의 눈으로 성경 읽기는 여성의 관점과 입장에서 여성의 하나님을 찾으려는 성경 해석이다. 여성이 성경 해석의 주체가 되어 성경의 하나님을 살피는 일은 여성을 만드신 하나님의 섭리와 목적을 찾는 시간이며, 인간관계의 갈등과 삶의 애환을 살피고, 억압과 소외 가운데 경험하는 하나님의 임재와 은혜를 살펴, 하나님의 딸로 당당하게 살아가도록 세워준다.

이제 성경적 페미니즘으로 성경 읽기의 관점을 가지고 성경을 다음 여섯 단계로 해석해보고자 한다. 첫째, 성경 본문을 읽고 내용을 파악한다. 둘째, 살펴볼 사항을 찾는다. 셋째, 중요한 신학적 주제(key word)나 사회문화적 배경을 살펴본다. 넷째, 신학적 상상력을 동원한 질문을 던져 사고를 넓혀간다. 다섯째, 여성에게 도전을 주거나 교훈이 되는 메시지를 찾는다. 여섯째, 여성의 신앙적 삶에 적용하는 질문을 던진다.

① 성경 본문을 읽고 내용을 파악한다

이스라엘 최초의 예언자인 사무엘의 어머니 한나는 마치 예수님의 어머니 마리아와 같다(삼상 2:2-10; 눅 1:46-55). 그녀는 사라, 리브가, 라헬처럼 자녀가 없는 고통 가운데 간절히 기도하며 심령을 쏟은 여인이었다. 당시 이스라엘의 사회 구조는 남편이 가정에서 지도력을 발휘하고 아내는 남편에게 순종하며 좋은 엄마의 역할만 해야 했던 가부장 시대였다. 그런데도 한나는 하나님 앞에 단독으로 나아가 기도하고 아들을 서원해 바치기도 했던 적극적이고 주체적인 여성으로 나타난다. 또한 미래에 도래할 메시아 왕국이 어떤 나라가 될지 예언으로써 노래한 지혜로운 여성 예언자였다.

② 본문을 살펴본다[68]

A. 사무엘서는 암울한 사사 시대 말기부터 통일 왕국 다윗의 통치가 거의 끝나갈 무렵까지 약 100년간의 이스라엘 역사를 다루고 있다(기원전 1075-975년경). 기록 목적은 장차 임할 메시아 왕국의 그림자로서 이스라엘 왕국이 하나님의 구속사적 섭리하에 설립되는 배경과 과정 및 발전상을 보여주기 위함이다. 사사 시대에 가나안 땅에서 서로 느슨한 관계를 맺고 살았던 열두 지파는 해안 평야에서 내륙으로 세력을 확장하려는 에게해 지역 출신의 인도 게르만 민족 블레셋인들에게 위협당했다. 이런 상황에서 새 정치 질서인 왕정에 대한 요구가 높아졌고, 바로 그 새 체제의 도입에 관해 알려주는 책이 사무엘상이다. 사무엘의 임무는 이스라엘이 왕정에 이르도록 돌보는 것이었다.

B. 에브라임 산지: 팔레스타인 중부 산악 지대로 에브라임 지파의 영토다(수 16:5-8). 이곳에 위치한 실로와 벧엘은 예루살렘에 성소가 세워지기 전까지 이스라엘의 종교적 중심지였다.

C. 한나의 남편 '엘가나': 본문과 역대기의 족보(대상 6:1, 27, "…그의 아들은 여로함이요 그의 아들은 엘가나라")를 종합해볼 때 그는 레위 지파의 후예가 분명하다. 그래서 기업을 받지 못하고 타 지역에 흩어져 살고 있었음을 알 수 있다.

D. "매년에…경배하며": 경건한 레위인 엘가나는 "히브리 모든 남자는 매년 정한 기한 기간에 중앙 성소로 올라가 제사를 드려야 한다"는 율법 규정(출 34:23; 신 12:5)에 따라 이 의무를 이행하였다. 원래는 매년 세 번씩(무교절[유월절], 맥추절[오순절, 칠칠절], 수장절[장막절, 초막절]) 해야 했지만, 타락한

---

68 『해설 관주 성경전서 개역한글판 (독일성서공회 해설)』(서울: 대한성경공회, 1997), 440-3.

사사 시대 정황 속에서 그나마 매년 한 번씩 중앙 성소로 올라가 제사를 드린 것도 가볍게 볼 수 없다.

③ 중요한 신학적 주제나 사회문화적 배경을 살펴본다

A. 사무엘상 1:1은 엘가나로 시작하지만, 2절에서는 두 아내의 이름을 언급하면서 한나를 먼저 언급한다. 반면 자식과 관련된 이야기를 할 때는 브닌나를 먼저 언급한다. 본문에서 엘가나 가문을 4대까지 언급하는 것에서 볼 수 있듯, 아들을 낳는 건 대단히 중요한 일이었기 때문으로 해석된다. 3절에서 브닌나의 자식 이름은 빼고, 엘리의 두 아들인 홉니와 비느하스의 이름을 언급한 대목에서는 저자의 감춰진 의도가 감지된다. 즉 엘가나의 경건을 드러냄과 동시에 이와는 반대로 엘리 제사장 시대의 황폐함을 드러내면서, 예언자 사무엘의 탄생을 암시하고 있다.

B. 당시는 여성의 권위와 역할이 출산으로 제한되고 여성은 단지 남편의 사랑에 만족해야 하는 가부장 시대였다. 모든 여성이 남편과 아들에 의해 평가되는 당시에 가정은 지도자인 남성을 중심으로 한 공동체였다. 아내는 재산의 일부로 여겨져 법적·경제적 권리를 행사하지 못했으며, 여성은 단지 자식을 얻기 위한 수단(특히 아들)으로 인식되었다. 여기서 한나는 시모가 없었을까? 한나의 본문에서는 고부간 갈등이 보이지 않는다. '룻과 나오미'를 보면 고부 사이가 오히려 좋게 나타난다.

C. 남편이 지도력을 발휘하던 시기의 한나의 행위(삼상 1:23): "그대의 소견에 좋은 대로 하여"라는 엘가나의 말에서, 사무엘 역사의 시작은 여성 한나로부터라는 것을 알 수 있다. 한나는 하나님 앞에 독립적인 존재로서 기도하고, 서원하고, 아이의 이름을 짓고, 아이가 젖을 뗄 때까지 남아 있기를 결정하고, 재물을 가져가며, 아들 사무엘을 하나님께 바치기도 했다.

D. 기도 문화: 당시 포도주나 술에 취해 기도한 사람들이 많았을까?

E. '한나의 기도'는 다윗의 기도(삼하 22장)와 더불어 장르상 '왕의 승전가'(royal triumphant song)로 알려져 있다. 이는 하나님의 구원과 승리라는 주제에서도 공통적이다. 한나의 노래는 미래에 올 진정한 왕권, 메시아의 나라를 예언하는 지혜의 노래다(참조. 눅 1:46-55, 마리아의 기도).

④ 신학적 상상력을 동원한 질문을 던져 사고를 넓혀간다

A. 남편의 사랑을 받으나 자녀가 없던 한나, 남편의 사랑을 덜 받으나 자식이 있었던 브닌나의 모습은 야곱의 부인 라헬과 레아의 모습과 비슷하다. 사람의 외모, 성격, 총기, 출산 능력, 그리고 사랑까지도 좌우하시는 하나님에 대하여 상상력을 발휘해보자. 하나님의 섭리와 여성 불임의 상관성은 무엇일까?

B. 남편의 지도력이 당연했던 시기인데도 한나의 행위가 예사롭지 않다. 삼상 1:20-28을 보면 한나는 하나님 앞에 주체적인 존재로서 기도하고 서원하는 여성으로 나타난다. 삼손과 사무엘 모두 나실인이었지만 둘의 다른 점은, 삼손은 하나님이 나실인으로 정한 반면 사무엘은 한나의 주체적 서원으로 나실인이 된다는 점, 한나가 이름을 짓고(20절) 아이가 젖을 뗄 때까지 집에서 키우기로 결정한 점(22절), 직접 재물을 가져가고(24절) 아들 사무엘을 하나님께 바친다는 점이다(28절).

특히 사무엘상 1:23의 "그 남편 엘가나가 그에게 이르되 '그대의 소견에 선한 대로 하여 그를 젖떼기까지 기다리라. 오직 여호와께서 그 말씀대로 이루시기를 원하노라'"에서 중요한 요소를 발견하게 된다. 첫째, '남편 엘가나'라는 표현에 주목하게 된다. 본문에서 '아내 한나'라는 말은 발견되지 않는다(삼상 1:2, "그에게 두 아내가 있으니"). 이는 사무엘 저자가 한나를 주도적 인물로 보고 있음을 암시하는 포인트로 볼 수 있다. 둘째, 남편 엘가나가 모든 것을 결정해야 하는 시대임에도 그는 한나의 견해를 존중하고 지지해준다(민 30:10-16에 따르면, 결혼한 여자의 서원은 남편의 동의 혹은 묵인이 있어야 효력이 발생함).

셋째, "오직 여호와께서 그 말씀대로 이루시기를 원하노라"(삼상 1:23)의 70인역(LXX)에는 "여호와께서 네가 말한 대로 이루시기를 원하노라"(may the Lord establish that which comes out of your mouth)라고 되어 있다. 따라서 이 본문은 가부장 시대 남편 엘가나의 열린 마음과 조력적 리더십을 보여준다고 해석할 수 있다.

C. 브닌나가 한나를 어떻게 격동했기에 한나가 자신을 "마음이 슬픈 여자"라고 했을지 추측해보자. 가부장적 정통 신학은 한나를 '신앙 좋은 여성'으로, 브닌나를 '신앙이 나쁘거나 악한 여성'으로 구분하는 경향이 있다. 성경의 여성 인물을 평가할 때, 남성과는 비교하지 않으면서 여성만을 놓고서 좋고 나쁜 여성으로 나누어 해석하는 것을 보게 된다. 하지만 브닌나 입장에서 보면, 그녀 역시 자녀를 낳았음에도 남편의 사랑을 못 받는 안쓰러운 여성일 수 있다. 한나 입장에서는 브닌나가 '원수'일지 몰라도, 사실 한나와 브닌나는 가부장 사회가 만들어 놓은 구조와 문화의 피해자일 뿐이다. 오늘날 교회 여성의 모습도 마찬가지다. "여성의 적은 여성이다"라는 말이 회자되는 것도 교회의 가부장 구조와 문화 때문이다. 가부장적 문화는 가부장적 가치를 형성하게 되고, 거기서부터 이런 여성은 '좋고 나쁘다'라는 도덕적 판단이 생기는 것이다.

이런 가부장적 사회에서 남편의 사랑을 못 받은 브닌나(제사 제물의 분깃을 자녀 없는 한나가 '한 몫' 받은 것에 대한 앙심, 4-5절)는 자신의 무기인 자녀를 내세워 한나의 마음을 뒤집어 놓았을 것으로 유추된다. 또한 엘가나가 한나를 사랑한 이유는 무엇일까? 한나에게 특수한 매력이 있었던 것일까? 아니면 한나에게 허락한 하나님의 은혜였을까? '둘 다'라고 생각하기로 하자.

D. 한나를 성태치 못하게 하시더니 나중에는 잉태하게 하시는 하나님을 어떻게 이해할 수 있으며, 한나의 번민과 고통은 신앙과 어떤 관련이 있는가? 5-6절을 보면, 하나님이 성태치 못하게 하였다고 두 번이나 언급하여 한나의 번민과 고통의 근원이 하나님에게 있다고 말한다.

E. '한나의 기도'의 내용과 성격을 살펴보자. "한나가 대답하여 가로되 '나의 주여, 그렇지 아니하니이다. 나는 마음이 슬픈 여자라. 포도주나 독주를 마신 것이 아니요 여호와 앞에 나의 심정을 통한 것 뿐이오니'"(삼상 1:15). 여기서 "심정을 통한 것"의 뜻은 하나님 앞에 자기감정을 솔직하게 쏟아붓는 기도이다.

후에 나오는 한나의 찬송(삼상 2:1-10)은 개인 기도가 아니라 하나님의 행동과 하나님 나라의 질서를 찬양하는 시다. '한나의 기도'는 다윗의 기도(삼하 22장)와 더불어 장르상 '왕의 승전가'(royal triumphant song)로 알려져 있으며, 둘 다 하나님의 구원과 승리라는 주제에 관해 노래한다. 한나의 노래는 후에 도래할 진정한 왕권, 눌린 자와 가난한 자를 높이시는 '역전적인' 메시아의 나라를 예언한 지혜의 노래다(참조. 눅 1:46-55의 마리아의 기도와 눅 4:18의 이사야 말씀에 나오는 예수님이 오신 목적과 유사하다—가난한 자, 포로된 자, 눈먼 자, 눌린 자).

이 시에서는 무시당하는 자, 가난한 자, 낮아진 자, 힘없는 자에 대한 하나님의 구원과 해방의 행동을 증언하며, 강자와 교만한 자를 무너뜨리고 가난하고 궁핍한 자에게 자비를 베푸는 하나님의 역설적 지혜와 질서를 보여준다. 한나의 기도는 이스라엘을 하나님께로 돌려놓고 있다. 이스라엘의 마지막 사사요 제사장이요 예언자였던 사무엘이 탄생하고 다윗이 이스라엘의 왕이 되는 일은, 한나의 신앙과 지혜가 아니었다면 성취될 수 없었다. 따라서 사무엘 시대를 여는 역사의 주인공은 엘리도 엘가나도 아닌 '한나'라고 볼 수 있다.

F. 한나와 제사장 엘리의 성격과 신앙을 비교하기 위해 둘의 언행을 비교해보자(삼상 1:12; 14-16). "그[한나]가 여호와 앞에 오래 기도하는 동안에"/"엘리가 한나의 입을 주목한즉(분사 구문, 계속적으로 주시했음)"; "나는 마음이 슬픈 여자라"(12절) "당신의 여종을 악한(해를 끼치는) 여자로 여기지 마옵소서.…나의 원통함과 격동됨이 많음을 인함이니이다"(16절)/"네가 언제까지 취하여 있겠느냐? 포도주를 끊으라"(14절)/"포도주나 독주를 마신 것이 아니요(현재 완료)"(15절).

김회권 교수는 이 부분을 당시 가나안 농경문화의 영향으로 많은 예배자가 술 취한 상태로 나왔음을 암시하는 것으로 해석한다. 이처럼 엘리 제사장은 당시의 문화적 편견에 따라 기도의 겉모습만 볼 뿐 한나의 슬픈 마음을 보지 못하는, 전형적으로 가부장적이고 안일하며 공감 없는 모습이다. 이는 오늘날 가부장적 목회자의 모습과 상당히 닮았다.

⑤ 여성에게 도전을 주거나 교훈이 되는 메시지를 찾는다

A. 가부장적 경향이 강한 이스라엘 사회 구조 속에서도 한나는 현모양처에 머무는 게 아니라 하나님과의 관계에서 주체적·독립적이었고, 하나님 편에서 미래에 도래할 메시아 왕국이 어떠한 나라가 될지 예언으로 노래한 지혜로운 여성 예언자였다. 아들을 서원하여 바치며, '사무엘'이라고 이름도 짓는다. 성경에 나오는 여성들을 그저 아들 낳고 족장이나 지도자인 남편을 잘 따르는 것만을 최고의 미덕으로 삼는, 소위 '현모양처'로만 보아온 것은 가부장적 편견이다. 성경이 말하는 신앙이란, 남성이 하나님을 경험하

면 '특별 계시'가 되고 여성이 하나님을 경험하면 '일반 계시'가 되어 여성은 그저 출산과 가사 일만 하는 그런 것이 아니다. 남성이든 여성이든 각자 하나님께 받은 은사와 소원대로 살아가도록 존중해주며 서로 협력해갈 때, 하나님 뜻이 이 땅과 교회에서 이루어지게 되는 것이다.

B. 예나 지금이나 가부장적이었던 인류 역사에서는 억울함과 한계를 감내하는 것이 진정한 여성의 미덕으로 여겨져왔다. 그러나 우리는 한나를 통해, 여성이 실존적 한계와 고통을 하나님께 가져갈 때 그것이 하나님의 역사를 보여주며 새 시대의 포문을 여는 '신앙의 문'으로 바뀔 수 있음을 깨닫는다. 하나님께서 각자에게 나눠주시는 달란트가 인간 편에서 풍족한 것으로 다가올 수 있지만 오히려 결핍으로 다가올 수도 있다. 한나 본문은 인간의 풍족함과 결핍 사이에서 하나님을 바라볼 때, 오히려 결핍이 새로운 믿음의 역사를 만드는 은혜의 길이 되기도 한다는 도전을 준다.

C. 한나의 찬송은 개인 기도가 아니라 하나님의 행동을 찬양하는 시다. 이 시는 무시당하는 자, 가난한 자, 낮아진 자, 힘없는 자에 대한 하나님의 자비로운 행동을 증언한다. 이는 누가복음 4:18 말씀과 연결되는데, 이것을 가지고 권력, 물질, 성공, 가부장적 조직으로 유지되는 오늘날 한국교회의 모습을 비판해보자.

⑥ 현대 적용을 위한 질문들

A. 본문은 한나를 신앙의 주체이자 역동적 여성으로 소개한다. 그녀는 가부장적 시대 속에서도 주체적이고 독립적인 여성이었다. 그런 한나를 한국교회에서 '현모양처'로 보는 것은 성경적인 해석이라기보다 가부장적 선입견과 여성관이 전제된 해석이라고 볼 수밖에 없다. 한나는 제사장인 남편 엘가나의 말도 별로 듣지 않고, 자기 뜻대로 기도하고 서원하고 아들의 이

름을 짓고 바치기도 한다. 어린 아들 사무엘의 입장에서 보면 어머니와 떨어져 제사장 엘리 밑에서 자라게 하는 매정한 어머니일 수도 있으며, 그 후 하나님께서 자녀를 일곱이나 더 주셨지만(삼상 2:5) 한나가 '현모'인지는 알 수 없다. 따라서 한국교회가 한나를 가부장적 여성 모델로 해석하고, 나아가서 성경에 나오는 믿음의 여성 대부분을 '현모양처'로 읽어내는 것은 여성을 인간적 편견을 내세우는 일에 이용하는 것이다.

한편 한나의 입장에서 보면, 사무엘의 고향 라마다임소빔(라마)과 실로 사이는 40여km 정도 거리로 걸어서 2-3일 길에 해당하는데, 아이가 없다면 몰라도 품에 안아 젖을 먹이고 키운 아이를 데리고 이처럼 먼 거리를 걸어가 하나님께 바친 한나의 어머니로서의 고통과 걱정은 상상 이상이었을 것이다. 한나의 믿음과 리더십을 통해 이스라엘의 마지막 사사이자 최초의 예언자인 사무엘을 탄생시킨 하나님의 섭리를 오늘날 권력, 부, 성공과 가부장적 조직으로 유지되는 한국교회의 리더십에 어떻게 적용할 수 있을지 생각해보자.

B. 우리는 한나를 사사 시대에서 왕정 시대로 가는 포문을 연 하나님의 지혜로운 여성 예언자로 해석하게 된다. 또 한나 본문을 통해 여성을 향하신 하나님의 모습과 여성의 역할에 대한 도전이 무엇인지 깨닫게 된다. 한나라는 여성은 가부장 시대의 정해진 성 역할에 매인 종속적·수동적 존재에 머물지 않고, 성령 충만과 은사에 따라 자유롭고 주체적이고 역동적으로 믿음의 선택을 하는 하나님의 지혜자이자 예언자로서 새 시대의 문을 열었다. 오늘날 한국교회는 한나 설교를 통해 비천한 자를 높이 들어 쓰시는 하나님의 은혜와 역전적 믿음을 보여주며, 미래에 도래할 메시아 왕국을 예언한 지혜로운 여성 예언자 한나를 보여줄 수 있어야 한다.

또 성경의 여성 인물을 남편에 매여 복종하는 존재로 볼 것이 아니라,

하나님 앞에 쓰임 받은 '단독자 여성'으로 해석할 필요가 있다. 교회 여성들에게 한나를 하나님 앞에 단독으로 선 지혜자요 예언자로 설교한다면, 여성의 롤 모델(role model)로서 은혜와 도전이 될 수 있으리라고 본다. 하나님의 권위는 독점된 남성 리더십이 아니라 성령이 역사하도록 열어둔 마음과 열린 공간에서 드러난다. 우리 신앙과 삶의 회복은 가부장적 질서 안에서 이루어지는 게 아니라 누구든지 하나님의 주권을 믿고 실천하는 자를 인정해주는 데서 시작한다.

C. 임신, 출산, 양육과 가사노동은 여성만의 일이 아니라 부모의 과제이고, "생육하고 번성하라"고 하신 하나님의 사역에 동참하는 일이며, 인류사회 발전을 위한 일이자 국가적 책임이라는 인식이 필요하다. 따라서 여성은 그 일에 자부심을 가져야 하고, 남성은 이런 일에 협력하는 게 맞다. 김회권 교수는 하나님 나라의 가장 기초적인 토대는 내면생활, 가정생활, 직장생활 등 모든 삶에서 하나님의 다스림을 받으며 살아가는 개인이라고 했다.[69]

D. 여성의 소명과 은사, 믿음과 기도, 또한 여성 자체를 통해 하나님의 은혜와 섭리를 드러내려면 엘가나 같은 남성 조력자가 필요하다는 점도 강조하고 싶다. 이는 주체적·능동적 여성과 이에 협력하며 동역해주는 남성이라는 '젠더 정체성 뒤집기' 혁명을 보여준다. 여성의 눈으로 본문을 보면서 새삼 깨달은 것은, 남편 엘가나의 조력 내지 동역이 아니었다면 한나의 기도나 사무엘을 서원하여 바친 모든 신앙적 행위가 과연 실현될 수 있었을지에 대한 현실적 의문이 든다는 사실이다. 구약의 규례에서는 아내가 서원해도 남편이 이를 무효화 할 수 있는 권한이 있었음을 감안할 때, '만

---

69   김회권, "레위기의 제사신학과 하나님 나라", 「기독교사상」48(2004): 170-80.

일 제사장인 남편 엘가나가 한나의 서원과 같은 신앙적 견해를 무시했다면, 사무엘로 인해 도래할 이스라엘 왕정 시대를 상상할 수 있었을까?'라는 신학적 질문을 하게 된다. 다행히 남편 엘가나는 한나에게 **"그대의 소견에 좋은 대로 하라"**(삼상 1:23)고 함으로써 한나가 하나님께 직접 받은 신앙적 서원의 마음과 지혜의 탁월함을 마음껏 발휘할 수 있었다. 이것이야말로 하나님을 닮은 창조적 사역이 아닐까!

E. 한나 본문에서 한나가 자신의 결핍을 하나님께 가져가 기도하여 응답받은 일은 단지 '기도하면 들어주신다'는 교훈이나 '불임 여성에게 좋은 본보기' 정도에 머물지 않는다. 이는 하나님이 어떤 분이시며, 그분을 어떻게 믿고 의지하며 살아가야 하는지 보여주는 독특하고 소중한 진리의 사건이다. 남편의 리더십이 우세한 시대라도 아내에게 조력하는 열린 리더십이 얼마나 중요했는지 깊이 생각해볼 필요가 있다. 여성의 하나님에 대해 열려 있어야 한다. 여성에게서 남성의 하나님이 드러나는 것은 슬픈 일이다. 여성을 창조하신 하나님은 그 여성을 통해 여성의 하나님이 드러나길 바라신다고 믿는다. 한나 같이 성경에 나타난 여성인물을 가부장적 관점이나 전통적 관점으로 해석할 것이 아니라 하나님의 형상, 주 예수님의 복음, 성령의 은사와 소명의 관점에서 해석하여 여성의 신앙적 롤 모델(role model)로 가르쳐야, 성 평등을 배우고 자란 젊은 세대가 복음의 정신과 도전에 응답할 수 있을 것이다.

4) 여성의 눈으로 성경 읽기 실습 II: 마르다와 마리아(눅 10:38-42, 교회 내 여성의 역할은 'good-better'이지 'good/bad'가 아니다)

① 본문을 읽고 내용을 파악한다

예수님을 집으로 초청해 식사 준비를 하느라 정신이 없었던 마르다는 동생 마리아가 자신을 도와주지 않고 주님 발아래 앉아 말씀을 듣고 있는 모습에 화가 났다. 그녀는 동생 마리아가 자신을 도와주도록 해달라며 주님께 푸념 섞인 요청을 했다. 그때 주님은 마르다와 마리아에게 "마르다야, 마르다야, 네가 많은 일로 염려하고 근심하나 그러나 몇 가지만 하든지 혹 한 가지만이라도 족하니라. 마리아는 이 좋은 편을 택하였으니 빼앗기지 아니하리라"(눅 10:41-42)라고 말씀하셨다. 마르다의 입장에서는 마리아가 밉고 야속하게 느껴질 만도 하다. 특히 가사 일에 바빠본 경험이 많은 여성이라면 이해가 되고도 남을 것이다. 어쩌면 마리아보다 마르다에게 더 마음이 기우는 것은 여성의 삶이 예나 지금이나 별로 달라지지 않았기 때문인지도 모르겠다.

② 본문을 살펴본다

A. 마르다와 마리아 본문도 남성 제자 부재 본문으로 보인다. "저희가 길 갈 때에 예수께서 한 촌에 들어가시매"(눅 10:38, ESV: Now as they went on their way, Jesus entered a village)라는 구절을 보면, 첫째로 주절과 종속절의 주어가 일치하지 않고, 둘째로 제3자인 제자들이 목격했다는 문장체가 드러나지 않는다(들어가셨다). 셋째로 마르다와 마리아는 제자들까지 밥해서 먹일 정도로 사정이 넉넉지 않았을 것으로 파악된다.

　　B. 주님이 마르다를 두 번 부르신 것은 친근감의 표현으로 봐도 좋을

듯하다. 주님은 머리 둘 곳 하나 없는 가난한 분이셨다. 그런 분에게 따뜻한 밥 한 끼 대접하려는 마르다의 마음을 우리 주님이 모르실 리 없다. 마르다는 유대 사회가 요구한 여성의 역할에 충실하면서 주님을 사랑했던 여인으로 보인다. 이때 마르다의 불평에서 보이는 심리 세 가지를 살펴보면, 첫째로 마르다는 자신의 행동을 자랑스럽게 여기고 있고, 둘째로 예수님에 대한 약간의 원망이 담겨 있으며, 셋째로 자신을 돕지 않고 주님의 말씀을 듣고 있는 마리아에게 화가 난 것으로 추측된다.

C. 학자들은 마리아를 '발아래 여인'이라 부른다. 마리아는 오빠인 나사로가 죽었을 때도 주님 발 앞에 엎드렸고(요 11:32), 십자가를 지시기 전 지극히 비싼 향유를 예수님의 발에 부은 여인이었다(요 12:3). 그런데 '발아래 앉아 말씀을 듣는 행위'는 제자도와 관련된 용어이다.[70] 신약성경이 여성의 제자도를 남성의 제자도 만큼 폭넓고 뚜렷하게 강조하지는 않지만, 여성의 제자도 역시 부인할 수 없는 현실이며 중요한 의미를 띈다. 신약성경의 여성 제자도를 연구하기 힘들었던 가장 큰 이유는 '도르가'가 유일하게 '제자'로 불린 여성이기 때문이다.

③ 중요한 신학적 주제나 사회문화적 배경을 살펴본다

A. 마리아와 마르다 이야기를 보면, 예수님이 여성을 어떻게 보고 대우하셨는지를 알게 된다. 유대 사회의 여성은 토라를 배울 수 없었고 자신의 삶에 대한 선택권도 없이 주어진 숙명에 따라 수동적으로 살아갈 수밖에 없는 존재였다. 탈무드에는 "토라의 말씀을 여자들에게 전할 바에는 차라리 불에 태워 버려라"고 되어 있다. 그러나 마리아와 마르다에 대한 말씀을 보

70　김경진, 『누가신학의 제자도와 청지기도』(서울: 솔로몬, 1996), 148

면 예수님은 집안일을 하거나 손님을 접대하는 가사 일이 여성의 일이라는 유대 사회의 통념을 깨고 오히려 여성들과 교제하셨으며, 당시 랍비들과는 다르게 여성도 남성과 똑같이 말씀을 들을 수 있는 권리가 있다고 확증하시는 분으로 묘사된다.

B. 마르다와 마리아 이야기는 흔히 한국교회에서 마리아의 손을 들어주는 쪽으로 즐겨 사용되지만, 누가복음 저자는 양쪽 모두를 제자도의 참모습을 간직한 인물로 본다. 누가복음 9장과 10장은 제자도를 교훈하는 중요한 구절로 구성되는데, 바로 이 본문이 제자도 단락을 종합적으로 결론짓는 이야기라고 평가할 수 있다. 즉 마르다는 섬기는 제자도의 모습으로, 마리아는 가르침 받는 제자도의 모습으로 정리하여, 전체 제자도 단락의 총 결론을 삼는다.[71]

C. 누가복음 10:40의 διακονεῖν은 섬기다(to serve), 시중들다(to wait on), 보살피다(to care for), 돌보다(to see after), 먹여 살리다(to provide for) 등의 의미가 있는데, 디모데전서 3:10, 13의 '집사의 직분을 하다'(serve as a deacon)에도 나온다. 그 명사형인 διάκονος(일꾼)는 '종'(servant), '행정관'(administratior), '집사'(deacon)라는 뜻이 있는데, 이는 사도행전 6:1-7에 나오는 스데반을 포함한 일곱 명이 나중에 공식적으로 '집사'로 불리게 된 것처럼 직분을 나타내는 단어다(행 9:36, 욥바의 여제자 다비다; 롬 16:1, 겐그레아 교회 여집사 뵈뵈).

④ 신학적 상상력을 동원한 질문을 던져 사고를 넓혀간다

A. "마리아는 이 좋은 편을 선택하였으니"라는 말씀 속에는 복음이 들어 있

---

71   소기천, 총신대학교 신학대학원 여동문 국회포럼 학술지(2017. 5. 29).

다. ESV 성경을 보면, "but one thing is necessary. Mary has chosen the good portion, which will not be taken away from her"(눅 10:42)라고 되어 있는데, 이때 'has chosen'의 시제는 현재 완료다. 이는 마리아가 과거부터 현재까지 무언가를 계속해서 선택해왔음을 의미한다. 즉 당시 여성이 선택권 없는 수동적 위치에 있었음에도 예수님은 마리아를 적극적으로 말씀 듣기를 택하는 능동적 존재로 보셨다는 것과, 마리아가 유대 가부장 사회의 관습과 성 편견 속에서도 주님의 말씀을 들으며 도전하고 주체적으로 선택해왔다는 것을 알 수 있다.

B. '좋은 편'(ἀγαθὴν μερίδα 'what is better')의 의미를 생각해볼 때, 마르다의 행위를 '좋은'(good) 행위라고 한다면, 마리아가 주님의 발아래 앉아 (παρακαθεσθεῖσα πρὸς τοὺς πόδας τοῦ κυρίου) 말씀을 듣기로 선택한 것은 '더 좋은'(better) 행위로 봐도 무리가 없다. 시대의 통념에 순응하며 사는 것보다 시대의 편견과 고정 관념을 깨고 도전하며 사는 게 더 어렵고 힘든 일이기 때문이다. '더 좋은'(better)으로 번역된 원문에는 좋은(good), 옳은(right), 적절한(proper), 적합한(fitting), 존경할 만한(honorable), 정직한(honest), 훌륭한(fine), 아름다운(beautiful), 귀한(precious)이라는 뜻이 있다.

C. 마리아는 주님의 발아래 앉아 무슨 말씀을 들었을까? 마리아가 주님께 들은 말씀은 그녀가 비싼 향유를 예수님 발에 부어 장사를 준비한 행동과 깊은 관련이 있다(요 12:1-8). 마리아는 주님 발아래 앉아 유월절 어린 양으로 오신 그리스도의 메시아 사역에 관해 들었을 테고, 이에 유월절 엿새 전에 주님을 장사할 날을 위해 귀한 향유 옥합을 깨트려 예수님 발에 붓고 머리털로 발을 씻는 행위를 한 것이다. 마리아는 메시아직의 진정한 성격을 이해한 제자였다.

D. 마리아는 무얼 빼앗기지 않는다는 것일까? 비싼 향유를 가난한 자

들에게 주지 않는다고 책망하는 제자들을 향해, 주님께서는 "너희가 어찌하여 이 여자를 괴롭게 하느냐? 저가 내게 좋은 일을 하였느니라"(마 26:10, καλὸν ἠργάσατο εἰς ἐμε)고 말씀하셨다. 또 마태복음 26:13은 "내가 진실로 너희에게 이르노니 온 천하에 어디서든지 [예수님의] 이 복음이 전파되는 곳에는 이 여자의 행한 일도 말하여 저를 기념하리라"고 말하고 있다. 복음서에서 예수님과 관련된 사람의 행위 가운데 기념하라고 하신 것은 '마리아의 향유 사건' 외에 없는 것 같다. 이 얼마나 영광스러운 일인가!

⑤ 여성에게 도전을 주거나 교훈이 되는 메시지를 찾는다

A. 유대 사회의 여성에 대한 시대적 편견과 고정 관념을 초월하여 여성을 자유롭고 주체적인 존재로 보신 예수님의 여성관과 태도는 여성에게 복음이다. 주님의 복음은 '전복된 세상'을 보여준다.

B. 이러한 주님의 말씀을 듣고 시대적 통념에 도전하면서, 주님을 인격적으로 믿고 사랑하여 주님의 장례를 위해 지극히 비싼 향유를 발에 부어 헌신한 마리아의 행위는 그리스도의 복음과 함께 전해질 '빼앗길 수 없는' 이야기다(요 12:3).

C. 시대의 관습에 순응하기보다 저항하기가 어렵다. 마리아는 친언니 마르다와 갈등을 겪어야 했고, 예수님의 제자들에게 호된 책망을 들어야 했다. 그러나 마리아가 행한 복음은 시대적 편견과 통념의 물결에 그냥 쓸려가는 것이 아닌, 거친 물결을 가르며 기를 쓰고 거슬러 올라가는 살아 있는 물고기 같은 도전적인 모습으로 감동을 준다.

D. 주님을 향한 여성의 헌신은 'good'부터 시작한다. 교회 내 여성의 역할을 고정하거나 여성을 배제하거나 차별하기보다 그들이 도전할 수 있도록 교회가 장을 마련해 주는 것이 본문이 보여주는 '복음'에 부합한다.

⑥ **현대 적용을 위한 질문들**

A. 유대 사회의 여성관과 현재 한국교회의 여성관의 유사점을 살펴보고, 혁명적인 예수님의 여성관과 비교해보자.

B. 한국교회가 여성에게 '섬김'과 '봉사'를 강요하며 마르다 같은 여성을 길러내는 것과, 말씀을 듣고 도전하는 마리아를 배척하는 이유에 관해 이야기해보자.

C. 한국교회에서 마리아의 도전과 헌신이 그리스도의 복음과 함께 전해지고 있는지, 여성의 행위가 기념되면서 도전을 주고 있는지 비판해보고, 한국교회 여성들의 신앙적 행위와 삶은 어떠해야 하는지 이야기해보자.

D. 하나님은 모든 사람을 똑같이 창조하지 않으셨다. 자신의 신앙 패턴과 다르다고 정죄하거나 혐오해서는 안 된다. 교회에서 "여성의 적은 여성이다"라는 말이 회자될 정도로 여성의 신앙 패턴이 너무 획일화되어 있지는 않은지, 이를 극복할 방법이 무엇인지 토론해보자.

6장

성경적 페미니즘과 젠더 문제

- 성경 속 젠더 요소 찾기
- 젠더 정체성과 젠더 역할
- 성 인지 감수성
- 성차별적 설교
- 교회 리더의 성(聖)과 성(性)
- 한국교회는 젠더 문제에 어떤 역할을 해야 하는가?

1. 성경적 페미니즘 없이는 젠더 문제를 해결할 수 없다

젠더(gender)는 지난 25년간 유전 공학 및 생식 공학의 발전에 따라 신체와 젠더 역할(gender role)에 대한 인식이 급속하게 변하면서 국제적으로 중요한 개념 중 하나로 부상했다. 젠더 이론 역시 1980년대로 접어든 후에는 페미니즘 사상을 통하여 역사학·인류학·철학·심리학·자연과학 등 여성과 남성 모두를 포함하는 젠더 관계 연구로 이동하게 되었다.[1]

최근에는 한국교회에서도 여성 신학자들이 젠더 연구와 젠더 문제를 다루면서 가장 주목받는 쟁점이 되었다. 그러나 한국교회 주류인 보수 기독교의 젠더 인식과 젠더 담론은 초보 수준에 머물러 있다. 보수 기독교는 성차별, 성 혐오, 성추행, 성폭력 등의 비윤리적 죄에 대해 침묵하는 반면, 성경의 정신에 부합하는 인권, 정의, 평등, 인간성을 외치는 페미니즘과 미투 운동에 대해서는 혐오의 시선을 보내고 있다. 한국교회, 특히 한국기독교총연합회(이하 '한기총')를 중심으로 하는 보수 기독교 내의 젠더 인식과 젠더 이슈는 오로지 '반동성애'로 요약된다. 이는 아마도 보수 기독교 내의 젠더에 대한 잘못된 신화 때문인 것으로 추정된다. 앨리스 매슈스(Alice P. Mathews)가 지적한 세 가지 잘못된 젠더 신화를 살펴보자.[2]

젠더 차이(gender difference)는 온갖 신화들이 자라나는 비옥한 토양을 마련한다. 첫 번째 젠더 신화는 머리가 둘 달린 히드라다.…젠더의 차이가 과장

---

1 Christina Von Braun(hg.), Inge Stephan(hg.), 탁선미·김륜옥·장춘익·장미영 역,『젠더연구: 성 평등을 위한 비판적 학문』(*Gender Studien: Eine Einführung*, 서울: 나남, 2002), 5-7, 96-9.

2 Alice P. Mathews, 장혜영 역,『여성을 위한 설교』(*Preaching That Speaks to Women*, 서울: 새물결플러스, 2016), 42-8.

될 때 사람은 일련의 역할로 축소되며 온전한 인간성을 이루지 못할 수 있다. 젠더 차이가 부인될 때에는 인류를 남성과 여성으로 창조하신 하나님의 목적이 방해받을 수 있다.…두 번째 신화는, 특히 우리가 대중적인 기사나 책을 읽을 때, 모든 남성을 한쪽 범주로 그리고 모든 여성을 다른 한쪽 범주로 몰아넣는다. 사실 남성과 여성 간만큼이나 여성 집단 혹은 남성 집단 내에서도 굉장한 다양성이 존재한다.…세 번째 신화는 젠더가 유일무이하게 중요한 요인이라는 주장이다. 하지만 젠더에 쏟는 관심이 여성이 설교자의 말을 듣는 방식에 영향을 미치는 다른 사회적 요인들[인종, 경제 수준, 결혼 유무, 나이 등]을 자동적으로 제거해주지는 않는다.

필자는 보수 기독교 내 젠더 불균형과 잘못된 젠더 신화, 젠더 감수성 결핍의 원인은 페미니즘에 대한 오해와 무지에 있다고 진단한다. 보수 교단 내에서도 페미니즘을 통한 여성 이해와 더불어 성 평등한 성경 해석과 젠더 신학 연구가 필요하며, 남녀가 서로의 입장과 관점을 나누면서 젠더 이슈에 대해 책임 있고 현실적으로 적용할 수 있어야 한다. 따라서 보수 교단 내에, 젠더 인식의 원리이자 젠더 문제를 푸는 방식으로서 '성경적 페미니즘'을 접목할 필요가 있다. 본 장에서는 성경(text) 속 젠더 요소를 찾고, 젠더 정체성, 젠더 역할, 성 인지 감수성, 목회자의 성 문제, 성차별적 설교에 관해 알아볼 것이며, 나아가 한국교회가 젠더 문제에 어떤 역할을 해야 하는지 살펴보고자 한다.

2. 성경 속 젠더 요소 찾기

구약 이스라엘 시대와 신약 유대 사회는 기본적으로 가부장 사회였기에 신구약은 모두 가부장 문화를 그대로 반영하고 있다. 신구약 성경을 보면 여성은 전적으로 남편이 평가했고, 단지 자식, 특히 아들을 얻는 수단으로 나타난다. 또 '수'(數)에도 들지 못할 정도로 열등했고, 이혼할 권리와 사유 재산권이 없었으며, 종교와 정치 영역에서 철저히 배제되었다. 하지만 오늘날에는 구약성경에 나타난 일부다처제나 계대(繼代) 결혼, 상속법 등 여성에게 불리했던 제도가 폐기되고, 예수 그리스도의 구속으로 말미암아 타락에 의해 왜곡됐던 성 평등이 회복되었다. 성경의 진리는 남녀 모두 하나님의 형상이라는 것과 남녀가 주님 안에서 하나라는 평등과 연합의 정신을 드러내기 때문이다(갈 3:28).

구약 학자 박유미 박사는 성경에서 여성성과 남성성을 규정하는 본문이 생각보다 많지 않다고 했다. 창세기 1-3장을 제외하고 율법 부분에서 여성에게만 특별히 적용되는 제도를 제외하면 나머지는 남녀 모두에게 주어진 법이며, 여성에게 주어진 법은 주로 성적 순결의 문제라는 것이다. 하지만 예수 그리스도의 십자가 사건으로 신약 교회에서는 제의법을 지키지 않고, 도덕법 중 남녀 모두에게 주신 십계명만 지키고 있으므로 구약의 율법을 근거로 현대 교회가 추구할 여성성과 남성성을 규정하는 것은 무의미하다고 결론짓는다.[3] 그러면 이제 성경에 나타난 젠더 요소 몇 가지를 살펴보자.

---

3   박유미, "성경, 젠더에 대해 말하다"(2018. 5. 25 기윤실 바른 가치 세미나 자료).

1) 남녀 모두 하나님의 형상이다

남녀는 모두 하나님의 형상을 입은 존재이다. 하나님의 형상에 대한 해석은 다양하지만, 필자는 무한하신 인격자 하나님을 닮은 '유한한 인격적 존재'로 해석한다. 하나님의 원형상이신 예수 그리스도가 이룬 구원의 목표가 '하나님의 형상 회복', 즉 인간성 회복이기 때문이다. 최근 학자들은 하나님의 형상을 해석할 때 남녀 모두에게 '통치권'이 있다는 의미로 본다. 아울러 남녀는 하나님의 가족이요 인간 파트너(동료)다. 즉 하나님의 뜻에 따라 창조된 남성과 여성은 인간됨의 요소이자 하나님의 가족이요 대리인으로서, 양쪽 다 창조세계와 하나님 백성의 영혼을 돌보는 청지기 역할을 해야 할 왕적 통치자요 파트너다. 이런 의미로 볼 때, 교회 내 여성의 역할을 가정 내의 역할로 제한하는 것은 하나님의 형상으로서 부여받은 통치권과 인격성을 부정하고 가부장적 관점에 치우쳐 편협하게 해석하는 것이라고 볼 수 있다.

2) 남녀 모두 예수 그리스도의 제자요, 그리스도의 몸이다

오순절에 성령 충만을 경험한 모든 남녀 제자는 예수님께서 승천하시기 전 "오직 성령이 너희에게 임하시면…땅 끝까지 이르러 내 증인이 되리라"라고 하신 말씀대로 교회를 세우고 복음을 전하는 증인이 되었다. 하나님 뜻대로 성령의 은사를 받은 남녀 모두에게 하나님 나라 일꾼으로서의 사명과 역할이라는 자유와 권리가 주어진 것이다. 고린도전서 12장이 말하는 유기체로서의 교회는 사도 신경의 "성도가 서로 교통하는 것"에 대한 신앙 고백처럼 남녀 위계 없이 서로 친교를 나누는 '하나의 몸'으로 이해된다. 그러므로 남녀로 이루어진 교회 공동체는 남녀 간의 위계질서에 매일 것이 아니라, 남녀가 서로 평등하게 어울려 각자 적당한 지분(portion)을 차지하면서 각자의 은사에 따라 조화롭게 사랑과 '하나 됨'을 실현하는 교회 공동체가 되도록 힘써야 한다. 남성과 여성을 차별하지 않으시는 성령의 역사 가운데 남녀 간의 연합과 균형으로 이루어지는 유기적 공동체가 될 때, 하나님 나라의 가치인 자유, 정의, 사랑, 평화, 친교와 거룩함을 되찾게 될 것이다.

3) 성경은 여성에 대해 열려 있으며, 예수님은 페미니스트셨다

성경은 불임을 여성 탓으로 돌려 비난하던 시대에도 불임이 하나님께 달려 있음을 알려주며, 가부장 시대의 한계를 넘어 보편성, 영원성, 공의, 정치 질서, 인간 상호 간의 화평을 실현해야 할 하나님 나라의 구성원으로서 여성을 소개하고 있다. 그리고 그 정점에 바로 예수 그리스도가 계신다. 존 스토트는 예수님이 여성에게서 나셨다는 사실뿐 아니라 여성에 대한 그의 태도가 타락으로 잃어버린 여성의 존엄성을 회복해줬다고 봤다.[4] 예수 그리스도는 당시 남성에게 억눌리며 차별받아 온 여성을 사랑한 페미니스트셨다. 레너드 스위들러(Leonard J. Swidler)는 예수님께서 여성을 남성과 같은 인간으로 대우하셨고 가부장적 통습에 저항하셨다고 말했다.[5]

사마리아 여인에게 예수님은 예언자이며 구주이시기도 했지만, 또한 그녀가 지금껏 만나본 적 없는 따뜻하고 친절하고 인격적인 분이셨다. 당시 종교인들이 여성을 함부로 대하면서 가차 없이 정죄와 심판의 율법을

---

4   John. Stott, 정옥배 역,『현대사회 문제와 그리스도인의 책임』, 376-81.
5   Leonard J. Swidler, 이성청 역,『예수는 페미니스트였다: 복음이 증거 하는 혁명적 관점』 (*Jesus Was a Feminist*, 서울: 신앙과지성사, 2017), 35.

들이댄 것과 반대로, 예수님은 동정과 연민으로 인간의 부르짖음과 고통에 응답하며 구원하는 신의 현실을 보여주셨다. 이처럼 그리스도 복음의 역동성과 초월성은 시대의 한계를 넘어 여성을 자유롭고 온전하게 하면서 하나님 나라의 증인과 일꾼으로 일으켜 세웠다.

또 성경은 요시야 종교 개혁을 이끌었던 여성 예언자 훌다, 이스라엘의 보호자요 어머니가 되었던 사사 드보라, 남자에게만 허락되었던 상속을 당당히 요구한 슬로브핫의 딸들, 자녀가 없는 결핍을 믿음으로 극복하며 오실 메시아의 나라를 예언한 한나, 이방 여인이면서도 예수님의 족보에 오른 여성들(다말, 라합, 룻), 시대의 통념에 도전해 그리스도의 장사를 준비한 마르다의 동생 마리아, 성령으로 예수님을 잉태하고 끝까지 증인이 된 예수님의 어머니 마리아, 이 외에도 집사 뵈뵈, 제자 루디아와 다비다, 브리스길라, 사도 유니아 등이 시대적 편견과 한계에 매이지 않는 주체적 믿음을 지닌 '드센' 여성이었음을 증언하고 있다. 특히 주님께서 당시 증인도 될 수 없었던 막달라 마리아를 부활의 첫 증인과 전달자로 삼으신 사건은, 예수님을 목격한 증인의 말이 신앙과 불신앙을 가르는 급진적이고 혁명적인 기준이라는 것을 보여준다.

3. 젠더 정체성(gender identity)과 젠더 역할(gender role)

인간은 남성과 여성으로 이루어진 성적인 존재로서의 존엄성과 독특한 가치를 지녔다. 남녀를 구분하는 성의 개념에는 생물학적 '성'(sex), 사회학적 '젠더'(gender), 성(性)을 유동적·다원적으로 보는 '섹슈얼리티'(sexuality)의 세 가지가 있다. 성과 젠더를 구분하자면, 성은 생식과 집단이라는 측면이 강하고, 젠더는 사회문화적·역사적·심리적 틀을 취한다.[6] 젠더 정체성이란 자신이 느끼고 생각하고 행동하는 모든 것이 남성적인지 여성적인지를 나타내는 기준, 가치관, 혹은 태도이며, 성 역할은 여성과 남성이 어떻게 생각하고 행동하고 느껴야 하는지를 포괄하는 일련의 기대이다.[7]

복음주의 학자 스탠리 그렌츠(Stanley J. Grenz)에 따르면, 남성과 여성이라는 성의 근본은 자신이 누구인지를 결정하는 문제에 있어 일차적이고 가장 심오한 차원으로서 인격적 정체성의 유일한 결정 요인이다. 즉 남성성과 여성성은 자기의 신분, 자기를 인식하는 방식, 사고방식, 관계 방식 모두를 결정짓는 중요한 요소라는 것이다.[8] 그런데 젠더 정체성과 젠더 역할에 대한 논의를 일명 '성차 이론'이라고 부른다. 정신분석학, 철학, 심지어 종교에서 나타나는 젠더 정체성과 젠더 역할에 관한 가부장적 성차 담론이 젠더 문제의 주된 원인으로 작용해왔기 때문이다.[9]

젠더 정체성, 젠더 역할과 관련된 성차 이론을 보면, 정신분석학에서 프로이트는 남근을 중심으로 남성을 완전한 존재, 문명에 적합한 주체, 공격성·사디즘(sadism)·초자아·윤리성을 지닌 존재로 보는 반면, 여성은 남근이 없는 불완전한 존재, 문명에 부적합한 주체, 수동성·의존성·마조히

---

6   Christina Von Braun(hg.), Inge Stephan(hg.), 탁선미·김륜옥·장춘익·장미영 역, 『젠더연구: 성 평등을 위한 비판적 학문』, 19-23.

7   허혜경, 박인숙, 『현대사회와 여성의 이해』(서울: 문음사, 2005), 81-7.

8   Stanley J. Grenz, 남정우 역, 『성 윤리학』(Sexual Ethics, 서울: 살림, 2003), 56-9.

9   성 정체성과 성 역할에 대해 자세한 것은, Judith Butler, Gender Trouble: Feminism and the Subversion of Identity (New York: Routledge, 1990); 정신분석학 성차 이론에 관해서는 박범혁·김경미·김혜숙·조주영·황종귀 공저, 『성과 윤리』(서울: 동문사, 2009); 종교와 관련해서는 박영창, 『남성중심 문화와 한국종교』(파주: 한국학술정보(주), 2011); 기독교 여성의 역사에 나타난 성차별과 관련해서는 Hans Küng, John Bowden(tr.), Women in Christianity (London, New York: Continuum, 2001), 79-101을 참조하라.

즘(masochism)·나르시시즘(narcissism)을 지닌 존재로 보았다. 캐럴 길리건(Carol Gilligan)은 도덕성 관점에서 남성적 윤리를 '정의의 윤리'로 규정하고, 여성적 윤리를 '돌봄의 윤리'로서 규정하기도 한다.[10] 이처럼 성차에 대한 편견은 '남성은 공적이고(다스림)/여성은 사적이다?(순종과 침묵)', '남성은 강하고/여성은 약하다?', '남성은 정의롭고/여성은 변덕스럽다?'라는 이론들을 파생시키는데, 교회에서 이런 성차에 대한 편견이 목회자의 성차별적 설교로 나타나며 성희롱, 성 비하 같은 젠더 문제를 유발하기도 한다.

이처럼 남성 중심의 젠더 정체성과 젠더 역할 규정은 성 편견과 성차별을 일으키고, 같은 젠더 내에서도 발생하는 젠더의 다양성을 획일적으로 규정해 억압과 혐오 기제로 작동하게 한다. 따라서 여성도 젠더 정체성과 젠더 역할을 주체적으로 규정할 수 있어야 성 편견에서 자유로울 수 있고 공정할 수 있다. 아울러 한 인간 안에 남성성과 여성성이 공존한다는 사실도 인지해야 한다. 심리학 연구에 따르면 남성성으로 취급되는 독립성, 합리성, 용기 등과 여성성으로 취급되는 공감 능력, 부드러움, 보살핌 등은 사실 남녀 모두에게 바람직한 덕목이며, 누구나 잠재적으로 양성적 능력을 지니고 있다고 한다.[11]

기독교 심리학자인 메리 스튜어트 밴 르우원(Mary Stewart Van Leeuwen)은 젠더 정체성과 젠더 역할에 관해 균형 잡힌 이해를 하도록 도와준다. 그녀의 말에 따르면 첫째, 심리학적·생물학적으로 남녀는 차이점보다 공통점이 더 많다. 둘째, 본성(nature)과 양육(nurture)은 서로 영향을 미친다. 셋째, 자신의 젠더 정체성에 관한 인식과 자유는 하나님의 형상을

---

10   조현옥, "여성성과 젠더 정체성", 『새 여성학 강의』(서울: 동녘, 2008), 102-11.

11   Mary Stewart Van Leeuwen, 김수지 역, 『신앙의 눈으로 본 남성과 여성』(Gender and Grace, 서울: IVP, 1999), 72.

반영하는 중요한 측면이다. 남녀는 생식이라는 최소한의 젠더 역할을 제외하고는 젠더 역할의 '상보성' 가운데 창조, 다스림, 사회성, 성령의 열매, 정의, 평화, 자유를 실천해나갈 수 있어야 한다.[12] 그러므로 한국교회 안에서 젠더 정체성과 젠더 역할에 관한 논의는 남성 중심의 일방적 이야기가 되어서는 안 되고, 여성도 주체적으로 자신의 젠더 정체성과 가능성, 젠더 역할에 관해 창조적이고 자유롭게 논의할 수 있어야 한다.

4. 성 인지 감수성

1) 성 인지 감수성(젠더 감수성)이란?

성 인지 감수성이란 성별 차이에 따른 불평등 상황을 인식하고 성차별적 요소를 감지하는 감수성으로서, '젠더 감수성'(gender sensitivity)이라고도 한다. 다른 말로, 가해자가 아닌 피해자 관점에서 충분히 합리적으로 이해할 수 있는 능력을 뜻한다. 성 인지 감수성은 1990년대 중반 주로 서구 사회에서 성적 불평등을 해소하기 위한 각종 정책의 주요 근거와 기준으로 제시된 개념이다. 성 인지 수준은 시대와 상황과 조건에 따라 다르며, 개인의 정서적 태도와 가치와도 연결된다. 한국 사회에서는 '젠더 감수성'이라는 표현이 주로 사용되다가, 2018년 4월 성희롱 사건에 대한 대법원 판결문에 '성 인지 감수성'이라는 표현이 인용되면서 법률적 용어로도 통용되

---

12   앞의 책, 59-85.

기 시작했다.[13]

그 후 안희정 전 충남도지사가 유죄 선고를 받고 류영재 판사의 "성폭행 피해자의 진술 신빙성 판단과 사실 인정론"이라는 판결문에도 등장하면서, 성 인지 감수성에 대한 관심이 높아졌다. 성 인지 감수성 안에는 헌법 원리의 충돌, 권력 이동의 역사가 응축되어 있다. 안희정 사건처럼 '미투'(Me Too) 운동 가운데 폭로된 성폭력 사건에서 중요한 쟁점은 피해자 진술의 신빙성이며, '피해자다움'에 대한 통념이 틀렸다고 보는 관점이다. "성 인지 감수성을 잃지 말라"는 것은 피해자의 증언 하나만 믿으라는 것이 아니라, 재판부가 피해자의 진술을 통념만으로 가볍게 배척하지 말라는 의미다. '성 인지'라는 말은 판단 과정에서 성별 권력 구조를 살피겠다는 선언으로서, 성 평등을 추구하는 헌법적 가치는 성별 권력 구조를 직시해야 달성할 수 있는 것이다. 성 인지 감수성이 높은 사람과 사회일수록 성차별적 언행, 관습, 제도, 고정된 성 역할, 혐오와 배제를 지양하게 된다.[14]

2) 성 인지 감수성 점검[15]

아래의 항목으로 성 인지 감수성을 점검해 볼 수 있다(출처: 경인교육대학교).

- 성추행 사건 발생 시, 노출이 심한 옷을 입은 상대방도 책임이 있다.
- 성적 제안을 했을 때 침묵한다는 것은 그 제안을 받아들인다는 의미다.

---

13 다음 백과(2019. 4. 6 검색) https://100.daum.net.

14 천관율, "한국 사회 흔든 '성 인지 감수성'", 「시사IN」(2019. 3. 14 기사 입력/ 2019. 4. 6 검색).

15 한국기독공보 제3130호(2018. 3. 10) http://m.pckworld.com/article.php?aid=7625539126.

- 남자가 성적인 접촉을 하기 전에 동의를 구하는 건 남자답지 못하다.
- 성적 제안에 '싫다'라고 하는 것은, 사실은 속으로 좋으면서 튕기는 것이다.
- 혼자 있는 남자친구의 자취방에 여자가 흔쾌히 들어가는 것은 성관계를 허락하는 것이다.
- 친밀한 관계라면 동의를 구하지 않아도 가벼운 스킨십 정도는 가능하다.
- 둘이서 함께 찍은 가벼운 스킨십 사진은 상대방의 동의 없이 내 블로그에 올려도 된다.
- 남자라면 누구나 동영상을 보고 성적으로 야한 장면을 실천에 옮기는 환상을 가질 수도 있다.
- 성폭력은 모르는 사람에게나 적용되는 것이지 데이트 성폭력이라는 건 있을 수 없다.
- 성적인 농담에 불편해하는 것은 분위기를 깨는 것이므로 웃고 넘겨야 한다.

(0개: 건강한 성 인지 감수성/ 1-3개: 분발하세요!/ 4개: 성에 대한 의식개선이 필요합니다./ 7개 이상: 위험! 성 인지 감수성을 높이세요!)

3) 미투 운동(#MeToo Movement)을 바라보는 시선[16]

서지현 검사가 법조계 내 미투 운동을 촉발했다면, 최영미 시인은 문단에서 미투 운동을 촉발했다. 최 시인이 'En'시인을 '괴물'이라고 밝힌 까닭은 "그가 아무리 인류를 노래해도, 세상의 절반인 여성을 비하한다면 그의 휴

---

16 이 부분은 복음주의교회연합회의가 개최한 〈한국교회와 배제주의〉 이슈포럼인 "한국교회와 여성배제"라는 포럼에서 "미투 운동의 한복판에서 한국교회는 무엇을 할 것인가?: 여성배제를 넘어 인간성 실현으로!"라는 제하로 2018. 5. 17에 발표한 자료의 일부를 발췌하였다.

머니즘은 가짜"였기 때문이었다. 여기서 우리는 미투 운동이 지향하는 목표가 인간성임을 확인할 수 있다. 현재 일부에서 페미니즘과 미투 운동을 바라보는 시선 가운데 몇 가지 잘못된 접근 방식을 지적할 필요가 있다.

첫째, '가해자 대 피해자' 구도로 보는 게 아니라 '남자 대 여자'라는 대결 구도로 보는 접근이다. 이런 식의 접근과 함께 페미니즘과 미투 운동의 강성 이미지만 부각해, 실제로 차별받고 피해를 당한 여성의 억울한 사연과 고통을 외면하고 있다. 둘째, 페미니즘과 미투 운동을 사적이거나 하찮은 것으로 치부하는 접근이다. "미투 운동은 진보 진영을 분열시키기 위한 공작 정치의 함정이다", "남자 모두가 그런 게 아닌데, 왜 남자 모두를 범죄자 취급하나?"라는 말이 공공연하게 들린다. 이는 인간성에 대한 물음을 지닌 페미니즘과 미투 운동을 가부장적 시각으로 편협하게 접근한 것이다. 셋째, 여성 이슈에 접근할 때, 단순한 상관관계를 인과관계로 오해하는 것이다. 나쁜 일이 벌어지면 '여성은 감정적'이라는 편견에 사로잡혀 "여성이 먼저 유혹했을 것이다", "여성이 조신하게 행동했어야 했다"라며 여성에게서 원인을 찾는다. '펜스 룰'(Pence Rule) 같은 제도는 대표적으로 인과관계가 아닌 상관관계로 나타난 현상을 차단하겠다는 해결책으로서, 결과적으로 "여성과 식사도 하지 않겠다"라는 식의 태도로 이어지며 남성 중심 조직 문화를 오히려 강화하게 된다.[17]

필자가 미투 운동을 바라보는 시선은 첫째, "피해자가 죄인이다"라는 가해자 중심의 이데올로기를 깨는 운동이라고 본다. 남성은 자신의 잘못을 회피하기 위해 오히려 피해 여성에게 '꽃뱀'이나 '이단'이라는 가해자 누명을 씌어 죄책을 전가해왔고, 피해 여성들은 마치 가해자인 양 자신을 탓하

---

17   김재수, "우리는 왜 여성 이슈에 대해서 항상 틀릴까", 「한겨레신문」(2018. 3. 26)

며 죄인처럼 살아왔기 때문이다. 둘째, 미투 운동은 성별 권력에 의한 성차별과 성폭력에 맞선 고발 운동이다. 권력을 가진 가해 남성은 조직 내 힘이 없는 여성을 업무의 일환이나 신앙 교육, 상담이라는 명분을 앞세워 '그루밍'(grooming, 길들이기)을 통해 성차별과 성폭력을 행해왔기 때문이다. 셋째, 미투 운동은 여성의 언어 되찾기 운동이다. 진리라는 이름으로 여성들 입에 채워진 '침묵의 족쇄'를 풀고 여성의 언어를 되찾아 여성의 소리와 억울한 피해 사실을 고발할 수 있도록 해야 한다. 넷째, 미투 운동은 민주주의, 평등, 정의, 인권, 윤리를 지향하는 인간성 운동이다. 한국교회는 페미니즘과 미투 운동이 지향하는 '인간성 회복'이라는 거대한 변화의 물결에 응답할 수 있어야 한다.

5. 한국교회의 성차별적 현실과 성차별적 설교

1) 한국교회의 성차별적 현실 살피기

차별주의는 피지배자를 향한 지배자의 관점을 취할 때만 '차이'가 발생하는 것이다.[18] 지배권이 있는 남성 중심 관점은 젠더의 차이를 극대화하면서 성차별주의를 배태한다. 성차별주의를 양산한 직접적 원인은 종교와 철학과 정신분석학이다. 공자는 여성으로서 가장 나쁜 다섯 가지 결점이 순종하지 않음, 불만족, 욕설, 질투, 어리석음이라 하였고, 인도의 마누 법전은 여성의 삼종지도(三從之道)를 강조했다. 프로이트는 남근을 신화화(오이

---

18 Pierre Bourdieu, 김용숙 역, 『남성지배』(*La Domination Masculine*, 서울: 동문선, 1998), 90.

디푸스 콤플렉스)하여 정신분석학의 성차 이론을 파생시켰다. 칼 만하임(Karl Mannheim)에 따르면, 이데올로기란 현실의 왜곡뿐 아니라 현 상태를 정당화하는 데 동원되는 일련의 세계관 및 믿음 체계를 말한다. 이런 점에서, 교회의 남성 중심 이데올로기는 남성은 물론 여성 대다수조차 성차별적 구조에 학습되도록 만든다.[19] 로즈메리 류터(Rosemary R. Ruether)는 "성차별주의는 나쁜 악이며 죄악이라고 인식한다면, 여성 악에 대한 어떤 신화는 모두 붕괴되고 말 것이다.…여성 차별은 어떠하든지 간에 인간성을 포기하는 일이다"라고 했다.[20]

필자는 성차별주의의 양태를 다음 세 가지로 본다. 첫째, 여성에 대한 일반화된 적개심이나 혐오감이다. 이는 2016년 강남역에서 남자 신학생이 화장실에서 나온 한 여성을 살해한, 이른바 '여성 혐오 살인 사건'에서도 드러났다. 둘째, 여성은 남성보다 더 열등하다는 신념이다. 그런 신념 탓에 "어디서 여자가", "감히 여자 주제에"라는 발언이 당연시 되는 것이다. 셋째, 여성과 거리를 두거나 여성을 배제하는 차별적 행동이다. 이는 여성이 거하는 자리를 공적인 자리가 아니라 사적인 공간으로 한정한다.

성차별주의에 관한 한 한국교회는 한국 사회보다 훨씬 더 심각한 수준이다. 이에 강남순 교수는 한국교회가 여성 문제를 진지하게 보지 않으려 하면서 보이는 네 가지 경향을 지적한다. 첫째, 여성 문제를 '사소한 문제'로 만드는 것, 둘째, 여성 문제를 '영적인 문제'로 만드는 것, 셋째, 여성 문제를 '특수한 문제'로 만드는 것, 넷째, 여성 문제를 '인간 보편의 문제'로 만드는 것이다. 그러면서 성차별은 인류의 반 이상을 차지하는 여성은

---

19   권희안 외, 『현대 사회학의 이해』(서울: 이화여대출판부, 1993), 116-7.

20   Rosemary R. Ruether, 안상님 역, 『성차별과 신학』(Sexism and God-Talk, 서울: 대한기독교출판사, 1985), 185.

물론 남성의 삶의 통전성을 깨는 심각한 죄라는 인식이 필요하다고 지적했다.[21]

2) 한국교회 내 성차별적 현상들

대한예수교장로교 통합 측 전국여교역자연합회가 2012년 7월 12일부터 10월 12일까지 여교역자의 성차별에 관해 설문 조사한 결과에 따르면, 응답자 395명 중 과반수인 56.5%가 "교회에서 성차별 당한 경험이 있다"고 답했다. 성차별 유형으로는 "사례비 및 처우에 대한 차별"이 34.5%로 가장 많았으며 "업무 배정에서"가 33.8%로 그 뒤를 이었다. 당시 설문 응답자의 48%가 최저임금(5,710원)에 못 미치는 100만 원 미만의 사례비를 받는다고 했고, 무보수로 사역한다는 응답자 비율도 15.4%에 달했다.[22]

　　기독교대한감리회는 1931년 국내 최초로 여성 목사 안수를 법적으로 보장한 교단이지만 총대 구성에 있어서는 남성 비율이 월등히 높았다. 지난해 기감 총대 1,390명 가운데 여성 총대는 51명(7%)에 불과했다. 2012년부터 총회 상임 위원회나 이사회에 여성 위원이나 여성 이사를 한 명 이상 포함하라는 헌의를 낸 결과 2013년에 통과됐다. 그러나 여성 총대는 늘었어도 핵심 쟁점을 논의하는 자리의 여성 참여가 매우 저조하기에 여성이 실제로 일할 수 있는 자리를 확보해 달라고 요청했다.[23]

21　강남순, 『페미니즘과 기독교』, 44-51.

22　"여교역자 차별 여전, 개선 없었다", 「기독신문」(2013. 4. 2) http://www.kidok.com/news/articleView.html?idxno=79961.

23　"[甲과 乙의 사회 교회는 평등한가] 여성은 乙이랍니까?", 「국민일보」(2013. 9. 27) http://news.kmib.co.kr/article/view.asp?arcid=0007597421.

한편 대한예수교장로회 합동 측은 '여성 안수'를 주지 않아 직위에 따른 성차별이 가장 심하게 나타난다. 여성은 교회 직분에서 모두 다 '임시직'이므로 지금까지도 당회·노회·총회는 '금녀의 공간'이 되고 있다. 구체적인 예로, 여성과 남성이 똑같이 신학대학원에서 공부하여 졸업하고 석·박사 학위를 취득해도 남성은 목사가 되고 교수가 되지만 여성은 목사나 교수가 될 수 없도록 제한하고 있다. 여성이 하는 일은 봉사(청소, 안내, 식당), 성가대, 꽃꽂이, 연합회 활동, 교회 학교 교사에 국한된다. 또 여교역자의 사역 영역은 주로 심방과 영유아 및 유·초등 부서로 제한되어 있다.[24]

남성 목회자들의 잘못된 성 이해에서 기인한 성차별은 설교에서도 나타나지만 그에 대한 인식은 미미하다. 한국교회여성연합회가 5개 교단(감리교, 복음교단, 성공회, 예장, 기장) 교회 여성 800여 명을 대상으로 설문 조사를 시행한 결과 "설교나 교육 시간, 혹은 교회 내 모임 중에 성적 모욕을 주는 발언이나 여성비하 발언을 들은 적이 있는가?"라는 질문에 75%가 "없다"로, 11.4%는 "잘 모른다"로 응답하여, 교회 여성의 86.4%가 성차별적 설교에 대해 인식을 하지 못하고 있음을 알 수 있다.[25]

또한 남성 목회자의 권력 남용으로 교회 여성들이 성폭력이나 강간 등의 성 문제에 노출되어 있다. 그러나 피해를 당해도 억울함을 호소하거나 보호 등의 조치를 받게 해주는 법 조항이나 조정 기관이 마련되어 있지 않아 오히려 '이단'으로 몰려 교회에서 쫓겨나는 상황이 야기되고 있다. 대법원 판결도 났고 사회적으로도 큰 쟁점이 되었던 전병욱 목사의 성추행 사례를 볼 때, 남성 목사와 남성 장로로 이루어진 당회·노회·총회에서는 목

---

24 강호숙, 『개혁주의 여성 리더십의 이론과 실천』(서울: 요나미디어, 2009), 216-32.

25 김호경, "교회 안의 성차별을 해결하려면", 『한국교회, 개혁의 길을 묻다』(서울: 새물결플러스, 2013), 192-4.

사의 성범죄보다 목회 능력이나 교회의 체면을 우선시하여 여성의 피해나 인권 보호 및 권리 보장에는 무관심하거나 어쩔 수 없다는 식이다. 이와 같은 성 윤리에 대한 무지와 불감증적 대응 때문에 피해 여성이 이중, 삼중으로 상처와 차별을 받고 있다.

3) 보수 교단 내 성차별적 설교[26]

한국교회, 특히 보수 교단에서 성차별이라는 개념은 생소한 의제(agenda)에 속한다. 이는 남성 교부, 남성 신학자, 남성 목사를 통해 명맥을 이어온 개혁 신학의 범주 안에서 여성의 처지를 반영한 신학적 논의가 제대로 이루어진 적이 거의 없었기 때문이다. 십 년 전, 보수 교단인 합동 측 총회장이었던 고 L목사는 C신학대학원 채플에서 설교 중에 "여자들이 기저귀 차고 강단에 올라가? 안돼"라는 말을 했다. 몇 해 전에는 현재 장로교 대신 측 총회장인 J목사가 "젊은 여집사에게 '빤스(팬티) 내려라…' 해보고 그대로 하면 내 성도"라는 성희롱적 설교를 하여 사회에 물의를 일으켰지만, 당시 보수 교단 내에서는 이를 별로 대수롭게 여기지 않는 분위기였다.

그러나 보수 교단 내 이런 성차별적 설교를 일부 목사의 문제로 봐서는 안 되는 이유가 있다. 첫째, 두 목사 모두 보수 교단의 총회장으로서 영향력 있는 인물이었다. 둘째, 종교성과 여성관은 별개다. 오히려 가부장적 사고가 깊이 배어 있는 남성 목회자일수록 성차별적 발언을 쉽게 내뱉었다.[27] 셋째, 설교를 중히 여기는 보수 교단에서는 여성들의 피드백(feedback)

---

26 이 부분은 2013년 한국연구재단의 지원을 받아 연구한 "개혁교회 내 성차별적 설교에 대한 여성신학적 고찰", 「한국기독교신학논총」 102(2016): 301-26을 일부 수정하여 실었다.

27 이는 필자가 합동 교단에서 40여 년간 들은 설교와, 초대 교부 및 중세·근세 남성 신학자들

조차 없어 성차별적 설교라는 개념도 인지하지 못하고 있다. 도로테 죌레 (Dorothee Sölle)는 "모든 신비는 힘을 사용하고 지배하고 소유하고 벗어나게 하는 데 기여하는 언어의 숙명에 참여한다"면서, 지배의 언어가 아니라 자유정신에 의한 힘의 분배와 연합의 언어를 사용해야 한다고 했다.[28] 인간의 언어는 하나님에 대한 이해와 이미지를 표출하는 도구이다. 설교자가 하나님의 말씀을 설교한다 해도, 여성의 입장에서 듣기에 여성을 비하하거나 희롱하는 설교는 하나님에 대한 왜곡을 불러올 뿐 아니라 상처와 수치감을 주는 언어폭력이 된다. 성희롱의 성립 조건이 가해자의 의도와 상관없이 피해자 입장에서 규정하는 것이므로, 성차별적 설교에 관해서도 여성신학적 논의가 시급하다.

(1) 성차별적 설교의 정의와 기준

① 성차별적 설교의 정의

국가인권위원회는 성차별을 "합리적 이유 없이 성별을 이유로 행하여지는 모든 구별, 배제, 제한, 폭력을 의미하며, 고정된 성 역할 관념에 근거한 차별도 금지의 대상이 된다"라고 결정했다. 여성평등기본법에서는 성희롱이란 "성적인 말과 행동으로써 성적 굴욕감 또는 혐오감을 느끼게 하는 행위"라고 규정하고 있다.[29] 국가인권위원회법, 남녀고용평등과 일과 가정 양립 지원에 관한 법률, 여성평등기본법 등 성차별을 금지하고 남녀평등을

의 여성관에서도 확인한 부분으로서, 기독교 신학과 교리에 탁월한 업적이 있다 해도 그들의 여성관은 매우 부정적이고 형편없었다.

28 Dorothee Sölle, 정미현 역, 『신비와 저항』(The Silent Cry: Mysticism and Resistance, 서울: 이화여자대학교출판부, 1997), 107-25.

29 김엘림, 『성차별 관련 판례와 결정례 연구』, 4-29.

촉진하는 법을 만들 때나 성차별 분쟁 사건을 판결할 때 가장 큰 쟁점이 되는 문제는, 첫째로 법적으로 다르게 대우해야 할 남녀 차이의 문제이고, 둘째로 남녀평등과 양립할 수 있는 여성 보호의 방식에 관한 문제다.[30] 이에 근거하여 성차별적 설교란 "남성 본위의 성경 해석으로 여성을 차이가 아닌 차별로써 제한, 배제, 비하, 희롱하면서 성적 굴욕감이나 수치심, 불평등을 유발하는 설교"라고 정의하고자 한다.

② 성차별적 설교의 기준

성차별적 설교의 기준은 국가인권위원회법, 남녀고용평등과 일과 가정 양립 지원에 관한 법률 및 여성평등기본법에서 다룬 성차별과 성희롱에 관한 규정을 토대로 다음과 같이 마련해보았다.

A. 성 역할 분업적 설교: 우리나라의 성차별에 관한 판례와 결정례에서 여성 차별을 인정한 판결 사유 중 단연 1위는 성별에 따라 기질, 역할, 능력이 다르다고 보는 성 역할 분업관이라고 한다.[31] 메리 스튜어트 밴 르우윈(Mary Stewart Van Leeuwen)은 자기 자신의 사회적 성 정체성에 대한 의식이 모든 사람에게 하나님의 형상을 반영하는 중요한 측면을 지니기에, 어느 인간에게도 성 정체성과 성 역할을 강요할 수 없다고 했다.[32] 따라서 성 역할 분업적 설교란 "남자가 할 일이 따로 있고 여자가 할 일이 따로 있다"는 식으로 성에 대한 남성 본위의 고정 관념이나 편견, 나아가 잘못된 신념으로 여성의 성 정체성과 성 역할을 일방적으로 강요하는 설교라고 규

---

30 앞의 책, 4-29

31 앞의 책, 398-401.

32 Mary Stewart Van Leeuwen, 윤귀남 역, 『신앙의 눈으로 본 남성과 여성』(*Gender and Grace*, 서울: IVP, 2000), 59-60.

정할 수 있다. 예를 들어 "여자는 교회에서 잠잠하라", "암탉이 울면 집안이 망한다", "남자에게 종속된 여자가 남자들 앞에서 가르치고 남자를 주관하는 일은 옳지 않다" 등이 여기 속한다.

B. **여성을 이분법으로 규정/배제하거나, 여성에 관한 부정적 이미지를 담은 설교:** 성경에 나오는 여성 인물을 '순응자'와 '일탈자'라는 이분법으로 나눠 순결하고 순종적인 여성을 순응자로, 유혹하고 불순종하는 여성을 일탈자로 구분하는 설교가 여기 속한다.[33] 또 성경을 보면 남녀를 '형제들', '아들'로 통칭하는 경우가 많은데, 이런 본문을 남녀 모두의 신앙적 모델로 설교하는 게 아니라 남성의 우월성을 지나치게 강조하면서 여성은 배제하거나 부정적 이미지로 사용하는 경우도 여기 속한다.

예를 들어 "간음하는 여자들이여"(약 4:4)는 '하나님을 떠난 세상과 벗된 남녀 모두'를 향한 것인데, 이 말씀을 가지고 특별히 여성이 간음하는 존재라는 듯 설교하거나, '보디발의 아내'처럼 부정적 이미지의 여성을 모든 여성으로 일반화하여 "보디발의 아내처럼 순진한 남자를 유혹하지 말라", "여자가 머리에 베일을 쓰지 않고 기도하고 예언하는 것은 마치 남자같이 하고 다니는 창녀 등 당시의 부정한 자나 머리를 민 자 같은 모습으로서, 하나님께 열납되지 않는다"라고 하는 것이다.

C. **성희롱적 설교:** 설교자의 의도와는 상관없이 설교를 듣는 여성에게 성적 수치심이나 모멸감을 느끼게 하는 성적 발언뿐 아니라 성적 표현이나 음란한 농담이 여기 속한다. 예를 들어 "교회에 짧은 치마 입고 오지 마라, 내가 팬티 내린다", "여름만 되면 여자들이 옷을 못 벗어 환장한다. 치마는 짧아져 보일락 말락 하면서도 가슴은 안 보여주더라", "쭉쭉빵빵한 몸매는

---

33 전연희, "개신교 설교에 나타난 선택성과 배제성", 「기독교교육연구」(1991, 2): 104-50.

돼야지" 등이다.

D. 여성을 비하하는 설교: 여성을 교활하게 보거나 유혹하는 존재로 보면서 원죄의 책임이 모두 여성에게 있는 양 비난하는 설교라든지, 여성의 생리를 부정하게 보는 설교는 하나님께서 만드신 여성을 남성의 편견에 따라 함부로 폄하하거나 심지어 모욕하는 행위라고 할 수 있다. 예를 들어 "남자와 여자는 호칭이 다르며 결코 동등하지 않다", "어디서 여자 주제에", "무식하고 싸가지 없는 여편네", "여자는 말 많은 존재라서 전도하면서 떠들면 돼" "거지 같은 여자 만나 망하는 남자 많이 봤어", "여자가 기저귀 차고 어딜 강단에 올라와?", "과부는 돈 많은 게 매력이다" 등이 있다.

(2) 보수 교단 내 성차별적 설교의 교회사적 원인과 사회문화적 원인

① 성차별적 설교의 교회사적 원인

A. 남성 교부와 남성 신학자의 부정적 여성관: 교회사에서 남성 교부나 남성 신학자가 했던 여성의 몸, 성 정체성, 성 역할에 대한 성차별적 발언은 현대 남성 설교자에게 그것이 전통적 여성관인 양 담보해주는 근거가 되어 왔다. 초대 교부인 테르툴리아누스(Tertullianus)는 "여성 때문에 우리는 죽음의 형벌을 받는 것이며…당신들 때문에 하나님의 아들이 죽어야 했다"라고 했다. 기독교의 성자라고 불린 성 아우구스티누스(St. Aurelius Augustinus)는 "여성 자체를 놓고 볼 때, 여성은 하나님의 형상이 아니다. 오직 남성만이 하나님의 형상이다"라고 했다.[34]

중세 신학자 토마스 아퀴나스(Thomas Aquinas)는 "여성은 불완전하고

---

34 Gene Edwards, 임정은 역, 『하나님의 딸들』(*The Christian Woman...Set Free*, 서울: 죠이선교회, 2009), 10-46.

형편없는 존재"라 하였고, 루터는 "여성이 현명한 척하는 것보다 더 봐주기 힘든 겉치장은 없다"라고 했다. 성 히에로니무스(St. Hieronymus)는 "여성은 하수구 위에 세워진 성전이다. 모임에서 여성이 말을 하는 것은 자연의 순리와 율법에 어긋나는 일이다"라고 했으며, 영국왕 제임스 1세는 "여성이나 여우를 가르치는 것은 더욱 교활하게 만들 뿐이다"라고 했다.[35] 또한 17세기 청교도들은 여성에게 '착한 여성'이라는 이데올로기를 주입해서 주어진 신분에 순응하지 않거나 제 일을 등한시하는 여성을 '나쁜 여성'이라 하여 탄압했다.[36]

B. 남성 중심의 성경 해석과 시대 적용의 오류: 대부분의 남성 교부 및 남성 신학자는 여성에 대한 편견을 전제하고 성경을 해석했다. 예를 들어 중세 신학자 토마스 아퀴나스는 "예수의 부활 시에 막달라 마리아가 예수를 알아보지 못한 것은 여성의 이해력이 둔해서이며, 그리스도가 남성으로 오신 것은 남성이 더 강하고 완전에 가깝기 때문이다"라고 해석했다.[37] 마이클 파슨스(Michael Parsons)는 루터나 칼뱅이 디나 강간 사건(창 34장)과 다말 강간 사건(삼하 13장)을 해석할 때 성폭력을 당한 여성의 억울함에는 전혀 관심 없이 아버지 야곱과 다윗의 명예를 실추했다고 해석함으로써, 성범죄라는 의제를 잃어버렸다며 유감을 표했다.[38]

남성 교부와 남성 신학자들의 이러한 부정적 여성관을 비판·수정 없

---

35   앞의 책, 10-46.

36   Rosemary R. Ruether, 안상님 역, 『성차별과 신학』(Sexism and God-Talk, 서울: 대한기독교출판사, 1995), 184.

37   Elizabeth Clark(ed.), Herbert Richardson(ed.), Women and Religion (New York: Harper & Row, 1977), 78-101.

38   Michael Parsons, "Luther and Calvin on Rape: Is the Crime Lost in the Agenda?," EQ 74:2 (2002): 123-42.

이 그대로 답습하는 것은 시대 적용의 오류라고 본다. 다이앤 제이콥슨(Diane Jacobson)은 강간당한 피해자 다말의 울부짖음을 오늘날 하나님의 이야기로 말할 수 있어야 한다고 했다.[39] 성경을 해석할 때는 보편적 진리의 규범적 요소가 있음을 부인하지 않으면서도, 고대 이스라엘과 유대 사회에 깃든 가부장적 요소들을 가려내어 오늘날 성 평등 시대에 맞는 해석과 적용을 할 수 있어야 한다.

C. 성차별적 제도를 지지하는 남성 위주의 교회 담론: 2,000여 년의 교회사를 보면 남성 목회자들은 성직자라는 직분을 차지하고 신학·목회·설교·교육을 통해 남성 중심의 교회 담론을 형성해왔다. 즉 성(聖)은 남성의 영역으로, 속(俗)은 여성의 영역으로 구분하고 남성만이 교회의 지도권을 취해왔다. 예수 그리스도를 믿음으로 의롭다고 인정받아 모든 믿는 자가 차별이 없음에도(롬 3:22), 구약성경의 정결법(레 12:2-5)을 근거로 여전히 '여성은 부정하다'라는 의미로 해석하는 등 남성 중심의 교회 담론을 고착시켜왔다.

② 성차별적 설교의 사회문화적 원인

A. 남성의 언어 주도: 여성에 대한 차별·억압·배제의 원인 가운데 단연 으뜸은 남성이 권력을 쥐고 언어를 주도해온 데 있다. 언어란 사회와 떼어놓고 생각할 수 없는 상징체계인데 그것은 '중립적'이기보다 '남녀 대립적'으로, 지배자와 피지배자의 관계로서 성립되어왔다. 예를 들어 프랑스어에서 '키스하다'(baiser)라는 동사는 남성이 주어인 경우에는 대상에게 영향을 미치는 타동사로 쓰이지만, 여성이 주어인 경우에는 '키스 받다'(recevoir un

---

39   Diane Jacobson, "Remembering Tamar," *Word & World* 24 (2004): 353-7.

baiser)처럼 다른 대상에게 영향을 미치지 않는 자동사로 쓰인다.[40]

또한 언어란 인간성의 표현으로서 인간을 인간답게 하는 희로애락의 온갖 감정을 나타낼 수 있음에도 유독 여성에게 언어 교정 요구가 많았다.[41] 사회언어학적 연구 결과를 보면, 남성 언어는 근본적으로 여성의 몸에 대한 외설적 표현과 경멸을 담고 있다. 특히 여성의 생식 기관을 빗댄 욕설은 치명타인데, 이처럼 언어를 주도하는 권력자로서의 남성은 여성을 지칭하는 무수한 단어 속에 여성에 대한 경멸과 욕설의 거대한 언어망을 구축하여 여성을 얕보고 희롱해왔다.[42]

이 외에도 남성의 언어 주도는 "남성은 정의롭지만, 여성은 변덕스럽다", "남성은 다스려야 하고, 여성은 순종하고 침묵해야 한다"라는 성차 이론도 파생시켰다. 아울러 신적 권위와 지배적 의미를 부여하는 단어인 교회 지도자(church leaders), 천사(angels), 군사(Christian soldiers)는 늘 남성형으로 표현되어왔다.[43] 따라서 남성에게 언어의 지배권이 있는 설교가 '차별의 언어·폭력의 언어·배제의 언어'가 되어온 사실을 간과할 수 없다.

B. 여성의 도구화: 여성의 도구화는 여성을 종속시켜 기능적 존재로 만들어왔다. 인류 타락의 결과인 남성 주도권이 여성의 자유와 권리를 빼앗고 남성의 필요를 채우는 도구로 전락시켰다. 코넬(R. W. Connell)은 남성성이 차지하는 장소는 여성성과 완전히 대비되는 비인격적 수준의 '헤게모니적 남성성'을 정립했다고 했다. 남성들은 이 개념을 국가와 노동, 가정, 사

---

40   Marina Yaguello, 강주헌 역, 『언어와 여성』(Les Mots et Les Femmes, 서울: 여성사, 1994), 198-9.

41   김진우, 『인간과 언어』(서울: 집문당, 1992), 15-7.

42   Marina Yaquello, 『언어와 여성』, 58-179.

43   Sarah M. Stitzlein, "Private Interests, Public Necessity: Responding to Sexism in Christian Schools," Educational Studies 43 (2008): 45-57.

회문화 전반의 모든 영역에 구축한 채 여성을 종속시키고 주변화시켜왔다는 것이다.[44] 산업 혁명 후 남성 엘리트주의와 근세 합리주의가 맞물리면서, 여성의 인격적·직관적 가치를 무시하고 '종속된 타자'로 취급하는 여성 도구화가 심화되었다.[45] 또 소비산업 사회로 접어들면서 '얼짱', '몸짱' 등의 용어로 대변되는 여성의 외모 관리나 몸 관리에 대한 강조는 여성을 철저히 남성의 시선과 권력에 순응하는 존재가 되도록 만들었다. 여성을 '남성에게 보이는 몸(객체)'으로 여기는 성 상품화가 초래되어 날씬한 몸과 매력적인 외모로 가꾸는 게 여성의 의무이자 남성에게 인정받는 길이라는 분위기가 조성되었다.[46]

C. 여성을 희생양으로 삼기: 남성의 나르시시즘(narcissism)은 자신들을 흠 없는 존재로 보존하기 위해 여성을 희생양으로 삼아 죄책을 전가해왔다. 정일권은 르네 지라르(René Girard)의 희생양 메커니즘을 설명하면서, 인류 문화의 모든 이념적 지평의 중심에는 홀로코스트, 자본주의, 사회적 불의, 전쟁, 박해, 종교 차별과 더불어 성(性)별에 의한 희생양이 존재해왔다고 분석했다.[47]

중세 시대의 성직자 결혼 반대 운동 당시에는 성직자의 아내를 희생양 삼고 "오, 사제의 유혹자들이여, 탐스러운 악마의 육체여, 천국에서 버림받은 이, 정신의 독약, 영혼의 죽음, 죄를 만들어내는 동반자, 파멸의 근원이

44 R. W. Connell, 안상욱 역 『남성성/들』(Masculinities, 서울: 이매진, 2010), 111-37.

45 Paul Tournie, 홍병룡 역, 『여성, 그대의 사명은』(The Gift of Feeling, 서울: IVP, 1991), 171-9.

46 김양선, "소비자본주의 사회와 여성의 몸", 『새 여성학 강의』(서울: 동녘, 2008), 121-44

47 Wolfgang Palaver, "Der Sündenbock-mechanismus als Ursprung der Kultur," Rene Girards mimetische Theorie. Im Kontext kulturtheoretischer und gesellschaftspolitischer Fragen(Münster: Lit, 2003)을 재인용. 정일권, "희생양 메커니즘과 차별: 문화인류학적 관점에서: 사회적 차별에 대한 기초신학적, 이론적 논의", 「복음과 윤리」11(2014): 77-110.

여!"라는 경악스러운 말로 탄압하였다.[48] 테르툴리아누스와 아우구스티누스, 토마스 아퀴나스 같은 남성 교부와 남성 신학자들은 인간 타락의 주범을 여성으로 몰며 위험한 존재로 인식했다. 이런 '여성 혐오'나 '여성 기피'와 같은 중세의 부정적 여성관이 극에 달해 발생한 사건이 바로 '마녀사냥'이다.

한스 큉은 마녀사냥이 남성의 성적 무능력, 수확 실패, 가축이나 재앙으로 발생한 질병과 죽음에 대한 희생양으로, 성적 타락을 무마하기 위하여, 그리고 종교 재판관의 성 강박관념과 환상 때문에 여성을 마녀로 몰아 심문하고 화형에 처해 죽인 "남성에 의한 여성 대량 학살"이라고 평가했다.[49] 또 종교개혁 시대에도 학식 있는 여성이 결혼하지 않는 경향이 있었는데, 이들이 남성들의 자존심을 위협하자 "능변인 여성은 정숙하지 못하다"라는 어처구니없는 평판을 만들어냈다.[50]

19세기 중엽 구한말 당시 남성의 예속물에 불과했던 한국 여성의 위치를 잘 보여주는 대표적인 예는 바로 '삼종지도'(三從指道)와 '칠거지악'(七去至惡)이다. 특히 칠거지악은 아내가 아들을 못 낳거나 첩을 시기하거나 도둑질하거나 병에 걸리거나 음탕하거나 부모에게 불순종하거나 말이 많으면 쫓아내도록 하여 남성의 과욕과 잘못을 여성에게 전가함으로써 가부장제를 확고히 하는 기제로 사용했다.

---

48 Anne Llewellyn Barstow, *Married Priests and the Reforming Papacy: the Eleventh Century Debates* (London: The Edwin Mellen Press, 1980), 15.

49 Hans Küng, John Bowden(tr.), *Women in Christianity* (London, New York: Continuum, 2001), 25-75.

50 Krisi Stjerna, 박경수·김영란 역 『여성과 종교 개혁』(*Women and the Reformation*, 서울: 대한기독교서회, 2009), 94.

(3) 그리스도 복음과 성차별적 설교의 여성관 비교

여기서는 여성과 설교, 여성과 성경 해석의 관계를 살펴본 후, 합동 교단 학자들의 여성 관련 본문 해석에 나타나는 세 가지 오류와 그에 따른 성차별적 설교를 예수님의 여성관과 비교해보고자 한다.

① 여성과 설교, 여성과 성경 해석의 관계

폴 틸리히(Paul Tillich)는 설교한다는 것이 복음의 일방적 강요가 아니라 복음을 듣고 스스로 선택하도록 하는 것이라고 했다. 그는 시대마다 청중에게 전하는 메시지의 표현도 달라져야 하며, 청중의 상황에 참여함으로써 도출된 질문에 응답하려고 노력했다.[51] 상황 이해는 인간 이해요, 인간이 형성된 사건과 인간의 문제에 대한 이해다. 이는 인간이 선 삶의 자리요 사고 형식인 것이다.[52] 복음은 인간 삶의 모든 영역, 특히 가난한 자, 억압받는 자, 주변으로 밀린 자의 사회적·정치적·경제적 문제와 연결하여 전달해야 한다.[53]

또한 앨리스 매슈스(Alice P. Mathews)는 "오늘날 여성이 하나님의 어떤 말씀에 귀를 기울일 것이라고 생각하는가?"라는 물음의 도전장과 함께 젠더 정체성, 성 역할, 성 이미지, 여성 심리학, 여성 인식론 등의 여성주의 관점을 '성경적 설교'와 연결할 수 있어야 한다고 주장했다.[54] 여성에게 설교

---

51   이문균, "폴 틸리히의 신학과 설교", 「한국기독교신학논총」 59(2008): 175-98.

52   염필형, "실존이해에 기초한 설교의 구성과 효과적 전달에 관한 연구—P. 틸리히의 설교이해를 중심하여", 「신학과 세계」 18(1989): 69-99.

53   허도화, "강단의 갱신을 위한 설교신학: 통전적 변화를 위한 설교", 「한국기독신학논총」 46(2006): 219-50.

54   Alice P. Mathews, 장혜영 역, 『여성을 위한 설교』(Preaching That Speaks to Women, 서울: 새물결플러스, 2016), 42-5.

를 효과적으로 전하려면 여성의 경험을 이해해야 하며, 설교를 듣는 여성을 단순히 '집단적' 존재가 아닌 '개별적' 존재로 이해하는 여성주의 관점의 성경 해석이 요구된다.

② 그리스도의 복음과 성차별적 설교의 여성관 비교

성차별적 설교나 발언 중 몇 개의 실례를 들어 그리스도의 복음에 나타나는 여성관과 비교해 볼 때 부합하지 않음을 나타냈다(표1 참조).

성차별적 설교의 여성관		그리스도 복음의 여성관		부합 여부
성차별적 설교	여성관	복음서	예수님의 여성관	×
"여자들이 기저귀 차고 강단에 올라가? 안돼"	여성의 부정함	유대 법에서 금기시했음에도 열두 해 동안 혈루증 앓은 부정한 여인을 안식일에 고치시며 '아브라함의 딸'로 부르심 (마 9:18–26; 눅 8:40–56)	부정한 여성을 '아브라함의 딸'로 인정	×
"암탉이 울면 집안이 망한다", "여자는 자고로 다소곳해야 해"	성 역할 분업	"내가 진실로 너희에게 이르노니 온 천하에 어디든지 이 복음이 전파되는 곳에는 이 여자의 행한 일도 말하여 저를 기념하리라" (마 26:13)	여성의 신앙적 도전을 칭찬	×
"여자는 교회에서 잠잠해야 해"	여성은 침묵하는 존재	"예수께서 [마리아에게] 이르시되…너는 내 형제들에게 가서 이르되…내 하나님…께로 올라간다 [말]하라" (요 20:17; 마 28:7)	여성을 부활 증인의 전파로 세우심	×
"여자와 대화하지 말라, 그러면 결국엔 부정하게 될 것이다" –탈무드	여성은 대화 불가의 존재	"이때에 제자들이 돌아와서 예수께서 여자와 말씀하시는 것을 이상히 여겼으나" (요 4:27)	여성과 인격적인 대화	×

〈표1〉 그리스도 복음과 성차별적 설교의 여성관 비교 및 부합 여부

(4) 성차별적 설교가 미치는 부정적인 영향

개리 시먼스(Gary Simmons)와 토니 월터(Tony Walter)는 여성의 종교성이 남성에 비해 뛰어난 것은 여성의 죄책감(guilt feeling)에 기인한다고 지적했다.[55] 앞에서 살펴본 바와 같이, 남성 교부와 남성 신학자들의 여성 비난, 여성 혐오, 죄책 전가 메세지를 담은 성차별적 발언은 여성의 죄의식을 가중하는 큰 원인으로 작용해왔을 것이다. 남성이 하나님의 말씀을 설교하는 자라는 성별 분업적 목회 담론이 고착되다 보니, 교회 여성은 그리스도의 복음을 해석하며 실천하는 주체로서 활동하기보다 남성 목회자의 설교를 거의 하나님의 말씀으로 맹신하여 복종하는 경향이 짙다. 그래서 "여성의 적은 여성이다"라는 말이 회자할 정도로, 여성 스스로 여성됨을 인식하겠다는 문제의식이나 고뇌조차 하나님의 말씀에 반하는 것으로 여겨져 정죄당하기도 한다. 극단은 독단을 낳고 독단은 차별과 분리를 낳는다. 남성 우월적 사고에 따라 권위를 가지고 행사하면서 발생하는 성차별적 설교는 여성에게 복음(福音)이 아니라 독음(毒音)이며 폭력이 될 수 있다.

　　남녀로 이루어진 공동체의 윤리적 모델은 남녀가 성적 차이를 서로 인정하고 다른 성의 낯섦과 다름을 존중하는 조화와 균형 속에서 정의롭고 평화로운 전인적 공동체를 이루어가는 것이다.[56] 그러므로 성차별적 설교는 여성의 인간성 및 그리스도 복음의 주체자로서의 지위 실현과, 기독교 성 윤리 차원에서 지양되어야 한다.

55　Gary Simmons, Tony Walter, "Spot the Men: The Relation of Faith and Gender," *The Third Way* 11 (1988/4): 10-1.

56　김연숙, 『레비나스 타자 윤리학』(일산: 인간사랑, 2001), 57-8.

(5) 예수 정신에 합당한 설교를 바라며

하나님의 뜻에 따라 창조된 남성과 여성은 인간 실존과 전인 차원에서 상호 보완적 존재이며 하나님 나라를 위한 동료이자 이웃이다. 누가복음 10:25-37의 선한 사마리아인 비유는 남성과 여성으로 이루어지는 인간관계에 관해서도 통찰을 준다. 율법사의 "내 이웃이 누구입니까?"라는 물음의 답으로 던진 예수님의 질문을 "네 생각에는 차별을 당해온 여성들에게 누가 이웃이 되겠느냐?"라는 질문으로 바꿔보면, 37절에 "가로되 자비를 베푼 자니이다. 예수께서 이르시되 가서 너도 이와 같이 하라"라는 말씀을 성차별적 설교를 극복하는 복음적 해답으로 제시할 수 있다.

그리스도의 복음은 하나님과 인간의 화해를 이룸으로써 율법이 가져온 모든 인간 차별을 종식하였기에 이제 "서로 사랑하라"라는 새 계명이 기독인의 유일한 삶의 원리이자 영생의 근거가 되었다. 여기에는 율법을 중시하는 제사장과 레위인이 인간관계에서 보여준 무정함, 무시, 혐오, 수직적 질서, 배제, 차별, 혐오 등에는 그 어떠한 공간도 허락되지 않는다. 남성이 동료 여성에게 이웃이 되어주고 자비를 베푸는 것이야말로 인간성을 실현하는 길이요 그리스도의 복음을 실천하는 길이다. 그리스도의 교회는 남성만을 위한 공동체가 아니라 여성을 위한 공동체, 여성과 함께하는 공동체로서, 한 분 성령으로부터 가르침을 받아 친밀함, 개방, 거룩한 교제가 있는 함께하는 공동체이기 때문이다. 따라서 어떠한 강요나 억압도 없는, 자유(freedom)·상호존중(mutual respect)·조화(harmony)·균형(balance)을 통해 인간성을 이뤄나가는 공동체가 되어야 한다. 예수 그리스도의 말씀과 경건에 관한 교훈에 착념하면서(딤전 6:3), 누추하고 어리석은 말이나 희롱의 말 대신에 남녀 서로를 존중하는 감사의 언어를 사용해야 마땅하다(엡 5:4).

결론적으로, 그리스도의 복음은 타락의 형벌로 남성에게 종속되고 차별받아 온 여성을 하나님 형상으로 회복시켜 본래의 존귀함과 독특함을 지닌 인격적 존재로 세워준 복음이다. 따라서 여성이 바라는 예수님의 정신에 합당한 설교는 다음과 같다. 첫째, 여성을 제한·배제·비하·희롱하는 성차별적 설교가 아니라, 하나님의 딸로 존중하여 믿음의 말을 하고 지식과 그리스도의 풍성한 은혜를 깨닫게 하는 설교, 둘째, 주님 안에서 하나 됨을 맛보게 하는 설교, 셋째, 우리 안에 거하시는 성령으로 말미암아 부탁하신 아름다운 것을 지키게 하는 설교(딤후 1:14), 넷째, 여성이 그리스도를 아는 냄새(고후 2:14)를 발하도록 믿음, 사랑, 소망을 주는 설교다.

이를 위해서는 교단 차원에서 명문화하여 여성 설교자가 당당히 설교할 수 있도록 세워줘야 한다. 기존의 어린이 예배에서뿐 아니라 청·장년을 막론한 모든 예배에서 여성이 은사에 따라 마음껏 하나님 말씀을 설교할 수 있도록 할 필요가 있다. 보수 교단에서는 더 이상 남녀종속이라는 성(性)의 갑을(甲乙) 구도로 차별과 분열을 야기할 것이 아니라, 남녀가 하나님의 아름다움과 선하심을 함께 맛보게 하고 상대방을 풍요로운 파트너로 세워주는 예수 정신에 합당한 설교가 말씀의 강단에 넘쳐나게 하기를 희망한다.

6. 교회 리더의 성(聖)과 성(性): 목회자의 성 문제[57]

왜 교회 리더인 목사는 '성직자'(聖職者)라는 정체성에도 불구하고 성범죄

---

[57] 본 글은 2015년 한국연구재단의 지원을 받아 연구한 "교회 리더의 성(聖)과 성(性)에 관한 연구: 성의 사각지대를 형성하는 교회 메커니즘(church mechanism) 문제에 대한 실천신학적 분석", 「복음과 실천신학」47(2018): 9-43을 일부 실었다.

가 가장 많은 전문직이 되어가는 것일까? 교계에서 조직 내 '성범죄 은닉 메커니즘'이 작동하고 있음을 드러낸 대표적인 예는 2016년 대한예수교장로회 합동 교단의 평양 노회와 총회가 내린 판단이다. 대법원에서 성추행 판결을 받은 전병욱 목사 문제를 "사람은 잘못할 수 있다. 그걸 자꾸 파내서 거룩하신 하나님을 욕되게 하는가?"라는 식의 개인 논리로 접근하여 사도 신경에 명시된 "거룩한 공회"의 정체성을 훼손하면서까지 그를 징계하지 않은 것이다.[58] 이처럼 목회자의 성범죄를 제대로 처리하지 못하는 모습은 사회보다 더 높은 윤리규범을 지켜야 할 교회와 교단의 자정 능력 상실과 저급한 성 윤리 의식을 보여준 부끄러운 자화상이기도 하거니와, '성추행 사건'이 터질 때마다 계속 소환되고 회자되는 사건이 되고 말았다.[59] 이는 교회나 교단이 목회자의 성 문제를 개인 윤리 문제로 접근하는 사이에, 성(sexuality)을 오남용하고 그런 문제를 무마시키기 쉬운 남성 중심의 의사 결정 구조와 권력 체제를 갖춘 집단으로 변모하여 노회나 교단 조직에 의해 성범죄 은닉 메커니즘이 작동하게 되었음을 여실히 보여준다.

---

58 전병욱 목사의 성추행은 2015년 9월에 소송을 시작하여 2016년 5월에는 기각, 2017년 6월에 일부 인용되었고, 2017년 6월 서울고등법원에서 전별금 중 1억원 반환 판결을 하여 전병욱 목사 측에서 대법원 상고하였지만 2017년 9월에 상고가 기각되면서 법원이 성추행을 인정한 사건으로 마무리되었다. 그런데 전병욱 목사가 속한 합동 교단은 2016년 총회에서 이를 덮는 것이 거룩하신 하나님의 뜻이라고 천명했다.

59 http://v.media.daum.net/v/20180227203004465?f=m, http://www.ohmynews.com, http://cafe.naver.com, http://v.media.daum.net. "MBC 8시 뉴스"(2018. 2. 27)에서도 전병욱 성추행 사건을 다뤘다.

1) 교회 리더의 성(聖)과 성(性)에 관한 성경적 고찰

(1) 성경에 나타난 지도자의 성(聖)과 성(性)의 관련성

성경은 하나님께서 서로 다른 몸(육체)을 가진 아담과 하와를 창조하셨고 (창 2장), 서로 다른 몸을 지닌 남성과 여성 모두에게 성적(性的) 거룩함을 강조하고 있다. 출애굽기와 레위기의 제사장 지침에 나타난 성(聖)과 성(性)의 관련성을 살펴보면, 의복과 성행위, 부정한 접촉과 배우자의 자격에 관한 말씀이 있다. 김회권 교수는 레위기의 제사 신학을 다루면서 '거룩'(קדשׁ)은 '보다 더 고등하고 고상한 목적을 위하여 구별되고 분리된'이라는 뜻으로서, '전체의 유익을 위해 분리된 삶'이 곧 거룩한 삶이라고 정의했다. 그러면서 거룩하신 하나님과 함께 살아가는 데 결정적으로 필요한 요건은 거룩하고 정결한 일상생활, 문화, 공동체 생활이라고 했다.[60]

출애굽기를 보면 하나님께서는 아론과 그 아들들에게 제사장의 특별한 지위와 임무를 맡길 때, 거룩한 세마포 옷을 입고 하나님 앞에서 섬기며 거룩히 행하라고 명령하셨다. 특히 성(聖)의 영역과 관련해서는, 제사장 직분을 수행하는 이들이 제단과 회막 가까이 갈 때 의복뿐 아니라 '하체를 가리는 속옷'을 착용하라고 말씀하셨다(출 28:3, 39-43; 29:1-21; 40:13-16). 레위기 18장을 보면 하나님께서는 이스라엘 자손에게 음란을 겨냥하여 좇지 말라고 명령하셨다. 또 백성을 위해 거룩하신 하나님께로 가까이 나아가 제사 드리는 레위 지파의 성결 지침을 보면, 불결하고 더러운 것과의 접촉은 성결을 박탈하는 힘이 있었다(레21장). 아울러 하나님을 가까이 섬기는 대제사장과 제사장의 배우자는 처녀여야 하며 첩을 취할 수 없다고 명시한

---

60   김회권, "레위기의 제사신학과 하나님 나라", 「기독교사상」 48(2004): 170-80.

다(레 21:13-15). 이로 볼 때, 하나님을 가까이에서 섬기는 제사장과 한몸이 된 아내에게 성적 거룩함은 필수 요건이였다. 따라서 제사장에게 정결한 일상과 부부간 성적 행위, 거룩한 의복과 부정한 것으로부터의 구별은 거룩하신 하나님과 교제할 자격을 얻는 것이며, 하나님 앞에 서야 할 자신의 행동 방식을 보존하고 입증할 의무라 하겠다.

한편 케네스 베일리(Kenneth E. Bailey)는 부정한 것이 정결한 것을 더럽힌다는 구약성경의 설명과는 다르게 예수님의 사역에서는 이런 관점이 달라진다고 하면서, 마가복음 5:21-43의 혈루증 앓는 여인 치유 사건을 예로 들고 있다. 즉 예수님은 '부정한 것'에 접촉하거나 접촉을 받지만, 예수님이 더럽혀지는 것이 아니라 오히려 병자를 건강으로, 죽은 자를 부활로 이끄셨으며, 여기서 "'정결하게' 되는 것과 '거룩하게' 되는 것이 서로 겹친다"고 하였다. 그는 고린도전서 7:14 주석을 통해 "[결혼 생활의] 긴밀한 접촉은 두 사람 사이에 육체적 연합을 낳고, 따라서 믿지 않는 배우자는 믿는 배우자의 믿음으로 말미암아 실제로 거룩하게 된다"[61]라는 교리의 평등성과 거룩성을 설명했다.[62] "여자를 보고 음욕을 품는 자마다 마음에 이미 간음하였느니라"(마 5:27-28)에서 예수님께서는 '남자'를 간음하는 주체로 암시하고 있다는 점도 주목할 필요가 있다.

종교 심리학자 권수영은 마음으로 음욕의 감정을 품는 것만으로도 이미 간음했다고 선포한 예수님의 의도 안에, 인간의 성이 단계적인 사랑과

61   William F. Orr, James Arthur Walther, *I Corinthians* (Anchor Bible), 213을 재인용. Kenneth E. Bailey, 김귀탁 역, 『지중해의 눈으로 본 바울』(*Paul Through Mediterranean Eyes: Cultural Studies in 1 Corinthians*, 서울: 새물결플러스, 2017), 312
62   앞의 책, 291-315.

감정 발달을 통해 열매 맺는 선물이 되어야 함이 함축되어 있다고 보았다.[63] 당시 유대 사회에서 여성이 종교·사회·정치·경제적으로 열등하게 취급받고 남편에게만 이혼권이 부여되며 여성은 '남자를 유혹하는 존재'로 치부되어 집 밖에서 남성과의 대화가 금기시됐던 사회문화적 배경을 감안해 볼 때, 예수님께서 간음의 주체를 '남자'로 상정한 것은 당시 가부장적 성문화에 명백한 불균형이 존재했음을 보여준다.[64]

사도 바울은 감독자의 자격으로 '일부일처'를 강조했으며, 외인에게서도 선한 증거를 얻은 자여야 한다고 했다(딤전 3:1-7). 아울러 교회를 향하여 음행한 자를 '괴악하고 악독한 누룩'으로 여겨 쫓아낼 것을 명령했고(고전 5:1-13), 음행은 하나님의 성령의 전인 몸을 더럽히는 죄이며(고전 6:13-20), 간음한 자는 심판을 받게 되고(히 13:4), 하나님 나라를 유업으로 받지 못한다고 말했다(고전 6:9). 요한계시록은 거룩한 성에 들어가지 못하는 자의 목록에 '행음자'를 포함하며 엄격한 심판을 경고하고 있다(계 22:15). 성경에서 '간음'은 십계명 중 제7계명에 속하는 중범죄로서 이에 대한 처벌은 '사형'이었고 사형의 목적은 "이스라엘 중에 악을 제하기 위한 것"으로 명시되어 있다(신 22:22).

음란과 관련된 성경 구절을 정리하면(렘 3:2; 겔 16:15; 23:35; 43:9; 호 5:4; 롬 13:13; 고전 6:9, 13, 18; 고후 12:21; 골 3:5; 살전 4:3-5; 히 12:16; 13:4; 벧후 2:7, 18), 첫째로 음란은 공동체를 더럽히고, 둘째로 음란한 자는 반드시 그 죄를 담당해야 하며, 셋째로 음란을 계속 행하는 자는 하나님 나라를 유업으로 받지 못하고, 넷째로 몸은 음란이 아니라 주님을 위한 것이어야 하며, 다

---

63   권수영, 『누구를 위한 종교인가: 종교와 심리학의 만남』(서울: 책세상, 2006), 91-116.

64   Leonard Swidler, 이성청 역, 『예수는 페미니스트였다』(Jesus was a Feminist, 서울: 신앙과 지성사, 2007), 201-3.

셋째로 '성적 거룩함'은 하나님의 뜻이라고 요약할 수 있다. 고든 피(Gordon Fee)가 "하나님을 위해 '구별된다'는 의미에서 부분의 '성결'은 전체를 '성결하게 한다'"라고 한 말처럼,[65] 교회 리더의 성적 거룩함은 자신뿐 아니라 그리스도의 몸 된 교회 전체를 건강하고 성결하게 하는 필수적 요소다.

(2) 성경에 나타난 성과 권력의 관계

성(性)과 권력의 관계에 관해서는 다윗과 밧세바의 통음 사건(삼하 11-12장)과 암논의 다말 성폭력 사건(삼하 13장)을 통해 살펴본다. 하나님은 다윗을 사울의 손에서 구원하고 권력과 함께 부족한 것 없이 전부 채워주셨건만, 다윗은 밧세바를 취한 죄를 덮기 위해 충성스런 부하 우리아를 죽인 파렴치한이었다. 하나님이 다윗에게 허락한 왕권은 이스라엘 백성을 돌보기 위해 위임하신 것이지, 남의 아내를 빼앗아 성(性)적 탐욕을 채우기 위한 것이 아니었다. 나단 예언자의 "너는 은밀히 행하였으나 나는 이스라엘 무리 앞 백주에 이 일을 행하리라 하셨나이다"(삼하 12:12)라는 예언대로, 사건의 결과는 잉태된 아이의 죽음만으로 끝나지 않았다. 결국 다윗의 권력을 이용한 성적 남용에 대한 불감증이 암논의 다말 강간 사건에서도 드러나게 된다.

이때 후계자 일순위인 암논은 아버지 다윗 왕의 권력을 빌어 다말이 침상에서 시중들게 할 수 있도록 허락받는다. 다윗 왕으로부터 명분을 얻은 암논은 겁 없이 배다른 누이 다말을 겁탈했고, 다말이 "내 오라비여, 나를 욕되게 말라. 이런 일은 이스라엘에서 마땅히 행치 못할 것이니 이 괴악

---

65 Gordon Fee, *First Epistle to the Corinthians*, 300-2를 재인용. Kenneth E. Bailey, 김귀탁 역, 『지중해의 눈으로 본 바울』, 313.

한 일을 행치 말라.…청컨대 왕께 말하라. 저가 나를 네게 주기를 거절치 아니하시리라"(삼하 13:12-13)라고 울부짖었으나, 오히려 공주인 다말을 창녀처럼 취급하고 내쫓아버린다.

　　문제는 다윗의 반응이다. 구약 학자 박유미는 다말의 부르짖음이 다윗의 귀에 들어갔을 때 그가 화만 냈을 뿐 더 이상의 조치를 하지 않아 비극적 결말을 불러왔다고 해석한다. 그는 다윗 왕의 지도력 부재와 더불어, 강간당한 여동생 다말을 왕권 찬탈의 기회로 이용하려고 침묵을 강요한 오빠 압살롬을 비롯한 남성들의 모습은 하나님과의 관계가 좋지 않음을 나타내는 것이며, 이처럼 피해 여성의 억울함을 제대로 처리하지 못할 때 전쟁과 같은 끔찍한 범죄가 저질러질 수 있음을 잘 보여준다고 했다.[66] 한편 김이곤 교수는 신명기 22:23-27에 근거하여 '지혜'가 '왕권'에 의해 능욕을 당한 사건이라고 해석했다. 강간당한 억울함을 뒤집어쓴 다말을 오히려 창녀 취급하는 왕권의 비인격성 속에서는 누이동생까지도 손쉽게 '창녀화' 할 수 있다. 인간 특히 남성은 '아름다움'을 짓밟고 싶어 하는 속성을 지니기 쉬우며, '권력'이라는 칼로 '토라', '관습법', '양심의 소리'나 '지혜의 소리'도 모두 삼켜버리는 마성을 지닌 존재가 되기 쉽다는 것이다.[67] 권력자의 성폭력은 하나님의 말씀을 업신여긴 악이라는 것과, 피해 여성의 억울함을 말씀에 따라 처리하지 못할 때 칼과 재앙이 떠나지 않는다는 것을 보게 된다(삼하 12-19장).

66　박유미, "다윗 왕조의 동반자로서의 지혜로운 여성들: 사무엘서의 지혜로운 여성 연구", 「성경과 신학」 77(2016): 1-28.
67　김이곤, "다윗의 딸 다말 애도송", 「기독교 사상」 333(1986): 14-59.

2) 교회 리더의 성적 타락의 원인: 집단의 비윤리성, 성과 권력의 관계, 성적 메커니즘

교회사에서 성적 메커니즘의 병폐를 보여준 대표적인 사례로 '마녀사냥'을 꼽을 수 있다. 현대 신학자 한스 큉(Hans Küng)은 약 백만 명가량의 여성이 심문과 화형으로 죽게 된 데는 가부장제와 여성 혐오라는 이데올로기가 남성 중심의 교회 구조와 제도로 취해졌기 때문이라고 평했다. 이어서 마녀사냥이 중세 교회 때 발생했다 하더라도, 이후 17-18세기까지도 여성 역시 하나님 형상이라는 '여성 본성 논쟁'을 되찾은 종교 개혁자들까지 마녀사냥과 마녀학살 같은 비인간적 광기에 열정적으로 대항하지 못한 이유를 물으면서, 2,000여 년의 교회사에 자리 잡고 있는 가부장제에 대한 논의가 필요하다며 의제를 던졌다.[68]

마녀사냥은 13세기 중세 교회 남성 권력자들이 거대한 이단 운동과 성적 타락이라는 문제를 해결하기 위해 여성들을 마녀로 몰아 죽인 사건이다. 필자는 마녀사냥의 배후에 중세 교회와 국가 권력 집단의 비윤리성, '종교 권력과 정치권력을 쥔 남성들에 의해 희생당한 여성들'이라는 성과 권력의 관계, 여성을 '마녀'로 몰아세운 중세 신학의 성적 메커니즘, 이 세 가지가 작동했다고 본다. 이에 따라 교회 리더의 성적 타락 원인을 다음 세 가지로 규정하고자 한다.

첫째, 라인홀드 니부어(Reinhold Niebuhr)가 말한 집단의 비윤리성이다. 집단의 규모가 커질수록 인격성은 함몰되며, 인간 집단은 언제나 이익에

---

68 Hans Küng, John Bowden(tr.), *Women in Christianity* (London, New York: Continuum, 2001), 70-100.

의해 움직일 뿐 결코 양심에 따라 움직이지 않는다. 니부어는 인격성을 고양하는 집단이 바른 종교라고 규정하면서, 청교도주의를 포함한 칼뱅주의의 실패가 개인의 윤리 생활 덕목에 힘을 쏟느라 집단의 비윤리성을 꿰뚫어 보지 못한 데 있다고 비판했다.[69] 이 부분에서는 교회의 공동체성에 대한 논의가 요구된다고 하겠다.

둘째, 목회자에게 집중된 권력 및 성(性)의 남용과 악용을 용이하게 하는 의결 기구인 당회·노회·총회에서 작동하는 '성과 권력의 관계' 때문이다. 미셸 푸코(Michel Foucault)는 권력이 '성'을 통해 육체를 지배하는 구조를 만드는데, 이때 절대 권력을 지닌 사람이 성의 최대 소비자가 되어 마치 '욕망의 전차'처럼 질주하게 한다는 것이다.[70] 신원하 교수는 목회자는 영적 권력을 소유하는 전문직에 속해 권력을 남용하는 성격이 강하며, 권력이 성의 형태로 악용된다고 했다.[71] 따라서 오늘날 목사에게 주어진 설교권·축도권·치리권·성례 집행권·인사권·예산권·행정권을 비롯해 교회 전반의 업무를 남성이 결정하도록 집중된 권한을 견제·분산해야 할 과제가 있다고 하겠다.

셋째, 리자 융(Lisa Jung)의 주장대로, 여성의 생리나 육체를 부정하게 보거나 죄와 연관하여 죄책감을 가중시키는 교리를 만들어 여성을 성적으로 종속되게 만드는 '성적 메커니즘' 때문이다. 교회는 남성 목회자가 성추행 가해자임에도 오히려 피해 여성을 '유혹하는 가해자'로 전락시켜 여

---

69   이상원, 『라인홀드 니버-정의를 추구한 현실주의 윤리학자』(파주: 살림출판사, 2006), 48-56.

70   Michel Foucault, 이규현 역, 『性의 역사 1』(Histoire de la sexualité: Tome 1 la volonté de savoir, 서울: 나남, 2004), 69-120.

71   신원하, "성, 권력 그리고 정의: 목회자 성적 탈선 문제에 대한 기독교 윤리학적 분석과 대책", 「기독교사회윤리」 31(2015): 151-84.

성의 성적 권리와 자유를 빼앗고 성의 종속화를 가져왔다. 교회 안에서 성적 메커니즘과 '성범죄 은닉 시스템'이 작동할수록 교회 리더는 성범죄 수렁에 빠질 수밖에 없으며, 교회는 '성의 사각지대'로 빠르게 전락할 것이다.

3) 교회의 성 메커니즘에 관한 실천신학적 분석과 실천신학의 과제

(1) 교회의 성적 메커니즘 문제에 대한 실천신학적 분석

현재 교회의 체제는 성이 인간성의 본질적 요소임을 간과하고 있으며, 남성 권력 중심의 성(性) 이데올로기가 교회 헌법을 비롯해 당회·노회·총회의 교회 정치와 행정, 축도, 설교, 교육, 상담, 심방 안에 작동하면서 성적 위험성이 드러나고 있다.

첫째로 교회 헌법을 진단해보면 교단별로 직분과 자격 조항이 조금씩 다르긴 하지만, 특히 여성 안수를 반대하는 교단 헌법에서 교회 여성의 직분은 '임시직'으로 명시되어 있는데, 이는 여성이 개교회·노회·총회에 소속되지 못하는 존재가 되게 하면서 치명적 약점으로 작용한다.[72] 이러한 남녀 간 직분의 위계와 여성 배제는 여성이 전문성과 자격에도 불구하고 불공정한 처우를 받게 하고 여성을 성적 대상화할 수 있는 위험 요인이 된다. 아울러 성 윤리에 관한 규범 및 성 문제에 대한 징계나 처벌 조항이 교회 헌법으로 마련되어 있지 않아 성추행 목사의 성적 타락을 오히려 가속하고 있다.

둘째로 교회 행정과 정치를 보면, 성범죄를 저지른 담임 목사가 인사

---

72 한국교회 여성 리더십의 활동 현황을 다룬 6장에서, 여성 안수와 관련한 교단별(기장, 기감, 통합, 합동) 교회 헌법 비교〈표11〉를 참조하라. 강호숙, 『개혁주의 여성 리더십의 이론과 실천』(서울: 요나미디어, 2009), 226-32.

권과 당회를 집행하는 제왕적 목회 행정, 성범죄를 저지른 남성 목사를 감싸며 담합할 수 있는 의사 결정 구조를 갖는 당회·노회·총회의 교회 정치에서 목회자의 성범죄 은닉을 위한 메커니즘이 포착된다.

전병욱 목사 성추행 처리와 관련해 삼일교회 TFT로부터 제공받은 자료에 따르면, 삼일 교회 당회는 처음에는 피해 여성의 진술이 있는데도 오히려 그들을 '꽃뱀', '이단'으로 몰아붙였다. 그러다가 2009년 11월, 전 목사의 성추행이 확인되자 2010년 7월에 피해 여성의 소리는 무시한 채 '치리 없이 사표 수리'했다. 이후 삼일교회에서 전병욱 목사 성범죄 징계 청원서를 제출했으나, 평양 노회는 피해 여성의 진술 요구 등 절차상 문제를 들어 2011년, 2013년을 비롯해 수차례나 반려했으며, 합동 총회는 2016년에 전병욱 목사 재판 건을 기각했다. 이처럼 '여성 성직'이 거부된 교단의 개교회·노회·총회라는 남성 중심의 의사 결정 구조는 남성 목회자의 요구를 쉽게 거절하기 어려운 교회 환경의 문제는 물론 피해자 입장에서의 억울한 소리를 묻어버리며 남성 목회자의 성범죄에 대해 은닉 메커니즘을 작동시킨다.[73]

목사를 처리할 수 있는 권한이 노회에 있는 것도 문제다. 교회 여성이 피해 사실을 어렵게 알려도 목사의 성범죄가 어떻게 처리되는지 당회와 노회의 기록을 열람하기조차 힘들다. 아울러 성범죄 목사를 판단하는 심사자들의 자격, 목사의 권징 수위, 권징 후 목사직 처리 문제, 피해자 고발 핫라인 가동과 보호 조항 등에 관한 교회법과 징계 조항이 전무한 상태에서 교

---

73 전병욱 목사 성추행 처리와 관련해 삼일교회 TFT로부터 삼일교회 당회와 평양 노회, 합동 총회에서 1. 논의 일자 2. 구성원의 신분 3. 심의 결과(치리 내용) 4. 피해자 참석 및 증언 여부를 문의하여 자료를 제공받았다. https://old.samilchurch.com/sub, https://www.google.com/url?q=http%3A%2F%2Fcafe.naver.com%2Fantijeon%2F22 (2018. 3. 7 접속).

회는 점점 여성에게 불리하고 위험한 집단이 되어간다.

셋째로 성범죄를 저지른 목사가 집행하는 축도, 인사, 성례는 피해 여성에게 영적으로 엄청난 고통을 안겨주며, 목사를 추종하는 교인이 오히려 피해자를 감시하고 처벌하는 일이 벌어지기도 한다. 전병욱 목사는 성추행 사실이 알려진 후에도 일 년간 설교와 성례 집행 및 축도를 한 것으로 보도됐다. 전 목사의 인사권 아래 '2차 피해'를 받았을 여성들이 전병욱 목사로부터 축도와 성례까지 집행받았다는 사실은 상상만 해도 끔찍한 일이다.

넷째로 여성에게 침묵과 순종을 강요하며 여성 비하와 성희롱 발언까지 서슴지 않는 성차별적 설교와 교육은 여성의 존재 의미와 가치, 자아실현과 같은 인간됨의 문제를 축소·부인하게 하여 인간을 성적 존재로 창조하신 하나님의 뜻과 섭리에 대한 온전한 신앙을 반영하지 못한다.[74] 미국의 사회학자들은 남성 성직자의 성적 일탈 행위가 빈번한 이유가 목회자에게 성 윤리에 대한 성차별적 성향이 강하기 때문이라고 지적했다.[75] 평소에 여성을 비하하고 성차별적 설교나 발언을 자주 하는 목사일수록 성 문제에 쉽게 노출될 수 있다는 사실에 주의를 기울일 필요가 있다.

다섯째로 가해자 남성 목회자에 의한 신앙 교육과 상담 및 심방은 피해 여성을 보호하고 치유하기는커녕 '꽃뱀'이나 '이단'이라는 오명까지 뒤집어씌울 가능성이 농후하며, 목사에게 길들면서 일어나는 일종의 '그루밍 성범죄'를 유발할 수 있다. 게다가 가해 목사에게는 "목회의 일환이었다"라는 변명만을 반복하는 도덕적 해이(moral hazard)를 불러올 수 있다.[76] 여기

---

74 성차별적 설교에 관해서는, 강호숙, "개혁교회 내 성차별적 설교에 대한 여성신학적 고찰", 「한국기독교 신학논총」 102(2016): 301-26을 참조하라.

75 권수영, 『누구를 위한 종교인가: 종교와 심리학의 만남』(서울: 책세상, 2006), 110-1.

76 이은혜, "예장통합 부산동 노회, 성추행 목사 치리 '미지근'", 「뉴스앤조이」(2018. 2. 27)

서 목사의 종교 병리성이라는 심리학적 기제를 살펴보는 것도 필요하겠다. 교회 리더의 열등감, 상처, 분노와 성적 욕망이 종교성 안에 감춰져 심방과 상담을 수행하는 동안 언제든지 표출될 수 있기 때문이다.

교회 메커니즘 문제는 남성의 지배 욕구와 남성 중심주의에 의한 힘의 불균형, 성(性) 배제에 따라 인격성 상실과 비윤리성 및 무책임성을 양산한다. 대부분 남성으로 구성되는 개교회·노회·총회의 정책 결정자들이 성 문제를 일으킨 남성 목사를 비호하도록 가동되는 '성범죄 은닉 시스템'이 교회법, 교회 정치, 교회 행정, 설교, 교육, 심방과 상담 영역에서 작동하도록 방치된 사이에, 교회는 여성에게 안전하지 못한 '성의 사각지대'가 되어간다는 위기의식을 가져야 한다.

(2) 성(sexuality)의 관점에서 본 실천신학의 과제

실천신학의 정의는 다양하지만, 실천신학이 독자적인 학문 분야가 되도록 장을 연 사람은 프리드리히 슐라이어마허(Friedrich Schleiermacher)라고 할 수 있다. 실천신학은 목회자가 교회의 여러 관심사, 즉 예배, 설교, 상담, 기독교 교육 등을 통합하고 수행하는 데 필요한 체계적이고 집약된 기술적 연구를 의미한다. 20세기에 이르러 실천신학은 목사의 직무 수행에 필요한 정보 제공이나 직무 수행자의 인격과 목회 전문성을 위한 내용을 중심으로 삼았다. 아울러 예배, 설교, 요리 문답 교육, 종교 교육 등이 실천신학의 중심 과목으로 나타났으며, 변증 신학의 대두로 칼 바르트(Karl Barth)가 강조한 말씀의 신학과 함께 설교 직무의 중요성이 실천신학의 중심 과목이 되었고, 설교의 과제 수행에 필요한 방법론적 정보 제공이 실천신학의 중심

m.newsnjoy.or.kr (2018. 3. 5 접속).

이 되었다.[77] 또한 에두아르트 투르나이젠(Eduard Thurneysen)에 의해 영혼의 돌봄, 즉 목회 상담 역할이라는 과제가 새롭게 강조되고 실천신학에 첨가되었다.[78]

그러나 지금까지 실천신학을 논의해온 이들은 대부분 남성 신학자와 목회자였고, 이러한 실천신학의 제 이론과 경험을 바탕으로 교회는 직분, 정치, 행정, 목회, 교육 등 모든 측면에서 남성이 힘을 갖는 구조가 강화되었으며, 교회의 의결 기관인 당회는 물론 노회와 총회에 속한 이들도 대부분 남성으로 구성되어 있어 성 이해와 성 문제에 대한 논의 및 처리가 교회 여성에게 큰 불공정을 초래할 수밖에 없었다. 일반적으로 실천신학은 교회의 모든 일에 대한 비판이며 세계를 향한 신학의 창문이기에, 실천신학의 각 요소는 이런 개념하에 고려되어야 한다.

실천신학에서 주목해야 하는 것은 교회 구성원 모두를 위한 경험의 중요성이며, 인권과 젠더 요소를 주의 깊게 다룰 필요가 있다. 필자는 복음주의 학자 존 스토트(John Stott)가 인권의 토대를 '존엄성', '평등', '책임'이라고 본 것에 근거하여[79] 21세기 실천신학의 방향성과 과제를 찾아야 한다고 본다. 현재 목회학, 교회 행정학, 기독교 교육학, 예배학, 교회 정치 등 실천신학의 제 이론은 20세기 초에 만들어진 그대로 유지되어 인권과 남녀평등의 시대 흐름 및 성 인식적 요소를 간과해왔기에 교회 헌법, 기독교 교육, 교회 교리, 성 윤리, 신앙 교육, 상담 이론에 대한 수정과 보완이 필요하다. 특히 가부장적 교회 문화와 목회 구조 안에서 성 평등, 여성 인권, 여성 안

---

77 김순환, "실천신학의 학문적 위치와 방법론",『복음주의 실천신학개론』(서울: 세복, 2002), 15-9.

78 정일웅,『한국교회와 실천신학』(서울: 이레서원, 2002), 31-5.

79 John Stott, 정옥배 역,『현대사회 문제와 그리스도인의 책임』, 233-4.

수, 여성 리더십에 관한 논의는 다른 신학 분야와 더불어 재해석하고 풀어가야 할 실천신학의 과제이기도 하다.

4) 교회의 유기체성 회복

프랭크 비올라(Frank Viola)는 남녀의 위계 질서는 그리스도의 몸의 연합, 만인 제사장론, 인간이 만든 모든 장벽의 타파, 사도의 권능 및 은사에 부합하는 유기적인 질서라고 볼 수 없다고 하였다.[80] 한국교회는 대체로 설교와 목회는 성직으로서 남성이 취해야 하고, 섬김과 봉사는 부수적이고 속된 일로서 여성이 해야 한다는 남성 우월적 직분주의에 사로잡혀 있다. 그런데 설교와 목회, 섬김과 봉사는 모두 '사역'(ministry)으로 지칭되는 동일한 어원을 지닌다. 바울 서신에 교회 지도자로 나타나는 '일꾼'은 '디아코니아' 즉 섬김이라는 의미를 지닌 것으로서, 스데반 집사(행 6:1-7), 욥바의 여제자 다비다(행 9:36), 겐그레아 교회 여집사 뵈뵈(롬 16:1-2)에서 확인된다.

　　현대 신학자 한스 요아힘 크라우스(Hans-Joachim Kraus)는 "성직자들이 교회를 좌우하는 것이 아니라 성령의 능력 안에서 성령을 받은 사람들이 교회를 섬기는 것이므로 교회에서 계급적인 지배체제는 완전히 배제되어야 한다"라고 하였다.[81] 따라서 남녀 직분 위계 구조를 타파하고 여성에게도 직위를 주어 교회 정책을 결정할 수 있도록 지도자 자격을 부여해야 하며, 여성도 전문성과 소명에 따라 설교, 목회, 행정, 정치 영역에서 역량을 발휘하도록 직분을 마련해 줄 필요가 있다.

80　Frank Viola, 박영은 역, 『1세기 관계적 교회』(Rethinking the Wineskin, 서울: 미션월드, 2006), 21-47.

81　김현진, 『공동체 신학』(서울: 예영커뮤니케이션, 2002), 38-40.

고린도전서 12-14장에서는 성(性)과 관련한 '교회의 유기체성'을 발견할 수 있다. 여기서 교회는 성령께서 이끄시는 가운데 모두 같은 성령 안에서 교회의 유익을 위해 남녀 각자에게 나눠주신 은사를 발휘하면서, 누구든 존귀한 지체로 여겨져 자발적으로 섬기고 연합하여 이루어지는 인격적인 공동체로 나타난다. 유기체성과 관련하여 살펴볼 단어는 '질서'와 '은사'이다. 질서(τάξις)라는 단어는 신약성경에서 '차례'(고전 15:23), '반차'(히 7:17, 21), '규모'(골 2:5)라는 의미로 쓰이고 있다. 그 가운데 '질서'라는 단어가 나오는 대표적 말씀은 "모든 것을 적당하게 하고 질서(τάξις)대로 하라"(고전 14:40)이다.

고린도전서 12-14장의 질서와 은사에 관한 말씀을 성(性)과 관련한 교회의 유기체성과 연결하여 정리해보면, 우선 '질서'라는 의미에 '여러 가지 은사'가 적당히 상존해야 함이 내포된다고 해석할 수 있다. 바울이 "다 사도겠느냐, 다 선지자겠느냐…"(고전 12:29)라고 했듯이, 질서라는 말에는 남녀의 다양한 동등성이 전제되어야 한다. 둘째로 질서라는 말에서 '각각'은 '전체'를 위한 '부분'(piece)으로서 위아래 없이 존중되어야 함을 알 수 있다. 머리 부분이라고 해서 우월한 게 아니라, 도리어 부족한 지체에게 존귀를 더하는 방식의 질서다(고전 12:24).

따라서 유기체인 교회는 남녀 모두 각자가 서로 평등하게 어울려 적당한 지분(portion)을 차지하면서 각자의 은사에 따라 조화롭게 사랑과 '하나 됨'을 실현해야 한다.[82] 남성과 여성을 차별하지 않으시는 성령의 역사 가운데 남녀 간의 연합과 균형으로 이루어지는 유기적 교회 공동체(organic

---

82 William Schweiker, 문시영 역, 『포스트모던 시대의 기독교 윤리-힘, 가치, 그리고 확신』 (Power, Value and Conviction: Theological Ethics in the Post Modern Age, 서울: 살림출판사, 2003), 78.

church community)가 될 때, 하나님 나라의 가치인 자유, 정의, 사랑, 평화, 친교와 거룩함을 되찾게 될 것이다.

5) 교회 리더의 거룩 회복과 교회 갱신의 필요성

이처럼 남성 권력 중심의 성(性)적 이데올로기가 교회 헌법을 비롯해 당회·노회·총회의 교회 정치와 행정 및 축도, 설교, 교육, 상담과 심방 안에 작동하여 성적 위험성이 노정되고 있는 이때, 교회의 리더인 목사는 'The Leader'이신 예수님을 본받고 따라가야 하며 자신은 'a leader'로서 하나님의 백성을 섬기도록 잠시 권력을 위임받은 청지기임을 잊지 말아야 한다. 또한 교회 리더는 성직자이기 이전에 성적인 몸을 지닌 존재로서 주님을 위한 거룩한 몸이 되도록 자신을 구별해야 한다(고전 6:13). 아울러 성(sexuality)에 대해 경각심을 가지고 하나님께서 목회를 위해 위임하신 권력(power)을 인격적으로 사용할 때 성(holiness)과 성(sexuality)이 올바른 관계를 이룬다는 사실을 명심해야 한다.

한국교회에 드러난 성차별과 성폭력 등의 젠더 문제를 해결하려는 노력은, 성범죄에 빠져들기 쉬운 구조 속에 있는 목사를 위해서나 성의 사각지대에 무방비 상태로 놓이는 여성을 위해서나 교회의 거룩 회복과 교회 갱신을 위해서나 시급한 과제가 아닐 수 없다. '성직자'(聖職者)에게 중요한 것은 유명세나 성공이 아니라 '성적 거룩함'이다. 교회 리더가 성적으로 정결한 모범을 보일 때(히 13:4; 딤후 2:19-21), 신랑 되신 예수 그리스도의 재림을 기다리는 교회는 세상과 구별된 거룩한 신부 공동체가 될 수 있다. 교단 차원에서 교회의 성적 메커니즘을 인지하고, 남녀 모두에게 공정한 성문화 정착과 건강한 '성 견제 시스템 마련'을 위해 쇄신의 노력을 기울여

줄 것을 희망한다.

7. 한국교회는 젠더 문제에 어떤 역할을 해야 하는가?

1) 한국교회에서 드러난 젠더 문제: 권력과 젠더, 언어와 젠더, 성적 메커니즘

필자가 한국교회에서 드러난 젠더 문제를 보는 관점은 세 가지다. 첫째, 권력과 젠더 불균형 문제다. 남성 목회자에게 권력이 집중되고, 성(性)을 남용·악용하기 쉽게 만드는 의결 기구인 당회·노회·총회에 '권력과 젠더 불균형 시스템'이 작동하기 때문이다. 둘째, 언어와 젠더의 문제이다. 한국교회 안에서 설교자나 발화자는 대부분 남성이다. 인간은 언어를 지닌 존재이며, 언어는 사상과 정신을 지배한다. 남성 목회자는 하나님 말씀을 전한다는 명분으로 설교 강단에서 성 역할 분업, 여성 배제, 여성 비하나 성희롱적 설교를 하면서도 아무런 제재를 받지 않아 여성의 하나님을 왜곡하며 남성의 입맛에 맞는 획일화된 젠더 정체성을 학습시켜왔다. 셋째, '교회의 성적 메커니즘'(sexual mechanism in church) 문제다. 오늘날 한국교회의 설교나 교육은 여성을 '남녀 질서에 의한 종속적 존재'나 '함부로 해도 상관없는 존재'라고 학습시켜왔다. 또한 남성 권력자로부터 억울한 성추행과 성폭력을 당한 피해 여성의 울부짖음을 들어주려 하기보다, 오히려 가해자 목사 편에서 조직적으로 여성의 소리를 거세시키면서 목사의 성범죄를 은닉하기 위한 메커니즘을 작동시키고 있다.

2) 한국교회의 젠더 문제 해결을 위한 제언

한국여성정책연구원에 따르면 2017-2019년 사이 20만 명 이상의 동의를 얻은 청와대 국민 청원의 40%가 젠더 이슈였으며, 그중 여성 폭력 이슈가 63%로 가장 많았다.[83] 또한 한국교회여성연합회(이하 '한교여연')가 최근 20-40대 교회 여성 1,340명을 대상으로 한 설문 조사를 보면, 젊은 여성이 교회를 떠나는 이유는 교회 내 불평등한 성 역할과 성차별, 소통 부재라고 답했으며, 한국교회와 교단에 대해 남녀평등 실현을 위한 교육과 목회자의 의식 변화를 요구한 것으로 나타났다.[84]

이처럼 한국교회의 성 평등 문화와 젠더 의식은 교회 젊은 여성들의 수준을 따라가지 못하고 있다. 한국교회 주류는 사회의 뜨거운 이슈로 부상하는 저출산 문제, 미혼모 문제, 황혼 이혼을 포함한 이혼율 증가, '버닝썬 사건'으로 불거진 몰카와 음란 동영상 유포 논란, 성폭력과 미투 운동, 성차별과 성추행, 데이트 폭력과 가정 폭력, 성적 학대와 성매매, 2019년 4월 헌법재판소의 '낙태죄 위헌' 결정과 여성 혐오 등 수많은 젠더 문제를 두고도, 오로지 '반동성애'와 '낙태죄'에 대해서만 총력을 기울이며 반대의 목소리를 내고 있다.

특히 여성에게만 낙태죄를 묻는 것은 성(sexuality)이 사랑 및 생명과 연결되는 것이고 태아의 생명이 남녀의 성 활동으로 잉태된다는 사실을 놓치는 것이다. 하나님께서 성을 만드셨고 성 활동으로 생명이 잉태되는 것이라면, 성행위의 책임 윤리부터 말하는 게 우선이다. 2015년에 헌법재판

---

83   한국여성정책연구원, "지난 2년, 20만 명 이상 동의 얻은 국민 청원 40%가 젠더이슈" (2019. 9. 3 보도).
84   "젊은 여성 떠나는 이유, 소통 부재", 「들소리신문」(2012. 11. 7) m.deulsoritimes.co.kr.

소가 '간통죄 위헌 결정'을 할 때는 잠잠하다가, 2019년에 '낙태죄 위헌 결정'을 하자 "십계명에 살인하지 말라고 했다"면서 성경을 들이대는 것은 일관성 없는 태도다. 게다가 교회의 젊은 여성들에게 '혼전 순결', '마더와 이즈', '현모양처', '남편에게 순종하라' 등의 가부장적 가르침을 마치 성경적 진리인 양 강조하는 것은 시대 정신과 흐름에 대한 역행이다. 이러한 가부장적 편견과 문화는 잘못된 젠더 신화를 만들어 젠더 차이를 과장함으로써 젠더 역할을 축소해 온전한 인간성을 이루지 못하게 한다.

한스 큉은 가톨릭교회의 낙태 논쟁에 대해 이렇게 제안했다. "낙태 논쟁에서는 태아의 권리뿐 아니라, 산모의 육체적·심리적 건강과 사회적 상황, 그리고 가족에 대한 책임과 이미 돌보고 있는 자녀들의 권리까지 고려하는 것이 필요하다. 가톨릭교회가 모든 사람을 위한 교회가 되어야 한다면, 결정권이 있는 모든 조직체, 즉 교구, 목사, 국가나 세계무대에서 여성을 대표로 세워야 한다. 낙태 논쟁과 여성 성직 문제 모두 신율의 문제가 아니라 인간의 법에 대한 문제이다. 교회는 모든 신학 연구에 여성을 받아들여야 하고 이로써 교회와 신학은(최소한 신학 윤리와 특히 성 윤리) 어느 영역에서나 여성의 통찰을 얻어야 한다."[85]

낸시 푸치스 크라이머(Nancy Fuchs-Kreimer)는 성경이 인간의 모든 삶이 전체에 속한다고 말하며 거룩함을 요구하고 있기에, 당대에 통용되는 페미니즘과 젠더의 현실성을 간과한다면 삶 자체로부터 괴리되는 현상이 일어날 것이라고 충고했다.[86] 21세기인 오늘날 한국교회의 사역에서 여성 인권과 젠더 문제를 해결하지 않고서는 복음의 정신을 실현하기 어렵다.

---

85   Hans Küng, *Women in Christianity*, 98-102.

86   Nancy Fuchs-Kreimer, "Feminism and Scriptural Interpretation: A Contemporary Jewish Critique," *Journal of Ecumenical Studies* 20:4 (1983): 534-48.

한국교회는 진정한 인간됨이 '남성됨'이 아니라 '인간됨'임을 인지하고 가부장적 젠더 신화와 진부한 젠더 인식에서 벗어나, 남녀 모두가 변화의 노력을 기울이게 해야 한다고 본다.

끝으로 한국교회의 젠더 문제 해결을 위해 몇 가지를 제안하고자 한다. 첫째, 하나님께서 만드신 성(性)을 인간의 모든 삶에 적용할 수 있는 소중한 선물로 펼쳐 내려면 지금의 성적 태도와 젠더 문제 위기를 정직하게 직면해야 하며, 성경의 원리와 인간 경험, 특히 여성의 경험에 근거한 성 신학과 성 윤리에 관한 신학을 창의적으로 연구·발전시켜 나가야 한다.[87]

둘째, 교회 교육, 교회 정치, 교회 문화, 교회법, 목회 신학을 비롯해 가정생활과 부부 관계 등 모든 영역에서 페미니즘적 신학 논의와 더불어 정신분석학, 심리학, 윤리학, 인류학 등과의 연계적 해석도 필요하다. 아울러 성차 및 성애와 관련한 성교육과 인간의 몸에 관한 교육도 필요하다.

셋째, 젠더 간 차이와 집단 내 다양성을 인정해야 한다. 성별 관계뿐 아니라 난민과 성 소수자 같은 사회적 약자와 피해자들 편에 서서 함께 비를 맞아주는 '선한 사마리아인' 같은 이웃 사랑의 실천과 연대가 중요하다.

넷째, 인권 감수성과 성 인지 감수성을 위한 페미니즘 교육을 해야 하고, 신학교에서 성경과 여성, 여성 친화적 목회 담론, 기독교 신앙과 젠더 관련 커리큘럼을 개설하며, 교인과 목회자를 위한 성 윤리 교육을 정기적으로 실시해야 한다.

다섯째, 교단 차원에서 성폭력 대응 매뉴얼과 성범죄 목사에 대한 권징 규례 및 권징 후 목사직 처리에 관한 헌법 조항을 신속히 마련해야 한

---

87   John C. Howell, "The Christian Faith and Human Sexuality," *Southwestern Journal of Theology* 10 (1997): 47-59.

다. 아울러 신학교에서 여성 교수 인력을 확충하고 교단 내 여성 윤리 위원장을 세워 남성 권력자로부터 자유로운 권한을 부여함으로써, 우선 피해자 입장에서 성범죄에 대한 공정한 심의가 이루어지도록 해야 한다.

여섯째, 한국교회가 여성 설교자와 여성 총대 할당제를 늘려 가부장제, 성폭력, 평등과 젠더 정의 문제에서 여성 친화적이고 포용력 있는 교회 문화를 구축해야 한다. 즉 남녀평등을 기본으로 하는 의사 결정 구조를 만들고, 핫라인 설치, 설교 피드백, 여성 커뮤니티 및 여성 쉼터 마련을 통해 인권 보호를 강화하여 남녀 파트너십, 정의, 평화, 나아가 인간성 회복을 실현하도록 노력해야 한다.

성경적
페미니즘과

제2부

성경적 페미니즘에 근거한
여성 리더십의 이론과 실천

여성
리더십

7장

구약성경에 나타난
여성 리더십

제2부에서는 성경적 페미니즘에 근거하여 교회 내 여성 리더십의 성경적 근거를 다루고자 한다. 여성 리더십의 성경적 근거는 그리스도께서 이루신 구원의 성격과 교회 공동체의 성격의 네 가지 관점, 즉 종말론적 구원의 성격, 하나님 나라의 포괄성, 그리스도의 지상 명령인 복음 전파, 그리고 오순절의 성령 충만의 관점에서 살핀다. 이는 하나님의 아들 예수 그리스도의 오심으로 새로운 종말론적 언약 공동체가 시작되었으며(행 2:17-21), 주님께서 선포하시고 이루신 하나님 나라의 포괄성으로 교회 공동체는 유대인이나 이방인이나 종이나 자유자나 남자나 여자나 모두 하나가 되었기 때문이다(갈 3:28). 그리고 그리스도께서 위임하신 지상 명령을 남성 제자뿐 아니라 여성 제자들도 위임 받아(마 28:19-20), 성령의 충만함으로 감당해야 할 사명이 주어졌다는 시각(욜 2:28-32; 행 1:8)에서다.

1. 구약성경에 나타난 여성의 역할

1) 구약성경에 나타난 여성의 역할을 보는 관점: 종말론적 접근의 필요성

구약의 여성관 논의에서는 여성의 종속을 주장하는 견해가 지배적이라고 볼 수 있다. 구약성경 안에 여성의 지위나 역할에 부정적으로 작용하는 몇 가지 요소가 나타나기도 한다. 첫째, 모든 여성이 전적으로 남편과 아들에 의해 평가된다는 점,[1] 둘째, 당시 이스라엘이 가정의 지도자인 남성을 중심

---

1   구약의 아내와 딸들은 남편과 아들에게 종속적이었다. 박명섭, "여성역할에 대한 성경적 이해", 「여성연구논총」 6(1992): 4.

으로 한 공동체였고, 아내들은 재산의 일부로 여겨 법적·경제적 권리를 주지 않았다는 점,[2] 셋째, 여성이 단지 자식을 얻기 위한 수단으로만 나타난다는 점,[3] 넷째, 여성은 언약의 외부적 표시인 할례를 받지 않았다는 점 등이 그것이다.[4]

또한 출애굽 시대의 여성 예언자 미리암(출 15:20-21), 사사가 되어 이스라엘 민족을 이끌었던 드보라(삿 4:4-5:31), 요시야 왕에게 야웨의 말씀을 전한 여성 예언자 훌다(대하 34:22-27)처럼 직접적으로 리더십을 발휘한 세 여성을 제외하면, 왕, 예언자, 제사장들의 지도력은 거의 남자에 의해 행사되었다. 다른 무엇보다도 여성 종속론의 결정적 근거로 여겨지는 "너(여자)는 남편을 사모하고 남편은 너를 다스릴 것이니라"(창 3:16)라는 말씀에 근거한 시원론적 접근(protological approach)이 두드러진다.[5] 이는 아담과 하와의 관계를 '부부 관계'의 원형적 질서(창 2장)와 타락 후 갈등 관계(창 3장)로 이해하여, 구약성경에서 여성의 역할은 한 남편의 아내로 종속되는 것이라는 관점으로 해석한다.[6]

---

2   Mary J. Evans, 정옥배 역, 『성경적 여성관』(Woman in the Bible, 서울: 한국기독학생 출판부, 1992), 35-7.

3   이스라엘 여성의 삶에 있어 중대사는 출산이었다. 여성은 후손을 생산한다는 부분에서만 큰 가치가 부여됐다. 그래서 자녀가 없는 여성은 자신의 운명을 한탄했으며 경멸의 대상이 되기도 했다. 박명섭, "여성역할에 대한 성경적 이해", 4.

4   Mary J. Evans, 정옥배 역, 『성경적 여성관』, 38-9.

5   류호준 교수는 이 말씀에 근거하여 여성의 종속을 주장하는 시각을 "시원론적 접근"(protological approach)이라 명명한다. 시원론적 접근에서는 타락 후 남성과 여성이 존재론적으로는 '동등'하나 역할에 있어서는 '차이'가 있다고 보기 때문에, 여성의 종속적 역할이 불가피하다고 말한다. 류호준, "여성 사역자를 언제까지 방치할 것인가?"(총신대학교 신학대학원 490주년 종교 개혁기념 학술제, 2007), 32-40을 참조하라.

6   김정우 교수는 구약성경의 남녀에 대한 가장 기본적인 패러다임을 '하나님의 형상관'과 '부부 관계의 원형적 질서' 그리고 '타락 후의 갈등 관계'로 이해한다. 김정우, "구약의 여성관", 「미션저널」(2004년 4월호), 11.

그런데 이스라엘이 남성 중심 공동체이긴 했어도 가정 내에서 지도력을 발휘한 여인이 있었고(사라, 한나, 아비가일), 이스라엘 여인은 율법의 모든 도덕적 가르침을 준수해야 했으며(신 31:12-13), 제물과 헌물을 가져가는 데 독자적 역할을 했고(레 12:6; 15:29), 남성과 똑같은 방식으로 하나님 앞에 나아갈 수 있는 존재로 묘사된다(창 2:22; 삿13:3; 삼상 1장 등).[7] 물론 고대 근동의 다른 종교와는 달리 이스라엘에 여제사장은 없었다. 그러나 이스라엘 신정제(神政制)에서 여성은 고대 근동 문화 유형 가운데서는 독특하게 하나님 앞에서 평등한 지위가 있었다. 여성은 히브리 사회에서 여성 예언자(왕하 22:14; 느 6:14), 사사(삿 4:4), 심지어 여왕(비록 왕하 11:3에서는 사악한 침해자로 나타나지만)에 이르기까지 모든 공직에 다 참여했다.[8]

그러므로 구약성경에서 여성 리더십의 근거를 살필 때, 시원론적으로 접근하여 여성의 역할을 종속적으로 보기보다 창조-타락-구속-완성이라는 거대한 성경적 틀 안에서, 특히 '구속과 완성' 사이에 위치하는 새 언약의 관점인 '종말론적 접근'(eschatological approach)으로 봐야 한다. 남자가 여자를 다스린다는 창세기 3:16의 말씀은 저주의 말씀이었다. 즉 남성이 여성을 함부로 다루며 통제하고 지배하는 것이 타락의 결과요 형벌이지, 지켜야 할 명령과 불변의 진리가 아니라는 것이다.[9]

타락으로 왜곡된 성 편견은 그리스도의 구속으로 회복되었고, 예수 그리스도가 오심으로써 이제 새로운 종말론적 언약 공동체가 시작되었다. 그

---

7   Mary J. Evans, 정옥배 역, 『성경적 여성관』, 34-43.

8   앞의 책, 43.

9   류호준 교수는 이러한 시각을 "종말론적 접근"(eschatological approach)이라고 명명하면서, 이런 시각으로 여성의 역할을 보면 남녀 파트너십이 가능하다고 했다. 류호준, "여성 사역자를 언제까지 방치할 것인가?", 35-40.

리스도의 구속 사역이 완성되는 날까지 남녀가 그리스도 안에서 연합해야 할 존재로 세워진 것이다. 따라서 그리스도께서 주신 새 언약의 종말론적 빛 아래에서 구약성경 속 여성의 역할을 새롭게 조명해야 한다.

2) 구약성경에 나타난 여성의 역할

(1) 하나님 형상을 입은 하나님의 대리자들('산 자의 어머니' 하와)

창세기 1:26-28에서 보면, 남녀는 모두 '하나님의 형상대로' 함께 창조되었고 만물을 '다스리는' 책임과 특권을 부여받았다. 여기서 '하나님의 형상'은 대체로 "인간의 전인격적인 국면, 곧 영혼과 육체 속에, 모든 재능과 능력 속에, 모든 상태와 관계 속에 반영된 존재론적인 모습"을 말하는 것으로 여겨진다. '형상'의 또 다른 중요한 의미는 사람을 땅에서 하나님의 대리자가 되게 하는 것에 있다.[10]

아울러 여성은 남성과 똑같이 '복을 받은 존재'로 나타난다. 성경에서 '복'은 대부분 '생명력'과 연관되어 있으며, "생육하고 번성하라"는 명령을 통해서 여성은 결혼 질서 가운데 이 세상을 채워가는 하나님의 대리자로서의 역할을 수행함을 알게 된다. "땅을 정복하라, 바다의 고기와 공중의 새와 땅에 움직이는 모든 생물을 다스리라"(창 1:28)는 명령이 여성에게도 똑같이 주어지고 있음을 볼 때 여성도 올바른 '보호와 관리'를 요청받은 하나님의 청지기다.[11]

특히 창세기 1:27의 남자(זָכָר, male)와 여자(נְקֵבָה, female)라는 히브리 단

---

10 김정우, "구약의 여성관", 10.

11 앞의 책.

어와 창세기 2:23의 남자(אִישׁ, man)와 여자(אִשָּׁה, woman)의 히브리어 단어의 의미가 서로 다르다는 것을 살펴볼 필요가 있다. 창세기 2:23의 '이쉬'(남자)와 '이샤'(여자)는 '사람'을 나타내는 고유 명사로서 인간의 위엄을 알려주기에 충분하다. 아울러 하와는 '살아 있는 자들의 어머니'(אֵם כָּל־חָי, the mother of all the living)로서 인간을 포함한 모든 살아 있는 피조물의 모태가 되는 존엄과 독특함을 지닌 존재로 해석된다.

(2) 하나님의 섭리에 따라 언약을 맺은 자(하와, 사라, 리브가, 라헬과 레아)

하나님께서는 독처하는 아담의 고독을 좋지 않게 여겨 아담의 갈빗대를 취하여 하와를 창조하신 후 아담에게로 데려오신다. 이때 아담은 "이는 내 뼈 중의 뼈요 살 중의 살이라. 이것을 남자에게서 취하였은즉 여자라 칭하리라"라고 탄성을 지른다(창 2:23). 여기서 "뼈 중의 뼈"와 "살 중의 살"은 두 사람 사이에 있을 수 있는 '연대성'과 '친밀감'에 대한 최상급의 표현으로서 동등한 위치에서의 '언약 관계'를 말해준다.[12] 또 '돕는 배필'(עֵזֶר כְּנֶגְדּוֹ)은 70인경 영어 성경(LXE)으로 보면, '에제르'(helper, a help) '케'(according to) '네그도'(facing)로서 '마주 보며 돕는 자'라는 뜻이며, 이를 통해서도 동등한 관계를 확인할 수 있다.

아브라함의 아내 사래는 '열국의 어머니'(לְגוֹיִם, a mother of nations)인 사라로 이름이 바뀌면서 "내가 그에게 복을 주어 그로 네게 아들을 낳아 주게 하며, 내가 그에게 복을 주어 그로 열국의 어미가 되게 하리니 민족의 열왕이 그에게서 나리라"(창 17:16)라는 말씀을 받게 된다. 아브라함의 아이를 가진 하갈이 자신을 업신여기자 "내가 받는 모욕은 당신이 받아야 옳도

---

12   앞의 책, 11.

다.…그가 자기의 임신함을 알고 나를 멸시하니 당신과 나 사이에 하나님께서 판단하시기를 원하노라"(창 16:5)라고 한 사라의 말에서, 사라가 아브라함에게 종속된 존재가 아닌 하나님과 언약을 맺은 자로서 남편 아브라함과 자신을 동등하게 자리매김 하고 있음을 볼 수 있다.

아울러 하갈이 낳은 이스마엘이 이삭을 조롱하여 사라가 "여종과 그 아들을 내쫓으라"(창 21:10)라고 한 말에 아브라함이 근심할 때, 하나님은 "네 아이나 네 여종으로 말미암아 근심하지 말고 사라가 네게 이른 말을 다 들으라. 이삭에게서 나는 자라야 네 씨라 부를 것임이니라"라고 하신다(창 21:11-12). 여기서 하나님께서는 족장인 아브라함에게 아내 사라의 말을 듣도록 명령하셨다. 하나님께서는 족장이라서, 남성이라서 그와 언약을 맺기보다는, 그 약속에 신실한 자가 여성이라면 여성이 하나님의 언약과 관련하여 리더십을 발휘하도록 이끈다는 것을 알 수 있다.[13] 따라서 오늘날 한국교회가 부부 관계에서 일방적으로 "남편에게 복종하라"는 식으로만 가르치는 것은 하나님과 언약 관계에 있는 여성의 위엄과 독특성을 놓치는 것이다.

리브가는 아브라함의 노종 엘리에셀의 말을 듣고 적극적·능동적으로 청혼에 응했으며(창 24:58), 이에 모든 식구는 "너는 천만인의 어미가 될지어다. 네 씨로 그 원수의 성문을 얻게 할지어다"라고 축복한다(창 24:60). 아브라함의 아들 이삭이 결혼에 소극적·수동적 모습을 보이는 반면, 리브가는 가부장적인 메소포타미아의 상황에서 오히려 적극적이고 능동적인 태도와 더불어 평상시 타인에게 친절을 베푸는 인격적인 삶의 모습을 보여준

---

13 Hye-Won Park Lim, "The Status and Roles of Korean Missionary Wives in Cross-Cultural Mission," A Dissertation(Ph. D), Fuller Theological Seminary (2000), 106-11.

다. 여기서 하나님의 섭리는 리브가의 적극적인 성격과 맞물려 진행된다.

사도 바울은 "오직 이삭으로부터 난 자라야 아브라함의 씨가 된다"(롬 9:7)고 논증하면서 "리브가가 우리 조상 이삭 한 사람으로 말미암아 에서와 야곱을 낳게 되었다"고 하여(롬 9:10) 약속의 계통을 이어가고 있음을 말해주고 있다. 또 라헬과 레아를 통해, 훗날 언약 국가를 이룰 이스라엘 열두 지파가 탄생한다(창 29:31-30:24; 35:16-20). 룻기서에 따르면 베들레헴의 백성과 장로들은 이 두 여인을 "이스라엘 집을 세운 두 사람"이라고 불렀다(룻 4:11).[14]

(3) 기록된 말씀이 없을 때 하나님의 말씀을 직접 들은 계시의 전달자(사라, 리브가, 하갈, 마노아의 아내)

하나님께서는 약속의 씨, 즉 후손에 관해 아브라함에게뿐 아니라 사라에게도 말씀하셨고(창 18:15), 리브가가 태속에서 서로 싸우는 두 아들을 두고 기도하자 "두 국민이 네 태중에 있구나, 두 민족이 네 복중에서부터 나누이리라. 이 족속이 저 족속보다 강하겠고 큰 자가 어린 자를 섬기리라"라고 말씀하셨다(창 25:22-23, NIV: The babies jostled each other within her, and she said, "Why is this happening to me?" So she went to inquire of the LORD. *The LORD said to her...*).

사라의 여종 하갈도 사라의 학대를 피해 임신 중에 도망하였을 때 야웨의 사자를 만나게 된다. 하갈은 야웨께서 자신의 고통을 들었음을 의미하는 '이스마엘'이라는 (아들의) 이름을 받고 "자기에게 이르신 여호와의 이름을 감찰하시는 하나님이라 하였으니 이는 내가 어떻게 여기서 나를 감찰

---

14   김정우, "구약의 여성관", 12.

하시는 하나님을 뵈었는고"라고 하며 감격한다(창 16:6-13). 또 아들 이스마엘과 함께 아브라함의 집에서 쫓겨나 방황하며 탄식할 때도, 하나님께서 나타나 "하갈아, 무슨 일이냐 두려워 말라. 하나님이 저기 있는 아이의 소리를 들으셨나니…그로 큰 민족을 이루게 하리라"(창 21:17-18)고 말씀하시면서 하갈의 눈을 밝혀 샘물을 보게 하신다. 이처럼 애굽인 노예였던 하갈에게 직접 나타나 말씀하신 것은 '감찰하시는 하나님', '낮은 자에게 찾아오시는 하나님', '간구하는 자에게 응답하시는 사랑의 하나님'을 계시해 주신 사건이다. 사라의 여종 하갈이 만난 하나님의 모습은 낮고 비천한 인간을 감찰하사 구원하러 오신 하나님의 현현(theophany)이신 예수 그리스도를 계시해 주기에 매우 중요하다(눅 1:46-55; 4:18-9).

마노아의 아내에게는 야웨의 사자가 직접 나타나서 한 아들을 낳게 된다는 것과 그가 하나님께 바쳐진 나실인임을 직접 듣는 수태 고지 사건이 발생한다. 이때 여성이 남성보다 먼저 계시를 받는 자가 되며, 남편 마노아는 아내의 말을 듣고 따라가 하나님의 말씀을 듣는 자가 된다(삿 13:2-11). 또한 마노아의 아내는 하나님을 봤으니 반드시 죽을 것이라는 두려움에 휩싸인 남편에게 "여호와께서 우리를 죽이려 하셨더면 우리 손에서 번제와 소제를 받지 아니하셨을 것이요, 이 모든 일을 보이지 아니하셨을 것이며, 이제 이런 말씀도 우리에게 이르지 아니하셨으리이다"(삿 13:23)라고 말함으로써, 계시받은 자로서나 계시의 전달자로서 하나님에 대한 인식과 통찰이 남편 마노아보다 훨씬 탁월함을 알 수 있다.

(4) 비전(vision)을 위해 헌신한 자(십브라, 부아, 요게벳, 미리암, 바로의 공주, 모세의 아내 십보라)

출애굽 사건은 이스라엘이 애굽의 노예 상태에서 하나님의 위대하신 능력을 힘입어 해방된 사건이다. 이 사건으로 이스라엘은 생명과 자유를 얻게 되었는데, 이때 여성들은 출애굽을 이끈 이스라엘의 지도자 모세를 위해 바로의 억압에 항거하며 헌신한다.[15] 이스라엘을 출애굽시킨 위대한 지도자 모세가 있기까지, 히브리 산파인 십브라와 부아는 하나님을 두려워하여 목숨을 내놓고 이스라엘 남자아이 모두를 죽이라는 애굽 왕의 명령을 어기고 그를 지켰다(출 1:11-22). 또한 모세의 어머니 요게벳은 모세를 낳았을 때 "그의 준수함을 보고"(בוט) 3개월을 숨기다가 더 숨길 수 없게 되자, 갈대 상자에 역청과 나뭇진을 칠해 아이를 담아 강에 띄운다(출 2:2-3).

'상자'의 원어는 노아의 방주를 지칭하는 단어와 동일하다. 이는 멀리서부터 주의 깊게 살피기 위해 만든 구원의 수단이었다(창 7, 8, 9장).[16] 이때 모세의 누이 미리암은 상황이 어떻게 되는지 알기 위해 지켜보는 수고를 한다. "누이가 멀찍이 서서 형편을 살피고 있었다"(출 2:4)에서 '서 있다'의 히브리 표현은 그냥 '서 있다'와는 달리 '확실한 자기 입장을 갖고 서 있었다'라는 뜻이 있다.[17] 이후 미리암이 아기에 대한 공주의 반응을 보고 공주 앞으로 가서 유모를 구해 오겠다고 제안한 것은 매우 재빠르고 대담한 행동이었다.[18] 마침 목욕하러 하수로 나온 바로의 공주는 아이가 우는 것을 보고, 히브리 아이라는 것을 알면서도 그를 불쌍히 여겨 직접 키우게 된다(출 2:5-10).

---

15 김정수, "바로의 억압에 항거한 여성들", 한국여신학자협의회 편집부, 『새롭게 읽는 성서의 여성들』(서울: 대한기독교서회, 1994), 75.

16 John I. Durham, WBC주석번역위원회 역, 『WBC 성경주석: 출애굽기상』(World Biblical Commentary, 서울: 임마누엘, 1984), 68.

17 김이곤, 『출애굽기의 신학』(서울: 한국신학연구소, 1989), 24.

18 J. C. Exum, Semeia 28 (1983): 74-82; John I. Durham, WBC주석번역위원회 역, 『WBC 성경주석: 출애굽기상』, 69.

애굽 왕 바로가 히브리 남자아이를 다 죽이라고 명령한 상황에서 어머니가 아이의 준수함을 보고 3개월을 숨겼다는 것에는(출 2:2) 단순히 자기 아들을 살리고 싶어 하는 어머니의 심정으로만 볼 수 없는 무언가가 있다.[19] 히브리서 11:23은 "믿음으로 모세가 났을 때에 그 부모가 아름다운 아이임을 보고 석 달 동안 숨겨 임금의 명령을 무서워 아니하였으며"라고 하여 이것이 믿음으로 행한 일임을 밝힌다. 단 히브리서에는 모세의 아버지 아므람(출 6:18-20)이 언급된 반면, 출애굽기 2장에서는 모세의 어미 요게벳만 언급된다. 따라서 출애굽기 2장 본문에 의존하여 볼 때, 모세의 어머니 요게벳의 모습은 이스라엘 민족을 택하시고 구원하시려는 하나님의 뜻과 비전을 깨달은 민첩한 여인, 곧 하나님의 뜻을 위해 믿음으로 헌신한 여인의 모습이었음을 알 수 있다.

누이 미리암의 헌신, 바로 공주가 우는 아이를 '불쌍히 여겨' 히브리 노예인 아기를 자신의 아이로 키운 것, 이 모든 것의 배후에 여성들의 영적 민첩함과 헌신을 사용해서 약속과 뜻을 성취하시는 하나님의 섭리가 있음을 깨닫게 된다. 이는 마치 예수 그리스도가 십자가를 지실 때 여성 제자들이 끝까지 함께 하여 그리스도의 십자가와 부활의 사역에 증인이 되었던 사건을 예표해주는 것 같다. 이렇듯 이스라엘을 애굽에서 해방할 민족의 지도자 모세를 세우기 위한 하나님의 계획을 인지한 여성들의 역할은 남성들보다 주체적이고 독립적이며 헌신적인 모습으로 나타난다.

그리고 모세의 아내 십보라는 모세가 소명을 받고 이집트로 들어갈 때 아들 게르솜에게 할례를 행하지 않아 하나님의 사자가 그를 죽이려 하자, 순간적으로 아들의 양피를 베어 모세의 목숨을 살리는 헌신적인 아내로 나

---

19   김정수, "바로의 억압에 항거한 여성들", 81.

타난다(출 4:24-26).[20] 이처럼 놀라운 구원 역사의 핵심에는 항상 여성이 있었다. 여성은 남성과 동등하게 대우받지 못하고 재산의 일부로 취급받던 시대에도 하나님의 구원 계획에 오히려 남성보다 중요한 주체적·능동적 헌신자로서 역할을 감당했다.[21]

(5) 이방인임에도 다윗의 족보에 오른 믿음의 사람(라합, 룻)

여호수아의 가나안 정복에 있어 하나님이 요구하신 믿음과 기생 라합의 믿음은 닮아 있다. 기생 라합은 빗장을 굳게 잠그고 필사의 항전을 다짐하고 있던 여리고 성을 염탐하기 위해 여호수아가 보낸 정탐꾼들 발견했을 때, 목숨을 걸고 그들을 숨겨 주었을 뿐만 아니라 "여리고 거민이 이스라엘 백성을 심히 두려워하여 간담이 녹는다"(수 2:9, 24)라는 중요한 역사적 고백을 하면서(수 2:9-11; 민 13-14장) 정탐꾼을 무사히 돌려보내는 역할을 하게 된다. 이러한 라합의 믿음은 '행동하는 믿음'이었으며(약 2:21, 25), 그녀의 헌신으로 인해 가나안 정복의 첫 발판을 마련하게 된다. 이후 라합은 이스라엘 사회에 동화되어 살았고, 나아가 하나님의 섭리 가운데 다윗의 조상뿐 아니라 '예수 그리스도의 조상'이 된다(마 1:5).

여기서 던져볼 질문이 있다. 이스라엘의 첫 공격지인 여리고의 함락은 대단히 중요한 문제였는데, 왜 하나님께서는 그 일에 이방인이며 여성으로서 악조건을 가진 기생 라합을 사용하셨을까? 이는 여리고 성의 철벽 수비와 관련해 라합의 직업과 거주지, 넓은 대인관계와 성격, 정보력과도 관련된 것임을 무시하기 어렵다. 또한 여리고 성의 다른 주민도 이스라엘의 하

20　김정우, "구약의 여성관", 16.
21　장석정, "출애굽기 1-2장의 여성들", 「여성신학논집」 3(2003): 120.

나님이 하신 일을 똑같이 들었을 텐데, 어떻게 기생 라합만이 야웨를 확실히 믿을 수 있었으며 목숨을 걸고 정탐꾼을 숨겨주었는지를 생각해보면, 하나님께서 이방 여인 라합의 믿음을 사용하신 것은 대단히 놀랍고 독특하게 여겨진다. 여호수아의 가나안 정복 첫 관문인 여리고의 함락에서 기생 라합의 믿음과 도전을 사용하신 하나님을 오늘날 교회에서 재조명해볼 필요가 있다.

한편 룻기서는 구약성경에서 여인의 이름으로 쓰인 두 권의 책(룻기, 에스더) 가운데 하나다. 사사 시대 때 가나안 전역에 임한 기근 때문에 엘리멜렉 가정은 모압 땅으로 이주하지만, 상황이 더욱 어려워져 엘리멜렉과 두 아들은 죽고 나오미와 두 며느리만 남게 된다. 나오미가 고향으로 돌아올 때 시모의 간곡한 만류에도 불구하고 룻은 나오미와 동행했으며 베들레헴에 도착한 이후에도 시모를 공양하며 이삭줍기에 나선다. 룻의 헌신에 하나님은 시부의 친족인 보아스와 만나도록 섭리하셨고, 결국 룻은 보아스의 특별한 호의를 입는다. 룻은 온순하고 예의바르고 충성스럽고 책임감 넘치며 결단력 있는 여인으로 그려지며, 이후 보아스와 결혼하여 "다윗의 집"을 세운다(마 1:5). 그의 아들 오벳은 "이스라엘에서 유명한 자"가 되고(룻 4:14), 룻은 "일곱 아들보다 더 좋은 자부"로서 높이 칭송받게 된다(룻 4:15). 김정우 교수는 룻을 '여족장'으로 여기기는 어렵지만, 다윗 왕가를 일으킨 여인으로서 여족장에 준하는 역할을 했다고 본다.[22] 강한 자가 자발적으로 도움을 베푸는 것을 뜻하는 '인애'(חֶסֶד, 헤세드)로써 피폐하고 텅 비었던 이스라엘 공동체를 풍요로운 믿음과 사랑의 공동체로 바꾼 여인이기

---

22   김정우, "구약의 여성관", 12.

때문이다.[23]

캐롤린 커스티스 제임스(Carolyn Custis James)는 "룻기는 가부장 문화에서 쓸모없던 나오미와 룻을 넘어서 완전한 하나님의 형상이신 예수를 바라보게 하며, 좀 더 급진적이고 규칙을 위반하는 방식으로써 하나님을 진정으로 사랑하라고 도전하는 체제 전복적인 이야기다"라고 했다.[24] 앞에서 언급했듯이 하나님은 이방 여인 룻의 헤세드를 통해 피폐하고 텅 비어 있었던 나오미와 사사 시대(룻 1:21)를 풍족하게 메우시며(룻 3:10), 다윗 왕가를 일으킨 룻을 마침내 예수님의 족보에 오르게 하셨다. 이방인이고 사회적으로 신분이 낮은데다 여성이었던 라합과 룻이 선민사상과 배타적 민족주의가 강한 이스라엘의 다윗 지파의 대를 잇는 자로 예수 그리스도의 족보에 올랐다는 사실은, 여성의 새로운 역할을 전망하게 한다. 이는 예수 그리스도를 통한 하나님의 구원 계획 속에는 민족 구분도 신분의 높고 낮음도 없고, 심지어 남성과 여성의 차별도 있을 수 없음을 말해주기 때문이다. 여성도 남성처럼 하나님의 구원 섭리 가운데 각 시대마다 꼭 필요한 때 하나님 편에서 믿음과 헌신으로 매우 중요한 역할을 감당했음을 알게 된다.

(6) 하나님 앞에 충성스럽고 용감한 자(야엘, 에스더)

고대 이스라엘에서 여성은 전쟁과 직접적인 관련이 없음에도 불구하고 야엘은 가나안 대 이스라엘 전쟁에서 가나안의 장군 시스라를 죽이고 드보

---

23 '인애'에 대한 탁월한 책으로는, K. D. Sakenfeld, *The Meaning of Hesed in the Hebrew Bible: A New Inquiry* (Missoula, MT: Scholars, 1978)과 K. D. Sakenfeld, *Faith Fullness in Action: Loyalty in Biblical Perspective* (Philadelphia, PA: Fortress, 1985)를 참조하라. 김지찬, 『요단 강에서 바벨론 물까지』(서울: 생명의말씀사, 1999), 249-57.

24 Carolyn Custis James, 이여진 역, 『소외된 이들의 하나님: 룻기』(*Finding God in the Margins: The Book of Ruth,* 서울: 이레서원, 2018)를 참조하라.

262

제2부 성경적 페미니즘에 근거한 여성 리더십의 이론과 실천

라의 예언을 실현한 영웅으로 나타난다. 드보라의 노래에서는 이런 야엘을 "장막에 거한 여인들 중 가장 축복을 받은 여인"이라고 칭찬한다(삿 5:24). 그동안 야엘은 존재 자체를 무시당하거나 긍정적 인물로 평가받지 못했고, 오히려 정직하지 못한 배반자라는 평가를 받아왔다. 그러나 이런 해석은 본문의 정황적 지지를 받지 못하는 동시에 본문에 과도한 의미를 부여한 해석이라고 할 수 있다. 사사기 4장에서 묘사되는 야엘은 모든 상황을 주도한 인물이요, 야웨의 전쟁에 참여하여 야웨의 편에 서서 적장을 죽인 용감하고 축복받은 여성이었다. 야엘은 역동적 영웅으로서 드보라의 훌륭한 파트너 역할을 수행했다.[25]

에스더서는 세상의 모든 통치자들 배후에 역사하시는 하나님께서 자동적으로가 아니라 충성스런 사람들을 통해(에 4:4) 계획을 이루시는 모습을 보여준다. 에스더서는 구약 39권 가운데 룻기서와 더불어 유일하게 여성 이름을 제목으로 붙인 성경이기에, 모르드개보다 에스더를 살피는 것이 우선이다. 에스더는 페르시아 왕 아하수에로의 왕후로 등장하여 유대 민족이 아각 족속 하만에 의하여 전멸될 위기에 처했을 때, 왕에게 나아가고자 "죽으면 죽으리이다"라는 결단을 내리게 된다(에 4:16). 전에 와스디 왕후가 아하수에로 왕의 명령을 거역해서 폐위된 것을 보면, 왕의 부름 없이 왕에게 나아가는 행동은 목숨을 건 결단이었음을 알 수 있다.

에스더서를 기록한 저자의 관점은 유대 민족 중심주의와 가부장제다. 이는 가부장 권력을 상징하는 금홀(scepter), 왕의 반지, 왕복, 왕관이라는 단어에서도 그 단서를 찾을 수 있다. 그래서 에스더서를 해석할 때, 가부장

---

25 박유미, "내러티브 접근법으로 본 사사기 4-5장의 통일성과 인물연구", 179-88을 참조하라.

적 왕권에 복종하지 않다가 폐위된 와스디와 왕의 부름이 없음에도 불구하고 "죽으면 죽으리라"라면서 왕 앞에 담대히 나아간 에스더 모두 가부장 권력에 반기를 든 주체성을 지닌 여성으로 볼 여지가 충분하다. 그러나 와스디는 폐위된 반면, 에스더는 죽음을 건 결단으로 유대 민족을 구해냈다. 따라서 에스더가 삼촌 모르드개의 보살핌을 받다가 황후가 된 것이나 자신의 용맹과 충성으로 유대 민족을 구하게 된 배후에는 하나님의 전적이고 특별한 섭리가 있음을 부인하기 어렵다.

그러나 어릴 적 부모를 잃고 삼촌 모르드개 손에 자란 용모가 곱고 아리따운 여인, 용기와 절개가 있으며 유대 민족을 자기 목숨보다 사랑한 용감한 여인 에스더에게 돌아온 것은 없었다. 모르드개는 왕 다음의 명성과 권력을 차지하면서 메대와 바사 열왕의 일기에 기록되며, 유대 백성의 이익을 도모하고 종족을 안위한 인물로서 보상을 받는다(에 10장). 반면 에스더는 죽음을 각오하면서까지 민족을 사랑한 헌신적 행위에도 불구하고 유대 민족에게 칭송받거나 기려지지 않는데, 이를 통해 그 시대에 가부장 권력이 팽배했음을 보게 된다.

오늘날 교회에서 에스더보다 모르드개를 더 많이 설교하거나 에스더의 "죽으면 죽으리라"를 '교회에 대한 충성과 헌신' 유도에 이용하는 행태에 문제를 제기할 수 있어야 한다. 에스더의 "죽으면 죽으리라"를 오늘날에 적용한다면 오히려 '교회 체제에 대한 불복종'을 뜻하기 때문이다. 에스더의 충성과 헌신이 더 이상 가부장적 교회를 지탱하는 수단이 되지 않고 교회 여성이 하나님을 향한 믿음과 충성을 주체적으로 발휘할 수 있도록 교회가 여성 리더십의 장을 마련해야 할 것이다.

(7) 하나님 편에서 예언하고 시대를 도전한 지혜자들(한나, 아비가일, 아벨의 한 여인, 슬로브핫의 다섯 딸)

이스라엘 최초의 예언자였던 사무엘의 어머니 한나는 구약성경의 이상적 어머니상으로 여겨져 왔다. 한나는 마치 예수님의 어머니 마리아와 같다(삼상 2:2-10; 눅 1:46-55). 그녀는 사라, 리브가, 라헬처럼 자녀가 없는 고통 가운데서 간절히 기도하며 주님께 심령을 쏟은 여인이었다(삼상 1:11). 한나의 기도하는 모습에서 간절함과 진지함, 숭고함을 엿볼 수 있다. 한나는 자기 아들 사무엘을 하나님께 바치며 마리아처럼 '약자를 돌보시고 사회를 개혁하시는 하나님의 은총'을 노래한다(삼상 2:1-10).[26] 그런데 한나를 훌륭한 어머니로만 볼 수 없는 면이 몇 가지 드러난다. 당시 이스라엘은 사회구조 상 남편이 가정에서 지도력을 발휘하였음에도, 한나는 독립적인 존재로서 기도하고 서원하고 아이 이름도 짓고 아이가 젖을 뗄 때까지 집에 남아 있기로 결정하였으며, 성소에 제물을 가져가는가 하면 아이를 하나님께 드리며 찬양의 시로 기도를 했다.[27]

아울러 '한나의 기도'는 다윗의 기도(삼하 22장)와 더불어 장르상 '왕의 승전가'(royal triumphant song)로 알려져 있다. 그런데 더욱 흥미로운 것은, 두 노래가 장르뿐 아니라 하나님의 구원과 승리라는 주제에서도 유사하다는 사실이다. 한나는 미래에 올 진정한 왕권, 즉 메시아의 나라를 희망하며 노래하고 있다.[28] 이처럼 그는 남편의 리더십에 매여 종속적이고 수동적인 아내와 어머니 역할에만 머문 것이 아니라, 하나님 앞에서 믿음으로 기도하며 서원한 아들을 바치기도 하는 적극적이고 주체적인 여성이었다. 또한

---

26   김정우, "구약의 여성관", 16.

27   Mary J. Evans, 정옥배 역, 『성경적 여성관』, 42.

28   김지찬, 『요단강에서 바벨론 물까지』(서울: 생명의말씀사, 1999), 280-6.

미래에 도래할 메시아 왕국이 어떤 나라가 될지를 예언으로 노래한 하나님의 지혜로운 여성 예언자로 나타난다.

남편의 지도력이 당연했던 시대임에도 한나의 행위가 예사롭지 않다는 점에 주목해야 한다. 사무엘상 1:20-28에서 한나는 하나님 앞에 주체적인 존재로서 기도하고 서원하는 여성으로 나타난다. 삼손과 사무엘 모두 나실인이지만, 삼손은 하나님이 나실인으로 정한 반면 사무엘은 한나의 주체적 서원으로 나실인이 된다는 것, 한나가 아이의 이름을 짓고(20절) 아이가 젖을 뗄 때까지 남아 있기를 결정하며(22절) 재물을 가져가고(24절) 아들 사무엘을 하나님께 바친다는 것(28절)이 다르다.

특히 사무엘상 1:23의 "그 남편 엘가나가 그에게 이르되 그대의 소견에 선한대로 하여 그를 젖떼기까지 기다리라. 오직 여호와께서 그 말씀대로 이루시기를 원하노라. 이에 그 여자가 그 아들을 양육하며 그 젖떼기까지 기다리다가"에서 중요한 것들을 발견할 수 있다. 첫째, '남편 엘가나'라는 표현이다. '아내 한나'라는 말은 본문에서 발견되지 않는데(2절, "그에게 두 아내가 있으니"), 이는 한나가 주도적임을 암시하는 포인트라고 볼 수 있다. 둘째, 남편 엘가나가 모든 것을 결정하는 시대임에도 불구하고 한나의 견해를 존중하고 지지해준다. 민수기 30:10-16에 따르면, 결혼한 여자의 서원은 남편의 동의 혹은 묵인이 있어야 효력이 있었다.

셋째, 남편 엘가나가 오히려 한나의 주체적 리더십을 돕는 조력의 리더십을 보인다. "오직 여호와께서 그 말씀대로 이루시기를 원하노라"(삼상 1:23)를 ESV 성경에서 살펴보면, 기원문 형식인 "여호와께서 그의 말씀대로(his word) 이루시기를 원하노라"(may the LORD establish his word)로 되어 있다(3인칭 남성 단수). 마소라 본문(MT)에도 "여호와는 자신의 말을(דְּבָרוֹ) 이루소서"로 되어있다. 그런데 4Q와 70인역(LXX)에는 "여호와께서 네가 말한 대로 이루시기를 원하노라"(may the Lord establish that which comes out of your mouth)라고 되어 있다. "네가 말한 대로"는 문자적으로 "너의 입에서 나온 것"(what you have said)인데, 문맥적으로 보면 엘가나는 "자기 아들을 드리겠다"는 한나의 서약을 야웨께서 이루어 주시길 원한다고 한 것으로 보인다.[29] 22절에 "젖 떼거든 내가 그를 데리고 가서 여호와 앞에 뵈게 하고 거기 영영히 있게 하리라"라는 한나의 말이 있었고, 23절은 이에 대한 엘가나의 반응으로 봐야 한다. 전통적으로는 이 부분을 "여호와께서 말씀하신 대로 이루시기를 원한다"로 해석하는데, 그렇게 보면 하나님께서 말씀하셨기에 인간의 행동, 즉 가부장 시대의 관행을 거슬러 행동한 남편 엘가나의 열린 모습과 조력적인 리더십을 발견하기 어렵다.

가부장 시대임에도 불구하고 한나의 리더십을 도드라지게 만든 것은 남편 엘가나의 조력임을 놓쳐선 안 된다. 필자는 한나를 신앙의 주체자이며 역동적인 여성 리더로 볼 것을 주장한다. 남편 리더십이 우세한 시대임에도 하나님 앞에서 신앙적 단독자로 선 한나는, 암울한 사사 시대에서 왕정 시대라는 새로운 시대로 가는 포문을 연 하나님의 지혜로운 여성 예언자이자 주체적·역동적 여성 리더로 해석할 필요가 있다.

아비가일은 그 현명함으로 다윗과 나발의 충돌을 막은 지혜로운 여인이었다. 사무엘서 저자는 아비가일과 나발에 관하여 "그 여자는 총명하고 용모가 아름다우나 남자는 완고하고 행사가 악하며 그는 갈멜 족속이었더라"라고 말한다(삼상 25:3). 이때 다윗은 바란 광야에 숨어 살고 있었으며, 나발은 마온이라는 동네의 가장 큰 부호로서 양과 염소를 수천 마리나 키

---

29   Ralph W. Klein, 김경열 역, 『WBC 성경주석: 사무엘상』(World Biblical Commentary, 서울: 솔로몬, 2004), 40.

우고 있었다. 그동안 다윗의 종들은 나발의 재산을 지켜주었으므로 당연히 나발이 주관한 축제의 날에 환영과 보상을 받으리라 생각했지만, 나발은 주정뱅이인데다 은혜를 모욕으로 갚는 자로 나타난다. 다윗은 심히 분노하여 나발과 그의 온 가족을 몰살시키러 간다.

이때 아비가일은 상황의 심각함을 깨닫고, 다윗의 분노를 예측하여 그를 달랠 특별한 음식을 만들어 가지고 가서 겸손히 사과한다. 이 부분은 구약에서 가장 아름다운 간청이다(삼상 25:24-31). 뿐만 아니라 아비가일은 다윗의 미래를 예언한다. 그는 "여호와께서 내 주에 대하여 하신 말씀대로 모든 선을 내 주에게 행하사 내 주를 이스라엘의 지도자로 세우신 때에" 다윗이 '개인적인 복수건' 때문에 후회하지 않도록 해야 한다고 권면한다(삼상 25:30). 이에 다윗은 하나님께 감사하고, 아비가일의 지혜로운 행동을 칭찬한다(삼상 25:32-33).[30]

압살롬의 반란 직후 다윗의 예루살렘 귀환을 거부하던 베냐민 사람 비그리의 아들 세바가 반란을 일으키다가 요압의 추격을 받아 아벨 성으로 피신하게 된다. 당시 요압이 성을 포위하고 허물려고 하자, 아벨의 한 지혜로운 여인이 요압에게 나아가 "이 성은 '이스라엘의 지혜'를 보전하고 있는 '여호와의 기업'이므로 허물 수 없다"고 역설한다(삼하 20:18-19). 요압은 그가 원하는 것이 성이 아니라 '세바'라는 인물임을 밝혔고, 여인은 성안 사람들을 적극적으로 설득해 세바를 요압에게 넘겨준다. 이 이름 없는 여인의 지혜로 말미암아 '전쟁의 포화로 잿더미가 될 뻔했던 이스라엘의 자랑스러운 성'을 보존하게 된다.[31]

---

30 김정우, "구약의 여성관", 13-4.
31 앞의 논문, 14.

슬로브핫 딸들의 이름은 말라, 노아, 호글라, 밀가, 디르사다. 모세가 가나안 정복 후 각 지파에게 땅을 분배했으나 슬로브핫은 아들이 없고 딸들만 있어 땅을 기업으로 받지 못할 운명에 처했다. 이는 가나안 땅의 분배 규정상(민 26:51-53) 딸들에게는 상속권이 없었기 때문이었다. 슬로브핫의 딸들은 이를 받아들이지 않고 모세와 제사장 엘르아살과 족장들과 온 회중 앞으로 나아가 자신들에게도 기업을 달라고 요청했다. 아들이 없다고 아버지의 이름이 삭제되게 할 수 없다는 것과, 그들이 결혼하면 대가 끊어진다는 것이 이유였다(민 27:4). 모세는 슬로브핫 딸들의 사연을 무시하지 않고 하나님께로 가져갔는데, 하나님께서는 "슬로브핫 딸들의 말이 옳으니 너는 반드시 그들의 아비의 형제 중에서 그들에게 기업을 주어 얻게 하되 그 아비의 기업으로 그들에게 돌릴찌니라"(민 27:7)라고 응답하셨다. 단 슬로브핫 딸들은 동일한 지파 내의 남자와 결혼을 하도록 했고, 이로써 이스라엘 지파에 아들이 없을 때는 딸에게 상속하는 판례가 규정된 것이다. WBC 성경주석은 이 단락이 신학적으로 재산법 분야에서 분명히 인정된 법적 지위에 대한 여성의 권리를 강조한다고 해석한다.[32]

슬로브핫 딸들의 당돌한 상속권 요구에서, 오늘날 교회 내 여성 리더십에 적용할 점들을 발견하게 된다. 첫째, 당시 남자에게만 허락되었던 땅의 분배를 포기하지 않고 모세를 비롯한 족장과 제사장 등의 남성 리더들 앞에 당당히 나아가, 자신들이 여자라서 배제당하게 된 상황의 억울함을 호소하며 권리를 주장한 것은 용기 있는 행동이다. 여성의 침묵을 강요하는 오늘날 한국교회의 현실 속에서 슬로브핫 딸들의 당돌한 요구는 큰 도

---

32   Phillip J. Budd, 박산배 역, 『WBC 성경주석: 민수기』(World Biblical Commentary, 서울: 솔로몬, 2004), 497-8.

전이 된다.

둘째, 슬로브핫의 다섯 딸이 한마음 한뜻으로 연대했다는 점이다. 오늘날은 "여성의 적은 여성이다"라는 말이 회자될 정도이며, 여성 스스로 여성됨을 인식하는 문제의식이나 고뇌조차 하나님의 말씀에 반하는 것으로 정죄당하는 경우가 많다. 그러나 여성끼리 경쟁하게 되는 것은 여성 개개인의 문제가 아니라 가부장적 한국교회의 구조적인 문제에서 파생되었다. 모세 당시에 남자들만 취한 상속권을 슬로브핫 딸들이 당당하게 요구하여 얻어냈다면, 남녀평등과 인권을 중시하는 21세기 현대 교회 여성들은 더욱 연대하며 여성의 주체적 리더십을 주장할 필요가 있다.

셋째, 오늘날 남성 목회자들은 모세의 열린 리더십을 살펴봐야 한다. 슬로브핫 딸들의 사연을 들은 모세가 "여자가 어디서 땅을 달라고 해!"라며 당장 거절했을 법도 한데, 그는 가부장적 신관과 여성관에 매이지 않고 이 사건을 하나님 앞에 가져가 공손히 여쭤봤다. 오늘날에도 남성 목회자의 하나님에만 매몰될 것이 아니라, 여성의 하나님에 열려 있어야만 비로소 더 크신 하나님의 공의와 지혜를 드러낼 수 있을 것이다.

3) 구약성경에서 직접적 리더십을 발휘한 여성들(미리암, 드보라, 훌다)

구약성경에서 기름부음 받은 공적 직위는 왕, 예언자, 제사장이다. 히브리 사회의 여성은 세 직위 가운데 예언자(왕하 22:14; 느 6:14), 사사(삿 4:4), 비록 사악한 침해자로 나타나기는 했어도 여왕에 이르기까지(왕하 11:3) 모든 공직에 다 참여한 것으로 나타난다. 다만 예배 의식의 공적 지도권을 부여받은 여제사장은 없었다. 제사장 출신의 여성들이 일정한 특권을 부여받긴 했지만(레 22:13), 이들에게는 제사장이 될 기회가 결코 주어지지 않았다는 기록이 있을 뿐이다.[33] 그러나 여성이 지도자가 되거나 권위를 행사할 자격 혹은 능력이 없다는 표시는 전혀 없다. 오히려 여성을 일반적으로 열등한 존재로 여겼던 사회에서도 리더십을 발휘한 여성 지도자가 실제로 존재했음을 놓쳐서는 안 된다.[34]

'여성 예언자'라는 말은 때때로 명예 칭호로 사용된 경우도 있었다. 이사야서 8:3의 경우 '내 아내'라는 말이 히브리 성경(MT)과 영어 성경에는 여성 예언자(נְבִיאָה, prophetess)로 되어 있다. 그러나 매우 실질적인 예언 사역을 수행한 여성들이 있었음은 의심의 여지가 없다. 칼뱅은 여성 예언자들이 "하나님께서 남자들에게 불명예의 낙인을 찍어주고자 하실 때마다" 등장했다는 의견을 표했다. 그는 드보라와 홀다에 관해 "하나님께서는 분명 남자들을 부끄럽게 하시기 위해서 그들을 높이 들어 올리셨다"라고 했다. 미리암이 예언한 것에 대해서는 "그녀의 남동생인 모세에게 치욕이 되었다"라고 했다.[35] 이처럼 칼뱅은 구약 시대에 실제로 행해졌던 여성 리더십을 하나님께서 남성 지도자의 부재에 대한 대안으로 세우셨다 하여 별로 인정하지 않았다.

그러나 드보라 시대에 그녀가 정치·군사·민사·종교 영역에서 지도권을 행사했을 때(삿 4장), 그 일을 할 만한 적당한 남자가 없어서 그리 했다는

---

33   Mary J. Evans, 정옥배 역, 『성경적 여성관』, 43-4; Mary Hayter는 이스라엘에 왜 여제사장이 없었는가에 대해, 생리와 출산을 부정한 것으로 여겼던 유대 사회에서 여성이 제사장의 거룩한 직무를 감당하는 것은 어불성설이라고 보았으며, 또 고대 중동 지방의 종교들이 여제사장을 두어 그들의 역할이 단순히 거룩한 제사장 역할에 그치지 않고 매춘 행위까지 포함하는 점을 고려하여, 타 종교와의 명확한 차별화를 위하여 세우지 않은 것으로 해석하고 있다. Mary Hayter, The New Eve in Christ (Grand Rapids, MI: Eerdmans, 1987), 63를 재인용. 이정숙, "한국개신교 여교역자의 인권", 「아세아여성연구」 42(2003): 123-4.

34   Mary J. Evans, 정옥배 역, 『성경적 여성관』, 45.

35   J. Calvin, Corpus Reformatorum Vol. IX III를 재인용. 앞의 책, 44.

관점은 드보라의 지도력과 신실함을 약화시키는 해석이다. 하나님께서 왜 입다를 선택하시고 왜 삼손을 선택하셨는지 알 수 없는 것처럼, 드보라를 사사로 세우신 이유도 우리는 알 수 없다. 다만 우리가 분명히 알 수 있는 사실은 드보라에게 다른 남성 사사들보다 뛰어난 지도력과 믿음이 있었으며, 그가 이스라엘 백성에게 인정과 칭송을 받은 훌륭한 대 사사였다는 사실이다.[36]

홀다 시대에도 여성 예언자의 등장은 결코 응급조치가 아니었다. 예레미야와 스바냐 같은 인물이 활동한 그 시대에 한 나라의 왕을 비롯하여 당시 최고위 지도자였던 다섯 남자, 즉 제사장 힐기야, 사반의 아들 아히감, 미가야의 아들 악볼, 서기관 사반, 요시야 왕의 시종인 아사야(왕하 22:12)가 요시야 왕이 발견한 율법책과 관련한 야웨의 가르침에 관해 조언을 얻고자 하필 여성 예언자 홀다를 찾아왔다. 이는 "이스라엘 역사에서는 하나님이 세우신 여성 예언자가 예언하는 것에 대해 아무런 편견이 없었다는 강력한 표시"라고도 볼 수 있다.[37]

(1) 출애굽의 여성 지도자이자 첫 예언자 미리암(출 15:20-21)

지금까지 미리암은 아론과 모세의 누이로서, 즉흥적이고 순진한 모습으로 하나님을 찬양한 예언자라는 면과, 동생 모세를 질투한 어리석은 누이라는 부정적인 면이 함께 강조되어왔다(민 12:1-16). 미리암이 성격 탓에 이스라엘에 분쟁을 일으켰다고 확대해석하기도 했다.[38] 반면 모세는 미리암과 대

---

36   박유미, "내러티브 접근법으로 본 사사기 4-5장의 통일성과 인물연구"(총신대학교 대학원 박사학위 논문, 2006), 172.

37   Mary J. Evans, 정옥배 역, 『성경적 여성관』, 44.

38   최우혁, "해방을 노래한 예언자 미리암", 『새롭게 읽는 성경의 여성들』(서울: 대한기독교서

조적인 온유한 성격의 소유자로서, 하나님께 간청해서 미리암의 병을 낮게 하는 미덕을 보여주고 하나님 앞에서 권위를 확고히 보장받는 지도자로 해석되어왔다.[39]

그러나 미리암은 독립 국가를 형성해가는 이스라엘 초기 역사에서 첫 애국 열사로 나타난다. 그는 나일 강에서 악어 밥이 될 수밖에 없었던 동생 모세를 기지와 재치로 구원하고 바로의 딸에게 위탁하는 중대한 역할을 한 여성이다. 무엇보다 홍해를 건넌 직후 '여성 예언자' 미리암은 많은 여인을 이끌고 구약성경에서 가장 오래된 '구원의 노래'를 부르게 된다(출 15:20-21). 따라서 미리암은 '출애굽의 여성 지도자'라는 칭호를 줘도 손색이 없다.[40]

그 후 "모세가 구스 여인을 취함으로" 미리암이 아론과 함께 예언자 직분의 권위에 대한 문제를 제기했다가 하나님의 징계를 받고 '문둥병'에 걸리는 사건이 발생하는데, 이것은 하나님 앞에서 모세의 권위에 도전하여 하나님의 진노를 일으킨 것이었다(민 12:1, 9). 하지만 이 사건을 남성 지도자에 대한 여성 지도자의 복종으로 해석해서는 안 된다. 아론도 미리암과 함께 모세를 비방했으며(민 12:1) 아론이 "주여, 우리가 우매한 일을 하여 죄를 얻었으나 청컨대 그 허물을 우리에게 돌리지 마소서"(민 12:11)라고 한 것은, 이 일로 미리암뿐 아니라 아론도 하나님의 진노를 샀다는 고백이기 때문이다. 플라우트(Plaut)는 아론이 당한 창피와 수모가 미리암이 당한 것 못지않은 심각한 징벌이라고 했다.[41] 다만 아론이 '문둥병'에 걸리지

회, 1994), 101.

39   앞의 책.

40   김정우, "구약의 여성관", 12.

41   왕대일, 『민수기』(서울: 대한기독교서회, 2007), 322.

않은 것은 아론의 대제사장직과 관련된 것으로 보인다. 대제사장직은 '문둥병'과 같은 부정을 접해서는 안 되는 직무이고 그 직무를 하루라도 쉴 수 없기에 미리암만 대표로 징벌을 받은 것으로 여겨진다.[42]

이처럼 하나님의 진노도 받았지만, 그럼에도 미리암은 홍해를 건넌 후 여인들을 이끌고 구약성경에서 가장 오래된 '구원의 노래'를 부른 여성 예언자(출 15:20-21)이자 여성 지도자다. 그가 지도자라는 증거로서 "미리암이 진으로 돌아오기까지 백성들은 행진하지 않았다"(민 12:15)라는 말씀을 봐도 미리암의 예언자적 역할과 위치를 무시할 수 없다. 역대기 저자는 "아므람의 자녀는 아론과 모세와 미리암"이라고 소개했고(대상 6:3), 예언자 미가는 "내가 너를 애굽 땅에서 인도하여 내어 종노릇 하는 집에서 속량하였고 모세와 아론과 미리암을 보내어 네 앞에 행하게 하였느니라"(미 6:4)라고 하여, 이스라엘 구속사에서 미리암의 위치를 높이 평가하고 있다.[43] 박유미 박사는 "미리암은 민수기 12장 사건 때문에 많이 폄하되거나 무시되어 왔지만 구약의 전통에서 모세와 아론과 더불어 이스라엘을 이끄는 세 명의 지도자 중 한 사람이었고, 아론과 마찬가지로 모세의 중요한 파트너요 동역자이며 하나님의 선지자였다"라고 밝힌다.[44]

(2) 이스라엘의 여성 사사·예언자·보호자 드보라(삿 4:4-5:31)

이스라엘의 사사와 예언자 직분은 종교적 직분인 동시에 사회적 성격이 강했다. 하나님의 말씀을 전달하는 일이 예언자의 역할인 반면, 사사들은 백

---

42 박유미, "구약의 여선지자들", 『세상 속에 존재하는 교회 II: 심창섭 교수 은퇴기념 논문집』 (서울: 총신대학교출판부, 2011).

43 김정우, "구약의 여성관", 12.

44 박유미, "구약의 여선지자들", 638-40.

성을 다스리고 구원하는 일을 담당했다.[45] 이스라엘에서 사사는 하나님이 택하신 민족 지도자이고 젊은이를 이끌고 싸움터에 나아가 담대히 싸워야 하는 영웅이며 이스라엘 백성 사이의 모든 일을 보살펴주는 재판자이기도 했다. 사사 제도는 이스라엘 백성 가운데 첫 임금 사울 왕이 세워지기까지 약 180년 동안 지속됐다.[46] 이스라엘 사사 시대에는 모두 열두 사사가 있었는데(옷니엘, 에훗, 삼갈, 드보라, 기드온, 아비멜렉, 돌라, 야일, 입다, 입산, 압돈, 삼손), 이 가운데 여섯 명의 대 사사는 옷니엘, 에훗, 드보라, 기드온, 입다, 삼손이다. 대 사사 가운데 유일한 여성 예언자로서 하나님 말씀을 전한 사람이 바로 여성 사사 드보라이다.[47]

그러나 드보라의 사사성은 끊임없는 논쟁거리가 되어왔다. 첫째는 '과연 드보라가 사사냐 아니냐' 하는 것이고, 둘째는 '사사라면 어떤 성격의 사사인가'에 관한 것이다. 드보라의 사사직에 관한 논쟁에서는 드보라를 바락의 조언자로 봄으로써 드보라의 지도력을 약화하기도 하고, 전쟁터에서 칼을 들고 싸우지 않았기 때문에 예언자는 될 수 있어도 사사는 될 수 없다고 해석하기도 한다.[48] 그 시대의 남성을 부끄럽게 하기 위해 세워진 일시적인 사사로 해석하기도 한다.[49]

그러나 성경은 드보라가 랍비돗의 아내이자(삿 4:4, NAS: Now Deborah, a prophetess, the wife of Lappidoth, was judging Israel at that time) 사사이며 여성

---

45   박명섭, "여성역할에 대한 성서적 이해", 「여성연구논총」 6(1992): 6.

46   박화목, 『성경에 나타난 여인상』(서울: 보이스사, 1983), 36.

47   앞의 책, 34.

48   김희보는 드보라에 대하여 "그도 역시 성경에 나타난 여성의 본분이 그러하듯이 한 남편의 아내로서 스스로 내조자로 만족했고, 전쟁의 일선에는 서지 않았다. 장군의 역할은 바락이 담당하였던 것이다"라고 평하면서 드보라의 사사직에 대한 부정적인 견해를 보였다. 김희보, 『구약 이스라엘사』(서울: 총신대학출판부, 1981), 167.

49   박유미, "내러티브 접근법으로 본 사사기 4-5장의 통일성과 인물연구", 166-74.

예언자로서, 에브라임 산지 라마와 벧엘 사이 드보라의 종려나무 아래 거주하면서 이스라엘 자손을 재판한 여성 지도자였음을 분명히 언급한다(삿 4:4-5). 아시스(E. Assis)는 사사기 4:4이 여성형을 이중으로 사용하여(여성, 여성 예언자) 드보라가 여성임을 강조한다고 해석했다.[50] 이렇듯 드보라에 관한 가장 일차적 소개로 나타나는 '여성'이라는 성은 남성 사사를 기대하거나 남성 지도자에 익숙한 청중에게 놀라움을 주기에 충분한 요소다. 백성의 부르짖음에 대한 응답으로, 하나님께서는 드보라를 감동하여 움직이셨으며 그에게 사사라는 지도자 자격을 부여하셨기 때문이다.[51]

드보라의 사사적 성격을 보면, 첫째로 권위 있는 사사였다. 드보라에게 붙여진 '예언자'와 백성을 다스리는 '사사'라는 호칭은 그가 영적 권위와 정치적 권위를 모두 갖췄음을 나타낸다. 사사기 4:5의 "이스라엘 백성이 드보라에게 재판을 받으러 올라왔다"라는 말에서도 백성들 모두가 드보라의 권위를 인정하고 있음을 엿볼 수 있다. 또 드보라가 바락을 불렀을 때 바락이 지체 없이 드보라에게 왔고, 드보라가 함께 가지 않으면 가지 않겠다고 한 것은 드보라에 대한 바락의 의존성을 보여준다. 아울러 드보라의 권위를 보여주는 또 다른 예로 사사기 4:14에서 전쟁의 시작을 드보라가 직접 명령한 것과, 야엘이 시스라를 죽인 사건이 드보라가 했던 예언의 성취로 이루어졌다는 점이 있다. 게다가 드보라의 노래는 드보라의 지도자적 권위를 명시적으로 드러내는 것이며, 드보라가 야웨의 사자의 말을 빌어 축복과 저주를 하는 것은 그녀가 하나님의 대변자로서 이스라엘 백성의 행동을 평가할 권위가 있음을 보여준다. 그러므로 드보라의 노래에 나타나는 평가

---

50   E. Assis, "The Hand of a Woman:Deborah and Yael(Judges 4)," *JHS* 5 (2005), 111.

51   Hye-Won Park Lim, "The Status and Roles of Korean Missionary Wives in Cross-Cultural Mission," A Dissertation(Ph. D), Fuller Theological Seminary (2000), 116.

는 드보라 개인이 아닌 하나님의 평가로서, 사사직의 권위를 한 층 높여준 다.[52]

둘째로 드보라는 사사요 예언자일 뿐 아니라 '이스라엘의 어머니'라 고 불렸다(삿 5:7). 이 호칭은 드보라가 이스라엘 백성을 자녀로, 자신을 이 스라엘 자손을 보호하고 양육해야 할 어머니로 생각했음을 드러낸다. '이 스라엘의 어머니'라는 호칭은 성경에서 여기서 단 한 번 나온다. 이것은 엘 리야와 엘리사를 "내 아버지여, 내 아버지여, 이스라엘의 병거와 마병이 여"(왕하 2:12; 13:14)라고 하여, 이들이 단순히 하나님 말씀을 전할 뿐 아니 라 '이스라엘을 지키는 보호자'였음을 드러낸 것과 다름이 없다.[53]

김지찬 교수는 드보라의 리더십이 쇠풀무 애굽처럼 변한 가나안 땅에 서 칼과 병거가 상징하는 철의 리더십, 즉 남성 리더십이 아니라 젖(돌봄)과 꿀(사랑)을 제공하여 이스라엘 백성을 치유하고 이끌어 낸 모성적 리더십이 라고 했다.[54] 김순영 박사는 드보라가 지도층에서 서민에 이르는 모든 계층 이 야웨의 공의로운 일을 노래하도록 일깨운 것은(삿 5:10-11) 권위 의식을 내세운 지도자가 아니라 시대의 어른으로서 올바른 권위와 인격을 갖추었 기에 가능했던 일이라면서, 드보라를 '지금 여기'로 불어내어 우리 국가와 사회와 한국교회의 여성 리더십 문제를 풀어가는 하나의 길잡이로 해석해 야 한다고 했다.[55]

이와 같이 남편의 리더십에 종속되어야만 했던 구약 시대에도 하나님

---

52   박유미, "내러티브 접근법으로 본 사사기 4-5장의 통일성과 인물연구", 174-7.

53   앞의 논문, 178-9.

54   김지찬, "쇠풀무 땅에서는 젖과 꿀을 먹을 수 없다-드보라의 리더십이 필요한 시대", 「Christianity Today」(2008년 6월호), 71-2.

55   김순영, 『어찌하여 그 여자와 이야기하십니까?』(서울: 꽃자리, 2017), 43-8.

은 성(性)과 관계 없이 여성 드보라를 성령으로 감동하셔서 하나님 말씀을 전하는 자, 말씀에 따라 재판하는 자, 전쟁의 시작을 알리는 자, 축복과 저주를 하는 자, 예언하는 자, 또한 이스라엘의 어머니이자 지도자로 세우셨다. 우리는 드보라를 통해 구약 시대에도 힘과 권력의 남성 리더십보다는 돌봄과 사랑의 여성 리더십이 이스라엘 공동체를 살리는 바람직한 리더십이었음을 알 수 있다. 이러한 여성 리더십이야말로 앞으로 교회가 긴급히 요청해야 할 리더십인 것이다.

(3) 종교 개혁의 문을 열어준 영적 안내자·조언자·여성 예언자 훌다(왕하 22:10- 20; 대하 34:19-33)

이스라엘 역사에서 가장 중요한 종교 개혁 중 하나인 요시야의 종교 개혁은 여성 예언자 훌다를 통해 시작되었다. 요시야는 성전을 보수하는 과정에서 율법책을 발견했고(왕하 22:3-13; 대하 34:8-21) 그 안에 담긴 '언약의 저주'를 읽고 옷을 찢으며 충격을 받는다. 이때 요시야 왕은 대제사장 힐기야를 비롯해 최고위 관리자 아히감, 악볼, 서기관 사반과 시종 아사야를 여성 예언자 훌다에게 보내 말씀의 진정성에 관해 물었다(왕하 22:12-14).[56] 훌다는 모세 예언의 진정성을 확인해주면서 유다의 미래와 요시야에 관해서도 예언한다. 여기서 훌다는 "여호와의 말씀"을 네 번이나 반복하며, 모세의 말씀대로 온 나라가 징계를 받으리라는 말씀을 대언한다(왕하 22:15, 16, 18, 19). 이 말씀을 듣고 요시야 왕은 큰 감동을 받아 언약을 갱신하고 종교 개혁을 단행한다(왕하 23:1-24; 대하 34:29-35:19). 예언자 훌다가 '예루살렘 둘째 구역'에 살고 있었다는 부분에 관하여 유대 전통은 훌다가 신학교에

---

56   김정우, "구약의 여성관", 14.

서 공적으로 가르쳤다고 말하고 타르굼에서는 이 '둘째 구역'을 '공부하는 집'(Beyit Ulpana)으로 번역하기도 한다. 랍비 라쉬는 "그녀는 그 시대 장로들에게 토라를 가르쳤는데, 그것이 미쉬나이다"라고 말하기도 한다.[57]

여성 예언자 훌다에 관해 세 가지 의문이 제기되는데 이에 대한 답이 여성 리더십의 근거가 될 수 있다. 첫째, 왜 요시야 왕은 동시대에 예언자 예레미야나[58] 스바냐가[59] 왕성하게 활동하고 있었는데도, 율법책 말씀을 올바로 해석하기 위해 대제사장 힐기야를 비롯한 네 명의 핵심 인물을 여성 예언자 훌다에게 보냈으며, 어떻게 그후 곧바로 언약 갱신과 종교 개혁을 단행할 수 있었는가? 둘째, 대제사장, 서기관, 왕의 시종들은 신정 일치에 남성 리더십이 우세했던 그 시대에 고위직 지도자이면서도 어떻게 여성 예언자의 예언을 받아들일 수 있었는가? 셋째는 훌다의 영성에 관한 것으로, 여성 리더십이 흔치 않았던 구약 시대에(대하 34:22) 훌다는 여성 지도자로서 어떻게 정체성을 유지하며 리더십을 발휘할 수 있었을까이다.

첫째로 요시야 왕은 어머니의 영향을 크게 받았기에 어머니를 통해 훌

---

57 앞의 책.

58 예레미야는 제사장 가문에서 태어났으며, 예루살렘에서 북쪽으로 수 마일 떨어진 레위 지파의 도시 베냐민 땅 아나돗 출신이었다(렘 1:1; 11:21, 23; 29:27; 32:7-9). 그는 요시야 왕재위 초기(기원전 627)에서 예루살렘이 멸망(기원전 586)한 이후까지 사역했다. 그는 옛시대와 모세와 예언자들의 연속성에 대해 하나님의 증인 역할을 한 예언자이다. 또 하나님이 그의 백성에게 바벨론 포로 생활 70년 후에 귀환할 것이라고 말씀하신 것과, 새 시대를 여는 일에 있어 하나님의 자유와 주권과 신실성을 선포했다. 예레미야는 이렇듯 위기 상황에서 당시의 성전과 제사장직, 왕권 제도를 규탄하고, 이의 근본적 변혁의 필요성을 역설한 사람으로서 동시대인들에게 반역자, 회의주의자, 불운의 선포자, 심지어 혁명가로 불리기도한 예언자였다. Willem A. VanGemeren, 김의원·이명철 역, 『예언서 연구』(Interpreting the Prophetic Word, 서울: 엠마오, 1990), 504-59를 참조하라.

59 스바냐는 하박국·예레미야와 동시대 예언자로서, 남유다 왕국에 무서운 심판이 임할 것을 경고하고 회개를 촉구하며 남은 자들을 격려한 예언자였다(습 3:11-13). 스바냐의 정경적 기능은 야웨의 날과 그에 합당한 회개와 하나님 왕국의 축복성에 대한 메시지를 모든 민족에게로 확대하는 데 있다. 앞의 책, 301.

다를 잘 알고 신뢰했던 것으로 추정된다.[60] 요시야 왕은 그 시대에 예레미야나 스바냐 같은 탁월한 남성 예언자가 있었고 홀다는 여성이었는데도, 성과 관계없이 그녀를 하나님 말씀의 진정성을 확증할 수 있는 자로 인정했다. 따라서 요시야 왕의 종교 개혁 자체는 물론이고 이 종교 개혁이 남성이 아닌 여성 예언자 홀다에 의해서 이루어진 일도 가부장적 구약 시대에 개혁적 사건이었음이 틀림없다.

둘째로 구약성경 저자는 요시야 왕 시대에 중대한 사명을 맡은 자가 여성이라 할지라도 그녀를 신뢰했다는 점에 별로 놀라지 않은 것으로 보인다.[61] 두 번째 질문은 구약 시대의 리더십이 거의 남성에 의해 이루어졌다는 보편적 선입견에 따라 제기되는 질문일 뿐이다. 즉 그 시대에 남성 중심성과 여성 종속이 아무리 일반적이었다 해도, 하나님께서 여성 리더십을 인정하고 세우셨다면 하나님 중심의 시각으로 이를 인정했던 시대였던 것이다. 그러므로 21세기 교회의 복음 사역을 위한 여성 리더십도 하나님께서 인정하시면 얼마든지 인정되어야 한다.

셋째로 요시야 왕 시대에 여성 예언자들이 남성 예언자들처럼 신학 교육을 받을 수 있었는지, 혹은 유대 전통, 타르굼, 랍비 라쉬의 해석처럼 홀다가 장로들을 가르쳤는지에 관해서는 정확히 알 수가 없다. 하지만 성경은 왜 홀다가 살룸의 아내라고 말하면서도 자녀의 유무나 가정 생활에 관

---

60   앞의 책.

61   Johh Gill은 "하나님이 중요한 목적을 위해 여성 예언자를 사용하셨다는 특징이 예외적으로 보이지 않는다"(Gill, 1991: 41)라고 했다. Nelson도 "본문은 홀다가 여성이라는 사실을 전혀 중요하게 다루지 않는다. 그의 성별은 하나님의 예언자라는 지위에 영향을 주지 않았다. 본문은 여성이었음을 특별 언급할 만큼 당시 여성 예언자의 존재가 드물지 않았던 듯한 인상을 준다"(Nelson, 1987: 256)라고 덧붙였다. Hye-Won Park Lim, "The Status and Roles of Korean Missionary Wives in Cross-Cultural Mission," A Dissertation(Ph.D), Fuller Theological Seminary (2000), 123.

해 침묵했겠는가? 구약 시대에 여성의 역할이 가사와 육아로 제한되어온 것을 고려할 때, 가정에서의 역할에 침묵한 것은 가정주부로서가 아닌 예언자 훌다의 영적 리더십을 부각하려는 의도로 볼 수 있다.

훌다가 한 남편의 아내요 주부로서 요시야 왕 앞에서 하나님 말씀을 선포하는 자로서의 역할을 잘 감당한 것을 보면 영성과 지성을 겸비했던 것이 분명하다. 훌다는 아내 역할뿐 아니라 요시야 시대 종교 개혁의 문을 여는 역할까지 했다. 그는 하나님 앞에서 신실하게 말씀을 지킨 깨어 있는 자로서, 요시야 왕의 영적 안내자요 조언자요 예언자로서, 리더십을 훌륭히 감당한 여성 지도자였다. 예언자 훌다를 통해 하나님께서는 남성이든 여성이든 차별 없이 영적으로 준비되고 헌신된 자를 통해 이스라엘 공동체를 이끌고 개혁하신다는 것을 알 수 있다.

정리하자면, 구약성경에서 왕, 제사장, 예언자 직분을 감당한 자들은 대부분 남성이었다. 실제로 여성의 지위나 역할에 부정적으로 작용하는 요소가 나타나며, 지금까지는 타락 후 여성이 남성에게 종속되어야 한다는 시원론적인 접근으로 구약성경에서 여성 리더십을 찾을 수 없다는 견해가 지배적이었다. 하지만 여성 리더십의 성경적인 근거를 살필 때, 구약성경은 여성의 활동과 사역을 제도적으로 '닫으려고' 하기보다는 '열어주려' 함을 알 수 있다.[62] 예수 그리스도가 오신 이후의 종말론적 시각으로 구약성경에 나타나는 여성의 역할을 살펴봄으로써 남편에 부종하는 여성이 아닌 하나님과 언약을 맺는 자, 직접 말씀을 들은 자, 하나님 편에서 예언하고 헌신한 지혜자, 사사나 예언자로서 직접 리더십을 감당한 탁월하고 주체적 여성으

---

62   김정우, "구약의 여성관", 18.

로서 하나님 앞에 쓰임 받은 '단독자 여성'으로 해석해야 한다.

구약성경에서 리더십을 발휘한 여성의 수가 많지 않고 구약 시대에 여성 종속이 보편적이었다는 이유로, 하나님께서 직접 세워 역할을 감당하게 한 여성의 리더십을 무시할 수는 없다. 하나님께서는 지위가 높든 낮든, 어떤 민족이든, 남성이든 여성이든(욜 2:29) 상관없이 영적으로 준비되고 헌신된 자를 통해 그분의 뜻을 성취해 가시기 때문이다. 하나님의 권위는 독점된 남성 리더십이 아닌, 성령께서 역사하도록 열어둔 마음과 열린 공간에서 드러난다. 따라서 구약 여성의 리더십은 오늘날 여성 리더십의 개시자이자 모델로 제시되기에 충분하다.

8장

신약성경에 나타난
여성 리더십

1. 그리스도의 복음 사역과 여성 리더십

그리스도의 복음 사역에서 여성의 역할은 사건 자체에 있어서도 중요하지만, 주님께서 지상 사역을 하셨던 시대의 여성관이나 여성의 사회적 위치 및 지위에 비추어 볼 때 더욱 큰 의미와 가치가 드러난다. 당시 남성은 능동적으로 상업과 정치에 참여하며 공적 삶을 영위한 반면, 여성의 활동은 사적 영역인 가정에 국한되었다. 여성은 최소한의 종교적인 교육 정도만 받을 수 있을 뿐, 예배에서도 수동적 관망자에 불과했다.[1] 그러나 여성은 그리스도 복음 사역의 시작인 주님의 탄생부터 마지막에 이르기까지, 위로부터 주신 은혜와 성령의 능력으로 동참한 복음의 일꾼들이었다. 또 남녀가 함께 위임받은 그리스도의 지상 명령과 오순절 성령 체험은, 여성 리더십은 물론 남녀 파트너십의 기초가 된다. 그리스도의 복음 사역에서 여성의 역할을 구체적으로 살펴보면 다음과 같다.

1) 예수 그리스도의 탄생·생애·복음 사역 전체의 유일한 증인

여성은 성령의 역사로 온 세상의 주이신 예수 그리스도를 탄생시켰으며, 그의 생애와 복음 사역에 있어 유일한 증인과 온전한 제자로 부상했다. 그리스도의 출생은 하나님의 새로운 창조 사역인데, 하나님은 남자의 개입 없이 동정녀 마리아의 실체, 곧 피에서 모든 인성을 다 취해 완전한 인간의 육체로서 온 세상의 구세주가 되셨다.[2] 예수님의 족보에서 중요한 것은, 특

---

1   Stanley J. Grenz, Denise Muir Kjesbo, 이은순 역, 『교회와 여성』(Women in the Church, 서울: CLC, 1997), 85-6.
2   서철원, 『기독론』(서울: 은혜문화사, 1996), 27.

히 구약의 명예롭지 못한 신분을 소유했다는 점과 이방인 다말, 라합, 룻 같은 여성이 등장한다는 점이다. 이는 예수 탄생에서 모친 마리아의 역할을 준비시키는 기능을 하여, 예수님의 탄생과 그가 앞으로 펼칠 사역이 얼마나 광범위한지를 적극 암시해주는 것으로 해석된다.[3]

사실 예수 그리스도가 다윗과 아브라함의 직계 후손인 것은 요셉을 통해서가 아니다. 바로 마리아를 통해 다윗의 족보에 연결된다. 마태복음 1:18-19을 보면 마리아는 "예수의 어머니 마리아"로 표현하는 반면, 요셉은 "예수의 아버지"가 아닌 "마리아의 남편"으로 소개하여 예수님과 관련된 사람을 마리아로 보고 있음이 드러난다.[4] 복음서에서 마리아는 예수님의 생애와 사역의 처음부터 끝까지 예수님 곁에 있는 자로 나타난다(마 12:46; 눅 2:41; 요 2:1-12; 요 19:25). 그는 성령으로 예수 그리스도를 잉태하여 출산했고, 예수님의 어린 시절과 생애를 목격하여 알려준 증인으로서 아주 중요한 역할을 감당했다. 예수 그리스도는 남자의 후손이 아니라 여자의 후손이시며(창 3:15), 여성은 하나님의 새로운 창조 사역, 즉 온 세상의 구주이신 그리스도의 탄생을 위한 하나님의 구원 사역의 동역자이자 예수 그리스도의 생애를 알려주는 유일한 증인으로 유일무이하게 쓰임 받았다.

2) 메시아 시대의 개막을 알리는 자

가나 혼인 잔치에서 예수님의 어머니 마리아는 포도주가 떨어졌다는 것을 예수님께 알렸고, 이에 예수님께서는 "여자여, 나와 무슨 상관이 있나

---

3   윤철원, "성서해석과 여성신학: 신약성서의 이미지들", 「교원논총」 114(2004): 132.
4   누가는 예수님의 탄생 기사 가운데 마리아를 가장 중요한 인물로 강조하고 있다(눅 1:26-2:7). 김득중, 『누가의 신학』(서울: 컨콜디아사, 1995), 88.

이까? 내 때가 아직 이르지 못하였나이다"(요 2:4)라며 거절하셨다. 하지만 마리아는 하인들에게 예수님이 무슨 말씀을 하시든지 그대로 하라고 말했고, 예수님은 공생애의 첫 표적을 갈릴리 가나 혼인 잔치에서 행하여 하나님의 영광을 나타내셨다(요 2:5-11). 여기서 예수님이 그의 어머니를 '여자여'(γύναι)라고 부르신 것에 주목할 필요가 있다. 예수님의 '여자여'라는 호칭은 책망이나 무례함이나 사랑의 결핍에서 나온 것이 아닌, 다만 예수님께서 여인들을 부르시는 일상적 칭호였다(마 15:28; 눅 13:12; 요 4:21; 8:10; 19:26; 20:15). 예수님께서는 어머니를 단지 혈연관계가 아닌 구속사적 관점, 즉 하나님 나라 가족이라는 대 우주적 관점에서 '여자'라고 부르시며 여성을 하나님 나라에 포함하고 있다.[5]

또한 예수님께서 말씀하신 '나의 때'(ἡ ὥρα μου)는 복음서 전체에서 '십자가'와 '부활'과 관련해 반복되는 매우 의미심장한 말이다(요 7:30; 13:1; 17:1). '때'라는 것은 하나님의 주권 안에 있는 것이므로, 마리아가 예수님의 '때'를 독촉할 수도 방해할 수도 없다. 그러나 결과적으로 마리아의 개입은 예수님으로 인해 도래하는 메시아 시대의 개막을 알리는 계기가 되었다.[6] 혹자는 마리아가 기독교의 이상적 여성상으로 제시되었다고 보기도 한다. 마리아의 모습이 상호 관계성, 유연성과 다양성이 요청되는 복잡한 현대의 정보 사회 안에서 새로운 지도자상으로 부각될 수 있다는 것이다. 마리아

---

5 요한복음을 보면 예수님은 유난히 어머니 마리아를 비롯하여 사마리아 여인, 간음하다 붙잡힌 여인, 마르다와 마리아, 그리고 막달라 마리아를 향해 '여자여'라고 하셨다(요 2:4; 4:21, 8:10; 19:26; 20:15). 이는 주님이 선포한 나라는 혈육에 있는 것이 아니라 성령으로 말미암아 남녀의 차별이 없는 보편적이고 우주적인 구원 공동체임을 암시한다고 해석할 수 있다. 채수영, "요한복음의 여성신학을 위한 연구"(장로회신학대학교 대학원 석사학위 논문, 2004), 18.

6 앞의 책, 19-20.

는 뚜렷한 정체성과 소명 의식을 가지고 주체적으로 자기 삶을 개척한 강인하고 용기 있는 여성이자 개인의 삶에 머물지 않고 삶의 범위를 확장하여 공동체를 이루며 섬김의 지도력을 발휘한 여성으로서, 동반적 관계 안에서 세상의 이목에 휘둘리지 않고 목표를 향해 협력할 수 있는 자기 지도력과 상호 지도력을 갖춘 훌륭한 지도자상을 보여준다.[7]

3) 이방 선교의 개시자

여성은 예수 그리스도의 구원이 배타적 민족주의를 지닌 유대인뿐 아니라 사마리아와 세상 모든 민족에게도 동일한 효력을 미치기 시작하는 선교에 대한 자각을 일으킨 개시자들이다. 예수님께서 사마리아 지방으로 가셔서 한 여인을 만나신 것은, 빌립의 사마리아 선교 이전에 예수님의 사마리아 선교가 먼저 있었음을 보여준 사건이다.[8] 또한 두로와 시돈 지방의 가나안(수로보니게) 여인과 만난 이야기는 예수님의 구원이 유대인뿐 아니라 이방인과도 관계가 있음을 알려준다. 이때 가나안 여인은 예수님께 메시아 직무를 이방인인 자신과 자기 딸에게 미리 행하시도록 요청하여(마 15:21-28)[9] 선교의 개시자가 되었다.

4) 복음의 내용을 풍성하게 전해준 증인

여성은 주님의 말씀을 듣고 그분과 대화함으로써 주님이 누구신지 이해한

---

7   최혜영, "성서의 여성 리더십-나사렛의 마리아를 중심으로", 「인간연구」 6(2003): 189-90.
8   채수영, "요한복음의 여성신학을 위한 연구", 22.
9   정훈택, 『열매로 알리라』, 304.

자들이며, 그것을 통해 복음의 내용을 풍성하게 전해준 증인이다. 우선 마리아와 마르다를 방문한 사건에서 예수님은 여성의 역할이 집안일이나 손님 접대 등 전통적 의무에 제한되어야 한다는 견해에 도전하시는 분으로 묘사된다(눅 10:38-42). 탈무드에서는 "누구든지 자기 딸에게 토라를 가르치는 사람은 음담패설을 가르치는 것과도 같다", "토라의 말씀을 여자들에게 전할 바에는 차라리 불에 태워 버려라"라고 했고, 이런 생각이 그 시대의 압도적 견해였다.[10] 그러나 주님은 여성에 대한 이런 고정 관념과 사회 상황 속에서도, 주의 발아래 앉아 말씀을 들은 마리아에게 "더 좋은 편을 선택하였으니 빼앗기지 아니하리라"(눅 10:42, NIV: Mary has chosen what is better, and it will not be taken away from her)라고 말씀하셨다.

마리아에 대한 주님의 변호는, 여자에게 율법을 가르치는 일은 낭비고 심지어 해악이라는 유대교의 태도와 대립하여, 여자도 남자와 같이 말씀을 들을 수 있는 권리가 있음을 확증하고 있다(눅 10:38-42).[11] 또한 당시 여성은 스스로 아무것도 선택할 수 없는 수동적 위치에 있었음에도 불구하고 예수님은 그들을 적극적으로 주님의 말씀 듣기를 선택하는 능동적 존재로 보셨다(눅 10:42). 주님께서 마리아에게 "빼앗기지 아니하리라"라고 하셨는데, 이때 무엇을 빼앗기지 않는다고 하신 것일까? 마리아는 말씀을 들을 수도, 말씀을 듣기로 선택할 수도 없는 시대 상황 속에서도 도전하여 말씀을 들었다. 그는 그 결과로 주님이 누구신지 알게 되고 말씀을 들은 열매로 주님의 장사를 준비하는 영민한 제자의 역할을 빼앗기지 않았다(요 12:1-8; 마 26:6-13; 막 14:3-9).[12] 또한 나사로가 죽어 예수님께서 마르다와 마리아를

---

10   Mary J. Evans, 정옥배 역, 『성경적 여성관』(Woman in the Bible, 서울: IVP, 1992)』, 52.

11   Mark A. Powell, 배용덕 역, 『누가복음 신학』, 132.

12   눅 7:37-50에는 "죄지은 한 여자"로 되어 있고, 요한의 기사에서는 머리가 아니라 발에 기

만난 사건에서, 마르다의 "마지막 날 부활에는 다시 살 줄을 내가 아나이다"라는 고백은 '부활과 생명의 주'를 계시해준다(요 11:24-25).

더욱이 주목해야 할 것은 주님께서 유대인이 개처럼 취급하는 사마리아 사람, 게다가 왕따까지 당하던 여인과 대화하셨다는 사실이다. 유대문서를 보면 여성이 대부분 사악하다고 생각하여 순진한 남성이 그 꼬임에 넘어가지 못하도록 여성을 만날 기회를 최대한 제한했다. 탈무드에서는 "여자들과 많이 대화하지 말라. 그러면 결국에는 부정하게 될 것이다"라고 강하게 주장할만큼 여성과 대화하는 일을 심각하게 여겼다.[13] 요한복음 4:27의 "이때에 제자들이 돌아와서 예수께서 여자와 말씀하시는 것을 이상히 여겼으나 무엇을 구하시나이까? 어찌하여 저와 말씀 하시나이까? 묻는 이가 없더라"라는 말씀에서, '사마리아 여인 본문'은 남성 제자들이 부재한 상황에서 발생한 본문이라는 것과 함께 유대 사회의 가부장적 상황을 충분히 짐작할 수 있다.

이 본문에 나오는 ἐθαύμασαν의 원형인 θαυμάζω라는 동사는 '놀라다'(to wonder), '이상하게 여기다'(to marvel), '깜짝 놀라다'(to be astonished)라는 뜻을 지닌 단어이다. 그런데 복음서에서 이 단어가 사용된 것은 대부분 예수님께서 이적과 기사를 통해 하나님의 현현을 드러내신 경우였다.[14]

름을 부었다고 말하고 있다. 그런데도 이 모든 것은 눅 7:37-50과는 별개인, 같은 경우를 언급하는 듯하다. J. N. Geldenhuys, *Luke*, 234-5와 Leon L. Morris, *Luke*, 146에서는 이러한 견해를 취한다. 한편 A. R. C. Leaney, *Luke*, 146에서 누가와 요한은 서로 유사하고 마가의 것을 다른 것으로 보기도 한다. J. M. Creed와 H. Conzelmann은 이 네 기사 모두를 동일한 사건의 변형이라고 본다. Mary J. Evans, 정옥배 역, 『성경적 여성관』, 71-8.

13 앞의 책, 50.

14 복음서에서 θαυμάζω가 나오는 본문은 다음과 같다. 마 8:10, 27; 9:8, 33; 21:20; 27:14; 막 1:27; 5:20; 6:51; 10:32; 14:33; 15:5; 16:6; 눅 1:21, 63; 7:9; 8:25; 11:14; 20:26; 24:12, 41; 요 5:20, 28; 7:15 등을 참조하라.

즉 주님이 사마리아 여인과 대화한 사건은 기적의 사건이요 하나님이 현현하신 사건이라고 볼 수 있다. 주님께서 여인과 대화하는 모습을 보고 놀랐지만 감히 묻지 못한 제자들의 반응은, 예수님께서 바람과 바다를 잔잔케 하시고(마 8:27; 눅 8:22-25), 말 못하게 하는 귀신을 쫓아내실 때 보였던 제자들의 반응(마 9:32-33; 막 1:27)과 동일하기 때문이다. 또한 이웃에게 소외된 여인과의 대화에서 주님은 제자들과도 나누지도 않았던 '예배'에 관한 말씀을 하셨으며, '영생', '생수', 하늘로부터 온 '메시아'로서의 자신을 계시해주셨다(요 4:5-24).

예수님께서는 사마리아 여인과 대화하심으로써 사마리아인과 상종하지 않는 '유대 민족의 질서', 집 밖에서 여자와의 대화를 금한 '랍비 전통의 질서', 여성을 열등하고 이해력 없는 존재로 본 '가부장 질서'를 깨셨다. 오늘날 사마리아 여인이 전하는 메시지는, 예수님께서 이렇게 당시 사회의 질서를 깨고 남성의 희생양이자 피해자로서 상처 입고 왕따 당한 여인, 정죄 받은 여인, 하자 있는 여인을, 예수님이 어떤 분이신가를 증언할 전달자로 만나주셨다는 점에서 복음이다. 또한 예수님을 통해 오는 구원이 예루살렘과 그리심 산, 유대인과 사마리아인, 남자와 여자가 모두 하나 되는 하나님 나라의 새로운 질서임을 보여주셨다는 점에서 복음이다. 아울러 가나안(수로보니게) 여인과의 대화에서도(마 15:21-28; 막 7:24-30)[15] 주님은 유대인과 남성이라는 한계를 넘어 비록 이방인이고 더욱이 여성이라 할지라도 구원을 얻게 되는 하나님 나라의 포괄성을 보여주셨다.

---

15 예수님과 가나안 여인과의 대화에서 제자들이 이상히 여겼다는 표현이 없는 것으로 보아, 이 사건은 사마리아 여인과 만난 이후의 사건이라고 짐작할 수 있다.

5) 십자가 사역의 증인이 된 온전한 제자

여성은 예수 그리스도의 십자가 죽음을 이해하고 준비했을 뿐 아니라 그리스도 십자가 사역의 증인이 된, 영적으로 기민하고 깨어 있는 온전한 제자들이다. 예수님의 죽음이 임박했을 때, 마리아는 지극히 비싼 향유인 순전한 나드 한 근을 가져다가 예수님의 발에 붓고 자기 머리털로 그 발을 닦아 '예수님의 죽음'을 준비했다(요 12:1-8). 주님은 복음이 전파되는 곳에 이 여성의 행위도 함께 알려 '기념'하라고 말씀하셨다(마 26:13). 이는 남성 제자들이 예수님의 지상 사역의 전 기간에 걸쳐 이런 영적 기민함과 통찰력을 보여주지 못한 반면, 마리아야말로 메시아직의 진정한 성격을 이해한 제자였음을 암시한다.[16] 또 자신의 탐심 때문에 마리아의 사역을 비난한 가룟 유다가 예수님을 배반한 것과는 대조적으로 진정한 제자로서 헌신적 여성의 존재를 부각하며, 그녀의 행위가 예수님의 죽음과 그의 영광의 때를 지시하는 예언적 행위이었음을 보여준다.[17]

아울러 예수님께서 십자가를 지고 골고다로 향할 때 로마 군병이 둘러싸고 경계를 서는 위험한 상황에서도 예수님을 위하여 가슴을 치며 슬피 울며 따라간 큰 무리는 남성 제자들이 아니라 여성 제자들이었다(눅 23:26-29).[18] 예수님의 십자가 곁에는 갈릴리로부터 따라온 여성 제자들만이 함께

---

16   Stanley J. Grenz, Denise Muir Kjesbo, 이은순 역, 『교회와 여성』, 89-90.

17   채수영, "요한복음의 여성신학을 위한 연구", 41-3.

18   여인들이 십자가를 지신 예수님을 울며 따라갔을 때, 주님이 "나를 위해 울지 말고, 너희와 너희 자녀들을 위해 울라"라고 하신 말씀에 대하여, 어떤 사람은 "예수님께서 자기의 슬픈 감정에만 사로잡혀 있는 여인들을 교정해 주시는 것이다"라고 해석한다[말씀, 믿음, 삶-초등부2 1·2학기(대한예수교장로회총회, 1999), 104-7을 보라]. 하지만 모든 인간의 죄를 대속하시기 위해 십자가를 지시는 우주적이고 종말적인 그 순간에 주님이 고작 "여성들의 잘못된 감정"을 교정해주시는 분이라고 보는 해석에는 동의할 수 없다. 로마 군대의 삼엄한

하며 예수님의 처형 현장을 지켜봤다(눅 23:49). 예수님께서 십자가상에서 "여자여, 보소서! 아들이니이다. 또 그 제자에게 이르시되 보라! 네 어머니라 하신대 그때부터 그 제자가 자기 집에 모시니라"(요 19:26-27)라고 모친 마리아에게 하신 말씀에서, 마리아는 예수님이 사랑하시는 제자의 어머니로서의 역할을 부여받았다. 이는 마리아가 결국 새로운 제자 공동체에 속하게 되며, 사랑하시는 제자와의 새로운 관계를 모델로 새롭게 형성되는 제자 공동체에서 중심인물이 되는 것을 보여준다고 해석할 수 있다.[19]

남성 제자가 부재한 상태에서 여성들만 예수님의 십자가 죽음을 목격한 사건은, 가부장적 유대 혈연 공동체와 대비되는 사건으로, 예수님의 죽음에 있어 여성을 제자 공동체의 새로운 가족 구성원이 되도록 한다는 중요한 메시지를 준다. 이 메시지는 요한복음 서두의 "오직 하나님께로서 난 자들"이라는 말씀(요 1:11-13)을 재확인해준다.[20]

6) 예수 그리스도의 부활을 최초로 목격하고 전달해준 부활의 증인

그리스도의 복음은 십자가와 부활을 빼놓고 말할 수 없다. 예수 그리스도의 부활 사건은 기독교를 만든 사건이요, 예수님을 통해 완성되는 옛 관계와 질서를 벗어나 새로운 차원에서 하나님과 함께하는 삶의 시작이자 인식 전환을 불러오는 관점이다. 아울러 그리스도의 부활은 교회의 설립을 촉진

포위에도 아랑곳 않고 담대하게 십자가의 증인이 된 여성들의 눈물과 헌신을 '감정에 사로잡힌 눈물' 정도로 해석하는 이런 남성 중심적 성경 해석이 교회 학교 어린이 공과에 버젓이 실려, 그리스도의 복음 사역에서 여성의 중요한 역할을 왜곡한다는 것은 대단히 안타까운 일이다.

19 장상, "요한복음에 나타난 여성의 역할", 「신학사상」 67(1989/10): 864.
20 채수영, "요한복음의 여성신학을 위한 연구", 47.

한 결정적 사건이다.[21] 안식 후 첫날 이른 아침 아직 어두울 때 막달라 마리아를 포함한 여성들은 예수님의 시체라도 보기 위해 무덤을 찾아가지만 빈무덤만 보고 상심하여 울게 된다. 예수님의 수제자 베드로와 또 다른 제자도 무덤을 찾아와 보고는 집으로 돌아간다(요 20:1-10). 그런데 부활하신 주님은 수제자 베드로와 또 다른 제자가 무덤에 찾아왔음에도 그들을 만나주지 않으시고, 막달라 마리아를 최초로 만나주신다(요 20:11-18).

아이러니한 것은 그토록 중차대한 그리스도의 부활 사건을 처음 목격한 것이 신적 권위를 지닌 남성 사도들이 아니라 당시 열등하게 취급받아 증인도 될 수 없던 여성, 그중에서도 일곱 귀신까지 들렸던 막달라 마리아였다는 사실이다(막 16:9). 최근 연구를 통해 제자 막달라 마리아가 새롭게 주목받고 있다. 원시 기독교의 주요 지도자 가운데 20세기 후반 이후 대중적으로 가장 주목받은 인물 가운데 하나가 막달라 마리아다. 그 이유는 첫째로 나그함마디(Nag Hammadi) 문서가 발견된 이후 1955년에 『마리아 복음서』(The Gospel of Mary)가 출간되었기 때문이다. 마리아 복음서의 파격적인 내용은 이로써 광야에서 들리는 외로운 외침이 아니라, 여러 사람이 외치는 '함성'이 될 수 있었다. 둘째로는 페미니스트들의 초기 기독교사 연구 때문이다(E. Süssler Fiorenza).[22]

아쉽게도 바울이 그리스도의 부활을 목격한 증인 목록을 쓴 고린도전서 15장에는 막달라 마리아의 이름이 빠져 있다. 김세윤 교수는 고린도전서 15장이 단지 '전승'이라는 단순한 사실만이 아니라 바울의 해석까지 포

---

21   Donald Guthrie, 이중수 역, 『미래·윤리(신약신학5)』(New Testament Theology, 서울: 성경유니온, 1987), 56.
22   하희정, 『역사에서 사라진 그녀들』(구리: 선율, 2019), 19-58.

함한다고 했다.[23] 현재는 십자가와 부활 본문도 복음서 본문보다는 바울의 고린도전서 15장을 더 우선시하는 경향이 많다. 또 부활하신 예수님이 막달라 마리아에게 처음으로 나타나신 그 직접적 신현의 권위보다, 수제자 베드로의 권위를 세우는 일에 더 치중하고 있다. 하지만 남성 제자들이 최초 혹은 직접적인 증인이 안 된 본문, 특히 예수님의 부활 사건 본문을 읽고 해석할 때는 최초의 증인이었던 '막달라 마리아'의 눈으로 보려고 노력해야 한다. 여기서 우리는 여성을 이해하려는 열린 태도를 취해야 하고, 여성을 기존의 가부장적 편견에 따라 획일적이고 '집단'적인 존재로서 봐서는 안 되며, 막달라 마리아를 예수 부활의 유일한 첫 증인으로 볼 수 있어야 한다.

우리가 믿는 복음은 예수 그리스도 자신이 직접 행하고 선포하신 말씀이 우선돼야 한다. 즉 예수님께서 왜 부활의 첫 증인으로 남성 제자가 아닌 여성을 세웠는가에 더 집중해야 한다(요 20:1-18; 막 16:9-14). 부활의 복음을 제일 먼저 전한 사람이 여성이었다는 사실은 그리스도의 복음에 있어 중요한 신학적 의미들을 던져준다.

첫째, 당시 여성은 증인의 효력이 없었는데, 예수님께서는 왜 우주적이고 종말론적인 부활 사건의 첫 증인과 전달자로 하필 여성이자 일곱 귀신 들렸던 막달라 마리아를 택하셨는가? 열두 제자는 주님의 공생애 및 사역의 증인과 말씀의 전달자가 되기 위해 따로 세움 받았으며, 무엇보다도 예수 그리스도의 십자가와 부활의 증인이 되어야 했다. 둘째, 사복음서에 나오는 십자가와 부활 사건을 포함한 여러 사건(예수님의 성육신 탄생, 어린 시절, 생애, 사마리아 여인과의 대화, 마르다와 마리아 사건 등)은 남성 제자들이 성경

---

23   김세윤, 『바울복음의 기원』(서울: 엠마오, 1996), 92.

으로 기록했다고 해도 최초 전달자가 여성이라는 것과, 막달라 마리아만의 유일한 고백인 "내가 주를 보았다"라는 신앙적 증언이 담겨 있음을 감안하고 해석해야 한다.

이처럼 복음서의 부활 사건에서, 온 세상의 구주시요 부활하신 주님께서 개인적으로 여성을 만나 첫 증인을 삼으시고 신적 권위를 지닌 제자들에게 오히려 부활을 증거하는 전달자로 세우셨기에 여성의 역할은 결코 무시할 수 없다. 이는 남성이라는 사실이나 신분의 구별에 따라 그 증언이 참이거나 유효한 것이 되지 않음을 보여준다. 주님께서 당시 증인도 될 수 없던 여성인 막달라 마리아를 인류 최대의 사건이요 재창조의 사건인 부활의 첫 증인과 전달자로 삼으셨다는 것은(마 28:10; 눅 24:10; 요 20:18) 그녀가 '사도 중의 사도'임을 입증하며, 부활 후에 세워질 교회 공동체가 남녀가 평등한 제자의 공동체임을 입증한다고 본다. 이로써 오늘날 그리스도의 복음 사역을 위한 여성 리더십의 확실한 근거를 발견하게 된다.

7) 그리스도 지상 사역의 마지막인 승천과 성령 강림을 목격하고 체험한 자

교회 공동체를 출범시키는 데 확정적인 사건은 두말할 것 없이 오순절 성령 강림 사건이었다.[24] 그리고 결원이 생긴 사도직을 보충하기 위해 120명

---

24 S. M. Gilmour, "Easter and Pentecost," *JBL* 81(1962): 62ff는 바울이 고전 15:3ff에서 부활하신 그리스도가 500명에게 나타났다는 것은 오순절 사건을 가리킨다는 E. Von Dobschütz의 견해(*Ostern und Pfingsten*, 1903, 33f)를 발전시켰다. Gilmour는 누가가 이 오순절 사건을 교회의 범세계적 선교 사명의 출발점으로 해석했다고 주장한다. 이 견해에 대한 비판은 J. D. G. Dunn의 *Jesus and the Spirit*, 144ff와 I. H. Marshall의 "The Significance of Pentecost," *SJT* 30(1977): 347-69를 재인용. Donald Guthrie, 이중수 역, 『미래·윤리(신약신학5)』(*New Testament Theology*, 서울: 성서유니온, 1987), 58.

의 제자가 모였을 때도 이 여성들이 함께 있어 맛디아의 선출에 참여했다.[25] 아울러 예수님의 모친 마리아와 여성들이 제자들과 함께 모여 기도에 힘쓰던 중(행 1:14), 오순절에 그들도 성령의 충만함을 받았다(행 2:1-3). 예수님의 승천 이후 사도와 제자들과 함께 여성도 똑같이 성령 충만을 받은 것은, 주님이 승천하시기 전 마지막으로 하신 말씀과 같이 그들도 그리스도 복음의 증인으로 세움 받았음을 확정한 사건이다(행 1:8).

이처럼 그리스도의 복음 사역에서 여성들은 그들이 여성이기에 할 수 있었던 꼭 필요한 일, 즉 그리스도의 성육신과 어린 시절을 포함한 초기 생애, 공생애의 시작을 알리는 것, 이방인 선교의 개시, 그리스도의 장사 준비, 십자가와 부활의 첫 증인의 역할을 잘 감당했으며, 이들이 위로부터 오는 성령의 은혜와 능력 가운데 그리스도의 복음 사역에 동참할 것을 사명으로 위임받은 제자라는 점은 여성 리더십의 기초가 된다.

2. 그리스도의 복음 사역과 여성 리더십:
제자도, 복음 전파, 성령 충만

그리스도의 복음 사역에서 여성이 감당한 역할을 교회 내 여성 리더십과 연결시킬 수 있는 지점은 '제자도', '그리스도의 지상 명령 위임', '성령 충만' 세 가지다. 교회가 행하는 복음 사역이란 결국 주님께서 위임한 사역, 즉 하나님 나라를 위한 구원 사역을 말하며, 이것은 '제자도', '복음 전파',

---

25 정훈택, "바울의 여성관", 『신학적 도약』(서울: 민영사, 2002), 42.

'성령 충만'으로 요약되기 때문이다.[26]

1) 여성의 제자도

신약성경은 여성의 제자도를 남성의 제자도 만큼 폭넓고 뚜렷하게 강조하지는 않더라도 여성의 제자도를 강조한다는 사실만큼은 부인할 수 없으며, 여기에는 중요한 의미가 있다. 예수님은 '제자'에 관해 말씀하실 때, 자기 삶을 통해 특별한 헌신과 우선순위를 보여주지 못하는 사람은 누구도 제자가 될 수 없다고 하셨기 때문이다(눅 14:26-33). 그리고 "서로 사랑하라"라는 새 계명을 실천하는 자가 주님의 제자이며(요 13:35), 주님을 사랑하는 자야말로 주님을 대신하여 그의 어린 양들을 돌볼 수 있는 제자의 자격을 얻는다고 말씀하셨기 때문이다(요 21:15-17).

이는 예수님을 세 번이나 부인한 베드로에게 하신 말씀에서도 확인된다. 주님은 승천하시기 전, 십자가 사건 당시 실패한 베드로에게 주님에 대한 사랑을 세 번 다시 확인한 후에 주님의 양을 먹일 것을 부탁하셨다. 제자도에서 주님에 대한 사랑과 헌신이 참으로 중요한 요소임을 알 수 있다(요 21:15-17). 그런데 이렇게 이상적이고 온전한 제자도를 실천한 이들은 여성이었다. 따라서 신약성경이 말하는 여성 제자 문제를 리더십과 관련해 새롭게 살펴봐야 한다.

신약성경에서 발견할 수 있는 제자도의 몇 가지 기준은, 첫째, 제자가

---

26 Boyd Luter, Kathy McReynolds, 전의우 역, 『여성, 숨겨진 제자들』(Women As Christ's Disciples, 서울: 예수전도단, 2003), 9-10; 제자도의 범주에 성령 충만과 복음 전파 사명이 포함된다고 볼 수도 있다. 이와 관련하여, Waldron Scott, 강선규 역, 『사회정의와 세계선교를 향한 제자도』(Bring Forth Justice, 서울: 두란노, 1988), 229-69을 참조하라.

되어 예수님을 좇는 것을 의미하는 '따르다'(follow as disciple)라는 표현이다.[27] 둘째, 주님과 함께 시간을 보내는 것을 가리키는 '그와 함께'라는 표현(눅 8:1-3)이다.[28] 셋째, 제자가 취하는 전형적인 자세인 '유명한 선생의 발치에 앉는 모습'(눅 10:39)이다.[29] 넷째, 주님에 대한 사랑과(요 21:15-17), 주님의 말씀에 근거한 그분에 대한 헌신도이다(눅 14:26-33).

그런데 신약성경에 등장하는 여성들은 이러한 제자도의 모습을 보여준다. 놀랍게도 신약성경 어디에서도 여성 제자들의 외모를 묘사한다든지 남편에게 얼마나 순종했는지 등으로 남편에게 종속된 위치를 표현하지 않으며, 오직 주님을 따르는 제자로서의 태도와 행동을 발견할 수 있을 뿐이다.[30] 실제로 예수님의 어머니 마리아, 막달라 마리아, 마르다와 마리아, 사마리아 여인 등 수많은 여성에 관한 이야기에서 외모나 남편(남성)에게 얼마나 순종했는지에 대한 언급은 전혀 찾아볼 수 없다. 다만 제자도의 모습인 주님에 대한 사랑과 헌신만 볼 수 있을 따름이다.

예수님의 어머니 마리아에게서는 주님의 말씀을 위해 목숨을 건 헌신과 사랑, 예수님의 사역을 앞당기는 진취성, 복음 사역의 처음부터 끝까지 따르고 함께한 온전한 제자도의 모습을 보게 된다. 막달라 마리아에게서는 주님에 대한 사랑과 헌신, 십자가의 증인이 되는 모습, 무엇보다 부활의 주님을 최초로 만난 여성 증인으로서의 제자도를 볼 수 있다. 마르다와 마리

---

27 많은 학자는 '따르다'를 그리스도의 모범을 따라 모방하는 것이나 그리스도를 닮음으로 해석한다. Schweizer, *Mattaüs*, 59; Neuhäusler, *Anspruch*, 188; Mohrlang, *Matthew*, 77 등을 참조하라. 정훈택, 『열매로 알리라』, 337.

28 Boyd Luter, Kathy McReynolds, 전의우 역, 『여성, 숨겨진 제자들』, 16-7.

29 누가는 마리아를 주님의 발아래 앉아 있는 것으로 묘사하는데, 이런 표현은 '제자됨'을 뜻하는 기술적 형식으로 간주된다(참조. 행 22:3; 눅 8:35). 김경진, 『누가신학의 제자도와 청지기도』(서울: 솔로몬, 2007), 148.

30 Boyd Luter, Kathy McReynolds, 전의우 역, 『여성, 숨겨진 제자들』, 200.

아에게서는 주님을 사랑하고 그분의 말씀을 사모하여 듣고 깨달으며, 종국에는 주님의 죽음을 준비하는 영민하고 헌신된 제자도를 보게 된다. 이외에도 헤롯의 청지기인 구사의 아내 요안나와 수산나와 다른 여러 여성이 자기의 소유로 주님과 제자들을 섬기는 헌신의 제자도를 보여주며(눅 8:3), 글로바의 아내 마리아와 예수님의 이모(his mother's sister)는 주님에 대한 사랑과 헌신으로 십자가 곁에 끝까지 함께하여 증인이 된다(요 19:25). 이러한 여성들이야말로 주님이 말씀하신 온전한 '제자도'를 실현한 자들이었다(눅 8:3; 요 19:25-27).

2) 여성의 복음 전파

여성 리더십을 제자도와 관련하여 확인할 수 있는 최선의 방법은 바로 '그리스도의 지상 명령 위임'과의 관계에서다. 여성 제자들은 예수님의 성육신 탄생, 생애, 십자가와 부활이라는 가장 힘들고 중요한 순간에 나타날 뿐 아니라, 예수님이 승천하시기 전 교회를 향해 "세상 끝날까지"(마 28:20) 복음을 전파하라고 주신 지상 명령에서도 제자들과 함께 등장한다(마 27:56, 61; 28:1-8; 막 15:40-41, 47; 16:1-8; 눅 23:49, 55; 24:1-10; 요 19:25-27; 20:1, 11-18; 행 1:14). 주님께서 주신 지상 명령을 표로 정리하면 다음과 같다(표2 참조).[31]

---

31 앞의 책, 18-19. 지상 명령과 관련된 〈표2〉는 19을 참조한 것임.

특징	마 28:18-20	눅 24:46-49	행 1:8	요 20:21-23	막 16:15-18
위임의 기초	모든 권세(18)	죽음·부활로 구약이 성취됨	부활 후 나타나심	부활 후 나타나심	부활 후 나타나심
핵심	제자로 삼아(19)	회개할 것을 선포(47)	내 증인이 되리라	파송(21)	복음을 전파하라 (15)
범위	모든 민족(19)	모든 족속(47)	예루살렘과 땅 끝까지	누구의 (누구에게든, 23)	온 천하에… 만민에게(15)
절차	간다(19) 세례를 베푼다(19) 가르친다(20)	예루살렘에서 시작하여(47)	예루살렘에서 나온다(암시)	죄사함 또는 그대로 둠	전파한다(15) 세례를 준다(16)
역할	제자 삼는 자(19)	전파하는 자(47) 증인(48)	증인	보내심 받은 자들 (21) 용서하는 자들(23)	전파하는 자(15)
능력을 주는 방법	내가 세상 끝 날까지 너희와 항상 함께 있으리라(20)	위로부터 능력으로(49)	성령이 너희 위에 임한다	성령(22)	내 이름으로(17)
지속/ 범위	세상 끝날까지 (20에 암시)/ 모든 민족(19)	모든 족속(47에 암시)	땅 끝	누구의(누구에게든, 23에 암시)	세상, 피조물 (15에 암시)

〈표2〉 지상 명령

3) 여성의 성령 충만

예수님의 승천 후, 예수님의 어머니 마리아를 포함한 여성 제자들도 사도
와 제자들과 함께 마가의 다락방에서 오순절 성령 충만을 받게 되었는데,
이 사실도 여성 리더십의 근거를 찾는 데 있어 중요한 요소다. 오순절 사

건이야말로 교회 공동체를 출범시킨 확정적 사건이기 때문이다.[32] 여성 제자들이 예수님의 지상명령을 받은 후 오순절의 성령 충만을 입었다는 사실은, 주님이 승천하시기 전 마지막으로 하신 "성령이 임하시면 권능을 받고…땅 끝까지 이르러 내 증인이 되리라"(행 1:8)라는 말씀에 따라 그들도 그리스도의 복음 전파의 증인으로 세워졌음을 입증한다.[33]

　　제자도란 그리스도인 모두에게 해당하는 것으로, 제자로서 충성을 다해 주님의 형상을 날마다 닮아 가는 과정이자 다른 제자들도 그렇게 할 수 있도록 평생 주님이 다시 오실 때까지 복음을 가르쳐 지키게 하는 것이다 (마 28:19-20). 날마다 성장하며 성령 충만 가운데 다른 제자를 만들어 내는 제자가 되는 것이야말로 주님이 모든 제자에게 주신 가장 실제적인 도전이다.[34] 그러므로 주님의 복음 사역에 나타나는 여성 제자도의 모습과, 그리스도의 지상 명령인 복음 전파의 사명을 제자로서 위임받은 것, 그리고 이 사명을 확정하는 오순절의 성령 충만을 입은 사건은 교회의 복음 사역을 위한 여성 리더십의 성경적 근거가 된다.

32　Donald Guthrie, 이중수 역, 『미래·윤리(신약신학5)』(New Testament Theology, 서울: 성서유니온, 1987), 58.

33　요엘서의 인용구는 남녀를 동등하게 취급하는 단어들을 나란히 사용하고 있다 (προφητεύσουσιν οἱ υἱοὶ ὑμῶν καὶ αἱ θυγατέρες ὑμῶν καὶ οἱ νεανίσκοι ὑμῶν καί γε ἐπὶ τοὺς δούλους μου καὶ ἐπὶ τὰς δούλας…). 이는 남성들만이 아니라 여성들에게도 구별 없이 성령께서 임하셨고 그들을 가득 채우셨으며, 방언으로 말하게 하셨다는 증거라고 볼 수 있다. 정훈택, "바울의 여성관", 『신학적 도약』, 225-7.

34　Boyd Luter, Kathy McReynolds, 전의우 역, 『여성, 숨겨진 제자들』, 200

3. 바울의 선교 사역에 나타난 여성 리더십

1) 바울의 선교 사역과 여성 리더십

전통적이고 보편적인 견해는, 마치 남성 우위나 남존여비 사상을 말하는 듯한 바울 서신의 몇몇 구절에 의존해 교회와 가정 내 여성의 가치와 역할을 극도로 제한한다.[35] 하지만 그런 견해는 두 가지 이유에서 문제가 있다.

첫째, 바울 서신 해석 방법의 문제다. 바울 사도가 그의 편지에서 여러 가지 윤리 문제를 다루고는 있지만, 이는 기독교 윤리를 체계적으로 가르치기 위한 것이 아니었다. 20세기 후반의 우리에게 필요한 기독교 윤리학을 빈틈없이 기록해 놓기 위한 것도 아니었다. 그는 단지 당시 교회의 구체적인 상황 속에서 발생한 여러 문제를 해결하여 교회를 안정시키고 바람직한 교회로 기능하게 하려고 그것을 썼다. 바울 서신이 다루는 여성 관련 문제의 상황을 재구성할 충분한 근거를 찾기 어려움에도, 바울 서신은 오랫동안 그것이 특정한 시대 상황이나 지역 상황을 반영하기보다 영원한 진리를 담고 있다고 해석되어왔다.[36]

둘째, 바울 선교의 '역사적 현장'에서 동역한 여성의 역할을 무시한다는 점이다. 바울 서신에 언급된 여성들은 바울이 여성을 실제로 어떻게 대했는지를 보여주는 귀중한 자료다. 바울 서신을 통해 다비다, 브리스길라, 압비아, 유오디아와 순두게, 뵈뵈, 버시, 유니아 등 많은 여성이 복음 사역과 관련하여 중요한 위치에서 활약했음을 볼 수 있다. 따라서 바울의 여성

---

35 정훈택, "바울의 여성관", 『신학적 도약』, 217.

36 앞의 책, 217-9.

관을 살피려면, 여성에 관한 바울의 충고와 함께 바울의 선교 사역에 동역했던 여성들의 역할도 함께 살펴보는 것이 바람직한 접근 방법이다. 그러므로 바울의 선교 사역에 동참한 여성들의 역할 규명을 통해 여성 리더십의 근거를 찾고자 한다.

2) 바울의 선교 사역에 동참한 여성들

사도 바울의 선교 사역에 동참한 여성들은 사도행전과 바울 서신이라는 두 경로로 추적해 볼 수 있다. 그런데 사도행전에 나타난 여성의 역할을 보면서 주목해야 할 것은, 사도행전의 저자인 누가가 누가복음을 기록하면서 많은 여성을 등장시키고 예수 그리스도의 참된 제자로 부각시켰으며, 사도행전에서도 많은 여성을 등장시킨다는 점이다.

우선 누가는 예수님의 승천을 목격했던 제자 중에 적지 않은 여성이 섞여 있다고 보도한다(행 1:14). 이 여성들은 사도 및 다른 제자들과 함께 주님이 부탁하신 대로 예루살렘을 떠나지 않고 성령이 임하시기를 기다리며 일심으로 기도하고 그 공동체의 일원으로 행동한다.[37] 또한 여성들도 오순절에 성령 충만을 받아 하나님의 크신 일을 말한다.[38] 사도행전에서 여성들은 복음 전파자로서는 물론이거니와 복음의 대상으로서도 동등한 기회를 부여받았으며, 예수님을 믿고 세례받고 믿음 때문에 핍박받기도 한다(행

---

37 정훈택, "바울의 여성관", 『신학적 도약』.

38 Mary Stewart Van Leeuwen은 여성들이 오순절에 성령 충만 받은 것에 대해 주님께서 이 땅에서 사역하시는 동안 이미 오순절의 '해방 선언'을 위해 남녀를 준비시키신 것이라고 해석하기도 한다. Mary Stewart Van Leeuwen, 윤귀남 역, 『신앙의 눈으로 본 남성과 여성』 (Gender and Grace, 서울: IVP, 1999), 56.

8:3, 12, 9:2, 13 등).[39]

사도행전과 바울 서신, 특히 로마서 16장에는 문안 인사 가운데 교회의 중요한 위치에서 섬겼던 여성의 이름이 많이 나타난다.[40] 욥바의 여제자 다비다(행 9:36), 루디아(행 16:11-15), 브리스길라(행 18:2), 일곱 집사의 하나인 전도자 빌립의 예언하는 네 딸들(행 21:9), 뵈뵈 자매(롬 16:1), 로마 교회를 위해 헌신한 마리아(롬 16:6), 유니아(롬 16:7), 드루배나와 드루보사(롬 16:12), 버시(롬 16:12), 루포의 어머니(롬 16:13), 율리아와 네레오(롬 16:15), 유오디아와 순두게(빌 4:2), 눔바(골 4:15), 압비아(몬 1:2) 등이 그들이다. 유대교 사회에서 여성의 일반적 신분이나 위치와 비교했을 때, 바울과 동역했던 여성 가운데는 복음 사역에 적극적으로 동참하고 이를 지원했던 탁월한 여성이 많았다. 여성이 유대교 상황과 크게 대조적으로 활약한 것을 간과해서는 안 된다.[41] 이제 바울의 선교 사역에 지도자 역할로 동참한 몇몇 여성들을 살펴보도록 하겠다.

---

39 정훈택, "바울의 여성관", 『신학적 도약』, 226.

40 사도 바울이 문안 인사를 하는 대부분의 사람은 바울이 선교 여행 중에 만났던 사람이거나, 많은 사람이 그러했듯 로마에 정착하여 복음과 관련하여 바울과 친분을 유지해오던 사람들이었다. 사람들은 일반적으로 동부에서 로마로 이주했다(Carcopino, *Life*, 55; Friedländer, *Life*, 4:11). 팔레스타인 유대인들과(CIJ 1:282, 362; 1:287-8, 370; 1:411, 556[포로]) 디아스포라 유대인들도(CIJ 1:365, 500) 그러했다(H. J. Leon, *The Jews of Ancient Rome* [Philadelphia, PA: Jewish Publication Society, 1960], 238-40 참조). 25개의 이름 중 오직 여섯 개만이 라틴어다(Wolfgang Wiefel, "The Jewish Community in Ancient Rome and the Origins of Roman Christianity," *Romans Debate-Revised*, 95). 그리고 이들 중 분명하게 로마로 이주한 자들은 두셋뿐이다(아굴라와 유니아). 로마에 사는 유대인 중 오직 반 정도만이 라틴어 이름을 갖고 있었던 것이 사실이지만(H. J. Leon, *The Jews of Ancient Rome*, 107), 로마에 살고 있는 외국인 거주자들(peregrini)과 자유를 얻은 자들이 가끔 로마식 이름을 썼다는 것도 한편으론 주목해볼 만하다(Friedländer, *Life*, 4:56-7). Craig S. Keener, 이은순 역, 『바울과 여성』(Paul, Women & Wives, 서울: CLC, 1997), 309.

41 정훈택, "바울의 여성관", 『신학적 도약』, 235-6.

(1) 욥바의 다비다: 여제자(행 9:36-43)

다비다는 신약성경에서 유일하게 '여제자'라고 거명된 여성이다. 다비다를 '여제자'라고 일컬은 이유가 구체적으로 언급되지는 않는다. 그러나 그가 선행과 구제하는 일이 심히 많았고, 다비다가 병들어 죽었을 때 많은 과부가 베드로 곁에서 울며 다비다의 선행을 언급한 것과, 베드로가 죽은 다비다를 하나님의 능력으로 살렸다는 것, 이로 인해 많은 욥바 사람이 주님을 믿게 되었다는 기록에서 다비다의 섬김의 리더십이 두드러지게 드러난다. 따라서 다비다를 통해 두 가지를 살필 수 있다. 첫째, 다비다를 '여제자'라고 부른 것으로 볼 때 사도행전에서는 남녀를 불문하고 '제자'로 불렸으며 남녀 제자의 수가 심히 많아졌다는 점이다(행 6:7). 둘째, 다비다는 제자도의 성격 가운데 '섬김의 리더십'을 말씀대로 실천하여 많은 사람을 주님께로 인도한 헌신된 '여제자'였다는 점이다.

(2) 두아디라 성의 루디아: 유럽 교회의 최초 설립자(행 16:11-15)

사도 바울은 두 번째 선교 여행 중 유럽의 빌립보에서 첫 제자를 얻는다. 사도 바울은 랍비들처럼 여성을 멀리하지 않고 강가에 모여 있는 여성들에게 직접 전도했다. 루디아는 온 가족을 바울에게 데리고 와서 복음을 듣게 하고 세례를 받아 유럽 최초의 교회를 탄생시켰다(행 16:15). 이는 여성이라는 사실이 바울의 복음 선교에서나 유럽지역 최초의 교회 설립자가 됨에 있어 하나도 거리낌이 되지 않았음을 보여준다.

(3) 브리스길라: 사도 바울의 동역자

고린도로 자리를 옮긴 바울은 로마에서 쫓겨나 이탈리아 반도를 떠난 아굴라와 그의 아내 브리스길라를 만나게 된다(행 18:2). 그들은 바울과 함께 천막 만드는 일(혹은 수리하는 일)을 하는 동안 예수님을 알게 되고 복음의 일꾼이 되어 고린도 교회의 설립에 관여하게 된다. 브리스길라와 아굴라는 바울이 그리스를 떠날 때 함께 에베소로 건너갔으며, 바울이 안디옥 교회로 돌아간 후에도 계속 에베소에 머물며 교회의 지도자 역할을 했다.[42] 이 때 성경에 능통한 아볼로를 데려다가 하나님의 말씀을 더 정확하게 가르치는 사역도 한다(행 18:24-26).

브리스길라와 아굴라 부부의 전체 행적을 빠짐없이 다 알 수는 없지만, 처음과 에베소에서 잠시 함께 사역했을 때 외에는 주로 바울이 비운 지역의 교회에서 사역했음을 알 수 있다. 바울이 기꺼이 이들을 "그리스도 안에 있는 나의 동역자들"이라고 표현한 것은 그들이 바울 사도와 복음을 선포하고 교훈하는 일에 실제로 함께하는 사람들이었음을 뜻한다(롬 16:4).[43] 바울은 동역자라는 말을 절대로 무의미하게나 체면치레로 사용하지 않았기 때문이다. 또 이 단어는 단순히 한 단체에 속해 있는 사람, 구제나 봉사 등의 비교적 소극적인 활동에만 가담하는 사람을 지시하지도 않았다. 교회를 위해 헌신한 사도 바울 자신과 같이 그리스도의 복음에 사로잡힌 자들을 지시했다.[44]

이때 사도바울이 로마서 16:3에서 한 번, 사도행전에서 두 번이나 브리스길라의 이름을 남편인 아볼로 앞에 거명했다는 점은 주목할만하다. 아내의 사회적 지위가 훨씬 높거나 관계된 이들이 지위에 전혀 관심이 없는 경우가 아니라면, 남편이 먼저 거명되는 게 일반적이기 때문이다.[45] 이는 브

---

42   정훈택, "바울의 여성관", 『신학적 도약』, 235-6.

43   이한수, 『바울신학연구』, 375.

44   정훈택, "바울의 여성관", 『신학적 도약』, 235.

45   Craig S. Keener, 이은순 역, 『바울과 여성』, 316.

리스길라가 남편 아굴라보다 여러 면에서 재능이 많고 지도력이 있는 여성이라서 많은 사람의 인정을 받았음을 의미한다.[46]

브리스길라와 아굴라에 대한 바울의 마음이 각별하다는 것은 로마서 16:4 후반부에서도 알 수 있다. 그는 "나뿐만 아니라 이방인의 모든 교회가 그들에게 감사하고 있다"고 했다. 바울뿐 아니라 이방인의 모든 교회가 감사한다는 그들의 희생적 사역이란, 지도자 역할이라고 할 수밖에 없다. 바울 사도가 브리스길라를 자신에 버금가는 인물로 표현하는 데서 그녀의 활동상이 어떠했는지를 확인할 수 있다.[47]

(4) 여집사 뵈뵈: 겐그레아 교회의 일꾼

바울 사도는 얼굴도 보지 못한 로마 성도들에게 그의 귀중한 편지를 전달할 사람으로 겐그레아 교회의 집사(διάκονον) 뵈뵈를 선택한다. 그런데 뵈뵈에게 사용된 '집사'(διάκονον)라는 칭호는 남성에게 붙이는 칭호다. WBC 성경주석은 NIV의 '여종'(deaconess)이라는 표현이 부적절하다고 지적한다. 디아코노스(διάκονος)는 더욱더 인정받은 목회 사역이며(Maillot), 교회에서 책임 있는 위치라는 것이다.[48] 쉬슬러 피오렌자는 "겐그리아 교회에서 뵈뵈의 직분은 규정된 성 구분적 역할에 의해 제한되지 않는다. 그녀는 여성들의 여집사가 아니라 전 교회의 사역자다"라고 했다.[49] 그러므로 그녀의 활동을 구제와 봉사 등 지극히 개인적인 사랑과 호의를 가리키는 것으로만

---

46   이한수, 『바울신학연구』, 374.

47   정훈택, "바울의 여성관", 『신학적 도약』, 235.

48   James, D. G. Dunn, 김철 · 채천석 역, 『WBC 성경주석 38하: 로마서 9-16』(WBC 38B: Romans 9-16, 서울: 솔로몬, 2005), 604-7.

49   Elisabeth Schüssler Fiorenza, In Memory of Her: A Feminist Theological Reconstruction of Christian Origins (New York: Crossroad Publishing Company, 1994), 170-1.

이해하는 것은 잘못이다.

바울 서신에서 '집사'로 거명되는 사람들은 바울 자신, 디모데, 에바브라, 두기고, 아볼로 등 다양하다. 그리고 이들은 복음과 교회를 위해 헌신적이고 적극적으로 사역하던 이들이었다. 또한 사도행전 6:1-7에 나오는 일곱 집사를 보면, 그들을 세울 때의 목적은 구제와 봉사였으나 실제 활동은 사도와 크게 다르지 않았음을 스데반과 빌립에 관한 기록에서 알 수 있다. 따라서 '집사'라는 단어가 익명의 기독교인이나 여성에게 사용될 때도 이와 같거나 적어도 비슷한 정도의 복음 전도자나 교회 지도자를 연상해야 한다. 대부분의 번역서가 '집사'라는 단어를 구태여 '종'이나 '일꾼'으로 번역한 것은 이 당시 집사 직분이 지금의 집사직과 전혀 다른, 아마도 사도나 장로에 버금가는 직책이었기 때문이다. 이런 의미의 '집사 뵈뵈'로 읽는다면, 여성이 교회 지도자였다는 사실을 긍정하는 셈이 된다.[50]

바울 사도는 바로 이 '집사 뵈뵈'를 '우리의 자매'라고 부르며 로마 교회에 추천하면서(롬16:1) "성도에게 적합한 예절로" 영접하고 그에게 필요한 모든 것을 공급하라고 권한다(롬16:2). 이는 혹시라도 로마 교회가 이 뵈뵈를 여성이라고 소홀히 대접할까 봐 바울이 세심한 주의를 기울인 것으로 보인다. 또 바울은 '뵈뵈 자매'가 '바울과 많은 사람들의 보호자'가 되었다고 표현한다. 이를 통해, 바울 사도는 뵈뵈 자매가 그의 편지를 그대로 전달할 수 있고 그의 대변인 노릇을 충분히 할 수 있는 가장 적당한 인물이라고 생각해 선정했다고 판단할 수 있다. 돈 윌리엄스(Don Williams)는 '뵈뵈'가 목회적 사역을 감당했다며 이렇게 말한다.[51]

---

50 정훈택, "바울의 여성관", 『신학적 도약』, 232-3.

51 Don Williams, 김이봉 역, 『바울의 여성관』(Apostle Paul and Women in the Church, 서울: 기독교문사, 1982), 51를 재인용. 정훈택, "바울의 여성관", 『신약적 도약』, 234.

뵈뵈가 목회적인 직임을 가지지 않는다고 추측할 이유가 전혀 없다. 그녀는 의심할 여지 없이 바울과 다른 일꾼들에 의해서 동등하게 몫을 나눈 사역의 기능을 수행했다. 그러므로 이러한 사역에 있어서 어떤 성적인 차별도 여기에는 제정되어 있지 않다.

(5) 유오디아와 순두게: 바울 사도의 동역자들

빌립보 교회는 루디아가 중심이 되어 설립된 유럽 최초의 교회다. 바울 사도는 빌립보서에서 유오디아와 순두게를 지명하며 "주 안에서 같은 마음을 품으라"고 권고한다(빌 4:2). 아마 두 여인이 경쟁 또는 대립이라는 불편한 관계에 있던 것 같다. 바울 사도는 "또 참으로 나와 멍에를 같이한 자 네게 구하노니 복음에 나와 함께 힘쓰던 저 부녀들을 도우라. 그 여성들은 글레멘드와 또 다른 동역자들과 같이 복음에 나와 함께 애쓰던 자들이다. 그들의 이름이 생명책에 있다"라고 하면서 이들을 위해 세심한 주의를 쏟고 있다.

여기서 '다른 동역자들'이라는 표현은 유오디아와 순두게라는 두 여인과 글레멘드를 바울의 동역자라고 말하다가 나온 것으로 보는 게 자연스럽다. 빌립보서 4:3에 있는 '나의 동역자'(συνεργῶν μου)라는 말은 근접 문맥을 살필 때 유오디아와 순두게가 바울의 선교 사역뿐 아니라 빌립보 교인을 위한 목회 사역에도 동역자로 참여했음을 알려주는 단어다. 즉 이들은 선교 사역과 목회 사역에 바울과 함께 참여하면서 때로는 고난도 당했을 것이며, 바울이 신약성경에서 잘 쓰이지 않는 이 단어를 특별히 선택한 것은 바울과 유오디아와 순두게가 동일한 수준에서 협동했다는 점을 암시하기 위한 것으로 보인다. 그러므로 이러한 기록을 통해 두 여인이 빌립보 교회

의 지도자거나, 적어도 지도적 위치에 있었다고 결론지을 수 있다.[52]

(6) 유니아: 여성 사도

로마서 16장에서 바울 사도가 문안 인사하면서 언급한 인물 중 가장 큰 의
문이 제기되는 인물은 7절의 유니아다. "내 친척이요 나와 함께 갇혔던 안
드로니고와 유니아에게 문안하라. 저희는 사도에게 유명히 여김을 받고 또
한 나보다 먼저 그리스도 안에 있는 자라"라고 되어있는데, 여기서 유니아
에 관해 두 가지 문제가 제기된다. 첫째는 유니아가 여성인가 남성인가 하
는 문제고, 둘째는 "사도에게 유명히 여김을 받고"가 어떤 의미인가 하는
문제다.

현재 사용 중인 그리스어 출판본을 비교해 보면, Nestle-Aland 26판
이나 UBS 3판은 Junianus라는 라틴계 남자 이름의 단축형으로 생각되는
'Ιουνιᾶς의 목적격 'Ιουνιᾶν을, Textus Receptus나 Majority Text[53]는 헬
라계 여성 이름인 'Ιουνία의 목적격 'Ιουνίαν을 쓴다. 이 출판본들은 소문
자 사본만을 근거로 재구성한 것이라서 본문비평 원칙을 적용해 옳고 그
름을 따질 수가 없다. 9세기 이전의 사본, 즉 대문자 사본에서 이 이름은
IOUNIAN으로 기록되었고 따라서 성별에 관한 토론이 불가능하다. 그러나
오늘날 대부분의 주석가는 13세기 이전, 특히 로마서가 기록되었을 1세기
에는 누구나 유니아를 여성으로 알고 있었으며, 이러한 남자 이름의 단축
형이 없었다는 데 동의한다. 따라서 유니아가 여자냐 남자냐 하는 것은 직

---

52 이한수, 『바울신학연구』, 378.

53 Z. C. Hodges(ed.), A. L. Farstad(ed.), *The Greek New Testament according to the Majority Text*
(Nashville, Camden, New York: Thomas Nelson, 1982)를 재인용. 정훈택, "바울의 여성
관", 『신학적 도약』, 238.

제가 남자만의 것으로 제한된 이후에 제기된 신학적 문제로 봐야 한다.[54] 어형론 및 언어 사용 습관 문화 고찰을 통해서 봐도 유니아는 분명한 여성 명이며, 축약형 남성명 Iunias는 지극히 희귀한 경우로서 실제로 존재할 수 없는 이름이다.[55]

둘째, 보수주의자들은 ἐπίσημοι ἐν τοῖς ἀποστόλοις을 "그들은 사도들에게 칭찬받는 사람들이다", "유명히 여김을 받았다"라고 번역한 것을 지지한다. 하지만 문법적 번역이나 박윤선의 로마서 주석을 볼 때, "유니아는 여성 사도로서 [안드로니고와 함께] 사도들 중에 유명한 자들이다"라고 번역될 수 있다.[56] '황금의 입' 요안네스 크리소스토모스(Joannes Chrysostomus)가 유니아를 여성 사도로서 탁월하다며 높게 칭찬한 것은 매우 잘 알려져 있다.[57] 이처럼 바울 사도는 비록 넓은 의미이기는 하지만, 여성에게 사도라는 명칭까지 사용하고 있음을 볼 수 있다.

3) 바울의 선교 사역에 동참한 여성의 역할과 여성 리더십

바울의 선교 사역에 동참한 여성이 맡은 역할의 성격과 이들에게 붙여진 칭호는 여성 리더십과 관련이 있다. 우선 사도행전과 바울 서신에 나타

---

54 황영자, "Accent 하나! 유니아(롬16:7)에 대한 고찰"(총신대학교 대학원 석사학위 논문, 2003)을 참조하라.

55 앞의 책, 63.

56 정훈택, "바울의 여성관", 『신학적 도약』, 243.

57 교부 Joannes Chrysostomus는 안디옥파의 영향으로 알레고리 해석을 배제하고 문법적·문 자적 의미를 추구하여 성경을 해석한 설교가이기 때문에, 그가 유니아를 여성이라고 한 것 은 그 자체로 유니아가 여성임을 고증하며, 또 P[46]에 필사된 롬 16:7의 율리아는 유니아의 이문으로서 여성임을 지지하는 강력한 근거를 제공한다. 황영자, "Accent 하나! 유니아에 대한 고찰", 24-44을 참조하라.

난 리더십 관련 칭호를 보면, 제자(행 1:10, 12; 2:6; 9:1, 19, 25, 26, 38), 집사(행 6장 빌 1:1; 딤전 3:8; 12), 사도(행 15:2, 4, 6, 23; 16:4; 고전 12:29; 고후 12:11; 갈 1:19; 엡 2:20, 4:11; 롬 11:13; 16:7 등), 예언자(행 11:27; 13:1, 6; 15:32; 엡 4:11, 딛 1:12), 교사(행 13:1; 고전 12:28, 29; 엡 4:11; 딤후 1:11), 복음 사역의 일꾼(엡 3:7), 선포자(딤후 1:11) 등이 있다.

그런데 바울의 선교 사역에 동참한 여성의 역할과 이들에게 붙여진 칭호가 바로 이와 같다. 다비다에게는 '여제자'라는 칭호를, 뵈뵈에게는 '교회의 일꾼'과 '집사'라는 칭호를, 유니아에게는 '사도'라는 칭호를, 빌립의 네 딸에게는 '예언자'(혹은 '예언녀')라는 칭호를 붙였다. 그리고 브리스길라는 '바울의 동역자'로서 '교회 지도자'의 역할을 감당했음을 알 수 있다. 이 외에도 로마 교회를 위해 헌신한 마리아, 주님 안에서 수고한 드루배나와 드루보사, 버시, 바울 사도의 어머니이기도 한 루포의 어머니, 가정 교회의 중심인물인 율리아, 네레오의 자매들, 네레오, 올름바, 그리고 교회 지도자였던 압비아, 유오디아, 순두게 등이 있다.

사도행전에 나타나는 '제자'라는 칭호는 예수님이 선택한 열두 제자와는 다르게, 주님을 믿고 복음에 헌신한 일꾼을 의미하는 칭호로 그 범위가 넓어졌다. '사도'라는 칭호도 남은 열한 사도와 가룟 유다 대신 선출된 맛디아뿐 아니라 누가, 바나바, 바울을 '사도들'로 부르고(행 14:4, 14) 바울 사도가 자신을 포함한 몇몇 사람을 '사도들'로 지칭하는 것에서(고전 4:9; 고후 8:23; 살전 2:6) 좀 더 넓은 의미로 사용되었음을 알 수 있다.[58] 아울러 '집사'라는 칭호는, 스데반을 포함한 일곱 집사가 적극적으로 복음 전파에 참여했고 가르치는 권한도 있었던 것으로 볼 때, 복음과 교회를 위해 헌신적

---

58   이한수, 『바울신학연구』, 376.

이고 적극적으로 사역했던 일꾼이나 사역자를 가리킨다고 볼 수 있다.[59] 또 빌립의 네 딸에게 직접적으로 '예언자'라는 칭호를 사용하지는 않았지만 '예언하다'라는 동사와 그런 활동을 하는 이에게 붙여진 호칭 사이의 뗄 수 없는 관계로 보나, 고린도전서 12:28에서 바울 사도가 열거한 교회의 직분들(사도, 예언자, 교사)로 보나, 이들의 가치와 역할은 결코 과소평가할 수 없다.[60]

그리고 바울 사도는 교회를 위해 헌신적으로 활동한 브리스길라, 유오디아, 순두게에 대해서도 자신과 같이 그리스도의 복음에 사로잡힌 자들, 즉 디모데(롬 16:21; 살전 3:2), 디도(고후 8:23), 빌레몬(몬 1:1), 우르바노(롬 16:9), 아볼로(고전 3:9), 에바브로디도(빌 2:25), 유스도(골 4:11), 마가, 아리스다고, 데마, 누가(몬 1:24)와 같이 '동역자'라는 호칭을 사용하고 있다.[61] 또한 '일꾼'이라는 칭호는, 주님께서 하나님 나라의 복음을 위해 추수할 '일꾼'을 언급하시고(눅 10:2) 사도 바울이 자신을 '복음 사역의 일꾼'이라고 부른 것에 근거해 볼 때(엡 3:7) 교회를 지도하는 위치에 있는 자들에게 붙여진 칭호라고 볼 수 있다. 그러므로 바울의 선교 사역에 동참한 여성들은 그리스도의 복음을 위해 때로는 섬김의 리더십을, 때로는 예언하는 리더십을, 때로는 교회를 지도하는 리더십을 발휘했음을 알 수 있다.

지금까지 신약성경에 나타난 여성 리더십의 근거를 그리스도의 복음 사역에서 여성의 역할 및 부활하신 예수 그리스도로 말미암아 형성된 교회 공동체의 성격과 관련하여 살펴보았다. 즉 성경의 종말론적 성격과 하나님

---

59   정훈택, "바울의 여성관", 『신학적 도약』, 232.

60   앞의 책, 228.

61   앞의 책, 236.

나라의 포괄성, 그리스도의 지상 명령 위임, 복음 전파와 관련한 성령 충만의 네 가지 시각에서다. 우선 예수님은 복음의 내용과 비유 및 여성을 만난 사건을 통해 하나님 나라의 포괄성을 드러내셨다. 우리는 예수님의 여성관이 유대 사회의 성차별이나 정해진 성 역할처럼 전적으로 성(性)에 의존하신 것이 아니라 인격에 의존하신 것이었음을 확인했다. 이러한 예수님의 여성관은 여성을 복음 안에서 자유자로, 주체자로, 복음의 일꾼으로 세울 만큼 혁명적·개혁적이었음을 파악했다.

또한 예수님의 복음 사역에서 여성들이 보여준 제자도, 그들에 대한 지상 명령 위임, 그리고 오순절 성령 충만 사건이 여성 리더십의 성경적 근거가 됨을 발견했다. 아울러 여성들은 성령의 충만함 가운데 바울 사도의 선교 사역에 동참하여 제자로서, 사도로서, 지도자로서, 복음 사역의 일꾼으로서, 바울의 동역자로서 리더십을 발휘하였음을 살펴봤다.

그러므로 신구약에 나타나는 여성 리더십의 근거는 복음 전파와 관련한 성령 충만, 하나님 나라의 포괄성, 그리스도의 지상 명령 위임, 종말론적 구원 공동체의 시각에서 다음과 같이 정리할 수 있다.

첫째, 성경적 여성관은(구약성경·예수님·바울의 여성관) 여성을 성 역할로 특징지어진 수동적·한계적·종속적 존재가 아니라 복음 전파와 관련한 성령 충만과 은사에 따른 자유롭고 주체적이며 역동적인 존재로 본다.

둘째, 신구약 성경은 인종 차별·신분 차별·성 차별이 없는 하나님 나라의 포괄성 원칙에 비추어 볼 때(갈3:28), 수는 희소했다 해도 여성들도 분명 사사로서, 선지자로서, 지혜자로서, 예수님의 제자로서, 복음전파자로서, 그리고 복음의 일꾼으로서 리더십을 발휘했음을 보여주고 있다.

셋째, 여성 제자들도 복음 전파 사명을 위임받았다. 이는 그리스도를 따르는 온전한 제자로서의 사명이요, 주님의 지상 명령이다.

넷째, 종말론적 구원 공동체의 관점에서 볼 때, 하나님은 남성이냐 여성이냐라는 성(性)의 구분으로 지도자를 세우시는 것이 아니라 그분의 말씀을 듣고 사랑하며 그분께 헌신된 제자를 불러 그리스도의 복음 사역을 위해 리더십을 발휘하도록 세우신다.

9장

세계 기독교 역사에 나타난 여성 리더십

교회 시대의 구분은 일반적으로 초기 교회 시대, 중세 교회 시대, 종교 개혁 시대, 근대 교회 시대, 현대 교회 시대로 나뉜다. 초기 교회 시대는 예수 그리스도의 탄생을 기점으로 기원후 590년 그레고리오 1세가 교황으로 등장하기까지의 기간을 말한다. 중세 교회 시대는 590년 이후부터 종교 개혁이 일어났던 1517년까지를 말한다. 종교 개혁 시대는 1517년부터 루터와 칼뱅, 츠빙글리 같은 개혁자들이 활동했던 시기를 말한다. 근대 교회 시대는 18세기 이후 19세기 초까지의 개신교 청교도 운동과 경건주의 운동, 복음주의 운동을 다루며(1648-1800), 현대 교회 시대는 자유주의와 근본주의, 신정통주의, 해방 신학과 에큐메니컬 운동을 다루고 시기적으로는 19세기 초부터 21세기 오늘날까지다.[1]

교회가 태동했던 초기 교회 시대의 초창기에는 복음 전파를 위한 여성의 역할이 매우 활발했다. 그 후 1세기에 로마 황제의 기독교 핍박으로 많은 기독교 여성이 그리스도의 복음을 위해 순교하여 교회의 초석이 되었다. 하지만 기원후 313년에 기독교가 정식 국교로 인정되어 위계화되면서부터 교회에서 여성 리더십은 점점 어려워지게 된다.[2] 그런데도 교회 여성들은 예수 그리스도로 시작되는 하나님 나라 복음의 일꾼으로서 교회를 위해 이름도 빛도 없이 꾸준히 역할을 감당해왔다.[3] 본 장에서는 각 교회 시대의 여성관과 여성의 역할이 어떠했는지를 살피고자 한다.

---

1   심창섭, 박상봉, 『교회사 가이드』(서울: 아가페문화사, 1994)에 따라 구분하였다.

2   Ruth A. Tucker, Walter L. Liefeld, *Daughters of the Church* (Grand Rapids, MI: Zondervan, 1987), 15.

3   교회 역사의 '고등' 문학 텍스트에서는 여성에 관한 자료를 발견하기가 어렵다. 하지만 비문이나 합법적 문서나 다른 증거들을 보면 여성을 기독교 이념의 담지자들로 간주하며, 이런 증거들은 여성에 대한 남성 교부들의 부정적 편견을 극복할 만하다. Elizabeth A. Clark, *Women in the Early Church* (Collegeville, MN: The Liturgical Press, 1983), 204-5.

1. 초기 교회 시대의 여성관과 여성 리더십

1) 초기 교회 교부들의 교회론과 여성 리더십의 관계

초기 교회 교회론에 나타난 네 가지 특징인 통일성·거룩성·보편성·사도성은 그리스도교의 발전 초기에 유대교의 방해와 이단과 분파 난립 등 어려운 여건에서 형성된 것으로서, 교회가 지켜야 할 중요한 요소였다. 하지만 이런 특징들이 교회의 남성 리더십 체제를 더욱 강화하는 부정적 요인으로 작용하여 교회 안에서 여성 리더십을 배제하는 결과를 초래했다.[4]

교회라는 말은 '주께 속하는'이라는 뜻의 그리스어 퀴리아코스(kuriakos)에서 유래했다. 또한 신약성경에서는 예배를 위해 모이는 그리스도인의 모임을 '에클레시아'(ἐκκλησία)로 표현한다(롬 16:5; 갈 1:22; 고전 11:18; 14:19, 35). 교부들에게 교회란 그리스도인의 모임일 뿐 아니라 그리스도의 신부 또는 영적 존재로서 창세 이전부터 존재했던 것으로 인식된다.[5] 2세기 중반 이후 교부들의 교회론은 에베소서 4:4-6의 "몸이 하나요 성령도 한 분이시니 이와 같이 너희가 부르심의 한 소망 안에서 부르심을 받았느니라. 주도 한 분이시요 믿음도 하나요 세례도 하나요 하나님도 한 분이시니 곧 만유의 아버지시라. 만유 위에 계시고 만유를 통일하시고 만유 가운데 계시도다"라는 말씀을 바탕으로 교회의 통일성을 강조했다. 알렉산드리아의 클레멘스는 "참된 교회의 특징은 통일이다"라고 했고, 오리게네스는 교회의 선재성을 주장하면서 가시적 교회와 불가시적 교회론을

---

4   정용석, "어머니 교회-초대 교부들의 교회론에 대한 여성신학적 재조명", 「여성신학논집」 2(1998): 93.

5   정용석, "어머니 교회", 85-6.

폈다. 서방 교회 교부들도 교회의 통일성을 강조하는데, 대표적으로 카르타고의 키프리아누스와 히포의 아우구스티누스가 있다. 키프리아누스는 "교회 밖에는 구원이 없다"(extra ecclesiam nulla salus)[6]라고 선포하면서 감독 중심의 교회를 역설했다. 아우구스티누스도 진정한 교회는 통일성 안에서 이단과 분파를 막아내는 보루이며 성경의 가르침과 사도의 전승을 잇고 보존하는 수호자라고 여겼다.[7]

이렇듯 교회의 특징 중 초기 교부들이 가장 강조한 것은 통일성이다. 그러나 교회의 통일성은 감독을 중심으로 이루어지게 되었고 감독은 그리스도에 비견되고 교인은 감독을 따르고 순종하는 양떼에 비유되면서, 감독 중심의 권위주의 및 남성 중심의 직제와 기능이 지배하게 되었다. 이로 인해 여성들은 초기 교회에서 '통일성'이라 불리는 성공적 교회의 특성을 위한 희생자가 되었다.[8]

교회의 거룩성에 대한 강조 역시 가부장적 사고를 촉진하는 원인이 되었다. 교인들은 그리스도의 신부로서 순결성과 거룩성을 지켜야 했으며, 특히 동정녀 마리아의 순결과 순종은 여성 교인이 본받고 지켜야 할 이상적 본보기로 제시되었다. 이외에도 보편성과 사도성이라는 특징 역시 로마 교회와 감독을 중심으로 하는 교권주의적 가부장 제도의 직제를 정착시키는 요인이 되었다. 가부장적 지배 모형상 사도직은 권위 있는 증인의 자리였으며, 그 권위는 남성의 지도자 자리를 보장하는 중요한 역할을 하게 되었

---

6   정용석, "어머니 교회", 87.

7   앞의 논문, 87-8.

8   Lisa Bellan-Boyer, "Conspicuous in their Absence: Women in Early Christianity," *CrossCurrents* (2003): 50.

다.[9]

그러나 초기 교부들이 글에서 교회를 처음부터 여성으로 표현했다는 점에 주목해야 한다. 이레나이우스는 교회가 '어머니'로서 교인들을 가슴에 품어 보호하고 양육해야 함을 강조했다. 테르툴리아누스는 교회를 "모든 생명체의 진정한 어머니"로 표현했다. 밀라노의 암브로시우스는 교회를 "생명의 어머니"로 지칭했고, 아우구스티누스 역시 교회를 "신자들의 진정한 어머니"라고 불렀다. 그의 말을 들어보자.[10]

우리는 하나님이신 주님을 사랑하고 주님의 교회를 사랑하자. 주님을 아버지로서 사랑하고 교회를 어머니로서 사랑하자. 교회는 신자를 낳고 기르는 어머니와 같다. 교회는 당신을 그리스도 안에서 잉태했으며, 순교자들의 피 속에서 낳았고, 당신을 영원한 빛으로 인도했고, 믿음의 모유를 먹여 양육했다.

이처럼 어머니로서의 교회의 특징은 포용성(Inclusivity), 평등성(Equality), 사랑의 돌봄(Loving care), 성령 충만(Fullness of the Holy Spirit)으로 나타난다. 교회의 핵심은 신분의 높고 낮음, 빈부의 격차, 남녀의 차별 없이 모든 사람을 받아들이고 끌어안는 포용성에 있다(갈 3:28). 또한 교회에 대한 교부들의 가르침 가운데는 감독 중심으로 하나가 되는 것과, 모든 그리스도인은 하나님 앞에서 평등하며 모두가 제사장이라는 내용도 있다. 초기 교회의 특징 중 하나는 강한 공동체 의식을 바탕으로 한 사랑의 실천이며, 아울러 오순절 성령 강림 사건으로 출발했다는 점에 있다. 콘스탄티누스 대제

---

9   정용석, "어머니 교회", 91-3.
10   앞의 논문, 95-6.

의 기독교 승인 전까지 교회는 성령 충만함으로 로마 제국의 기독교 박해를 견뎌냈기 때문이다.[11]

초기 교회 교부들의 통일성·거룩성·보편성·사도성이라는 교회론은 기독교 발전 초기에 교회가 간직하고 지켜야 했던 중요한 요소였음에 틀림없다. 하지만 남성 리더십의 강화로, 이러한 교회의 특징들은 여성 리더십을 부정하게 보는 주된 요인으로 작용했다. 아울러 교회가 지녀야 할 포용성·평등성·사랑의 돌봄, 성령 충만이라는 어머니로서의 특징도 잃어버리게 되었다. 아이러니하게도, 오늘날 한국교회의 모습을 보면 통일성 대신 분열이, 거룩성 대신 세속화가, 보편성 대신 개교회주의가, 사도성 대신 남성 목사의 군림이라는 비기독교적이고 비인격적인 모습이 나타나고 있다. 포용성·평등성·사랑의 돌봄·성령 충만 보다는 편협성, 위계적 계급 질서, 사랑의 결핍, 영적 갈급함이 드러나고 있다. 결국 교회의 남성 리더십 강화 탓에, 통일성·거룩성·보편성·사도성이라는 교회의 본질적 특성뿐 아니라, 포용성·평등성·사랑의 돌봄·성령 충만의 역동성도 함께 잃어버리게 된 것이다.

2) 초기 교회 교부들의 여성관

그리스 로마 사회는 가부장적이어서 남자 선호 사상이 지배적이었다. 당시 여성 사망의 가장 큰 원인이 자연사나 병사 또는 사고사가 아니라 '여아 살해'였다는 사실이 이를 입증한다. 여성 사망의 또 다른 치명적 원인은 낙태

---

11   정용석, "어머니 교회", 97-101.

였는데, 이는 태아뿐 아니라 산모의 목숨까지 빼앗는 결과를 가져왔다.[12] 여성에 대한 초기 교부들의 견해도 이러한 그리스 로마 사회의 가부장적 사고와 제도를 그대로 반영하여, 결과적으로 여성의 종교적 지위를 낮추고 활동을 제한하게 됐다. 여성은 교회에서 설교하거나 가르치거나 성례전을 집례할 수 없었고, 단지 남성 성직자를 보조하는 역할에 머물렀다. 306년경에 열린 엘비라 회의에서 제정한 교회법을 보면, 초기 교회 시대에 여성들의 종교적 위치가 얼마나 낮았는지를 알 수 있다.[13]

> 아내는 남편의 허락 없이 다른 교인에게 편지를 써서는 안 된다. 아내는 남편의 이름이 적히지 않고 자신에게만 온 안부 편지를 받을 수 없다(법규 81). 여자는 밤에 묘지에 있어서는 안 된다. 왜냐하면 기도하기보다는 사악한 일을 할 염려가 있기 때문이다.

3세기는 기독교 사상의 확립기로서 정통 신학이 교회에 서서히 뿌리를 내리기 시작한 시기다. 이 정통 신학의 형성에 크게 기여한 인물들은 이레나이우스, 테르툴리아누스, 키프리아누스, 클레멘스, 오리게네스 등의 교부들이다.[14] 그러나 이처럼 기독교 정통 신학 형성에 기여한 교부들의 여성관은 너무도 부정적이며, 그러한 여성관이 2,000여 년 교회사의 정통 여성관으로 자리매김했다. 알렉산드리아의 클레멘스(Clemens von Alexandria, 115?-220?)는 남녀의 영적 평등을 인정한다고는 했으나 여자는 아이를 낳고 가

---

12 앞의 논문, 104-5.
13 앞의 논문, 102-4.
14 박용규, 『초대교회사』(서울: 총신대학출판부, 1993), 12.

정을 돌보는 운명을 타고났다고 했다.[15] 남성과 여성의 덕목은 똑같지만, 본성상 남성이 여성보다 더 높은 인식력을 갖고 있다는 것이다. 예를 들어 여성이 남성적일 때, 그러니까 영혼에 관해서는 같은 덕목에 이를 수 있지만, 임신과 출산 같은 육체의 특성에 관한 한 여성은 집안일을 해야 한다고 했다.[16] 클레멘스는 외적 차이에 있어 여성을 남성과 비교하여 열등한 존재로 보면서 성 역할을 고정하고 있다. 클레멘스의 말을 들어보자.[17]

> 털이 있다는 것은 남자의 뛰어난 속성 중의 하나이다.···털이 있다는 것은 털이 없는 것보다 본질적으로 더 건조하고 따뜻하다는 것을 가리킨다. 그러므로 남자는 여자보다 더 털이 많고 더 따뜻한 피를 가지고 있으며, 더욱 완벽하고 더욱 성숙하다.

서방 신학의 시조라고 불리는 카르타고의 테르툴리아누스(Tertullianus, 169-215?)의 여성관은 기독교 박해 시기와 금욕주의, 그리고 철학적인 것을 싫어하는 남성 중심의 단순한 성경 해석과 연관된다. 우선 그는 급진적 금욕주의자로서 여성에게 관심이 별로 없었다. 그래서 결혼하여 가정을 꾸리고 아이들을 기르는 일에서 즐거움을 찾지 못했다.[18] 고린도전서 11장에서 바울이 '머리'라는 말을 사용했다는 단순한 성경 해석으로, 그리스도께서 교회의 머리가 되시듯 남자의 '권위'(authority)가 중요하다고 여겼다. 그

---

15 Alvera Mickelsen, 정용성 역, 『복음주의와 여성신학』(Women, Authority & the Bible, 서울: 솔로몬, 2001), 147.
16 Susanne Heine, 정미현 역, 『초기 기독교 세계의 여성들』(Frauen der frühen Christenheit: Zur historischen Kritik einer feministischen Theologie, 서울: 이화여자대학교출판부, 1990), 64-5.
17 정용석, "어머니 교회", 103.
18 Susanne Heine, 정미현 역 『초기 기독교 세계의 여성들』, 56-60.

는 여성이 머리에 '힘'을 가져야 하는 이유가, 여자는 남자로부터 취해졌고 남자를 위해 만들어졌기 때문이라고 했다.[19] 또 기독교 박해 시기로 인해, 여성 예언자와 여성 사도의 색깔과 휘장이 화려함을 욕된 것으로 여겼다.[20] 테르툴리아누스의 부정적 여성관은 그의 말에서 확연히 드러난다.[21]

> 당신(여자)은 악마의 출입구이다. 당신은 금지된 나무의 과일을 처음으로 딴 사람이며, 하나님의 계명을 저버린 최초의 사람이다. 당신은 악마도 감히 넘보지 못할 남자를 유혹해서 너무도 쉽게 남자, 즉 하나님의 형상을 파괴하였다.

3세기 후반에 로마의 암브로시우스(Ambrosius, 340?-397)는 남자만이 하나님의 형상대로 지음 받았다고 주장한다. 그는 "남자의 지배에 복종해야 하고 아무런 권한도 갖지 못하도록 정해진 여자가 어떻게 하나님의 형상이라고 말할 수 있는가? 여자는 가르칠 수 없고 법정에서 증인이 될 수 없으며 서약을 하거나 판결을 내릴 수 없다"라고 했다.[22] 라틴 신학자 아우구스티누스는 정신주의적 이원론과 성차별주의적 이원론을 동일시했다. 원창조에서의 양면성(bisexuality)과 육체적 성격(bodily character)을 긍정하고자 한 시도에서부터, 그는 남성과 여성이라는 이원론과 영육의 이원론을 동일시 한 것이다. 그래서 아우구스티누스의 신학에서는 인간 속에 있는 신의 정신적 이미지(신적 로고스, 곧 그리스도)는 본질적으로 남성적인 것이 되었고,

---

19 Ruth A. Tucker, Walter L. Liefeld, *Daughters of the Church* (Grand Rapids, MI: Zondervan, 1987), 105.

20 Susanne Heine, 정미현 역『초기 기독교 세계의 여성들』, 55.

21 정용석, "어머니 교회", 103.

22 정용석, "어머니 교회".

여성적인 것은 본질적으로 낮고 더 부패한 성질로 표현되었다. 또한 성적 쾌락을 원죄와 관련시킴으로써, 중세 신학의 육체에 대한 부정적 경향의 기초를 단단히 했다. 이로 인해 성의 사용을 쾌락이 아니라 단순히 출산 목적으로 보는 성 신학(Sexuality Theology)이 만들어졌다.[23]

아우구스티누스의 저작 『결혼과 성』(Marriage and Sexuality)은 다른 어느 교부보다 로마 가톨릭교회에 많은 영향을 끼쳤다. 그는 남자만이 하나님의 형상을 이어받았으며 혼자서도 완전한 하나님의 형상이지만, 여성은 제2차적인 존재로서 남자와 합쳐질 때만 하나님의 형상에 참여할 수 있다고 했다. 그는 성생활과 결혼을 자녀 출산을 위한 수단으로 정당하게 여겼지만, 명상, 연구, 남자 간의 친교에는 아기나 아내가 방해가 된다고 하여 독신을 장려했다.[24]

요안네스 크리소스토모스(Joannes Chrysostomus, 349?-407)와 당시 파울라 같은 지도급 수녀들과 함께 지냈던 히에로니무스(Hieronymus, 347-420년)[25]를 제외한 초기 교회 교부들 대부분의 여성관이 부정적이었다. 아마도 기독교가 확립되는 초기 교회에서 여성 문제는 교부들의 관심 밖이었을 것이고, 이들이 다룬 인간론도 남성 위주의 인간론으로 매우 편파적이며 불완전한 것으로 파악된다. 안타깝게도 초기 교회 교부들의 여성관을 살펴보면, 성경보다는 당시의 헬라 철학 사상과 탈무드의 관점에 더 많은 영향을

---

23   손승희, 『여성신학의 이해』(서울: 한국신학연구소, 1989), 195.

24   오인숙, "여성자원 개발을 위한 성서적 고찰", 「성공회대학논총」(1998/6).

25   Hieronymus는 기독교 신학자, 교부, 교회의 박사였다. 그는 375년 안디옥에서 그리스도가 이교도 연구를 하라는 비전을 주셨다고 믿고, 고전 연구를 접어두고 사막으로 가서 금욕주의자로 지내면서 성경 연구와 히브리어 연구에 헌신하였다. 382년 그레고리오스와 함께 로마로 되돌아 왔는데, 교황 다마소 1세는 그에게 성경 번역을 부탁했다. Hieronymus는 당시 지도급이었던 수녀들과 귀족 부인들에게 존경받는 자문이었고, 그 가운데 파울라가 있었다. 라은성, 『위대한 여인들의 발자취』(서울: 그리심, 2005), 241.

받았다.[26] 클레멘스는 헬라 철학 중에서도 특히 플라톤 사상을 반영하고 있고,[27] 테르툴리아누스는 철학을 배제하긴 했지만 서방 신학의 핵심 주제인 로고스(logos)에 입각한 남성 중심의 성경 해석을 했다.

삼위일체 논쟁과 기독론 논쟁 등으로 기독교 정통 사상의 확립에 크게 기여한 암브로시우스나 아우구스티누스도, 남성은 '영혼', 여성은 '육체'라는 영지주의적인[28] 이원론적 사고방식에 많은 영향을 받은 것으로 보인다.[29] 초기 교회 교부들의 여성관은 여성 기피와 여성 혐오라는 금욕주의 경향에서 비롯되었는데, 성을 미워하는 것과 여성을 미워하는 것을 동일시했다. 그리고 동정녀 숭배 사상의 영향으로 여성은 처녀로서만 영적이고 인격을 갖춘 남자와 동등한 존재가 된다고 보게 되었다. 이로써 3세기와 그

---

26 John Stott, 정옥배 역, 『현대 사회 문제와 그리스도인의 책임』(New Issues Facing Christians Today, 서울: IVP, 2005), 373.

27 박용규, 『초대교회사』(서울: 총신대학출판부, 1993), 34.

28 영지주의(Gnosticism)는 후기 헬라 시대와 초기 기독교 시대에 있었던 이원론적 종교 운동과 철학 운동이다. 이 용어는 2세기에도 여러 종파에 의해 사용되었다. 영지주의자들은 신비한 지식을 통해 구원받을 수 있다고 주장한다. 이런 종교들은 유대적 신비주의, 헬라적 신비주의, 이란 종교의 이원론(특히 조로아스터교), 그리고 바벨론과 이집트 신화 등에서 다양한 자료들을 사용했다. '영지'(Gnosis, 지식)라는 용어의 정의는 영원한 것과 관련을 맺고 있는데, 헬라 철학에 이미 존재했던 것이다. 그 철학에 기독교 사상을 혼합시켰다. 2세기에 이르면 발렌티누스(Valentinus)와 바실리데스(Basilides)에 의해 체계화되어 기독교 신앙을 미혹하기 시작했다. 이레나이우스(Irenaeus)를 비롯한 초기 기독교 교부들, 즉 히폴리투스(Hippolytus), 테르툴리아누스(Tertullianus), 알렉산드리아의 클레멘스(Clemens) 등은 이 사상에 특별히 반대하는 작품을 썼다. 이집트에서 1930년 마니교 파피루스와 약 1945년 영지주의에 관한 콥트어 파피루스 자료인 나그함마디(Nag Hammadi) 문서가 발견될 때까지 영지주의 관련 정보는 주로 초기 교회 교부들의 작품에 의존했다. 영지주의의 기본적 입장을 설명하는 것은 발렌티누스파 문서들인 "피스티스 소피아"(Pistis Sophia)와 "진리 복음서"(Gospel of Truth) 등이다. 영지주의 요소가 잘 드러나는 문서로는 "도마행전"(Acts of Thomas)과 "솔로몬 송시"(Odes of Solomon)를 들 수 있다. 라은성, 『초대교회 위대한 여성들』(서울: 그리심, 2005), 276-7.

29 안상님, "기독교 전통에 나타난 성차별", 『신학과 여성 강연 제1집』(서울: 한국여신학자협의회출판부, 1982), 59.

이후로 이집트 사막이나 다른 많은 곳에 수도원이 생겼고, 여성들은 수도원을 선택하여 활동하게 되었다.[30]

3) 초기 교회에 나타난 여성 리더십

초기 교회 교부들의 여성관은 부정적이었지만 그럼에도 교회에는 여성의 수가 남성보다 월등하게 많았으며, 기독교 여성의 사회적 지위와 권한이 이교도 여성에 비해 높았던 것으로 추정되고 있어 놀랍다. 많은 기독교 여성들이 로마 제국의 박해 아래 순교했다. 그중에서 페르페투아와 펠리치타스의 순교 이야기를 저술한 『페르페투아와 펠리치타스의 순교』(The Martyrdom of Saints Perpetua and Felicitas)는 현존하는 기독교 문헌 중 여성에 의해 기록된 최초의 것인데, 순교 내용의 일부를 소개하면 다음과 같다.[31]

> 여인들은 옷이 벗겨지고 그물로 덮여서 경기장으로 끌려나갔다. 한 사람은 어린 소녀였고 또 한 사람은 최근에 출산했기 때문에 젖을 흘리고 있었다. 사람들이 너무 끔찍해 하자, 그들은 다시 불려 들어가 헐렁한 옷을 입었다. 페르페투아가 먼저 황소에게 받혀 넘어졌다. 그녀는 마치 고통보다는 정숙함을 염려하는 듯이 일어나 앉아 찢어진 옷으로 다리를 가렸다. 그리고 순교자는 머리카락이 흩어진 채로 고난받을 수 없다고 생각하면서 떨어진 머리핀을 집어서 꽂았다. 그리고 쓰러져 있는 펠리치타스를 도와 함께 일어섰다. 그녀는 남동생과 세례 준비자들에게 외쳤다. "믿음과 사랑 안에서 강건하시오. 우리

---

30   앞의 책, 37-77.

31   Wilson-Kastner, *A Lost Tradition*, 29에 인용된 *The Martyrdom of Perpetua,* 20을 재인용. 정용석, "어머니 교회", 105.

의 심한 고통을 보고 걸려 넘어지지 마시오."

이 외에도 『바울과 테클라 행전』(Acts of Paul and Thecla)과 『순교자들의 행전』은 '대박해'로 불렸던 304년 디오클레티아누스(Diocletianus) 황제의 박해 아래 데살로니가에서 화형에 처해진 세 여성인, 아가페(Agape), 이레네(Irene), 치오네(Chione)를 소개한다. 이들 역시 페르페투아와 그녀의 신앙 동지들처럼 국가와 황제를 위해 신에게 예배하라는 황제의 명령을 어긴 죄목으로 고발되어 법정에 섰다. 하희정 교수는 세 문헌에 나타난 여성 순교자들의 사회적 신분, 나이, 신앙의 연륜은 다양하지만 한 가지 공통점은, 그들이 사회적 신분이 전혀 보장되지 않았던 여성이었음에도 '그리스도인'으로 살고자 하는 신념을 오롯이 지켜내며 이를 힘으로 꺾으려는 국가 권력에 끝까지 저항한 강인한 신앙심과 두려움을 모르는 용기를 보여준 점이라고 평가한다.[32]

4세기 후반부터 수도원주의가 발전하면서 많은 기독교 여성이 수도자의 삶을 선택하게 된다. 여성이 수도자의 길을 택하면 가부장적 사회의 종속적이고 보조적인 지위와 역할에서 해방되어 자유롭게 지도적 은사를 활용할 수 있었기 때문이다.[33] 어떤 여성 수도원장들은 수도원 운동 내에서 대단한 권력을 쥐고 있었다. 보키아(Boccia)는 그들의 중요한 영적 역할을 다음과 같이 요약한다.[34]

---

32   하희정, 『역사에서 사라진 그녀들』(구리: 선율, 2019), 83.

33   정용석, "어머니 교회", 106.

34   Stanley J. Grenz, Denise Muir Kjesbo, 이은순 역, 『교회와 여성』(Women in the Church, 서울: CLC, 1997), 45.

이러한 여성 지도자들은 교회 회의에 참석하여 신부들을 임명하였고 소수도원의 원장들을 임명하며 그들에게 인허를 해주었다. 그리고 그들 밑에 있었던 사람들로부터 순종하겠다는 약속을 받았다.…교구 사제들은 이와 같은 권리를 행사할 수 있도록 이러한 여성들의 권리를 인정하고 후원하였다. 뿐만 아니라 그들이 그녀의 보호 하에 순종할 것을 받아들였다.

초기 교회에는 어머니와 아내로서 신앙을 지킨 여성과, 전통적 여성의 역할을 과감히 내던지고 복음을 위한 주체자로 헌신한 두 종류의 여성이 있었다. 초기 교회사가 에버렛 퍼거슨(Everett Ferguson)은 초기 교회 여성들을 어머니와 아내로서, 순교자로서, 수도자/수덕자로서, 선교사로서, 지도자로서 신앙을 지키고 전수한 자들로 분류하기도 한다.[35] 그러면 이제 초기 교회의 여성 순교자, 여성 수도자, 여성 지혜자와 지도자들을 살펴보도록 하자.

(1) 초기 교회의 여성 순교자

① 테클라(Thecla, 최초의 여성 순교자)[36]

테클라는 1세기 여성 가운데 사도처럼 영향력을 드러낸 여인이다. 그녀는 바울과 바나바가 소아시아 전도 여행 때 들렀던 이고니온에서 태어났다(행

---

35 Everett Ferguson, *Women in the Post-Apostolic Church*를 재인용. 이정숙, "초기 기독교의 모성", 『성경, 여성, 신학: 장상교수 정년퇴임 기념논문집』(서울: 이화여자대학교출판부, 2005), 354.

36 2-3세기의 기독교 문학으로서 새롭게 등장한 묵시 행전(the Apocryphal Acts)은 비기독교 문학, 예를 들어 헬레니즘 소설 등의 영향을 받아 금욕주의와 이적을 강조한다. 특히 묵시 행전에서 중심 역할을 차지하는 것은 여성에 관한 내용이다. 여기에 초기 교회 기독교 박해 시대의 테클라를 비롯해 순교한 여성들 이야기가 실려 있다. Elizabeth A. Clark, *Women in the Early Church* (Collegeville, MN: The Liturgical Press, 1983), 77-114를 참조하라.

13:51). 헬라인들은 그녀를 가리켜 "사도 중에 첫 순교자이며, 사도에 필적할만한 자"로 불렀다. 겁탈과 강탈의 위협을 받으면서도 두 번이나 순교자 반열에 들기도 했던 테클라에 관한 이야기는 2세기에 쓰인 『바울과 테클라 행전』(Acts of Paul and Thecla)에 생생하게 기록되어 있다.[37] 하지만 교부 테르툴리아누스는 테클라가 세례와 가르침을 주었다는 것을 믿을 수 없다고 하여 문서 자체의 신빙성에 대해 부정적인 견해를 역설했다.[38]

② 도미틸라(Domitilla)

도미틸라는 1세기 말의 로마 귀족 출신 여인으로서, 기독교인이라는 혐의로 티레니아해와 해안과 시칠리아 근처에 있는 폰티아 섬으로 추방당한다. 그녀는 결국 화형을 당해 순교했다. 역사책을 보면 로마 제국에서 두 번째 핍박을 가했던 로마 제국 황제 도미티아누스[39]의 질녀로 기록되어 있다. 그녀의 남편은 도미티아누스의 사촌인 플라비우스 클레멘스로서, 95년에 도미티아누스와 함께 로마 제국의 집정관이었다. 최초의 교회 역사가 유세비우스는 "도미틸라는 15세 때 기독교인이 되었으며 그리스도를 증거했다는 죄목으로 남편과 함께 폰티아 섬으로 많은 기독교인들과 함께 추방당했다"

---

37 Edith Deen, *Great Women of the Christian Faith* (New York: Harper & Brother, 1959), 311.

38 Tertullian, cha. 17 of "On Baptism," *Vol. 3 of Ante-Nicene Fathers*을 재인용. 라은성, 『초대교회 위대한 여성들』, 36.

39 도미티아누스(Titus Flavius Domitianus, 51-96)는 81년에 로마 황제직에 올라 96년에 암살당하고 만다. 그의 아버지는 베스파시아누스(Vespasianus, 9-79; 황제직 69-79)이고, 황제의 큰 아들은 티투스(Titus, 39-81; 황제직 79-81)로서 예루살렘 성을 멸망시킨 장본인이다. 그의 남동생 도미티아누스는 형인 티투스가 죽은 후 황제직에 올랐다. 황제직에 있으면서 여러 학정을 펴 여러 곳에서 모반이 일어났다. 그의 아내 도미티아 롱기나가 노예 신분에서 자유민이 된 스테파누스(Stephanus)로 하여금 남편을 살해하도록 했다. 앞의 책, 38.

라고 상술하고 있다.[40] 히에로니무스는 교부의 서신에 그녀의 이름을 등장시킨다.[41]

③ 페르페투아(Perpetua, 최초의 여류 작가)

초기 교회의 수많은 여성이 야생 동물과 격투사들에 의해 숱한 고문을 받았고, 순교자가 되었다. 특히 203년 북아프리카 카르타고에서 순교한 레보카투스(Revocatus), 사투루스(Saturus), 사투르니누스(Saturninus)등과 함께 고통당한 펠리치타스(Felicitas)와 비비아 페르페투아(Vibia Perpetua) 등이 순교했다. 로마 제국의 황제 셉티미우스 세베루스의 포고령에 따라, 제국 신하는 누구도 기독교인이 될 수 없었다. 황제는 기독교인이 되는 것에 대해 엄한 형벌을 내렸다. 이 칙령으로 카르타고에 있던 다섯 명의 교리 문답자가 감금되기도 했다.[42] 22세로 짧은 생애를 마친 페르페투아는 2세기 말과 3세기 초 로마 제국의 엄격한 사회적 억압 속에서 수많은 사회 변화를 구체화한 젊은 로마 여인이었다. 그녀의 순교 이야기는 후기에 와서 많은 성도에게 감동을 주었다.[43] 그 외 순교한 여성으로는 다소의 펠라기아(Pelagia, 소아시아의 길리기아에 있는 다소의 여인이라고 불림), 디오클레티아누스 황제 핍박 당시 순교한 여인, 안디옥의 펠라기아, 황제 가문의 수잔나 등이 있다.[44]

---

40 앞의 책.
41 앞의 책.
42 앞의 책, 63.
43 앞의 책, 64-76.
44 앞의 책, 106-24.

(2) 초기 교회 여성 수도자들(사제들)

① 마크리나(Macrina, 328-380)

동방 교회에서 여성을 위한 공동체를 세운 여인이다. 그녀는 교회사에서 매우 유명한 니케아 정통 신앙을 고수했던 성 대 바실리오스(Sanctus Basilius Magnus)와 니사의 그레고리오스(Gregorius Nyssenus)의 누이였다. 그녀는 두 동생처럼 교회사에 널리 알려진 인물은 아니었지만 영적 거장임에는 틀림 없다. 그의 남동생 그레고리우스는 그녀를 가리켜 '교사'(the Teacher)라고 명명했다. 그녀는 그들과 함께 수도원 삶의 개척자로서 예언도 하고 신앙을 활동적으로 전파했다. 유명한 콘스탄티노플의 대주교였던 요안네스 크리소스토모스는 "그녀는 위대한 조직가이며 독립적인 사상가였다. 바실리오스처럼 많은 지식을 함양한 여인이었다"라고 평했다.[45]

② 테오세비아(Theosebia, 여사제)

'니사의 그레고리오스의 사제 동역자, 테오세비아'라고 불린다. 나지안주스의 그레고리오스는 니사의 그레고리오스에게 보내는 서신에서 그의 복음 사역에 동역했던 테오세비아의 죽음을 애도하는 글을 썼다. 그 글에서 그를 '여사제'일 뿐 아니라 '사제의 동역자로서 거룩한 성례들을 집행한 여성'이라고 표현했다. 어떤 학자들은 그녀가 그레고리의 동역자라기보다는 아내였다고 주장하지만 그레고리오스는 결혼을 피하고 금욕했던 사람이었기에, 테오세비아가 그레고리오스와 가까운 동역자라는 견해도 만만치 않다.[46]

---

45   앞의 책, 194-5.
46   앞의 책, 197-219.

③ **힐다**(Hilda of Whitby, 최초의 수도원 설립자·대수도원장, 614-680)

선교사 아우구스티누스가 영국에 온 지 17년이 지난 614년, 힐다는 왕족 혈통으로 태어났다. 그녀의 부친은 데이라(Deira)의 왕자 헤레릭(Hereric)이고 에드윈 왕의 조카였다. 성 하이우(Heiu)를 이어 아이단에 의해 여성 대수도원장으로 임명받는데, 이때 남녀 수도사들은 신학과 문학을 위한 학문 연구를 하게 됐다.[47]

(3) 초기 교회 여성 지혜자들

① 카타리나(St. Catherine)

그리스도의 신부 카타리나 이야기는 *Menologium Basilianum*이라는 책에 처음으로 등장한다. 이 책은 황제 바실리오스 1세(d. 886)가 쓴 전설집으로서, 여기서는 그녀를 '아이카테리나'(Aikaterina), 또는 '알렉산드리아의 왕자의 딸'이라고 부른다. 그녀는 호메로스, 베르길리우스, 플라톤, 아리스토텔레스, 헤로도토스, 투키디데스, 갈레노스 등의 철학, 과학, 역사, 시를 모두 습득할 정도로 지혜가 놀라웠다.[48]

② 안투사(Anthusa, 크리소스토모스의 어머니)

안투사는 안디옥에서 살았던 지식이 풍부한 여인일 뿐 아니라 '황금의 입'을 가진 위대한 설교자, 동방 교회의 위대한 신학자였던 크리소스토모스의 모친이다. 그녀는 4세기 기독교의 위대한 어머니인 아우구스티누스의 모친 모니카와 그레고리오스의 모친 논나와 함께 기독교 교회사에서 가장 경

---

47   앞의 책, 402-6.
48   앞의 책, 134.

건한 여성으로 존경받는 인물이다.[49]

(4) 초기 교회 여성 지도자들

① 올림피아스(Olympias, 여부제, 368-408)

올림피아스는 크리소스토모스의 가장 가까운 친구로서 부제직을 맡은 여인이다. 크리소스토모스가 남긴 17개의 서신은 404-407년 추방 중일 때 그녀에게 보냈던 것들이다. 이 서신들은 열정적이고 심오하며 목회적·신학적 내용을 담고 있다. 당시의 부제직은 교회에서 전임 사역자의 직분이었다. 그녀는 여성에게 세례를 베푸는 감독을 도왔고 가정을 심방하면서 기독교 여성들을 권면했으며, 교회의 자선 사업을 주도하고 교회 여성의 영적 삶을 인도하는 목회자였다.[50]

② 마르셀라(Marcella, 지도자, 325-410)

서방 교회에서 최초로 수녀원을 설립한 것으로 유명하다. 부유하고 아름다운 로마 마르셀리 귀족 가문 출신의 여인이다. 그녀는 4세기 기독교 공동체의 지도자로서 성경을 사랑한 여인으로 널리 알려져 있다.[51] 존경할 만한 멘토(mentor)로 인정받은 여성이기도 하다.[52]

---

49 앞의 책, 266.

50 앞의 책, 278.

51 앞의 책, 288.

52 Elizabeth A. Clark, *Women in the Early Church* (Collegeville, MN: The Liturgical Press, 1983), 204-13.

③ 브리지트(Brigid, 여감독, 452-523)

최초의 아일랜드 수녀이다. 전설에 의하면 부친은 렌스터(Leinster)의 이교
도이자 스코틀랜드 왕의 후예 두브타크(Dubtach)였고, 모친은 브로이크세
크(Broicsech)로서 아일랜드의 패트릭에게 세례를 받은 픽트족 노예인 기독
교인이었다고 한다.[53]

④ 멜라니아(Melania the Elder, 그리스도의 군사, 383-439?)

멜라니아는 올림피아스에 영감 받은 장로(Elder)다.[54] 그녀는 로마에서의 귀
족적 삶을 포기하고 팔레스타인으로 가서 예루살렘의 남성과 여성을 위한
수도원들을 지었다. 그녀는 하나님을 섬기기 원했던 당대 모든 여성의 영
성을 초월하는 삶을 산 위대한 인물이었다.[55]

초기 교회는 기독교 박해라는 엄청난 시련을 거쳐 기독교가 정식 국교로
승인되면서, 정통 신학이 확립된 시기라는 특징이 있다. 복음을 위한 여성
의 제자도는 기독교 박해라는 엄청난 시련 속에서 순교와 헌신으로 나타났
다. 그러나 교회가 조직화되고 체계화됨에 따라 기독교는 정통 신학 확립
에 모든 관심을 쏟게 되었고, 통일성·거룩성·보편성·사도성이라는 교회의
특징은 초기 교회를 이단으로부터 공고히 하고자 남성 리더십을 강화했다.
이로써 초기 교회 교부들의 교회론은 교회의 복음 사역을 위한 여성의 역
할을 제한하는 결과를 초래했다.

그러나 초기 교회 여성은 전통적인 성 역할로 고정된 가정주부나 어머

---

53 라은성, 『초대교회 위대한 여성들』, 364.
54 Elizabeth A. Clark, *Women in the Early Church*, 223.
55 라은성, 『초대교회 위대한 여성들』, 213-6.

니의 자리에만 머무르지 않았고, 여성에게 안전하지 못했던 시대임에도 교회의 순결과 믿음을 위해 순교자로서 로마의 박해를 극복하며 복음을 전파하는 데 큰 몫을 담당한 주님의 군사요 교회의 거룩한 그루터기들이었다. 또한 기독교 공동체의 사제로서, 지혜자로서, 지도자로서, 주체적이고 능동적인 리더십을 발휘한 복음의 일꾼들이었다.

2. 중세 교회에 나타난 여성 리더십

1) 중세 교회의 여성관

중세 교회 시대는 다른 어떤 시대보다 부정적인 여성관이 강하게 지배한 시대였다고 할 수 있는데 그 이유는 다음과 같다. 첫째, 중세 교회 시대의 대표적 신학자 토마스 아퀴나스는 여성이 남성에게 예속되어 남성에게 복종해야 하는 존재라고 말한 대표적 인물이었다.[56] 둘째, 아퀴나스의 여성관으로 인해 여성에 대한 편견과 증오가 절정에 달하여 '마녀사냥'이 발생했기 때문이다.

토마스 아퀴나스는 아리스토텔레스의 철학과 아우구스티누스의 여성관을 이어받아 이론적으로 더 발전시켰다. 그는 아리스토텔레스의 생물학을 그대로 받아들여 남성 종자가 인간 육체의 형상을 제공하며, 여성의 생식 역할은 남성 종자의 이러한 형성력을 '육체로 구체화'하는 데만 기여할 뿐이라고 했다. 하나님의 형상은 온전한 인간인 남성만 이어받을 수 있고

---

56   손승희, 『여성신학의 이해』(서울: 한국신학연구소, 1989), 191.

그 남성 종자가 또 다른 남성을 출산하는데, 때때로 그것이 여성적인 질료 (matter)에 의해 파괴되어 열등하거나 불완전한 인종인 여성이 태어난다는 것이다.[57] 여성은 신체적으로 불완전할 뿐 아니라 정신적으로도 이성의 능력이 열등하고, 도덕적으로도 의지와 자기 절제 능력이 열등하다고 했다. 여성에 대한 아퀴나스의 편견은 삶의 경험에서 나온 게 아니라 순전히 아리스토텔레스의 철학 이론을 아우구스티누스의 신학으로 발전시킨 것이다.[58]

그는 남성에게는 지적인 요소가 많은 데 반해 여성에게는 육체적이고 성적인 요소가 강하다고 하는 것을 성경의 예를 들어 설명하였다. 즉 아담보다는 하와가 먼저 유혹을 받은 것이 그 이유이며, 예수님의 부활 시에 막달라 마리아가 예수님을 알아보지 못한 것은 여자의 이해력이 둔하기 때문이라고 주장한다. 결국 그리스도를 남성과 직접적으로 관련시킨 것이 여성을 제사직의 성례전과 교육에서 배제하는 결과를 낳고 말았다.[59]

중세 교회에서 성직자의 결혼을 금하고 성처녀의 이미지를 미화한 마리아론(Mariology)을 형성한 것의 뿌리는 영육 이원론적 세계관이었다. 중세 교부들의 기본적 여성상은 매춘부상, 아내상, 그리고 처녀상이다. 이러한 상들은 모두 머리와 몸의 관계를 은유적으로 그린 것이다. 즉 머리를 남

---

57 아리스토텔레스는 『동물의 역사』(The History of Animals)와 『동물의 생식』(The Generation of Animals)이라는 두 권의 책으로 생물학의 아버지로 존경을 받았다. 하지만 여자를 일종의 '불완전하게 만들어진 남자'로 간주했고, 이러한 아리스토텔레스의 여성관이 초기 교회 교부들과 중세 교회 신학자들에게 영향을 미쳤다. John Stott, 정옥배 역, 『현대 사회 문제와 그리스도인의 책임』, 372.

58 Elizabeth Clark(ed.), Herbert Richardson(ed.), Women and Religion (New York: Harper & Row, 1977), 78-101.

59 안상님, "기독교 전통에 나타난 성차별", 『신학과 여성 강연 제1집』(서울: 한국여신학자협의회출판부, 1982), 59.

성으로 보고, 그 머리에 예속되고 지배되는 몸을 여성으로 보았다. 매춘부 상의 여성은 타락의 본질로서 '머리'에 대한 반항의 결과로 생긴 것이며, 정신과 육체의 질서를 위배하여 생긴 여성상으로 본다. 아내상은 '머리'와 '몸'의 질서에 의해 그려진 이미지인데, '머리에 복종하는 몸'으로서의 여 성을 말한다. 아내는 육체로 정의된 여자이며 남자에게 예속되어 있으므로 가장 이상적인 여성상은 '머리'에 대한 온전한 봉사, 온순함, 연약함으로 표 현된다. 이는 자율적이거나 인격적인 면이 전혀 없는, 즉 머리가 없는 몸의 모습이다. 세 번째 이미지인 처녀상은 육체를 넘어선 자, 성적 욕구를 초월 한 최고 단계에 이른 여성을 가리킨다.[60] 이처럼 중세 교부들은 철저히 이 원론적 세계관에 기초하여 결혼을 부정하고, 금욕적이고 열등한 여성관을 형성했다.

2) 중세 교회의 여성에 대한 죄악–마녀사냥

2,000여 년의 교회사에서 하나님이 만드신 두 성(性) 중 하나인 여성이 교 회의 왜곡되고 편협한 여성관으로 인해 무참히 짓밟히고 살해당한 가장 끔 찍하고 잔인한 사건이 바로 중세 교회 시대의 '마녀사냥'이다. 마녀사냥은 12세기에 발생했지만 15세기 이후 이교도의 침입과 종교 개혁으로 분열되 었던 종교 개혁 시대와 17세기 근대 교회 시대 들어 전성기를 맞이할 정도 로 오랜 기간에 걸쳐 교회 여성을 학대한 사건이다. 여성에 대한 관념은 아 우구스티누스를 거치면서 일반화되어, 중세 후기 토마스 아퀴나스에 의해 부정적인 여성관으로 더욱 굳어졌다. 12세기 말과 13세기 초에 상업이 발

---

60   손승희, 『여성신학의 이해』, 192.

달하고 도시가 융성하면서 성 문제가 심각한 사회적 이슈로 등장했다. 이러한 사회를 교화시키는 것은 중세 가톨릭교회의 최대 과제였고, 그래서 '탐욕 죄'를 가장 큰 죄로 설정하게 된다.[61] 그들은 성적 타락의 해결 방안으로 여성을 멸리하는 '여성 혐오증'을 더욱 심화시켰고, 이 여성 혐오가 절정에 달한 사건이 바로 '마녀사냥'이었다.

마녀사냥은 교황 인노첸시오 8세의 교서에 의해 마녀에 대한 재판이 정당화되면서 마녀를 날조한 사건이었다. 재판관은 함정을 파놓고 유도 심문을 했는데, 고문에 견디지 못한 여성들이 백이면 백 모두 마녀라고 자백했다. 법정의 돔형으로 된 천장에는 거꾸로 달아매는 고문 기둥이 수도 없이 걸려 있었으며, 바닥에는 고문대가 마련되었다. 잡혀온 여성들은 실오라기 하나 걸치지 않은 나체로 발가벗겨졌고 머리카락을 제외한 모든 털이 깎였다. 마녀로 낙인찍힌 여성의 재산이 고문관들의 상금으로 주어졌기에, 마녀사냥은 손쉽게 재산을 벌 기회였다. 또한 16세기 독일 농촌 지역에서 마녀의 처형은 남성들의 호색적인 구경거리였다. 마을 광장에는 장이 섰으며, 토산품 가게에서는 완전 나체인 마녀들이 스트립퍼(stripper)보다 매혹적인 존재들로 눈요깃거리가 되었다. 이렇게 마녀로 낙인찍힌 여성들은 화형에 처하거나 뜨거운 냄비 속에 넣고 찜으로 쩌 죽이는 등 잔인한 방법으로 처형되었다.[62]

마녀사냥은 12세기 말부터 500년간 계속되었다. 수많은 여성이 마녀로 몰려 희생되었으며 어떤 곳은 마을의 전체 여성이 처형되기도 했다. 1487-1553년 사이에 스물두 마을에서 368명의 마녀가 화형 되었고,

---

61   김충현, "칼뱅의 여성관", 「서양사학 연구」 11(2004): 28.
62   조찬선, 『기독교죄악사 하』(서울: 평단문화사, 2000), 57-83.

1585년에는 두 마을에서 오직 한 명의 여자만 살아남을 정도로 여성들에게 참혹하고도 비참한 사건이었다. 마녀사냥으로 희생된 숫자는 정확한 통계는 아니지만, 대략 백만 명으로 추정된다.[63]

현대 신학자 한스 큉(Hans Küng)은 그의 책 *Women in Christinity*의 "마녀사냥은 누구 탓인가?"라는 논제에서, 악마론을 신학적으로 발전시켜 『마녀의 망치』라는 치명적 입문서를 펴낸 스콜라 신학자들과 교황 인노첸시오 8세, 마녀 재판을 법으로 만들어 거대하게 시행하도록 승인한 황제 카를 5세와 국가 권력, 물고문·바늘 고문 등으로 여성들을 잔인하게 고문했던 종교 재판가들, 뜬소문만으로 기계적 권위에 의해 움직인 교인들에게 책임을 묻고 있다.[64] 이처럼 마녀사냥은 여성을 탐욕스러운 존재, 성적인 존재로 보는 이미지와 종교적 색채가 어우러져 저질러진 악마적인 행동으로서, 중세 교회가 얼마나 여성들에게 횡포를 자행했는지를 여실히 보여준다.

3) 중세 교회에 나타난 여성 리더십[65]

중세 교회 시대의 부정적인 여성관 탓에, 『중세의 신학자들』(*The Medieval Theologians*)이라는 인물 중심의 중세 신학 개괄서는 단 한 명의 여성도 다루지 않는다. 하지만 최근 종교 연구에서 여성의 역할을 강조하는 학문적 경향과 영적 성숙에 대한 관심의 증가, 여성 중세 연구가의 급증, 여성 관련 일차 문헌 발굴 및 소개의 지속적 증대 등은 중세 교회 시대 여성의 역할에

---

63 Elizabeth Clark(ed.), Herbert Richardson(ed.), *Women and Religion*, 116-30.

64 Hans Küng, John Bowden(tr.), *Women in Christianity* (London, New York: Continuum, 2001), 70-100.

65 김재현, "중세 여성신학자들", 「중세영문학」 11(2003)의 일부를 정리했다.

관한 많은 연구물이 산출되는 계기가 되었다.[66] 김재현은 중세 교회 여성을
다섯 부류로 나눈다. 첫째, 남편을 기독교로 개종시키는 데 영향력을 행사
한 여성(5세기 클로틸드가 클로비스 1세를 개종시킨 것), 둘째, 카리스마적 거룩
함을 지닌 여성(노리치의 율리아나와 마저리 켐프), 셋째, 교회나 수도원에 많은
돈을 기증하면서 기독교에 영향력을 끼친 부유하고 고상한 여성, 넷째, 힐
데가르트 폰 빙엔(Hildegard von Bingen)과 같이 교사의 역할을 충실히 담당
한 여성, 다섯째, 복잡한 교회 정치에 외교관으로서의 자의식을 가지고 현
실에 적극적으로 참여한 금욕주의적 여성(시에나의 카타리나나 스웨덴의 비르
기타)이다. 그 외에도 수없이 많은 여성이 개혁가, 신비주의자, 모범적 어머
니, 순교자, 성인(聖人)으로 등장하여 중세 교회와 사회에 중요한 역할을 담
당했다.[67] 여기서는 이러한 여성 가운데 리더십을 행한 인물을 중심으로 살
펴본다.

(1) 힐데가르트 폰 빙엔(Hildegard von Bingen, 여성 신학자, 1098-1179)[68]

11세기 후반 그레고리오 7세의 개혁 운동 및 12세기 클레르보의 베르나르
두스(Bernard de Clairvaux)와의 관계를 생각할 때, 힐데가르트는 이 시기 기
독교의 개혁과 변화에 신학적·영적 측면에서 누구보다 민감하게 반응한
여성이다. 그는 그레고리오에 의해 본격화된 교회 개혁에 나름의 신학적
논지를 구축했고, 동시대 남성 성직자들과의 서신 교환과 설교를 통해 성
직자의 정결하고 청빈한 삶을 주장했으며, 당대 가장 큰 이단으로 간주된
카타르파(Cathars)에 대항하여 설교 여행을 하기도 했다. 힐데가르트는 디

---

66 김재현, "중세 여성신학자들", 「중세영문학」 11(2003): 22.
67 앞의 논문, 24-5.
68 앞의 논문, 25-7.

젠베르크(Disenberg)에서 수도원 공동체 생활을 시작한 후 유타(Jutta)의 뒤를 이어 이 공동체를 이끌게 되었으며, 주된 저서 속에 상징적 삽화들을 그려넣었고, 신비적인 비전을 많이 보고 기록한 여성 신학자였다. 힐데가르트의 공헌은 무엇보다도 여성적 이미지를 이용한 그녀의 신학과 성경 주해에서 가장 쉽게 찾아볼 수 있다. 그녀의 대표적인 저작인 『주님의 길을 알라』(Scivias)와 절기별 주기를 따른 57편의 설교(Incipiunt Expositiones)에서는 자신만의 독특한 라틴 단어 사용, 수사학적·여성적으로 특색 있는 표현, 다양한 언어적 묘사 기법을 통해 능숙하게 여성적 이미지를 활용하고 있다.

(2) 스웨덴의 비르기타(Birgitta de Suecia, 여성 신학자·중재자, 1303-1373)

힐데가르트가 여성 신학자로서 신학적 깊이를 잘 드러냈다면, 비르기타는 부유한 귀족 출신으로 당대 가장 첨예한 교회사 사건인 교황의 아비뇽 유수(1309-1377)의 한복판에 뛰어들어, 중세 여성 신학자로서 정치적 역할을 한 인물이다. 그는 정치적 주제를 자신의 신비주의적 저술과 연결하여 중재자 겸 신비주의자로서의 역할을 수행했다. 비르기타 수도원의 창시자인 그는 열세 살에 울프 구드마르손(Ulf Gudmarsson)과 결혼했고 여덟 명의 자녀를 낳았다. 1336년부터 사촌인 스웨덴 왕 마그누스(Magnus)의 궁정에서 봉사했으나, 1341년 남편과 함께 스페인으로 순례를 떠나게 된다.

그 후 1371년에 하나님의 계시를 받고 70세에 다시 성지순례를 떠났으나, 1373년에 로마에서 생을 마감하게 된다. 다른 사람들과 비교해 비교적 빠른 1391년에 성인(聖人)으로 추대되었다. 당대 여성으로서는 상상할 수 없었던 비르기타의 이 같은 행동은 많은 사람에게 오해를 불러일으켰고, 이 때문에 종종 마녀로 몰리기도 했다. 그 이유는 "그녀가 로마 사람들을 치료함으로써 스스로 명성을 얻었고, 그녀의 계시를 통해 로마에 대항

하여 가장 참혹한 위협을 선포했기 때문"이었다.[69]

(3) 노리치의 율리아나(Julian of Norwich, 신비주의가·여성 신학자, 1343-1413)

율리아나는 지속된 역병, 궁핍한 삶, 죽음이 만연했던 14세기 후반, 그리스
도의 모성애적 측면과 자비를 강조하면서 영국 사회에 등장했다. 율리아나
는 특히 영성에 관한 글을 남겼는데 그중에서도 주 저작인 『계시』(Showings)
는 빼어난 수사학적 기교를 잘 드러내고 있다. 율리아나의 독서와 저작은
영성에 대한 그녀의 강조를 충분히 보여준다.[70] 불가타 성경(Latin Vulgate)
에 대한 해박한 지식이 있었으며, 서구 기독교 수도원의 명상 전통의 진수
를 여실히 보여줬다.

힐데가르트나 비르기타의 경우와 마찬가지로, 율리아나의 신비주의
적 상징과 신학은 당대의 사회 상황을 종교적으로 잘 반영한다. 율리아나
는 중세 시대의 가장 참혹한 자연 재앙이었던 역병이 최고조에 이를 때 태
어났고, 연이은 불완전한 사회상을 자신의 인생 이야기와 문학 작품에 현
실감 있게 반영했다. 많은 사람이 가공할 역병과 사회적 피폐 속에서 종교
적 절망을 느끼고 있을 때, 율리아나는 바로 그리스도의 종 되심과 아들 되
심이라는 메타포(metaphor)로 당대 사람들을 자신의 비전 안에서 섬기고
자 했고, 하나님의 자녀라는 위로를 제시하고자 했다.[71] 당시 율리아나의 리
더십은 신학적 담론을 지배하던 남성의 비난이나 경계의 눈초리를 피해 천
국으로 가는 여권(passport)을 담보하는 가장 확실한 수단이었을지도 모른

---

69   앞의 논문, 28-30.

70   Grace M. Jantzen, *Julian of Norwich: Mystic and Theologian*(Mahwah, NJ: Paulist Press,
      1988), 53-86을 재인용. 앞의 논문, 31.

71   Julian of Norwich, Showing 8, long text chapters 16-21을 참조하라. 앞의 논문, 32.

다.[72]

(4) 피장의 크리스틴(Christine de Pizan, 여성 운동가, 1363-1429)

피장의 크리스틴은 중세 교회 여성으로서 자기의식이 가장 뛰어났다. 남성 지배 사회로부터의 여성의 독립성과 자기의식, 그리고 여성의 권리를 위해 문학을 매개로 평생 투쟁했던 여성이었기 때문이다. 크리스틴은 아버지가 점성술 학자였던 부유한 집안에서 태어나, 일반적으로 남성에게만 개방되었던 라틴어, 문학, 신화, 철학, 역사, 성경학, 과학 등을 공부했다. 그는 시와 산문을 포함하여 편지, 서술문, 논문집과 많은 묵상집을 남겼다. 특히 『여인들의 도시』(Le Livre de la Cité des Dames)라는 책은 하와 이후 수많은 여성의 업적을 문화적·역사적 구분에 따라 나누고 구체적으로 묘사하기 위해 고대로부터 당대까지의 여성들이 모여 사는 신화적 도시 이미지를 그려냈다.

이 책은 당시 프랑스어로 번역된 보카치오(Boccaccio)의 『유명한 여성들에 대해』(De Claris Mulieribus)라는 책에 기초한 것으로, 크리스틴은 이를 통해 역사 속에서 보다 잘 교육받고 지적인 여성상을 찾기 위해 노력했다. 아우구스티누스의 『하나님의 도성』(De Civitate Dei)을 연상시키는 그녀의 도시는 여성의 참된 가치를 알아주지 않는 사회에 대항해 잠재력을 지닌 여성들에게 안식처를 제공해 주었다. 전문적 문필가인 크리스틴은 엄청난 양의 역사적 지식과 자기 시대의 정치적·사회적 주제에 대한 깊은 통찰력을 가미했다. 책임 있는 정부와 정치윤리의 중요성, 여성의 권리, 부정할 수 없는

---

72   Marty N. Williams, Anne Echols, *Between Pit and Pedestal: Women in the Middle Ages* (Princeton, NJ: Markus Wiener Publishers, 1993), 133-42를 재인용. 앞의 논문, 33.

여성의 업적들, 그리고 종교적 헌신 등에 대한 강조가 크리스틴의 저작에 깊이 배어 있다.[73]

이 외에도 중세 교회 시대에 소외된 여성들은 자유로운 남성 못지않게 유력하고 중요한 나름의 종교적 생활양식을 발전시켰다. 캐롤라인 바이넘 (Caroline Bynum)은 "중세 후기의 종교적 여성들"에서 "기독교 역사상 처음 으로 우리는 여성들의 운동(베긴 회)을 지적할 수 있으며, 구체적으로 경건 성 발전에 끼친 여성의 영향을 말할 수 있다"라고 기록했다. 기도와 봉사에 삶을 헌신한 여성이 급속히 늘어났으며, 점점 많은 여성 성인(聖人)이 나왔 다. 하지만 이와는 반대로, 이단으로 정죄된 집단에서 더 많은 자유를 발견 하고 활동한 여성들도 있었다.[74] 중세 교회 시대 여성들은 유력한 성직자들 에게 자신의 종교적 이상을 유린당할 수밖에 없는 참혹한 상황에서도 리더 십을 발휘하며 그 시대를 개혁했던 위대한 이들이다.[75]

지금까지 중세 교회 시대는 아리스토텔레스의 철학과 아우구스티누스 의 신학을 이어받은 토마스 아퀴나스의 이원론과 금욕주의와 마리아론의 영향으로 왜곡된 여성상과 여성관이 보편적인 개념으로 받아들여진 시대 였음을 살펴봤다. 그리고 이러한 혐오적인 여성관이 최고조에 달해, 자신을 방어할 능력이나 권리가 없던 여성들을 종교적 희생양으로 잔인하게 취급 했던 가장 끔찍한 사건인 '마녀사냥'도 살펴봤다. 그러나 이런 시대 상황 속 에서도 신학과 성경 주해에 여성적 이미지를 사용하여 기독교 신학 안에서

---

73   앞의 논문, 33-36.

74   Jill Raitt(ed.), Bernard McGinn(ed.), John Meyendorff(ed.), 이후정·엄성옥·지형은 공역, 『기독교 영성 II』(World Spirituality: An Encyclopedic History of the Religious Quest, 서울: 은성, 1999), 14.

75   앞의 책, 192.

인간 본성에 대한 깊은 이해의 경지를 드러낸 힐데가르트 폰 빙엔, 여성 신학자이자 정치외교에 탁월했던 스웨덴의 비르기타, 신비주의적 상징과 신학으로 당대의 피폐해진 사회상을 자신의 비전 가운데 섬겼던 노리치의 율리아나, 중세 교회와 사회에서 불이익 당하는 여성의 권리를 위해 많은 작품을 통해 개혁을 외쳤던 피장의 크리스틴, 그 외에 많은 여성 신비가들이 중세의 위대한 남녀 신비가들에게 영향을 미치며 리더십을 발휘했음을 발견했다.

어찌 보면 우리에게 너무도 잘 알려진 중세 교회의 대표적 신학자인 토마스 아퀴나스보다 이러한 여성 신학자, 여성 개혁가, 여성 신비가들이야말로 중세 교회의 어둠을 비춘 빛나는 별들이 아니었을까! 그러나 주님의 복음을 위해 희생과 순교를 마다하지 않았던 주님의 고귀한 여성들이 교회의 남성 리더십에 의해 어처구니없는 희생제물이 되었다는 것은 교회사 속의 슬픈 성차별 역사일 것이다.

3. 종교 개혁 시대의 여성 리더십

초기 교회 시대가 기독교의 정통 교리, 특히 기독론을 체계화시킨 시기였다면, 중세 교회 시대는 제도화된 교회론의 시기였다.[76] 그래서 "오직 성경만으로"라는 모토를 중심으로 시작된 16세기 종교 개혁은 중세 교회의 물량주의와 성직자주의(clericalism)를 비판하면서 성경에 근거한 참다운 교회

---

76   정미현, "종교 개혁 시대의 여성과 여성신학적 교회론", 『한국여성과 교회론』(서울: 이화여자대학교출판부, 1998), 120.

를 만들고자 노력했고, 이는 교회사에서 인정받을 만한 업적으로 길이 남아 있다. 특히 종교 개혁자들의 논의 가운데 르네상스 휴머니즘(인문주의)[77]과 함께 시작된 여성본성논쟁(querelle des femmes)으로 여성도 하나님의 형상(Image Dei)을 가진 존재로 회복되어 소명 의식을 가지고 개혁의 중요한 몫을 담당했다는 점이 주목할 만하다.[78] 또한 종교 개혁이 외친 '만인 제사장설', 즉 하나님 앞에서 세례받은 모든 사람은 성별을 떠나 모두가 평등하며, 하나님 말씀을 전하는 귀한 사명을 받은 자로서 영적 지도자의 역할을 감당해야 한다는 진리를 회복시킨 것은 교회 여성들에게 있어 혁신적인 선포였다.[79]

그러나 종교개혁이 '만인 제사장'이라는 교리적 토대를 마련하는 데는 성공한 반면, 종교 개혁자들 가운데 누구도 여성들이 이 가르침을 구현할 수 있도록 구조를 회복하는 데는 실패했다.[80] 비록 예외가 없지는 않지만,

---

77 르네상스 휴머니즘은 이탈리아에서 시작되어 알프스 너머로까지 퍼진 운동이다. 이 운동의 목적은 중세 후반기 표준적인 교육 과정 내에서의 주요한 변화였다. 이는 스콜라 철학의 기본 기법인 변증법을 문법과 본문을 읽고 해석하는 기법 및 유창하고 설득력 있는 강연 기법인 수사학으로 대신하려는 것이었다. 스콜라주의 교육 과정이 주로 자연 철학, 즉 과학, 형이상학, 교의 신학 등 일반적이고 객관적이고 불변하는 진리를 만들어내고 체계화하는 데 관심을 둔다면, 휴머니즘은 인간 개개인의 생각, 가치관, 감정, 그리고 사회 안에서의 인간의 상호작용에 더 많은 관심을 두었다. Jill Raitt(ed.), Bernard McGinn(ed.), John Meyendorff(ed.), 이후정·엄성옥·지형은 공역, 『기독교 영성(II)』, 347.

78 이 주제에 관한 전체적인 흐름을 보기 위해서는, Jane Dempsey Douglas, "Women in Reformation," *Religion and Sex; Images of Women in the Jesus and Christian Traditions*(New York: Simon and Schuster, 1974); Joyce Irwin, "Society and Sexes," Steven Ozment(ed.), *Reformation Europe: A Guide to Research*(St. Louis, MO: Center for Reformation Research, 1982)를 참조하라. 이정숙, "한국개신교 여교역자의 인권", 「아시아 여성연구」 42(2003): 114.

79 정미현, "종교 개혁 시대의 여성과 여성신학적 교회론", 144-5.

80 Frank Viola, 박영은 역, 『1세기 관계적 교회』(*Rethinking the Wineskin*, 서울: 미션월드, 2006)

16세기 종교 개혁 시대 여성의 활동은 수도원 폐쇄 때문에 오히려 가정이라는 사적 영역으로 제한되었다.[81] 이는 종교 개혁자 루터가 "하와는 아담과 동등했으나 범죄함으로 열등해졌고, 지금의 여성의 본성을 참조하는 것만 가지고는 본래의 하와에 대해서는 전혀 알 수가 없다"고 함으로써, 여성의 종속이 죄의 대가로서 정당함을 주장한 데 근거한다. 또 칼뱅주의자들이 여성의 종속성은 죄지은 본성 때문이 아니라 다만 "사회 질서를 위해"라고 말한 데서 기인한 것으로 보인다.[82] 이처럼 루터와 칼뱅의 여성관은 오늘날 개혁 교회의 여성관에 상당한 영향을 미쳤기에, 루터와 칼뱅의 여성관과 함께 종교 개혁 시대 여성의 리더십은 어떠했는지 살펴보도록 한다.

1) 종교 개혁가들의 여성관

(1) 루터의 여성관

루터는 여성과의 결혼에 대해 결코 부정적이지 않았던 인물이다. 그는 타고난 신학자로서 똑똑하고 철학적이고 음악적이지만 육체적으로는 여자에 대한 격정이 강하지 않은 신학생이었다. 그러나 로마 가톨릭에 대항한 젊은 수사로서, 그리고 하나님 뜻에 합당한 가정을 꾸려 남에게 모범이 되기 위해 결혼을 결심하게 된다. 그의 결혼은 악마와 교황을 극도로 약 올리는 행위였다.[83] 루터는 결혼이 기독교에 있어 '성스러운 질서'로서 중요한 전제가 되며, 고독의 치료제라고 말할 정도로 하나님에 의해 제정된 결혼을

---

81 정미현, "종교 개혁 시대의 여성과 여성신학적 교회론", 115-21.

82 오인숙, "여성자원 개발을 위한 성서적 고찰", 6.

83 정미현, "종교 개혁 시대의 여성과 여성신학적 교회론", 138-9.

중요시했다.[84] 이와 같이 루터는 결혼 생활을 교역자의 중심으로 삼았고, 기독교 가족생활에 지대한 영향을 미치며 개혁 교회 안에서 새로운 가족 개념을 보여줬다.[85]

그는 결혼을 성도가 세상 문제와 싸우는 동안 신앙으로 사는 법을 배우는 신앙의 학교로 보았다. 또 직업은 하나님께 받은 소명이라는 주장에서, 가정은 여성의 종교적 소명의 새로운 중심부라고 여겼다. 아내가 가족을 돌보고 자녀를 가르치고 집안일을 하는 것을 예수 그리스도를 믿는 신앙으로 여겼고, 하나님을 기쁘시게 하기 위한 것이라면 거룩하고 축복받은 것이라고 말했다. 여성은 몸과 마음에 몇 가지 약점이 있지만, 자궁과 출산이 모든 결점을 덮어버린다고 했다.[86] 루터는 독신주의를 제도화했던 로마 가톨릭교회에 대항하여 결혼과 가정생활을 중시했고, 남자도 필요한 상황이라면 밤에 아이를 재우고 기저귀를 빨아주고 부인을 도울 수 있다고 함으로써 아내를 남편과 동등한 상대자로 보기도 했다.[87] 그는 여성 교육에 대해 진보적인 견해였으며, 부모가 자녀 모두를 공식적인 학교에 보내 양육하도록 격려하기도 했다.[88]

하지만 그는 여성 문제에 관해 중세 교회의 입장을 그대로 따랐다. 루터의 설교나 주석을 보면 여성이 하나님의 피조물로서 존중받아야 한다고 하면서도, 여성은 남자를 위해 창조되었으며 경건한 방법으로 자녀를 양육

---

84   앞의 책, 140.

85   안상님, "기독교 전통에 나타난 성차별", 65-6.

86   아마도 루터의 여성관은 딤전 2:11-15에 대한 성경 해석에 기초한 것으로 보인다. 루터의 이러한 여성관이 오늘날 종속주의자들의 여성관에 영향을 미쳤을 것이다. 앞의 책.

87   정미현, "종교 개혁 시대의 여성과 여성신학적 교회론", 142.

88   Ruth A. Tucker, Walter L. Liefeld, *Daughters of the Church: Women and Ministry from New Testament Times to the Present*, 173.

하고 기르고 남자에게 복종하기 위해 지음 받았다고 했다.[89] 또한 루터는 교회 공동체와 가정을 구분하여, 교회에서의 설교는 남성이, 가정에서의 설교는 여성이 맡아야 한다는 역할 분담의 입장을 분명히 했다. 물론 루터가 '만인 제사장설'을 선포했지만, 여성을 종속적인 존재이자 사적인 존재로 인식해 교회 내 여성의 역할을 여전히 제한한 것이다.

(2) 칼뱅의 여성관

칼뱅은 결혼이 불결하고 몸을 더럽힌다는 교황주의자들의 생각을 비난하면서, 성을 하나님의 선물로 인정하고 자녀 출산 외에도 즐길 수 있는 것으로 명시했다.[90] 우선 그는 말라기 2:14-16 주석을 통해 결혼은 "하나님의 약속"(the covenant of God)이며 "상호적인 서약"(mutual pledge)으로 하나님의 주재와 요구하에 이루어진 결합(alliance)이라고 주장했다.[91] 그리고 가정교육이 미래의 프로테스탄트 유치에 꼭 필요하다고 여겨 여성이 가정에서 가르치는 것을 허락했다. 또 제네바에서 통속어 교육과 초등 교육을 여성에게 시행해 여성이 가정에서 어머니로서 교육을 잘할 수 있도록 도와준 점은, 중세 교회 여성관에서 진일보한 조치로 볼 수 있다.[92]

무엇보다 교회 내 여성의 역할에 대해 고무적이라고 할 수 있는 것은, 칼뱅이 여성의 위치가 유동적이라고 표현했다는 점에 있다. 그는 고린도전서 14:34-35의 주석을 통해, 교회 내에서 여성이 침묵해야만 한다는 바울

---

89   앞의 책.

90   김충현, "칼뱅의 여성관", 37.

91   John Calvin, John Owen(tr.), *Commentaries on the Twelve Minor Prophets Vol. 1* (Grand Rapids, MI: Wm. B. Eerdmans Publishing company, 1950), 551-4를 재인용. 앞의 논문.

92   앞의 논문, 41-2.

의 말에 관해 "바울은 단지 정상화된 모임에서 무엇이 적합한지를 고려하고 있다"고 하여 여성에게 씌워진 교회의 올무가 상황과 형편에 따라 변할 수 있다고 보았다.[93] 또한 칼뱅은 예배를 드릴 때 여자가 머리에 수건을 쓰는 문제에도 관대한 입장이었다. 그가 『기독교 강요』 제4권 10장 30절 "교회법의 구속과 자유"에서 '기독교인의 자유'에 관해 밝히고, 여성이 수건을 써야 한다든지 교회에서 침묵해야 한다는 것은 단지 예절이나 도덕일 뿐 중요하지 않은 문제인 '아디아포라'(adiaphora)[94]로 규정한 것은 전통적 여성관에서 여성을 해방해 주는 데 일조한 것으로 여겨진다.[95]

칼뱅은 교회에서 여성을 동역자로서 간주하기도 했다. 칼뱅이 여성들에게 보낸 여러 서신을 보면 칼뱅의 주위에는 전도 활동을 한 많은 여성 동역자가 있었음을 알 수 있다. 대표적 여성 동역자로는 이교를 섬긴다는 이유로 지위를 박탈당하고 자기 아이들과 떨어져 에스테(Este)의 낡은 성에 갇히게 된 페라라(Ferrara) 공작부인과 로랑 드 노르망디(Laurent de Normandie)에게 개혁적인 신앙을 배우고 자신의 권력을 프로테스탄트를 위해 아낌없이 사용하였던 까니(Cany) 부인, 자기 어머니 마르그리트 여왕과는 달리 자신의 프로테스탄트 신앙을 공개적으로 선언해 죽을 때까지 위그노의 지도자로 간주되었던 잔 달브레(Jeanne d'Albret)가 있었다. 어떤 학자들은 칼뱅이 이들을 단지 전도 활동에 이용했을 뿐이라고 비난하기도 하

---

93 앞의 논문, 42-3.

94 Calvin과 Melanchthon 및 Zwingli와 같은 인문주의자들은 헬라 용어인 아디아포라 (adiaphora)를 사용하였는데, 이 용어의 개념은 의식, 성일, 예식적 장식, 음식의 선택 등은 기독교인들에게 있어서 아무래도 좋은 일이라는 것이다. 이 용어는 16세기에 중요하게 사용되었다. Jane D. Douglas, 심창섭 역, 『칼빈의 여성관』(Women, Freedom, and Calvin, 서울: 무림출판사, 1990), 21.

95 김충현, "칼뱅의 여성관", 43-4.

지만, 서신들을 통해 드러나듯 여성도 프로테스탄트 전도 활동에서 중요한 역할을 수행하도록 한 것이 여성도 교회 일에서 동역자가 될 수 있음을 시사했다고 보기도 한다.[96]

그러나 대부분의 역사가는 칼뱅의 여성관을 교회 안에서 여성의 동등성을 부인한 전통주의로 간주한다. 1559년 기독교 강요 마지막 판에서 고린도전서에 따라 남성은 하나님의 형상이요 영광인 반면, 여성은 이러한 명예의 정도에서는 분명 제한적이라고 봤기 때문에, 교회 내에서 여성의 역할을 제외한 것으로 보는 것이다.[97] 칼뱅주의자들이 여성의 종속성은 사회적 질서를 위함이라고 말한 것은, 이런 칼뱅의 여성관을 그 시대의 문화적 상황과 상관없이 그대로 수용한 것이라고 볼 수 있다.

칼뱅 신학에서 여성의 역할과 위치에 관한 연구는 1963년 앙드레 비엘레(André Biéler)로부터 시작되었고, 1970년대부터 존 브라트(John H. Bratt), 리타 만차(Rita Mancha), 나탈리 제먼 데이비스(Natalie Zemon Davis), 윌리스 드보어(Willis DeBoer), 제인 더글러스(Jane D. Douglas) 등 많은 연구가에 의해 상당히 활발한 연구가 진행되었다.[98] 1963년에 앙드레 비엘레는

---

96 앞의 논문, 44-5.

97 Ruth. A. Tucker, Walter L. Liefeld, *Daughters of the Church,* 176.

98 John H. Bratt, "The Role and Status of Women in the Writings of John Calvin," Peter De Klerk(ed.), *Renaissance, Reformation, Resurgence* (Grand Rapids, MI: Calvin Theological Seminary, 1976); Rita Mancha, "The Woman's Authority: Calvin to Edwards," *Journal of Christian Reconstruction* 6(1979-80); Natalie Zemon Davis, "City Women and Religious Change in Sixteenth-Century France," Dorothy G. McGuigan(ed.), *A Sampler of Women's Studies* (Ann Arbor, MI: Michigan University Press, 1973); Willis DeBoer, "Calvin on the Role of Women," David E. Holwerda(ed.), *Exploring the Heritage of John Calvin* (Grand Rapids, MI: Baker, 1976); Jane D. Douglas, "Women and the Continental Reformation," Rosemary Radford Ruether(ed.), *Religion and Sexism: Images of Woman in the Jewish and Christian Traditions,* (New York: Simon and Schuster, 1974); Jane D. Douglas, "Christian Freedom: What Calvin Learned at the School of Women," *Church History* 53 (1984). 김

"칼빈의 윤리에 있어 남성과 여성"이라는 논문을 발표했다. 이 책은 16세기의 상황에서 사랑, 결혼, 독신, 이혼, 간음 및 매춘 등의 문제를 다루며 박식하고 균형 잡힌 견해를 제공했다.[99] 칼뱅의 여성관은 교회 내 여성 리더십에 대해 긍정적인 부분이 많다고 보는 이들도 있다. 예를 들어, 제인 더글러스는 『칼빈의 여성관』에서 칼뱅이 고린도전서 11장 주석 및 설교에서 본문을 갈라디아서 3:28과 대조시킴으로써 서로 상충하는 문제를 해결하고 있다고 했다. 즉 창조 때 선물로 주어진 하나님의 형상 및 그리스도의 나라에서의 형상의 회복은 성령의 은사, 예배, 성례의 참여와 함께 남녀 모두에게 동등하게 주어지는 것임을 거듭 강조하고 있다.[100]

또 더글러스는 칼뱅이 변화하는 상황에 따라 융통성 있게 인간 법률의 문제를 수정할 수 있게 한 것과, 교회 내 여성 문제를 예법에 따라 취급한 것에 주목한다. 그러면서 "칼뱅은 신학적 근거들을 토대로 미래의 변화에 대하여는 개방적이었으나 동시에 가부장적 사회의 편견들에 의해 너무도 깊은 영향을 받았기 때문에, 가까운 미래에 그와 같은 가부장적 구조들을 포기한다는 것을 상상도 하지 못했던 사람이다"라고 평가하고 있다.[101] 이는 칼뱅이 가부장적 세계관이라는 한계를 지닌 인물임을 감안하여 그의 여성관을 현시대에 맞게 받아들일 것을 요청한 것이다. 사실 칼뱅의 여성관을 이해하려면, 당시 로마 가톨릭에 맞서 개신교 교회의 정체성을 확립하는 것이 더 절박했던 역사적 상황을 감안할 필요가 있다.[102] 어쨌든 더글

충현, "칼뱅의 여성관", 30.

99   Jane D. Douglas, 심창섭 역, 『칼빈의 여성관』, 76.

100 앞의 책, 55.

101 앞의 책, 서문 참조.

102 정미현, "종교 개혁 시대의 여성과 여성신학적 교회론", 153.

러스는 오늘날 교회의 여성 리더십과 관련하여 칼뱅의 여성관을 포괄적이고 긍정적으로 관망하자는 의견을 제기하는 것임에 틀림없다. 문제는 칼뱅의 여성관을 시대가 지나도 그대로 고수하려는 전통주의자들의 종속적 여성관이다. 칼뱅 신학의 바른 이해는 양심의 자유에 기초해야 한다고 칼뱅 자신이 말했듯이, 칼뱅의 여성관도 개인의 양심은 물론 시대의 양심에 따라 이해하여 현 시대에 맞게 교회 내 여성 리더십을 논의하는 것이 우선이다.[103]

종교 개혁자 루터와 칼뱅의 여성관은 결혼까지 거부했던 중세 교회 시대의 그것보다 진일보하여, 결혼에 대한 신학적 긍정이 새롭게 높아졌다. 그리고 사제들에게 독신 서원과 독신 생활을 강요함으로써 발생한 각종 문제점을 비판하고, 결혼을 통해 성과 속의 실천적 재해석을 시도하는 공헌을 했다. 또한 여성도 하나님의 형상(Image Dei)을 가진 존재라는 진리가 회복되어 실제로 소명 의식을 품고 개혁의 중요한 역할과 몫을 담당하게 된 것 역시 주목할 만하다. 따라서 종교 개혁자들의 여성관을 통해 보다 정의로운 남녀 관계와 인간성 회복을 위한 이론적 근거를 찾으면서도, 현재의 시대적 상황과 요청에 따라 교회 내 여성 리더십을 새로이 모색할 필요가 있다.[104]

2) 종교 개혁 시대에 나타난 여성 리더십

16세기 종교 개혁은 종교의 영역뿐 아니라 사회, 정치, 경제 제반에 걸쳐

---

103 심창섭, "성숙한 시대의 감각으로 재조명되어야 할 칼빈의 여성관",「기독교교육연구」2(1991): 96-7.
104 정미현, "종교 개혁 시대의 여성과 여성신학적 교회론", 153.

많은 변화를 가져왔는데, 이 변화에 대응하는 여성의 모습은 참으로 다양했다. 사실 종교 개혁 시대는 종교 개혁의 영향으로 수녀원이 해체된 시기였다. 그래서 종교 개혁 이후 여성들은 주로 주부와 어머니 역할에 국한된 삶을 살았으며, 가정을 지키기 위해 희생적 삶을 살 수밖에 없었다. 하지만 그 속에서도 거리 투쟁을 벌인 여성들, 개신교가 득세한 지역에서 무기를 들고 가톨릭을 수호하고자 애쓴 여성들, 개혁주의 신앙을 받아들여 직·간접으로 도운 여성들이 있었다.[105]

그러므로 종교 개혁 시대 여성의 유형은 크게 두 부류로 나눌 수 있다. 첫째는 종교 개혁에 동참한 여성들, 둘째는 종교 개혁의 흐름에 반대하고 가톨릭 전통을 고수하기 위해 투쟁한 여성들이다. 첫째 부류인 종교 개혁의 흐름을 따른 여성들은 종교 개혁적인 설교를 듣고 나서 새로운 눈으로 성경을 읽고 예배에 참여했으며, 사제와 결혼을 하거나 결혼하지 않은 경우라도 수녀원을 떠나 새로운 삶을 추구했다. 이 여성들은 신약성경의 만인 제사장설에 입각해 하나님 앞에서 남녀가 평등하다는 사상에 감명을 받고, 예수 그리스도를 따르는 사람은 남자나 여자 모두 사제가 될 수 있다는 기대를 품었다. 둘째 부류인 종교 개혁 흐름에 반대한 여성들은 수녀원 해체에 철저히 항거하고 수녀원의 전통적 질서 수호에 힘썼다. 당시 수녀원에는 사회·경제적으로 부유한 가문의 딸이 많았고, 그곳은 당시 여성이 교육받지 못하는 상황에서 고등 교육과 교양 교육을 받을 수 있는 좋은 장소였기 때문이다. 또 남성 리더십과 관계없이 여성 스스로 독자적 리더십을 발휘할 수 있었기 때문이기도 하다. 그래서 결혼과 더불어 가정에서 봉사하는 것이 여성에게 주어진 역할의 전부라고 여긴 종교 개혁의 흐름에 강

---

105 앞의 책, 122.

하게 반발하게 된 것이다.[106] 여기서는 우선 종교 개혁에 동참한 여성부터 인물 중심으로 살펴보겠다.

3) 종교 개혁에 동참한 여성들[107]

(1) 카타리나 폰 보라(Katherine von Bora, 1499-1552)

카타리나는 작센(Saxony)에서 온 가난한 귀족의 딸이자 수녀원생이었다.[108] 1520년대에는 루터의 글이 수녀원에도 널리 퍼져 읽히고 있었는데, 이때 종교 개혁 정신에 깊이 젖어들었다. 루터와 결혼한 후 카타리나는 헌신적인 생활로 루터를 내조했다. 루터는 카타리나의 말을 전적으로 따랐고, 그를 "나의 여주인"(mea Domina), "나의 주인 케타"(meus Dominus Ketha)라고까지 불렀다. 카타리나는 친척, 손님, 종교 개혁에 동참하려고 도망쳐 온 이주자 등 많은 사람을 돕고 보살폈으며, 루터의 건강을 지키고 돌보는데 지대한 공헌을 했다. 그녀는 의지가 강하고 정이 많고 결단력과 추진력이 있는 용감한 여성이었다. 공적인 장소에서 활동하진 않았으나 종교 개혁자들과 많은 토론을 하면서 간접적으로 종교 개혁에 영향을 준 여성이었다.[109]

(2) 카타리나 쉬츠 젤(Katharina Schütz Zell, 1497-1562)

카타리나 쉬츠 젤은 종교 개혁계에서 가장 잘 알려진 여성으로, 가톨릭 주

---

106 앞의 책, 123-4.

107 정미현, "종교 개혁 시대의 여성과 여성신학적 교회론", 『한국여성과 교회론』(서울: 이화여자대학교출판부, 1998)

108 Ruth. A. Tucker, Walter L. Liefeld, *Daughters of the Church*, 179-80.

109 정미현, "종교 개혁 시대의 여성과 여성신학적 교회론", 132-3.

교였다가 루터교 설교가로 전향한 마테우스 젤(Matthäus Zell)의 아내였다. 카타리나 쉬츠 젤의 우선적 사역은 피신한 프로테스탄트를 환대하고 섬기는 것을 포함하여, 당시에 잘 알려진 종교 개혁자들을 보살피는 것이었다.[110] 농민 전쟁 당시인 1525년, 피난민을 돌보는 일을 도맡아서 감당했고, 그 외에도 노래집을 만드는 등 다양한 활동을 전개하고 당대 여러 종교 개혁자들과 관계를 맺으면서 종교 개혁을 도왔다. 카타리나 쉬츠 젤은 24년간의 행복한 결혼 생활을 끝으로 과부가 되었는데, 당시는 정치적·사회적으로 매우 불안한 시대로 슈말칼덴 전쟁(Schmalkaldischer Krieg)의 영향이 지대했다. 이러한 때 제1세대 개신교 목사 부인으로서 집안일과 교회 일에 모범을 보였으며, 특유의 지적 능력으로 많은 저술 활동을 한 여성이 바로 카타리나였다.[111]

(3) 비브란디스 로젠블라트(Wibrandis Rosenblatt, 1504-1564)[112]

비브란디스 로젠블라트는 첫 남편을 잃은 후 세 명의 종교 개혁자, 즉 요하네스 외콜람파디우스(Oecolampadius), 볼프강 카피토(Wolfgang F. Capito), 마르틴 부처(Martin Bucer)와 결혼 생활을 한 여성이다. 그는 종교 개혁의 선두주자였던 츠빙글리와 알고 지낼 정도로 여러 종교 개혁자들과 두터운 친분이 있었다. 부처를 따라 영국으로 건너가 살다가, 부처 사후에 다시 고향 바젤로 돌아와 여생을 보냈다. 그는 당대 주요 종교 개혁자들의 아내로서 종교 개혁에 간접적 영향을 끼쳤으나, 활동 영역은 철저히 가정과 보조 역할에 국한되었다.

---

110 Ruth. A. Tucker, and Walter L. Liefeld, *Daughters of the Church*, 182-3.

111 정미현, "종교 개혁 시대의 여성과 여성신학적 교회론", 133-4.

112 앞의 책, 135-6.

(4) 아르굴라 폰 그룸바흐(Argula von Grumbach, 1492-1568)[113]

아르굴라 폰 그룸바흐는 개혁주의적 신앙관을 가진 여성으로서, 루터나 스팔라틴(Spalatin)과 교분을 맺고 지냈다. 집중적으로 성경을 연구한 대표적 여성이었으며, 특히 여성으로서의 자의식을 가지고 성경을 이해하는 것에 대한 소명감이 강했던 인물이다. 아르굴라는 가톨릭에 저항하다가 경제적 불이익을 당하고 체포와 구금을 당하는 등 종교 개혁의 실현을 위해 많은 어려움을 감내했다.

(5) 마르가레타 블라러(Margaretha Blarer)[114]

마르가레타 블라러는 부처와 서신을 주고받는 파트너가 될 정도로 높은 견해를 지닌 여성이었다. 부처는 그녀에게 콘스탄츠(Konstanz)를 배경으로 활동해 달라고 당부하기도 하고, 종교 개혁을 실행해나가기 위해 수시로 그녀의 생각을 묻고 참고했다. 고아와 페스트 환자에 대한 지극한 사랑으로 헌신적 봉사를 하던 그녀는 마침내 자신도 페스트에 걸려 생애를 마감한다.

(6) 마리 당티에르(Marie Dentiére, 1495-1561)[115]

마리 당티에르는 현대적 의미에서 여성 신학의 선구자라고 할 수 있다. 1521년까지 수녀원장을 맡아 수준 높은 교육을 받았고, 그 결과 라틴어에 능통했으며 해박한 성경 지식과 글 재주가 있었다. 종교 개혁의 물결이 밀려올 때 사제와 결혼하여 스트라스부르(Strasbourg)에 살았으나 또다시 두

---

113 앞의 책, 136.

114 앞의 책.

115 앞의 책, 128-32.

번째 남편 앙트완 프로망(Antoine Froment)을 만났고, 1535년 이후로 제네바에 살면서 종교 개혁에 열성적으로 힘쓰게 된다. 그는 나바라의 여왕 마르가리타에게 보낸 한 서신에서 교회 내 여성의 지위에 관해 논했다. 여성도 교회나 공공 집회에서 설교할 수 있어야 하고 자신의 생각을 문서로 나타낼 수 있어야 한다는 것이었다. 글의 마지막 부분에는 칼뱅과 파렐를 위시한 개혁자들에 대한 비판이 담겨 있다.

마리 당티에르는 개혁주의 사제들의 자질 문제를 날카롭게 파헤치기도 했다. 이것이 베른 의회에까지 전해져 당시 실무 책임자인 피에르 비레(Pierre Viret)와 베아트 콩트(Beat Comte)가 "여성이 종교적 내용과 문제를 논의할 자격이 없다"라며 마리 당티에르의 모든 문서를 압류했다. 이 때문에 그는 많은 어려움에 처하게 되었으며, 결국 개혁 교회 내의 여성 리더십 확보를 위한 주장은 철저히 거부당하고 만다.

종교 개혁에 동참한 여성들은 때로 평범한 가정주부 역할로, 때로 사상적 영향을 끼치는 자로 헌신했으며, 비록 뜻이 실현되지는 않았지만 여성의 지위와 역할을 제고하기 위해 많은 애를 쓰기도 했다. 하지만 종교 개혁에 동참한 대부분의 여성은 가정 내 역할에 대한 강조의 흐름에 따라 주도적이고 적극적인 리더십을 행사하지는 못했다. 따라서 여성 리더십의 측면에서 볼 때, 종교 개혁 시대의 여성 리더십은 중세 교회의 여성 리더십보다 더 제한적이고 부정적이었다고 평가할 수 있다. 개혁 교회의 여성관에 따르면 여성도 하나님의 형상을 입은 존재로서 남성과 공히 동등하다고 인식되었음에도, 여성의 역할을 가정 내로 제한함으로써 신약성경의 여성 리더십이나 중세 교회의 여성 리더십보다 오히려 후퇴했다. 이는 종교 개혁자들이 여성의 존재론과 역할론을 남성 중심으로 해석한 결과라고 볼 수 있다.

4. 근현대 교회에서의 여성 리더십

1) 근대 교회의 여성관과 여성 리더십

근대 교회 시대는 개신교의 청교도 운동 및 근대 철학과 과학의 발달, 경건주의 운동과 감리교회 탄생, 그리고 복음주의 운동과 신비주의 분파 운동이 있었던 19세기 초까지로 본다.[116] 근대의 르네상스는 예술, 문학, 철학 등 많은 보물을 선사했으며, 인간이 값진 가치들을 추구할 수 있게 한 황금기라고 일컬어진다. 반면 페스트, 종교 대분열, 기근, 도시의 반란, 30년 전쟁, 터키의 위협, 종교 개혁으로 인한 갈등이 연이어 발생한 시기로 평가되기도 한다. 폴 투르니에(Paul Tournier)[117]에 따르면, 근대의 철학적 이념이자 흐름인 합리주의와 산업혁명, 청교도주의, 금욕 의식이 팽배했던 빅토리아주의는 여성의 지위를 하락시키는 데 결정적 역할을 했다.[118] 특히 데카르트의 합리주의는 인격적 감성보다 지성을 중시함으로써 여성이 지닌 여성성과 가치를 무시하는 결과를 초래했다는 것이다.[119]

이후 산업혁명에 따른 산업화와 기계화로 인해 민족 국가의 중앙 집권화 현상, 경제력 집중화 현상, 기업 합병 및 다국적 기업의 성장이 계속되었고, 관료제가 남성 엘리트(élite) 중심이 되면서 결과적으로 이성과 객관성

---

116 심창섭, 박상봉, 『교회사 가이드』(서울: 아가페문화사, 1994), 265.

117 Paul Tournier(1899-1986)는 스위스의 내과 의사로서 기술적인 의학만이 존재하던 시기에 인격적인 의학을 주창하였으며, 현대 심리학과 기독교를 통합시키는 데 크게 공헌한 사람이다. 특히 그는 근대와 현대시대의 여성관과 사명을 잘 표현해 준 인물이기도 하다. Paul Tournier, 홍병룡 역, 『여성, 그대의 사명은』(La mission de la femme, 서울: IVP, 1991)을 참조하라.

118 앞의 책, 20-4.

119 앞의 책, 34-5.

이 주요 흐름으로 형성되어 여성은 변두리로 밀려나게 되었다.[120] 이 시기의 데카르트(Descartes), 스피노자(Spinoza), 라이프니츠(Leibniz), 칸트(Kant) 같은 철학자는 이 엘리트 그룹에 속해 있었다. 특히 칸트는 남성을 '존귀함'을 구현하는 존재로 인식한 반면, 여성은 '아름다움'을 구현하는 존재로 이해하여 여성의 교육이나 깊은 철학적 사고는 남성을 즐겁게 하는 '여성의 매력'을 약화하는 것으로 봤다.[121]

이런 흐름이 16세기 종교 개혁 이후에 점증한 결혼과 가정에 대한 강조, 인쇄술의 발달, 국가 권력의 중앙 집권화와 맞물리면서, 가부장적 권위가 더욱 강화되고 여성의 역할은 출산이나 부부 간의 관계 같은 개인 생활까지도 규제받기에 이르렀다.[122] 16세기 트리엔트 공의회에서 시작된 가톨릭교회는 1900년까지 수녀들의 능동적인 사회 활동을 공식적으로 허용하지 않았다.[123] 또한 영국 교회의 종교 개혁 이후 신학적·형식적·제도적으로 교회를 정화하려 했던 청교도들은[124] 결혼에 이의를 제기하고 이혼을 요청할 수 있는 권한은 오직 남성에게만 있으며, 여성이 세례를 주관하는 것을 적절치 못하다면서 교회 내 여성 리더십을 제한했다.[125]

그러나 다른 한편으로 여성의 본성과 역할에 대한 종교 개혁자들의 새로운 이해는 근대 서구 사회 여성 운동의 사상적·실천적 기초를 제시한 것

---

120 앞의 책, 51-61.

121 Hans Küng, John Bowden(tr.), *Women in Christianity* (London, New York: Continuum, 2001), 80-1.

122 정고미라, 하정옥, "성차를 어떻게 이해할 것인가?"『새 여성학 강의』(서울: 동녘, 1999). 224.

123 Paul Tournier, 『여성, 그대의 사명은』, 161.

124 심창섭, 박상봉, 『교회사 가이드』, 265-6.

125 D. L. Carmody, 강돈구 역, 『여성과 종교』(*Women and World Religion*, 서울: 서광사, 1977), 159-60.

으로 여겨진다.[126] 계속되는 개혁 운동은 여성 리더십이 다시 부흥하도록 고무했다. 영국의 웨슬리파 부흥 운동과 미국의 복음주의 부흥 운동은 영국과 북미 개신교에서 일어난 개혁 운동으로, 이성을 중시하는 18세기 합리주의의 흐름에 대한 반발로서 가장 주요한 복음주의 흐름이 된다. 룻 터커(Ruth A. Tucker)와 월터 리펠트(Walter L. Liefeld)는 이러한 부흥 운동이 남녀 공동의 리더십을 일으켰다고 말한다.[127]

첫째, 영국의 웨슬리파 부흥 운동은 귀족적이고 계급적이던 교회의 모습을 붕괴시켰고, 여성 설교자들은 비록 교육은 받지 못했으나 열정적인 은사로써 핵심적 역할을 감당할 수 있게 되었다. 웨슬리파의 부흥은 여성에게 교회 사역의 자유를 경험할 새로운 기회를 제공했다.[128] 웨슬리(Wesley)가 당대의 다른 남성 성직자들과 달리 여성 리더십에 의심을 가지지 않았던 것에는, 어릴 때부터 지켜본 어머니 수산나 웨슬리(Susanna Wesley)의 목회적 자질과 리더십이 크게 작용한 것으로 보인다. 웨슬리는 그의 어머니를 '의의 설교자'(Preacher of righteousness)로 늘 존경했다. 수산나의 조언은 여성 리더십을 세우고 여성에게 설교할 수 있는 권한을 허락하는 데도 큰 영향을 끼쳤을 것이다.[129]

둘째, 찰스 피니(Charles Finney)에 의한 복음주의 부흥 운동은 여성이 새롭게 되살아난 영성의 흐름에 따라 리더십을 행사하도록 이끌었다. 여성들은 가난한 자와 병든 자를 돌봄으로써 지역 사회에 영향을 미쳤으며, 주일 학교에서 창조적 능력을 발휘하여 주일 학교 운동을 계속 성장시켰다.

---

126 정미현, "종교 개혁 시대의 여성과 여성신학적 교회론", 114-5.

127 Ruth. A. Tucker, Walter L. Liefeld, *Daughters of the Church*, 245.

128 Stanley J. Grenz, Denise Muir Kjesbo, 이은순 역, 『교회와 여성』, 49.

129 하희정, 『역사에서 사라진 그녀들』, 216-21.

피니는 여성들에게 공적 모임에서 은사대로 설교나 기도 사역을 하라고 강력히 권면하기도 했다. 직접적 동기는 아니었지만, 찰스 피니가 오벌린 대학(Oberlin College)의 첫 신학 교수로 재직할 당시 그에게 배운 안토이네트 브라운(Antoinette Brown)이라는 여성은 미국에서 처음으로 성직 임명을 받게 된다. 이 외에도 북미 개척 지대의 여성들은 가정과 사회에서 여러 가지 역할을 감당하게 되면서 교회에서 평등주의를 발전시키는데 공헌했다.[130] 이처럼 신앙 부흥 운동과 여성들의 사회 활동과 개척 지대 여성들의 활약이 여성 리더십의 기회를 회복시켜 준 반면, 1800년대 후반에는 교회 내 여성의 역할을 규제하는 보수주의의 반응이 촉발되기도 했다. 1851년 제임스 포터(James Porter)가 "여자들이 공적으로 남자들과 경쟁하거나 남자를 비난하며 권위를 빼앗아 남자들을 지배하거나 남자들을 불충하게 대하지 않는 한 말해도 좋다"라고 함으로써, 교회 내 여성 리더십은 가부장주의의 심한 반대에 직면한다.[131]

따라서 근대 교회 시대의 여성 리더십은 두 가지로 정리할 수 있다. 첫째, 근대는 르네상스와 합리주의, 자연 과학의 발달, 산업화, 중앙 집권화의 영향으로 남성 중심의 엘리트 체제가 철저하게 갖춰진 시대였다. 하지만 이와는 반대로, 웨슬리의 부흥 운동과 찰스 피니의 복음주의 운동은 사회적 약자 보호와 경제 및 교육 문제를 개혁하는 데 큰 영향을 미쳤고, 이때 사회 개혁에 적극적으로 동참하기 원하는 여성은 교회에서 리더십을 발휘할 기회를 얻었다.

둘째, 종교 개혁을 거친 근대 교회 시대의 여성 리더십은 개혁 교회 안

---

130 앞의 책, 49-54.
131 앞의 책, 58.

에서도 두 가지 다른 양상으로 나타난다. 웨슬리의 부흥 운동과 찰스 피니의 복음주의 운동에서는 여성 리더십이 매우 활발하게 전개된 반면, 종교 개혁을 신학적·형식적·제도적으로 지키려는 청교도 등의 보수 개혁파에서는 여성 리더십을 엄격하게 제한했다. 이로써 근대 교회 시대부터 가톨릭교회와는 별개로, 개신교 교회 내의 여성 리더십에 관한 입장이 대립해 감을 알 수 있다.

2) 현대 교회의 여성관과 여성 리더십

현대 교회 시대는 19-20세기의 자유주의와 근본주의, 신정통주의, 해방신학과 에큐메니컬 운동을 아우르며 오늘날의 교회에 이른다. 20세기의 위대한 신학자 칼 라너(Karl Rahner)가 "20세기에 가장 중요한 소요는 양차 세계대전이 아니라 여성들이 깨어난 것이다"[132]라고 지적한 것처럼, 현대 교회에서 가장 중요하게 부각된 이슈와 흐름은 페미니즘(Feminism)의 탄생과 여성신학(Feminism Theology)[133]이라고 할 수 있다. 현대 교회 시대의 흐름을 보면, 기존의 기독교 전통 신학에 대항하여 여성의 자각과 요청에 따라 여성 신학이 등장하면서 큰 물줄기를 형성해왔다.

페미니즘이 성차별주의와 가부장적 사회에 대한 근원적 비판을 과제로 한다면, 여성 신학은 신학과 교회 전통에서의 성차별과 불공평한 대우에 대한 현실 인식에서 시작되었다. 페미니즘이 "여성도 인간이다"라는 기본적 외침에서 시작했다면, 여성 신학은 "여성도 하나님의 백성이다"라는

---

132 최혜영, "신학의 현대화와 페미니즘", 「성평등연구」 6(2002): 1.
133 손승희, "신학과 페미니즘", 「여성학논집」 17(2000): 69.

성경의 기본적 가르침을 출발점으로 삼는다.[134] 페미니즘과 여성 신학은 성 차별을 비롯한 사회 정의 문제에서 촉발되어 사회적 책임과 교회 내 여성 리더십에 관한 문제를 다뤄왔다. 현대 교회 시대의 여성 리더십은 이러한 페미니즘과 여성 신학을 중심으로 다룰 수밖에 없다.

(1) 페미니즘과 여성 신학

페미니즘 운동의 발달은 이러하다. 19세기 중반 영국과 유럽 여성 사이에서는 능력이 아닌 성별에 따라 불이익을 당하는 사회적 불의에 대한 자각이 일어나게 되었으며, 이러한 여성의 정체성 자각 운동은 참정권 운동에서부터 시작되었다.[135] 용기 있는 저항 덕분에 여성들은 마침내 참정권을 획득하게 되었고, 이로 인해 많은 나라에서 여성이 정당한 임금을 받게 되었다. 영국에서 1919년에 발효된 '성별에 따른 실격 조항 (제거)법'(Sex Disqualification Removal Act)은 여성에게 모든 공직, 전문직, 민간 직업에 대한 기회를 열어 주었다.[136]

특히 19세기 기독교 내 여성 운동에 영향을 준 두 가지 사건이 있었는데, 하나는 당시 복음주의 신앙을 가졌던 여성들의 선교 운동이었고, 다른 하나는 당시 인류학자들(주로 남성 학자들) 사이에 있었던 초기 모계 사회론에 관한 논쟁이었다.[137] 바버라 맥하피(Barbara MacHaffie)에 따르면, 19세기 미국 복음주의 교회에서 유행하던 소위 "진정한 여성성에 대한 예찬"(The

---

134 최혜영, "신학의 현대화와 페미니즘", 2.

135 함세웅, "교회에서는 성 평등이 이루어지는가?", 「가톨릭대학교성평등연구」 1 (1997): 1.

136 John Stott, 정옥배 역, 『현대사회문제와 그리스도인의 책임』(New Issues Facing Christians Today, 서울: IVP, 2005), 373.

137 손승희, "신학과 페미니즘", 65.

nineteen-century cult of true womanhood)의 분위기는 전통적인 기독교 여성관을 뒤집어 놓게 되었다. 즉 '이브'를 욕망과 죄로 가득 찬 존재로 보던 여성관에서, 남성보다 도덕적·영적으로 훨씬 탁월한 존재로 보는 여성관으로 바꾸어 놓은 것이다.[138]

이러한 페미니즘 의식이 기독교 여성들에게 전파되면서, 기성 종교에 대한 비판과 변혁의 문이 열렸다. 1970년대 기독교 페미니스트 운동의 핵심 과제는 여성 목회자 안수 실현과 가부장적인 교회의 예배 문서를 탈가부장 체제로 바꾸는 일이었다. 성공회, 루터파 교회, 그리고 대부분의 개혁파 교회에서 여성 목회자 안수 문제가 통과되었고, 1980년대에 들어서면서는 감리 교회와 성공회에서 최초의 여성 감독을 배출했다.[139]

여성 신학을 형성하던 초창기에 크게 영향을 미친 기존의 여류 신학자들은 후에 여성 신학자로 전향했는데, 그 가운데 비벌리 해리슨(Beverly Harrison), 넬리 모튼(Nelle Morton), 레티 러셀(Letty M. Russell), 로즈메리 류터(Rosemary R. Ruether) 등이 있다. 이들은 모두 다양한 신학 영역에서 가부장적인 전통 신학을 비판하고 페미니스트 비전으로 새로운 신학을 구성하려는 학문적 노력을 기울였다. 이러한 의식은 서구 사회를 넘어 제3세계 전반으로 확산되었고 아시아에까지 이르렀고, 계급, 인종, 문화, 종교, 이데올로기, 성적 취향의 차이에 따라 그 의식의 수용과 표현이 다르게 나타났다. 그리고 각 여성 신학자가 처한 종교와 문화적 상황에 따라 여성 신학의 방법론과 주제 선정이 달라졌다.[140]

---

138 Barbara MacHaffie, *Her Story in Christian Tradition*(Philadelphia, PA: Fortress Press, 1986), 93-5을 재인용. 앞의 논문, 65.

139 앞의 논문, 77-8.

140 앞의 논문, 69-70.

(2) 여성 리더십과 여성 신학[141]

1963년 교황 요한 23세는 여성들이 공적 생활 영역에 다양하게 진출하고 있다는 점, 즉 여성 리더십을 현대 사회의 특징 가운데 하나로 제시했다[142] 2년 뒤 제2차 바티칸 공의회는 "현대 세계의 교회에 관한 사목 헌장, 기쁨과 희망(Gaudium et spes)"에서 여성 리더십이 현대 사회의 새로운 문화 형성의 중요한 요소라고 지적함으로써, 이제 여성 리더십은 사회뿐 아니라 교회의 지대한 관심임을 보여줬다.[143]

UN은 1975-1985년 10년간 여성 인권 옹호 운동을 하되, 남녀의 동등한 전체성(wholeness) 회복 및 발전과 평화를 목표로 운동을 전개해왔다. 에큐메니컬 운동(WCC)은 1988-1998년 동안 교회 내 여성 차별의 구조적 모순과 이에 따른 문제의 개선 및 개혁을 위해 여성 신학을 발전시키고 교회 여성 운동을 후원한다는 목표로 여성 신학과 여성 리더십 운동을 추진했다.[144] 박근원 교수는 이러한 현대 교회의 흐름을 제2의 종교 개혁이라고 말한다. 즉 루터와 칼뱅의 종교 개혁을 '제1의 종교 개혁'이라고 한다면, 1960년대 이후 바티칸 공의회와 웁살라 대회를 기점으로 한 흐름을 '제2의 종교 개혁'으로 본다. 그는 제1의 종교 개혁이 교회 분열과 성직자 중심, 전통 규범 신학, 수직적 사고를 특징으로 하는 반면, 제2의 종교 개혁은 교회 일치와 평신도 중심, 현장을 중시한 통전적 신학, 수평적 사고를 특징으로 하는데, 이러한 시대적 요청으로 생겨난 여성 신학이야말로 "현대 신학

---

141 손승희, "신학과 페미니즘", 「여성학논집」 17(2000)의 일부를 정리했다.

142 조성자, "현대 카톨릭 교회의 여성관", 「여성문제연구」 15(1987): 259.

143 앞의 논문.

144 김찬국, "성경 해석과 여성신학", 「신학논단」 18(1989): 79-80.

의 물결"이라고 평가했다.[145]

이렇듯 현대 신학의 새로운 패러다임의 대표적 양상으로 나타난 여성 신학을 예로 들면 다음과 같다. 인도네시아 신학자 마리안느 카톱포(Marianne Katoppo)는 알을 품어 새 생명을 낳고 그 생명을 보호해주는 암탉의 이미지를 비유로 들어 '자궁의 신학'(the theology of the womb)을 발전시켰고, 카터 헤이워드(Carter Hayward)는 '관계의 신학'을,[146] 레티 러셀은 '파트너십의 신학'을,[147] 티시 해리슨 워런은 '구현의 신학'(the theology of embodiment)[148]을 모색했다. 여성 신학은 이처럼 바람직한 남녀 관계의 미래를 예시하고 미래의 성취를 확인해줄 신학을 모색하고 있다.[149]

현대 신학의 새로운 패러다임으로 부각된 여성 신학은 여성 스스로 자기 가치를 인정하고 확신하는 일을 우선으로 하여, 하나님에 대한 전통적인 성경 이해를 여성의 관점에서 재조명하는 것이다.[150] 따라서 여성 신학의 중요성은 남성 신학자가 형성한 기존의 신학 사상에서 벗어나 여성이 신학적 활동의 주체로서 자리를 얻게 되었다는 점에 있다.[151] 그 결과 그동안 남성 중심적으로 해석되어온 성경을 여성의 입장에서 능동적으로 다시 해석하게 되었고, 교회사에서 숨겨졌던 여성의 역할과 공헌을 발굴하게 되었으며, 하나님과 예수님 앞에서는 물론 교회와 사회에 대한 여성의 역할

---

145 박근원, "현대신학의 물결", 15-6.

146 손승희, 『여성신학의 이해』, 198.

147 Letty M. Russell, *The Future of Partnership* (Philadelphia, PA: The Westminster Press, 1979)을 참조하라.

148 손승희, 『여성신학의 이해』, 198.

149 앞의 책, 199.

150 Marianne Katoppo, *Compassionate and Free: an Asian Woman's Theology* (New York: Orbis Books, 1979), 67-8.

151 손승희, "신학과 페미니즘", 86.

과 사명의 과제도 발견하게 되었다.

(3) 교회의 사회적 책임과 여성 리더십

이제 교회의 사회적 책임과 여성 리더십의 상호 관련성을 살펴보고자 한
다. 웨슬리의 부흥 운동과 찰스 피니를 중심으로 한 복음주의 운동은 복
음 전도와 함께 사회 참여가 주목적이었다. 19세기에 찰스 피니는 "교회
의 중대한 임무는 세상을 개혁하는 것이다"라고 하여 노예제 반대 운동,
교육, 여성의 보호와 함께 여성 리더십을 적극적으로 추진했다.[152] 그러
나 20세기에 들어서면서 복음주의자들은 유럽과 미국 교회를 휩쓴 자유
주의자들의 '사회 복음' 즉 '대배신'적 입장과 맞서면서 사회적 책임에 소
홀하게 되었다. 그리고 제1차 세계 대전 이후 인간의 원죄와 부패성에 관
한 성경적 교리로 인간과 사회를 개혁할 수 없다는 비관주의와 전천년설
(Premillennialism)이 만연하면서, 세상이 개선되거나 구속될 여지가 없는 것
으로 판단하여 사회적 책임과는 거리가 먼 보수적인 입장을 고수하게 되었
다.[153] 이러한 입장은 여성에게 사회 활동보다 가정 내의 역할만 강조하게
되어, 교회에서의 여성 리더십을 제도적으로 제한하는 결과를 낳았다. 이와
반대로 인간의 평등과 자유, 공의를 우선시했던 웨슬리와 찰스 피니 같은
복음주의자들은 사회 개혁을 추진하면서 여성의 적극적 활약을 이끌어냈
고, 이로 인해 여성 리더십을 인정하게 된 것으로 보인다.

　　웨슬리에 의해 시작된 여성 리더십은 성령 운동과도 밀접한 관련이 있
다. 웨슬리는 성령을 통해 여성도 하나님께 받은 은사를 가지고 기회가 주

152　John Stott, 정옥배 역, 『현대사회 문제와 그리스도인의 책임』, 27.

153　앞의 책, 21-58.

어지는 대로 사역에 참여할 것을 요청했으며, 실제로 성령의 역사를 따라 사역하도록 여성에게 문을 열어주었다. 19세기에 엄격한 칼뱅주의에 반감을 가지고 있다가 극적인 회심을 체험한 뒤, 성령 세례가 온전한 성화로 들어가는 수단이라고 주장한 미국 오벌린 대학(Overlin College)의 교수 찰스 피니(Charles Finney)와 아사 마한(Asa Mahan)은 여성 지도자들을 배출했으며, 많은 남녀 목회자와 평신도가 성령 세례를 통해 성결의 은혜를 체험했다. 특히 피비 팔머(Phoebe Palmer)는 성령의 능력을 강조하는 신학적 입장을 내세우면서 여성 리더십을 변호했다. 팔머를 따랐던 한나 스미스(Hannah W. Smith)와 구세군의 어머니 캐서린 부스(Catherine Booth)는 19세기 후반 미국의 성령 운동에서 주도적 역할을 한 여성 지도자였다. 이렇게 성령의 강력한 인도를 받은 여성 성령주의자들은 강단 설교가 저지되자 거리에서 설교하며 남성이 꺼리는 곳에 선교사로 지원했고, 그 외에도 신유 은사와 축귀 능력을 행했다. 여성 성령 운동가들은 교회에서 여성 리더십을 제한했음에도 불구하고 하나님과 직접 교통하는 체험을 통해 얻은 성령의 능력으로 복음 사역을 계속 감당할 수 있었다. 또 여성들의 신유 은사는 교회 여성에게 순수한 복음 전도의 열정을 고취하기도 했다.[154] 이처럼 웨슬리와 찰스 피니에 의해 시작된 사회 참여 흐름과 성령 부흥 운동은 여성이 교회의 복음 사역과 사회 개혁을 위해 활약할 수 있게 해주었고, 교회 내에서도 여성 리더십을 발휘할 길을 열어주었다.

현대 교회 시대의 여성관은 페미니즘의 영향을 받았다. 서구 여성의 정체성 자각으로 페미니즘이 발생한 이후, 페미니즘 의식이 서구 사회를

---

154 이 부분의 자세한 내용은 천영숙, "성령운동과 여성의 역할", 「교수논문집」 9(2005)을 참조하라; 하희정, 『역사에서 사라진 그녀들』, 224-31.

넘어 제3세계와 아시아까지 확산했으며, 계급, 인종, 문화, 종교, 이데올로기, 성적 취향 등의 차이에 따라 그 의식의 수용과 표현이 상이하게 나타났다. 기독교 교회 안에서도 페미니즘 신학이 출현하였고, 성서 해석학을 비롯한 여성 신학은 학문적 영역으로까지 자리 잡을 수 있었다. UN과 에큐메니컬 운동 덕택에 교회 내 여성 차별의 구조적 모순과 이에 따른 문제의 개선 및 개혁을 위해 교회에서 여성 리더십을 세우게 되었다. 현대 교회의 중요한 이슈로 등장한 여성 리더십은 이제 복음 전파, 사회 정의, 평화를 위한 개혁, 인류애와 사회적 책임을 위한 긴급한 도전으로 우리 앞에 다가와 있다. 한스 큉(Hans Küng)은 그의 책 *Women in Christianity*에서 "교회는 여성 해방을 방해했는가 아니면 장려했는가?"라고 묻는다. 이어서 미래 교회는 형제자매의 자유롭고 동등한 공동체가 되어야 하며, 여성 해방을 장려해야 한다고 강조한다.[155]

지금까지 초기 교회 시대부터 현대 교회 시대에 이르기까지 여성의 역할을 살펴봤다. 여성 리더십의 필요성을 세 가지로 정리하면 다음과 같다. 첫째, 2,000여 년의 교회 역사에서 복음 사역을 위한 여성의 공헌을 무시할 수 없다. 어떤 시대나 어떤 상황에서든, 심지어 무시받고 인정받지 못할 때도 복음 사역을 위한 여성 리더십은 늘 존재해왔다. 기독교에 대한 박해가 심했던 초기 교회 시절 여성들은 순교하고 헌신을 다 했으며, 중세 교회의 신학자로서, 수도원장으로서, 지혜자와 감독으로서 역할을 감당했으며, 종교개혁 시대에는 가정과 교회에서 종속적인 리더십을, 근대와 현대 교회에서

---

155 Hans Küng, John Bowden(tr.), *Women in Christianity* (London, New York: Continuum, 2001), 1-25, 85-102.

는 페미니즘 의식으로 여성 해방과 복음 전파, 사회봉사와 개혁을 위한 리더십을 역동적으로 발휘한 것이다. 둘째, 2,000년의 교회 역사에서 여성 리더십을 제한하게 된 요인은 남성 교부와 남성 신학자 중심의 성경 해석과 성차별적 시각에서 비롯된 것이기에, 21세기 현대 교회는 바른 개혁주의 여성관에 입각한 여성 리더십을 교회사적으로 재정립할 필요가 있다. 셋째, 복음 사역을 위한 여성 리더십은 이제 2,000여 년의 남성 중심적 교회 역사를 반성하고, 복음 전파, 사회 정의, 평화의 실현, 인류애와 사회적 책임을 수행하기 위한 21세기 교회의 긴급한 도전으로 우리 앞에 다가와 있다.

10장

초기 한국교회사에 나타나는
여성의 복음 사역과 공헌

초기 한국교회는 조상 숭배와 남존여비라는 유교적 관념과 풍습이 유난히도 깊이 배어 있던 상황에서 세워졌기 때문에, 당시 교회 여성이 남성 교인과 비교하여 당했을 어려움은 가히 짐작할 만하다. 그럼에도 오늘날의 한국교회가 이만큼 성장하게 된 바탕에는 초기 한국교회 여성의 복음 사역에 대한 열정과 헌신이 있다. 그러나 세계 교회사에서와 마찬가지로, 1930년대 이후부터 한국교회가 제도화되면서 여성의 역할은 주변부로 밀려나게 되었다. 이에 본 장에서는 초기 한국교회 복음 사역에서 나타나는 여성의 역할과 공헌을 살펴 한국교회 여성 리더십의 역사적 근거를 찾고자 한다.

1. 초기 한국교회의 여성관 변화

19세기 중엽 한국 여성의 위치는 남성에 비해 지극히 열등했다. 여성은 남성의 예속물에 불과했고 남성의 생활에 관여할 권리가 없었다. '칠거지악'이라는 남성 본위의 이혼법에 묶여 있었고, '삼종지도'라 하여 평생토록 부모, 남편, 자식에게 복종해야 했으며, '남녀칠세부동석'이라 하여 사회적으로 유폐된 상태에서 살아야 했다. 여성의 거처는 집으로 국한되어 가사를 돌보는 정도의 범위에서 벗어날 수 없었다. 여성의 최대 임무는 자녀, 특히 아들을 낳아 기르는 일이었고, 여성의 최고 미덕은 남편을 섬기고 그의 명령에 복종하는 일이었다. 여성에게는 자기 배우자를 정하는 일에 있어 하등의 발언권이 없었고, 비록 남편이 첩을 두더라도 감내해야만 했다. 외출 또한 가능한 한 삼가야 했고, 재산은 시집올 때 가지고 온 지참금이라도 남편의 소유가 되었으며 이는 남편이 죽으면 아들의 재산이 됐고 만약 아들이 없으면 남편 친척의 아들을 양자로 삼아서라도 가산을 상속시킬지언정 여성의 재산권을 인정하지 않도록 했다. 이처럼 법과 관습이 여성을 천부 인권에서 소외시키고 있었다.[1] 이때 새롭게 등장한 호적 제도는 일제 강점기에 더욱 보완되어 근대적 제도로 미화되긴 했지만 그 내용에서는 호주의 신분과 여성의 종속됨을 분명히 함으로써 근대적 가부장제를 더 확고히 했다.[2]

여성의 비인간화 문제는 가부장제라는 여성 억압 체계, 그중에서도 가족 안에서의 여성 문제에서 쉽게 찾아볼 수 있다. 즉 전통적 가부장제 사회에서 여성의 존재란 삼종지도, 여필종부, 부창부수라 하여 독립된 인격체로 인정받지 못했다. 특히 혼인과 관련한 여성 차별과 불평등 현상으로는 축첩, 조혼, 수절, 강제혼, 매매혼 등이 있었다.[3] 당시 여성 교육 상황을 살펴보면 1897년 여성에 의해 최초로 정선여학교가 설립되었으나 재정난과 교사 부족으로 몇 년을 유지하지 못했다. 그 후 1905-1910년까지의 활발한 구국 교육 운동과 여성 교육 운동에 힘입어 여학교 설립이 늘어나게 되었다. 하지만 이때의 여성 교육은 국가의 기둥이 될 남자아이를 잘 기르고, 남성의 사회적 활동을 잘 보좌하는 데 필요한 최소한의 교육에 주력하는 것이었다.[4] 프랑스의 교회사가 클로드 샤를 달레(Claude Charles Dallet)는 『한국천주교회사』(1987) 서론 부분에서 구한말 당시 한국 여성의 위치를 이렇게 표

---

1   강문희, 김매희, "기독교 철학에 기초한 바람직한 한국 여성상에 관한 연구", 「여성연구논총」 1(1985/4).

2   정현경, "한 여성 신학자가 본 가정, 성, 사랑(2)", 「기독교 사상」(서울: 기독교서회, 1989), 147. 이 시기의 가부장제는 1894년 갑오경장에 의한 제 법령과 1899년 전문 9조의 대한제국국제, 그리고 근대적 의미의 형법인 1905년 형법대전에서 그 제도적인 변화를 추적해볼 수 있다. 신영숙, "대한제국 시기 가부장제와 여성생활", 「여성학논집」 11(1994)을 참조하라.

3   정현경, "한 여성 신학자가 본 가정, 성, 사랑(2)", 96-7.

4   앞의 책, 94.

현하고 있다.[5]

여자는 남자의 반려가 아니라 노예에 불과하고, 쾌락이나 노동의 연장에 불과하며, 법률과 관습은 여자에게 아무런 권리도 부여하지 않고, 말하자면 아무런 정신적 존재도 인정하지 않는다. 남편이나 부모의 지배 아래 있지 않은 여자는 누구나, 주인 없는 짐승처럼 먼저 차지하는 사람의 소유물이 된다는 것은 널리 인정되고 법정에서도 공인된 원칙으로 논박하려고 생각하는 사람은 아무도 없다.

그런데 한국 여성을 이러한 가부장적·봉건적 억압 구조로부터 해방 시켜준 것이 바로 기독교 복음이었다.[6] 그리하여 많은 여성이 가족과 주위의 핍박에도 불구하고 기독교로 입교하기 시작했다.[7] 선교사들은 비합리적이고 비생산적인 미신과 우상숭배 타파에 앞장섰으며, 나아가 당시 한국의 혼인제도의 폐단을 지적하면서 네 가지 개혁안을 제시했다(① 남녀가 분별이 없이 동등 권리가 있는 줄 알 것이요, ② 남녀 간에 같은 학문으로 한 학교에서 공부할 것이요, ③ 부모가 압제로 혼인을 정하지 아니할 것이요, ④ 혼인하는 나이를 정할 것이라).[8]

이렇듯 기독교 복음은 전래 초기에 남녀평등 사상을 심어주었고, 남존여비를 강조하는 유교 전통 아래 속박되어 있던 여성에게 그들의 권리와 의무를 새롭게 가르쳤다. 서재필은 성경에 따르면 남녀가 모두 하나님의

---

5 이덕주, "휘장 가운데 뚫린 구멍-초기 한국 그리스도교 여성사 이해", 『한국여성과 교회론』 (서울: 이화여자대학교출판부, 1998), 167-8.

6 앞의 책, 165.

7 Jong ho Park, "The Growth of Korean Church and the Role of Women," A Dissertation, Howard University and Honam Theological University and Seminary (1998/3).

8 김한옥, 『기독교 사회봉사의 역사와 신학』(서울: 실천신학연구소, 2004), 398.

378
제2부 성경적 페미니즘에 근거한 여성 리더십의 이론과 실천

동등한 피조물이므로, 남녀가 평등하게 대우받는 사회를 실현하는 것이 부국강민(富國强民)의 한 원인이 된다고 주장했다. 교회는 젊은 층을 중심으로 이 사상을 확장시켰으며, 언론 기관과 학교를 통해 일반 신자와 국민을 계몽했다. 이러한 정신을 구현하는 구체적인 방법으로 시작된 것이 바로 여성 교육이었다. 한국교회가 여성 교육에 관심을 가지고 많은 학교를 세우며 방 안에 갇힌 여성을 학교로 불러내어 가르치기 시작한 것은 남녀평등에 관한 성경적 진리를 실천에 옮긴 일이었다.[9]

무엇보다 여성 성도의 세례를 위해 남녀 간 구별의 상징이었던 방 한가운데를 가로막은 '휘장'에 구멍을 뚫은 사건은 오랜 세월 한국 사회를 지배해온 '남녀 차별' 구조가 무너지기 시작했음을 보여주는 상징적 사건이기도 했다. 또한 세례를 받으면서 이름을 얻게 된 것 역시 봉건적 남성 중심의 차별 구조로부터 해방과 자유를 선포한 사건이었다.[10] 이처럼 구원과 자유와 남녀평등을 외친 기독교 복음은, 가부장제 중심 체제에서 남편에게 복종하며 거의 노예처럼 살아온 초기 한국교회 여성을 자각시켰다. 복음에 의해 계몽된 여성들은 주체적이고 긍정적인 자아상을 발견하게 됐고 여성 자신을 비롯하여 신자는 물론 국민들에게도 변화된 여성관을 경험하게 했다.

2. 초기 한국교회에 나타난 여성의 복음 사역과 공헌

초기 한국교회는 태동기(1884-1910), 부흥기(1910-1935), 박해기(1928-

---

9   앞의 책, 399.

10   이덕주, "휘장 가운데 뚫린 구멍-초기 한국 그리스도교 여성사 이해", 178-81.

1945)로 나눌 수 있다.[11] 이러한 시기 구분은 초기 한국교회 여성의 역할 및 공헌과도 흐름을 같이 한다. 태동기에는 한편으로 가부장제와 조상 숭배라는 유교적 관습이 지배적이었고, 다른 한편으로는 개화를 통한 기독교 복음과 서양 문물의 유입이라는 근세의 시대적 특징이 나타났다. 이때 기독교 복음을 받아들인 여성의 신앙적 결단과 헌신은 초기 한국교회가 태동하는 데 중요한 밑거름이 되었다. 교회에서는 전도 부인의 활동으로, 사회적으로는 3·1운동을 비롯한 목숨을 건 독립운동 및 기독교 여성 운동의 전개로 기독교 복음을 실천하여 영향을 미쳤다. 게다가 한국교회 여성은 일제 식민지 치하의 핍박 속에서도 순교를 불사하며 한국교회사에 숨은 공헌을 했다.

이에 초기 한국교회 여성의 복음 사역과 공헌을 첫째, 전도 부인 활동을 중심으로 한 초기 한국 기독 여성의 복음 사역, 둘째, 한국 기독 여성의 복음 실천인 민족 운동과 독립운동, 셋째, 일제의 기독교 박해 속 기독 여성들의 순교와 헌신을 중심으로 살펴보고자 한다.

1) 초기 한국교회 여성의 복음 사역: 전도 부인의 활동을 중심으로

1895년 이후 급격하게 기울어가는 왕권, 청일 전쟁, 민비 시해, 아관파천 등 일본의 침략으로 불안해진 국내 상황을 자각한 젊은 지식층과 개화 인사들은 기독교로 개종하여 구국을 위한 개화 운동을 전개했다. 더욱이 기독교 복음은 여성의 평등을 고취하는 사상으로 파급되어 갔다. 그러나 한국 여성이 가부장적 체제와 조상 숭배를 종교로 여겨온 한국 가족 제도 아

---

11   Jong ho Park, "The Growth of Korean church and the Role of Women," 34-50.

래에서 기독교를 받아들인다는 것은 가족의 모진 학대와 핍박을 견디어야
하는 힘든 결단이었다.[12]

그런 가운데서도 기독교 복음은 여성들의 태도를 전환시켜 그들로 하
여금 보다 적극적으로 전도 부인의 삶을 살게 했다. 한국교회에서 전도 부
인은 선교사들이 언어와 관습의 장벽 및 유교 문화 때문에 여성에게 직접
전도하지 못하는 어려움 때문에 등장했다.[13] 전도 부인들은 선교사의 손과
발이 되어줬고 남성 금지 구역이었던 '안방'에서 여성들을 만나 복음을 전
할 수 있었다. 전도 부인들의 사회적 배경 및 입교 동기를 보면 대부분 빈
농 출신의 과부로서 가부장적 가족 구조 속에서 남편과 시댁에 의해 억압
을 받은 자들이었고 사회적·경제적으로 소외된 계층이었다.[14] 하지만 전
도 부인들은 이 모든 어려움을 복음으로 헤쳐나갔다. 김세지의 말을 들어
보면, 전도 부인들이 깨달은 복음의 의미가 '구원'과 '자유'였음을 알 수 있
다.[15]

우리 조선에 보내시고 여러 천 년 동안 자유 없이 남자의 압박 아래 이름 없
이 살던 우리 조선 여자들에게 그리스도의 복음의 밝은 빛을 전파하여 여자
의 자유와 그 본분을 널리 가르쳐 깨닫게 하는 동시에 나의 무식한 것을 깨뜨
려 주시고 죄악에서 죽을 것을 면케 하여 구원의 도를 알게 하셨으며…

---

12 앞의 논문, 31-2.

13 양미강, "여성목회의 교회사적 고찰", 『여성 목회 창간호』(서울: 여교, 1998), 96.

14 양미강, "초기 전도부인의 신앙과 활동에 관한 연구", 『한국기독교와 역사 2집』(서울: 한국
    기독교역사연구소, 1992), 98.

15 김세지, "나의 과거 생활", 『승리의 생활』(평양: 조선예수교서회, 1927), 34.

전도 부인의 규모는 성경반(성경 연구반)의 증가, 전도 부인의 증가, 교회 여성의 증가와 정비례했다. 1916년까지 70-80명 선에 있다가 1917년 이후 110명, 1925년 이후 200명을 넘었다. 여전도인과 여전도사의 수를 합치면 1920년대에 활동한 수는 약 300여 명 정도다. 통계 수치를 볼 때 장로교나 감리교는 여성 신자의 증가로 인해 이들을 관리하고 지도할 전도 부인의 수요가 확대되면서 1910년대 이후 전도 부인의 수가 급증했다.[16] 전도 부인은 1885년 스크랜턴 여선교사가 내한하여 여성 사업을 시작하면서 필요해졌다. 전도 부인 교육 기관으로는 성경반(Bible Class), 성경 연구 과정(Bible Institute), 성경 학원(Bible Training School), 여자 신학교(The Union Women's Bible Training School)의 네 과정이 있었다. 특히 여자 신학교는 여목회자가 필요했을 뿐 아니라, 중등 교육을 받은 여성 가운데 신학에 뜻이 있는 사람들의 요구에 부응한 것이기도 했다. 미감리회 여선교사 안나 채핀(Anna B. Chaffin)이 최고 책임자로 임명되었고 김용기, 틴슬리, 전영택, 조민형, 김종만, 고봉경, 홍에스더 등이 교수로 참여하여 1924년에는 리효덕, 유신덕, 김현실, 김고라 4명을 제1회 졸업생으로 배출했다.[17] 교과목은 신구약에 관한 주석적 연구, 종교 심리, 교육학, 역사, 주일 학교 교수법, 기독교 사회학의 원리와 실천, 교회사와 선교, 비교 종교학 등으로 폭넓은 분야를 다루었다.[18]

전도 부인들은 첫째, 초기에는 성경을 팔면서 복음을 전하는 역할을 수행했고, 둘째, 목회자의 역할을 감당했다. 즉 지방 구석구석을 돌아다니며 새 신자를 인도하고 어려운 일이 있을 때는 심방하고 위로하며 귀신 믿

---

16 양미강, "여성목회의 교회사적 고찰", 100-1.

17 앞의 책, 106.

18 앞의 책.

는 집안들을 개종시켰다. 셋째, 지도자의 역할을 감당했다. 초기 전도 부인의 역할은 선교사의 조력자에 머물렀으나 시간이 흐르면서 점차 활동 영역을 넓혀갔다. 사경회에서 교사로 섬기고 개교회에 여성 조직이 조직되는 과정에서 지도자적 역할을 수행했다. 이는 전도 부인이 선교사의 지도에서 벗어나 한국 여성의 지도력으로 성장하고 있음을 보여준다.[19]

전도 부인의 활동은 크게 세 가지로 구분할 수 있는데, 첫 번째로 교육 활동은 성경반을 개최·운영하고 사경회를 인도했으며 성경 야학이나 강습소를 개최하여 문맹 퇴치를 위한 야학 운동을 했다. 두 번째, 전도 활동은 초기 한국교회를 일구었던 여성 기독교인들의 가장 핵심적인 활동이었다. 전도 부인들은 주로 순회 구역 전도와 초청 전도라는 헌신적 활동을 통해 교회 여성을 증가시키는 주요한 원동력이 되었다. 국내뿐 아니라 해외 선교도 전도 부인의 중요한 전도 활동이었다. 전도 부인들은 북만주, 남만주, 시베리아, 일본, 산둥성에 여선교사로 파송되어 선교 활동을 했다. 세 번째로 교회 설립과 교회 부흥을 위한 활동을 했다. 유능한 전도 부인들의 활약으로 교회가 부흥했으며 심지어 그들은 교인이 없어 문 닫기 일보 직전인 교회에 가서 교회를 다시 일으키고 부흥시키는 역할도 했다.[20]

샤프(Rev. C. E. Sharp)는 한국교회 태동기에 기독교인들이 회심하게 된 동기 중 하나로 '영적인 갈급함'을 꼽았다. 이때 기독교 신앙에 끌린 사람들은 대부분 천민과 여성이었고 이들이 '복음 전도'에 의해 개종했다는 점이 가장 두드러진 특징이라고 했다.[21] 샤프의 말대로라면, 천민과 여성들을 전

---

19   앞의 책, 107-9.

20   앞의 책, 109-12.

21   초기 한국교회 태동 시 한국인이 기독교로 개종하게 된 동기는 첫째, 한국인들의 '보호와 힘에 대한 욕구'이며 둘째, 기독교 국가들이야말로 고도의 문명과 문화를 갖고 있다고 믿

도한 자가 바로 전도 부인들이었으므로 이들의 복음 전도야말로 한국교회를 세우고 부흥시키는 주춧돌이었다고 할 수 있다.

2) 초기 한국교회 여성의 복음 실천: 민족 운동과 독립운동

한국 기독교 역사는 일제 침략 및 강점의 역사와 맥을 같이 한다. 즉 한국 기독교가 성장·발전한 시기는 일제의 강점에 의한 민족의 수난기와 일치한다는 것이다. 그런데 초기 한국 기독교 여성들은 민족의 현실을 외면하지 않고 남성 못지않게 민족 운동에 참여하였으며 일제의 지배 구조를 타파하기 위한 독립운동에 적극적으로 참여함으로써 복음을 실천했다.[22] 기독 여성의 운동은 교육 계몽 운동, 농촌 운동, 구국 기도회, 국채 보상 운동 등의 민족 운동과, 송죽 형제회, 애국 부인회와 같은 독립운동으로 나누어 살펴볼 수 있다.

(1) 민족 운동: 교육 계몽 운동과 농촌 운동, 구국 기도회와 국채 보상 운동

1920년대 초기의 민족 운동은 교육 계몽 운동과 농촌 운동을 통한 점진적 사회 개조의 방향으로 나아갔다. 기독 여성들은 민족을 무지, 가난, 질병에서 구원해야 한다는 사명감으로 민족 운동을 벌였다. 문맹 퇴치 운동은 교육 선교, 질병에서의 구원은 의료 선교, 농촌 운동은 하층 선교, 가난을 이기기 위한 소비 절약은 기독교의 금욕 윤리와 맥이 닿는 것이었다. 3·1운

은 연유라는 것이다. 서현선, "근대한국 개신교도들의 회심동기와 근대화의 문제에 대한 고찰", 『성경·여성·신학-장상 교수 정년퇴임 기념 논문집』(서울: 이화여자대학교출판부, 2005), 392.

22 이덕주, "휘장 가운데 뚫린 구멍-초기 한국 그리스도교 여성사 이해", 194-5.

동 직후부터 기독 여성들은 근대적 지식과 교회 조직을 바탕으로 여자 토론회, 여자 청년 강연회, 순회강연, 지방 여자 야학 등을 통해 교육 계몽 운동을 전개했다. 또한 농촌 부인을 대상으로 한 계몽 운동은 한국 여성의 8할 이상을 차지하는 농촌 여성 대다수가 초등 교육을 받지 못하였음은 물론 한글도 모르며 일상생활의 잡역에 시달려 자신의 삶을 돌아볼 여유조차 갖지 못했던 상황에서 그들을 깨우쳤다.[23]

1922년에 한국 사회의 지적인 분위기가 사회주의적으로 급변하면서 복음주의적 선교 정책에 대한 민족 자각적 비판이 일자, YWCA와 기독교 여자 절제회가 조직되었다. YWCA는 사회의 기독교화 도모 및 회원들의 기독교적 품성 개발과 종교적 봉사 정신 함양을 목적으로, 김활란, 김필례가 주도한 하령회를 기초로 하여 신흥우와 호주 여성 선교사의 협조를 받아 조직된 전국 규모의 기독교 여성 단체였다. 1923년에 조직된 기독교 여성 절제회는 표면적으로는 여성의 지위와 권익 옹호를 내세웠지만 실제로는 기독교 윤리 실천 운동의 성격이 더 강했다. 이들은 사회 문화 단체로서 기독교 윤리에 기반을 둔 생활 관습 개혁 운동을 전개하여 민족 운동과 여성 운동에 기여했다. 금주, 금연, 폐풍일소, 오락 금지 등의 기독교 윤리 실천 운동은 애국적 분위기를 진작시켜 물산 장려 운동과 맥을 같이 했으며 생활 개선 및 위생 계몽 운동, 미신 타파 등을 통해 교육의 기회가 전혀 없는 여성들을 각성시키는 계기가 되었다. 공창 폐지 운동은 여성의 성적 착취에 도전한 운동이었다.[24]

한국 기독인들의 항일 민족의식이 고조되면서 민족 저항 운동이 일어

---

23   서현선, "근대한국 개신교도들의 회심동기와 근대화의 문제에 대한 고찰", 441-4.
24   앞의 책, 445-50.

나기 시작한 시기는 1905년에 이른바 '을사 5조약'이 체결되면서부터다. 1906년에는 이르러 각 교회에서 구국 기도회가 열렸고, 교회 청년들은 '을사늑약 무효 상소 운동'을 벌이고 자결로 항의를 표하기도 했다. 일제의 탄압이 심화되면서 교회의 저항도 격렬해져 '이완용 저격 미수 사건', '이토 히로부미 저격 사건' 같은 무장 투쟁에 기독인들이 관여했다. 기독 여성들도 '을사 5조약'이 체결된 직후 이화 학당에서 구국 기도회를 정기적으로 열었다. 이때 이화 학당 구국 기도회를 이끌었던 '언문 선생'은 후에 '애국 할머니'로 이름을 날린 조신성이다. 조신성은 3·1운동 후 만주로 망명하여 무장 투쟁에도 참가한 여성 민족 운동가였다. 기독 여성들은 1907년 일제에 대한 민간 경제 저항 운동의 성격을 띠고 일어난 국채 보상 운동에도 적극적으로 참여했다. 머리를 자르고, 반지와 패물을 팔아 국채 보상 헌금을 모금하여 국권 회복을 위해 힘쓴 것이다.[25]

(2) 독립운동: 송죽 형제회와 애국 부인회

1910년 '한일 합병 조약'으로 일제의 무단 통치가 시작되었고, 일제는 1911년에 '105인 사건'을 조작하여 기독 청년회와 상동교회, 그리고 서북 지역의 기독교 민족 운동 세력을 말살하고자 했다. 이 사건으로 700명이 넘는 기독인과 민족 운동가들이 체포, 구금, 고문을 당했고 상당수의 희생자가 나왔다. 이런 상황에서 남성들의 민족 운동을 지원하고 연대하기 위한 비밀 여성 지하 조직이 결성되었다. 대표적인 것이 평양 숭의 여학교에서 조직된 '송죽 형제회'다.[26] 숭의 여학교 교사, 학생, 졸업생으로 조직되어

---

25 이덕주, "휘장 가운데 뚫린 구멍-초기 한국 그리스도교 여성사 이해", 195-7.
26 최은희, 『조국을 찾기까지(상)』(탐구당, 1973), 369-38을 재인용. 앞의 책, 198.

이효덕, 황애덕, 박현숙 등이 이끈 이 단체는 철저한 비밀 지하 조직의 형태를 취하면서 독립운동 자금 모금을 전개하여 여성 항일 운동의 진일보한 모습을 보여주었다. 그 외에 이화 학당에도 '이문회'(以文會), '공주회'(公主會), '십자기회'(十字旗會) 같은 학생 자치 단체가 조직되어 민족 문제에 대한 관심을 고조시켰고, 여성 독립운동 세력의 중요한 기반이 되었다. 이러한 기독교 여학교의 학생 단체와 교회 여성 선교 단체, 즉 감리 교회의 보호회와 여선교회, 장로 교회의 여전도회 같은 여성 단체가 전국 조직망을 갖추어 1919년 3·1운동 때 만세 운동 연락망으로 활용되었다. 3·1운동의 지도자였던 유관순을 필두로 3·1운동에 가담하여 체포된 여성의 80%가 기독 여성이라는 사실은, 민족을 위한 독립운동에 기독교 여성들이 얼마나 헌신했는지를 보여준다.[27]

3·1운동 이후 지도급 독립운동 세력이 대부분 투옥되고, 일부 지도자가 해외로 망명하면서 국내 독립운동 세력의 활동이 위축되었다. 이런 상황에서 민족 운동의 공백을 메우고 해외 민족 운동 전초 기지의 설립과 활동을 지원할 목적으로 기독교 여성들로만 조직된 지하 여성 민족 운동 단체가 생겨났는데, 이것이 바로 '애국 부인회'다. 애국 부인회는 3·1운동 직후 서울과 평양 두 곳에서 거의 동시에 조직되었는데, 서울 애국 부인회는 처음에는 정신 여학교 졸업생들로 조직되었으나 3·1운동에 가담했다가 출감한 김마리아[28]와 황애덕이 가담하면서 초교파 여성 민족 운동 단체로 발전했다. 평양의 애국 부인회도 3·1운동 직후 장대현 교회의 여전도 회원

---

27   이덕주, 『한국감리교회 여선교회의 역사』, 231-4를 재인용. 앞의 책.

28   김마리아는 모진 고문과 악형, 네 번의 체포, 망명 생활 속에서도 기독교 정신과 복음을 철저히 실천한 위대한 기독 여성이었다. Park, Jong ho, "The Growth of Korean Church and the Role of Women," A Dissertation, Howard University and Honam Theological University and Seminary (1998/3), 42-6을 참조하라.

이 중심이 되어 장로 교회 여성 조직과 감리 교회 여성 조직으로 나뉘어 출발했고 후일 상하이 임시 정부 조직과 연결되면서 두 조직이 합동하여 '대한 애국 부인회'로 개편되었다.[29] 이와 같이 기독 여성들은 일제 치하 민족의 고통스런 현실을 외면하지 않고 교육 계몽 운동, 농촌 운동, 구국 기도회, 국채 보상 운동과 같은 민족 운동, 송죽 형제회와 애국 부인회 같은 독립운동에 적극 참여하여 기독교 복음의 정신을 실천한 용감하고 훌륭한 여성 지도자들이었다.

3) 일제의 기독교 박해 속 초기 한국교회 여성의 순교와 헌신

초기 한국교회 기독교인들은 신앙적 입장에서나 민족주의 입장에서나 일제 민족 말살 정책의 일환인 신사 참배를 거부할 수밖에 없었다. 이에 장로교 선교회에 속한 모든 학교는 1938년 문을 닫았고, 총독부의 계속되는 탄압으로 선교사들은 점차 귀국하게 되었다. 기독교 학교는 폐교령이 내려지고 대한예수교장로회 총회는 위협을 견디지 못해 1938년 9월 총회에서 신사 참배할 것을 강제로 가결함으로써 굴복하게 되었다. 그러나 1940년 부산 항서교회에서 개최한 경남 여전도회 총회에서는 회장 최덕지의 사회로 신사 참배에 불참할 것을 선언하였다. 이것은 교회 여성 조직으로서 유일하게 공식 입장을 선언한 예이다. 그녀는 경남 지역에서 신사 참배 반대 운동을 주도한 목사 및 전도사들과 연합하여 신사 참배에 굴복한 기성 교회를 배격하고 가정에서 따로 예배드리는 운동을 은밀히 전개했다.[30] 그 결과,

---

29   이덕주, "휘장 가운데 뚫린 구멍-초기 한국 그리스도교 여성사 이해", 197-200.

30   Jong ho Park, "The Growth of Korean Church and the Role of Women," 48-9.

이에 동조한 여전도사와 여집사들은 최덕지와 함께 일차로 검거되었다. 최덕지는 1943년 경남 도경에서 평양으로 이송되었으며 평양 감방에서도 예배 생활을 계속하여 간수들이 교체될 때마다 매질과 모욕을 당했다.[31]

초기 한국교회에서 일제의 신사 참배 강요에 불복하여 수난과 순교를 당한 지도자들 가운데 50-60%가 기독교 여성 지도자였다는 사실은 한국 기독교 수난 역사에서 여성들이 얼마나 투철한 신앙으로 한국교회를 위해 헌신했는가를 보여준다.[32] 총회에서 남성 지도자들이 신사 참배를 결의했음에도 총회 결의에 불복하여 공식적 입장을 취한 것은 한국 기독 여성들이 복음의 순수성을 지키기 위해 성 역할에 매이지 않는 강인한 정신을 보여준 예다. 그러나 1945년 해방과 함께 남북 분단을 맞은 한국교회는 신사 참배에 굴복한 문제로 장로 교단은 총회파, 고려신학파, 재건교회파로 삼분되고 만다. 재건교회파는 최덕지 여전도사를 중심으로 여전도사들과 기독 여성들이 대다수를 이루었는데 이들의 철저한 신앙과 실천적 삶은 기성 교회와 타협하지 않았고, 결국 주류 교회로부터 외면당하고 소외되는 결과를 초래했다.[33]

초기 한국교회 태동기에는 시대적 상황이 기독 여성들에게 매우 불리했다. 사회와 가정에서는 가부장 체제가, 국가적으로는 구한말이라는 혼란기에 이은 일제의 식민 통치가 그들을 억압했기 때문이다. 그러나 이런 어려운 상황 속에서도 초기 기독 여성들은 모든 고난을 감수하면서 한국교회의 태동을 위해 주저 없이 목숨을 걸고 헌신했다. 기독교 복음이 여성들에

---

31 앞의 책, 49.

32 최민지, "민족의 고난과 기독교 여성 운동", 『여성! 깰지어다 일어날지어다 노래할지어다』 (서울: 대한기독교출판사, 1985), 174-9.

33 Jong ho Park, "The Growth of Korean Church and the Role of Women", 49.

게 구원과 자유를 경험하게 했기 때문이었다.

한국 기독 여성들은 초기 한국교회 태동기에 전도 부인의 적극적 전도 활동을 통해 복음 사역의 활성과 부흥을 이끌었으며, 일제 통치기에는 민족을 구하기 위한 운동과 독립운동으로 복음을 실천했고, 일제의 기독교 박해 시기에는 고난과 순교를 마다치 않음으로써 초기 한국교회를 주체적·역동적으로 지키고 일궈낸 숨은 공로자들이었다. 따라서 한국교회가 여기까지 이르게 된 데는 한국 기독 여성들의 복음 전도 열정과 교회 안팎에서의 헌신 및 순교가 있었음을 부인할 수 없다. 초기 한국 기독 여성들의 복음 사역을 위한 역할과 공헌이야말로 교회에서 여성 리더십을 인정할 수 있는 충분한 역사적 근거가 된다.

11장

한국교회 여성 리더십
활동 현황과 문제점

본 장에서는 한국교회 내 기장·기감·통합·합동 교단을 중심으로 각 교단 여성 사역자들의 활동 현황과 신학대학원의 여성 리더십 교육 현황은 어떠한지, 여성 교수와 여학생의 현황, 여성 사역 관련 학과목 개설 여부, 각 교단의 교회 헌법과 세계로 파송된 여성 선교사 현황을 살피면서 여성 리더십 활동 현황에 나타난 문제점을 다루고자 한다.

1. 한국교회 여성 사역자의 현주소

1) 각 교단의 여성 리더십의 활동 현황(기장·감리교·예장통합·합동)[1]

문화체육관광부의 한국 종교 현황에 관한 자료(2008)에 의하면, 한국 기독교(개신교) 인구가 약 8,616,438명이고 교역자 수는 95,596명이다. 문광부에 보고된 한국개신교단의 수는 125개 교단이고, 그중 남성 교역자 수는 82,697명(86.5%)이며 여성 교역자 수는 12,899명(13.5%)이다(표3 참조). 그러나 여성개발원(2003)에 의하면 전체 기독교 인구의 60.6%에 해당하는 5,221,561명은 여성 평신도로서 한국교회에서 전도, 교육, 봉사, 구제, 기도 등으로 헌신적으로 섬기고 있다(표3 참조).[2](출처: 문화체육관광부, 2008)

---

1   김희자 교수는 한국학술 진흥재단의 지원을 받아 한국 여성 사역자의 실태를 조사하고 이 조사를 근거로 교회에서 낭비되고 있는 여성 사역자(목사와 전도사)의 인적 자원 활성화를 위한 전문화의 과제를 제언하였다. 조사 방법은 기장·기감·통합·합동에서 무작위로 선택된 여성 사역자 403명에게 설문하여 여성 사역자의 교육 수준과 근무 형태와 연한 및 사례비, 그리고 여성 사역자의 전문 영역을 조사한 것이다. 김희자, "한국 여성교역자의 인적 자원 활용을 위한 실태조사", 「기독교교육정보」 12(2005/12).

2   김희자, "한국교회 여성사역자의 정체성: 창조적인 글로벌 리더", 2015년 총신대학교 대학원 종교학술제 원고(2017. 10. 27).

교역자	남성 교역자	여성 교역자	합계
수	82,697명	12,899명	95,596명
분포	86.5%	13.5%	100.0%

〈표3〉 기독교 교역자 성별 분포

김희자 교수의 "한국 여성사역자의 인적자원 활용을 위한 실태조사"(2005)를 보면, 교회의 남성 인구는 약 190만 명인 데 비해 여성인구는 578만 명으로 약 75%를 차지한다고 보고했다. 그런데 한국교회 여성 연합회의 교회 여성 참여에 관한 실태 조사(2004)에 따르면, 연합회 소속 8개 주요 개신 교단의 여성 목사 비율은 구세군(48.5%)을 제외하고는 대부분의 교단이 7%대를 넘지 못하는 것으로 보고되었다는 것이다. 기독교 대한 하나님의 성회(기하성)가 7.04%(150명)로 가장 많았고 한국 기독교 장로교단(기장)이 6.71%(150명), 대한 예수교 장로회(통합)가 약 4%(457명), 기독교 대한 감리회(기감)가 3.73%(307), 대한 성공회가 3.4%(9명) 순으로 조사되었다. 장로 제도가 마련된 교단의 여성 장로 비율은 기감이 8.3%(963명), 기장이 3.71%(108명), 예장통합이 0.9%(180명) 등 평균 5%에도 미치지 못하는 것으로 파악된다고 했다(표4 참조).[3]

---

3   앞의 책, 279-80.

교단	예장(합동)		예장(통합)		기감		기장		기대성		기하성		합계	
교인 수(명)	2,341,600		2,328,413		1,432,590		362,000		928,184		1,138,000		8,530,787	
여목사 (여목) 여장로 (여장)	여목	여장	여목	여장	여목	여장	여목	여장	여목	여장	여목	여장	여목	여장
수(명)	0	0	457	180	307	963	150	108	307	0	150	0	1,371	1,151
비율(%)	0	0	4.0	0.9	3.7	8.3	6.7	3.7	3.7	0	7.0	0	3.02	2.01

〈표4〉 한국 주요 교단의 교인, 여성 목사, 여성 장로의 수와 비율(2004)

한국교회에서 여성에게 안수가 시작된 것은 1931년 감리교에 의해서였고, 이때 외국인 여선교사 14명이 안수를 받게 된다. 하지만 한국인 여목사가 탄생한 것은 1951년 일제 말기 신사 참배 거부 운동에 앞장섰던 최덕지가 목사로 안수받았을 때다. 그 후 기독교 장로교는 1957년에 여목사 제도를 교단에 청원한 이래 1977년에 최초의 장로교 여목사 양정신을 배출했고, 예장통합에서는 1996년 19명의 여목사가 탄생했다.[4] 그런데 〈표4〉에서 보면, 감리교에서 최초의 여목사가 탄생했음에도 예장통합(4.0%)과 기장(6.7%)보다도 그 수가 더 훨씬 적게 나타나고 있고(3.7%), 여장로 수는 타 교단과 비교해 월등히 많음을 보게 된다(8.3%). 예장합동은 여성 목사, 여성 장로 모두 0명으로 전무인 반면에, 예장통합은 여성 목사가 탄생한 지 13년 정도밖에 안 되었지만 타 교단과 비교해 그 수가 빠르게 증가하고 있다.

김희자 교수가 조사한 403명의 여목사, 여전도사(합동 교단의 여사역자가 50% 이상)의 사역 영역을 보면 심방 사역을 담당하는 여성 사역자들이 195명(48.4%)으로 절반을 차지하고 있고 교육 부서에서 사역하는 여성 사역자

---

4   양미강, "여성목회의 교회사적 고찰", 「여성목회 창간호」(서울: 여교, 1998), 125-7.

들은 112명(27.8%)이다. 교육 부서 중에서도 74.1%가 유초등부 이하의 부서에서 사역하고 있는 것으로 나타나 있다(표5 참조).[5] 이 통계에서 여성 사역자의 약 50%가 심방 사역을 하고 있는 것으로 나타난 것은 조사에 응한 이들 중 합동 교단 측 여성 사역자가 절반 이상을 차지하는 것을 감안해서 봐야 한다. 이는 합동 교단 여성 사역자의 주된 사역이 타 교단에 비해 심방 및 유아·유치·유초등부 교육 사역에 쏠려 있다는 것을 엿볼 수 있는 부분이다. 따라서 설교와 담임 목회도 하는 나머지 타 교단의 여목사를 제외하고는, 여전도사의 사역 영역이 거의 심방과 어린이 사역(유아·유치·유초등부 사역)에 국한되어 있음을 볼 수 있다(69%).

사역영역 구분	교육: 유아· 유치	교육: 유초	교육: 중고	교육: 청년	교육: 성인	심방· 전도	설교	상담	담임 목회	기관 사역	행정· 음악	기타	무 응답	합계
수(명)	57	26	7	12	10	195	30	4	15	14	29	3	1	403
비율 (%)	14.1	6.5	1.7	3.0	2.5	48.4	7.4	1.0	3.7	3.5	7.2	0.7	0.2	100

〈표5〉 여성 사역자의 사역 영역

그런데 여성 사역자들의 교육 수준을 보면 절반 이상이(53.3%) 신학대학원 이상이라는 사실이 놀랍다(표6 참조).[6] 이는 여성 사역자의 교육 수준과 사역 영역은 별 관련이 없음을 시사한다.

---

5   조사 대상자 403명 가운데는 합동 측이 222명(55.1%), 통합 측 150명(37.2%), 기감 측 26 명(6.5%), 기장 측이 5명(1.2%)이었다. 김희자, "한국 여성교역자의 인적자원 활용을 위한 실태조사", 284-9.

6   앞의 책, 283.

구분	학교 전문대 (2년제)	신학교 (3년제)	대학교 (4년제)	(신학)대학원	기타(석·박사, 박사 과정)	합계
수(명)	4	106	62	215	16	403
비율(%)	1.0	26.3	15.4	53.3	4.0	100.0

〈표6〉 여성 사역자의 교육 수준

2) 각 교단의 여성 리더십 교육 현황(기장[한신대], 감리교[감신대], 예장통합[장신대], 예장합동[총신대])[7]

그렇다면 여성 사역자를 배출하기 위해 이들을 교육하고 있는 신학대학원의 현황은 어떤지 살펴보자. 여기서는 신학교보다 각 교단의 신학대학원에 3년간(2006-2008년) 입학한 여학생 수(표7 참조), 여교수 수와 여성(여성 사역)과 관련한 학과목 개설 유무를 조사하여(표8 참조) 여성 리더십 교육 현황을 살펴본다.

구분	한신 신학대학원			장신 신학대학원			총신 신학대학원		
신학대학원 년도	'06	'07	'08	'06	'07	'08	'06	'07	'08
여학생/전체 수	31/ 214	43/ 241	46/ 235	61/ 309	71/ 307	61/ 305	36/ 364	34/ 410	33/ 411
비율(%)	14.5	17.8	19.6	19.7	23.1	20	9.9	8.3	8.0

〈표7〉 각 교단 신학대학원에 3년간 입학한 여학생 수 비교(2008년도)

---

7   이 부분은 20008년에 한신대, 장신대, 총신대 신학대학원 각 교무과와의 접촉을 통해 3년간(2006-2008) 입학한 여학생 수를 알아본 것이다. 그리고 각 학교 사이트(2018년)를 통해 신학대학원에서 교수로 재직하고 있는 여교수의 수(구약학, 신약학, 역사학, 실천학, 조직학, 선교학 분야[기독교 교육은 제외]; 강사 제외)와 여성과 관련된 학과목을 조사했다.

한신, 장신, 총신 신학대학원에 입학하는 전체 학생 수 2,796명 중 여학생 비율은 416명으로 평균 비율이 14.9%를 차지하고 있다. 남녀 신학대학원 생 비율이 85:15로 구성되어 있는 것이다. 이러한 수치는 한국교회 구성원 의 남녀 비율이 30:70으로 여성들이 2/3 이상을 차지하고 있음을 감안해 볼 때 신학대학원 교육 현실은 여전히 남성 중심의 리더를 양산하고 있음 을 입증하는 셈이다.

또한 신학대학원에 입학하는 각 교단 여학생 수를 살펴보면, 한신 신 학대학원에 입학하는 여학생 비율은 평균 14.5% 이상으로 점점 증가하는 추세에 있고, 장신 신학대학원에 입학하는 여학생 비율은 평균 20%를 상 회하면서 신학대학원들 가운데 가장 높은 수치를 보여주고 있다. 반면 총 신 신학대학원에 입학하는 여학생 비율은 타 교단 신학대학원 대비 감소 추세를 보이고 있으며, 아울러 평균 8.7%로서 10%에도 채 못 미치는 저조 한 비율을 보여주고 있다(9.9%→8.3%→8.0%). 이는 총신 신학대학원이 여 성 리더십을 인정하거나 활용하고 있지 않기 때문에, 복음 사역의 소명을 받은 총명한 여학생들은 여성 리더십을 인정하고 있는 타 교단 신학대학원 으로 입학하는 것으로 유추된다. 즉 신학대학원에 입학하는 여학생 비율의 증감은 각 교단 신학대학원의 여성 리더십 인정 및 활용의 정도와 밀접한 관련이 있다고 추측해 볼 수 있다.

신학대학원 구분	한신 신학대학원		감신 신학대학원		장신 신학대학원		총신 신학대학원	
여교수(수/비율)	2/28	7.1%	0/22	0%	6/36	16.7%	0/23	0%
여성 관련 학과목 유무 (분야)	유(여성: 기초 교과 과정)		유(여성학: 기독교 와 문화 분야)		유(여성 신학[조직 분야], 여성과 교역 [실천 분야])		무	

〈표8〉 각 교단 신학대학원의 여교수와 여성 관련 학과목 개설 유무(2008년 기준)

네 교단 신학대학원에서 가르치는 전체 교수 109명 중 여교수는 고작 8명으로 7.3%에 불과하며, 따라서 각 신학대학원에서의 여교수 채용이 턱없이 부족함을 볼 수 있다. 각 교단 신학대학원 여교수 현황을 보면, 장신은 36명의 교수 가운데 6명(16.7%)으로 제일 많았고, 한신은 28명의 교수 중 2명(7.1%), 감신과 총신 신학대학원은 0명으로 나타났다. 그런데 여성학이나 여성 사역 관련 학과목 개설 유무를 보면, 장신은 조직 분야에서 '여성신학', 실천 분야에서 '여성과 사역'이라는 두 과목이 개설되어 있고, 한신은 기초 교과 과정 10개(구약, 신약, 조직, 교회사, 윤리, 여성, 실천, 선교, 상담, 교육) 중 여성이라는 과정이 개설되어 있으며, 감신은 '기독교와 문화' 분야에 여성학이 개설되어 있다. 이처럼 목회자를 양성하는 각 교단 신학대학원에서 여성학과 여성 리더십 관련된 과목은 턱없이 부족하다. 그러나 더욱 충격적인 것은 총신 신학대학원에 여성학이나 여성 사역 과목이 하나도 개설되어 있지 않다는 사실이다. 여학생을 입학시키면서도 여성학과 여성 사역을 위한 과정이 하나도 개설되지 않고 있으며 여성 교수가 전혀 없는 것 등에서 볼 때, 총신 신대원에 입학하는 여학생 수가 점점 감소하는 것은 결국 여성 리더십에 대한 무관심 때문이라고 볼 수 있다.

3) 세계 복음 선교를 위한 여성 선교사들의 현황

여성 선교사들의 현황은 한국세계선교협의회가 제17회 정기총회(2007년 1월 16일, 총신교회)에서 2006년도 한국 선교사 파송 현황을 발표한 것에 의존한다.[8] 이 자료에 의하면 26개 교단과 163개의 선교 단체를 조사한 결

---

8   "2006년 한국 선교사 파송현황" http://blog.daum.net/chong1020/9206733(2008. 5. 20

과 2006년 한국 전체 선교사 수는 16,616명으로 집계되었다. 이는 2005년 대비 2,530명이 늘어난 것이다. 목사 선교사가 10,737명(64.6%), 평신도 5,879명(35.4%)으로 2005년 대비 목사 선교사가 1,476명 늘어난 반면, 평신도 선교사는 1,054명이 늘어나는 데 그쳤다. 성별로는 남자 선교사가 7,739명으로 46.6%, 여자 선교사는 8,877명으로 53.4%를 차지하고 있다.

권역별로는 아시아에서는 33개 국가 1,008개 종족에서 9,039명이 사역하고 있으며, 유럽 1,623명, 아메리카 3,056명, 아프리카 1,550명, 오세아니아(태평양) 568명, 그 외(순회 119명, 안식년 277명, 본부 384명)로 조사되었다(표9 참조). 사역 영역별로는 교회 개척이 898명으로 설문 응답자 3,310명 중 27.1%를 차지했으며, 제자 훈련이 720명으로 21.8%, 캠퍼스 사역이 395명으로 11.9%, 구제·개발 229명으로 6.9%, 신학 교육 215명으로 6.5% 순이었다(표10 참조). 선교사 파송 교단 순위를 보면, 예장합동을 포함한 10대 교단이 파송한 선교사 수는 전체 선교사 수 16,616명의 35.1%인 5,836명이다. 이 가운데 예장합동이 파송한 선교사 수는 1,700명(29.13%)으로 1위이고, 예장통합이 935명(16.03%), 기하성이 631명(10.82%), 기감이 626명(10.73%) 순으로 나타난다.[9](표9-11 참조)

접속) 참조.

9   이외에도 UBF, 순복음선교회, CMI, 예수전도단, C.C.C, 전문인 국제협력단(Inter CP), 한국오엠 국제선교회, 바울선교회, 사랑의 교회 세계선교부, 두란노 해외선교회(TIM) 등과 같은 10대 선교 단체에서 선교사를 파송한 수는 5,445명으로 전체의 32.7%를 차지하고 있다.

구분	12권역 별	파송 국가 수	사역 단체 수	전체 선교사 수
아시아권	남아시아	4	67	798
	동북아시아	7	114	4,219
	동남아시아	11	102	2,555
	중앙아시아	11	72	1,467
	소계	33	355	9,039
유럽권	서유럽	16	45	785
	동유럽유라아	26	60	838
	소계	42	105	1,623
아메리카권	라틴아메리카	17	49	694
	북아메리카 카리브해	8	65	2,362
	소계	25	114	3,056
아프리카권	동남아프리카	20	53	668
	서중앙아프리카	22	42	319
	중동북아프리카	19	55	563
	소계	61	150	1,550
오세아니아/태평양권	남태평양	12	45	568
	소계	12	45	568
기타	순회(비거주)	–	13	119
	기타(안식년)	–	18	277
	국내본부(행정)	–	33	384
	기감 1)	–	–	–
합계		173	–	16,616

〈표9〉 2006년 권역별 선교사 파송 현황

사역 영역(순위별)	사역 응답 수	사역 비율
교회 개척	898	27.1%
제자 훈련	720	21.8%
캠퍼스 사역	395	11.9%
구제 개발	229	6.9%
신학 교육	215	6.5%
전문 사역(성경 번역, 교육, 학원, 방송, 아동)	195	5.9%
기타 사역(탈북자, 문화, 상담, 의료)	658	19.9%
합계	3,310	100%

〈표10〉 2006년 선교 사역 영역별 현황

교단명	파송 국가 수	파송 선교사 수	이중 소속
예장합동 총회세계선교회	95	1,700	159
예장통합 총회세계선교부	83	935	0
기하성 총회선교국	51	631	0
기감 본부선교국	65	626	0
기침 해외선교회	47	526	25
예장대신 총회선교위원회	53	321	0
예장합정 총회선교위원회	40	284	44
예성 해외선교위원회	38	279	0
예장고신 세계선교위원회	44	273	26
기성 해외선교위원회	38	261	261
합계	554(26.2%)	5,836(35.1%)	515(30%)
총계	2,109	16,616	1,984

〈표11〉 2006년 10대 선교사 파송 교단 현황

각 교단에서 파송한 여선교사 수와 사역 영역은 정확한 통계를 파악할 수 없다. 그러나 유추해 볼 수 있는 것은 세계 복음 선교를 위해 활동하는 여성 선교사의 전체 수가 8,877명(53.4%)으로 남자 선교사 수 7,739명(46.6%) 보다 1,138명(6.8%) 더 많다는 통계와, 기장·기감·통합·합동 교단 가운데 여성 리더십에 대하여 가장 부정적인 합동 교단(GMS)에서 파송한 선교사가 1,700명으로 제일 많음으로 볼 때, 그리고 현재 합동 교단의 총회 세계 선교회(GMS)의 남성 선교사가 546명으로 47%인 반면에 여성 선교사는 총 615명으로 GMS 선교인력의 53%를 차지하고 있음을 볼 때,[10] 신학대학원을 졸업한 여성들이 선교사로 더 많이 활동하고 있음을 알 수 있다.

그런데 합동 교단 GMS의 여성 선교사 615명을 신분별로 보면 사모

---

10 이경희, "GMS 여성선교사 현황분석과 과제-독신 여성선교사를 중심으로", 총회세계선교회 홈페이지 http://www.gms.kr (2008. 5. 20 접속).

495명, 전도사 79명, 평신도 41명으로 구분된다. 이 가운데 독신이 81명으로 13%를 차지하고 있다. 하지만 GMS의 지난 5년간 통계를 분석해 보면, 사모 선교사에 비해(37.5%) 독신 여선교사 증가율이 아주 미미한 것으로 나타난다(2%). 그 이유는 GMS가 교단 선교부라는 점에 따른 목사 선교사 증가에 기인한 것으로 보인다. 하지만 그나마 리더십을 발휘할 수 있는 선교 분야마저도 교단을 통해 신변 보호나 생활 보장을 받을 수 있는 제도가 마련되어 있지 않다. 또한 무엇보다 제일 큰 어려움으로 꼽는 남성 선교사 우월주의 사고에서 비롯된 갈등 때문에[11] 선교지에서 여성 리더십의 입지가 점점 어려워지고 있다.

2. 여성 리더십 활용에 나타난 문제점

1) 여성 리더십 관련 교단별 교회 헌법 비교

교회 헌법이 목사, 장로, 권사, 강도사, 전도사라는 직분과 자격을 정해놓고 있기 때문에 여성 리더십에 관해서는 각 교단이 정해놓은 교회 헌법을 살펴본다. 각 교단의 직원 분류와 자격 및 치리회에 대한 교회 헌법을 비교해 보면 다음과 같다(표12 참조).

---

11   앞의 책.

구분		기장	기감	통합	합동
교회직원	항존직	목사, 장로, 권사, 안수집사	목사, 장로, 권사, 안수집사	목사장로, 집사	목사, 장로, 집사
	임시직원	준목, 전도사 서리집사	준목, 전도사 서리집사	전도사, 서리집사	전도사, 전도인 권사, 서리집사
	준직원	무	무	무	강도사 목사 후보생
직원자격	목사	*신앙 진실 *2년 이상 전담 목회	*신앙 진실 *총회 직영 신학 대학원 졸업 *2년 이상 전담 교역	*무흠 세례 교인 7년경과 *30세 이상	*신앙 진실 *타인 칭찬 *30세 이상
	장로	*무흠 입교로 5년경과 *남녀	무흠 세례 교인 5년경과, 남녀	무흠 세례 교인 7년경과, 40세 이상	35세 이상 남자 입교인
	권사	집사로 10년 시 무한 남녀	집사로 10년 시 무한 남녀	무흠 세례교인 5년경과 30세 이상 여자	45세 이상 여자 입교인
	집사	무흠 입교 5년 경과한 사람	무흠 세례교인 5년 경과한 사람	무흠 세례교인 5년경과 30세 남자	무
	서리집사	무흠 입교인 1년경과 25세 이상	무흠 세례교인 3년경과 한 사람	무흠 세례교인 1년경과 25세 이상	신실한 남녀
치리회	당회	담임 목사 시무장로	담임 목사 치리장로	지교회 목사 부목사 장로2인 이상	지교회 목사 치리장로
	노회	노회 소속 목사 총대 장로, 전도사, 남녀 신도 대표. 청년(노회 초청)	노회 소속 목사 총대 장로	노회 소속 목사 총대 장로	노회 소속 목사 총대 장로
	대회	무	무	무	총대 목사 총대 장로
	총회	총대 목사 총대 장로	총대 목사 총대 장로	총대 목사 총대 장로	총대 목사 총대 장로

〈표12〉 여성 리더십 관련 교단별 교회 헌법 비교

11장 한국교회 여성 리더십 활동 현황과 문제점

여성 리더십에 관한 것은 교회 헌법 가운데 '교회 직원' 항목과 '직원 자격' 항목에서 결정된다. 우선 기장·기감·통합 세 교단은 교회 직원을 항존 직원, 임시 직원으로 나누는 반면, 합동 교단은 준직원(강도사, 목사 후보생)을 포함하고 있다. 여기서 눈에 띄는 차이는 합동 교단을 제외하고, 여성 목사나 여성 장로를 세우고 있는 세 교단은 '권사'라는 직분을 항존직으로 정해 놓고 있다는 점이다. 기장과 기감은 권사직을 남녀 모두에게 주고 있는 반면, 통합과 합동 교단은 권사를 여성에게만 허락하는 것은 동일하나, 합동 교단만 '권사'를 임시직으로 정해놓고 있다.

기장·기감·통합 세 교단은 남녀 모두에게 장로 자격을 주는 반면에, 합동 교단은 장로 자격이 '35세 이상 남자 입교인'으로 명시되어 있어 남자만 할 수 있다. '목사'의 자격을 보면, 나이 자격과 무흠 기간에서 다소 차이가 있긴 하지만, 네 교단 모두 남녀 상관없이 신앙이 진실하고 무흠한 세례교인으로서 총회 소속 신학대학원을 졸업한 사람이라고 되어있다. 합동 교단은 실제적으로 총회가 여성 목사를 인정하고 있지 않지만 자격 요건에서는 남녀를 구분하지 않고 있으며 총신 신학대학원에도 여학생을 입학시키고 있는 것이다. 그러므로 여성에게도 교회 헌법에 상응하는 직분의 자격을 보장해줘야 한다고 본다.

2) 여성 교역자를 대하는 교인들의 반응과 여성 교역자가 부딪치는 가장 큰 문제[12]

여성 교역자에 대한 교인들의 반응에 대한 조사 결과를 보면 '대체로 좋은

---

12   김희자(2005)는 대한예수교 장로회(합동, 합신, 기타) 여성 교역자 53명을 대상으로 교역

반응'은 22명(41.51%)이다. 그러나 그 좋은 반응은 여성 교역자가 본연의 사역을 하는 것보다도, 담임 목사의 비서 일이나 초등부 사역을 겸하면서 인정받은 경우였다. 교인들에게 차별 대우를 받은 경우는 14명(26.42%)이며, 특히 여성 집사들이 남성 교역자에게 호의를 보이고 담임 목사와 현격한 차별을 둔다는 응답이 있었다. 여성 교역자의 설교에 긍정적 반응을 보이는 경우(2명, 3.77%)도 있었으나 교인들과 매우 거리감이 있고 '무덤덤한' 관계라고 표현하는 경우도 있었다(표13-14 참조).

	내용	수(명)	비율(%)	비 고
교인 반응	좋다	22명	41.51	담임 목사 비서와 초등부를 겸하면서 인정받음. 모 교회여서 우호적이다.
	차별적인 대우	14명	26.42	여자 집사들이 비협조적이고, 남교역자에게 관심을 보인다(3명), 담임 목사와는 차이가 있다(3명), 남교역자와 차이가 있다(4명), 때로는 가볍게 대한다(2명).
	무덤덤함	4명	7.55	
	격려	2명	3.77	"왜 설교를 안 시키느냐"고 반문
	거리감	1명	1.88	사역 초기이므로 거리감
	무반응	2명	3.77	서로 모름, 영향력이 거의 없음
	무응답	8명	15.09	

〈표13〉 여성 교역자에 대한 교인들의 태도

을 담당하는 데 있어서 문제가 되는 영역을 개방형 설문을 통해 조사했다. 조사 내용은 사역의 배제성, 사례비의 차별성, 남성 교역자와의 인간관계, 교인들의 반응에 대한 것을 서술했고, 여성 교역자가 부딪치는 가장 큰 문제로 남성 교역자와의 차별을 언급했다. 이 가운데 여성 사역자에 대한 교인의 반응과 여성 사역자가 교회에서 부딪치는 가장 큰 문제를 살펴보았다. 김희자, "한국교회 여성사역자의 정체성: 창조적인 글로벌 리더", 2015년 총신대학교 대학원 종교학술제 원고(2017. 10. 27).

여성 교역자가 교회에서 부딪히는 가장 큰 문제는 남성 교역자와의 불화다 (17명, 32.08%). 불화의 내용으로는 차별적 직위가 가져오는 권위 문제, 임금 의 불평등 문제, 사역의 제한성을 들고 있다. 또한 여교역자 스스로의 개인 적 원인으로는 자기계발의 부족, 타성, 능력 부족을 들고 있다(5명, 9.43%). 그리고 여교역자의 단순한 의식 문제(2명, 3.77%), 인격적 무시와 편견(2명, 3.77%), 그 외에도 사모와의 마찰, 대화 창구의 부재, 소명을 인정받지 못함 등을 언급하고 있다(표14 참조)

	내용	수(명)	비율 (%)	비 고
여성 교역자가 부딪치는 가장 큰 문제	남성 교역자와의 차별	17명	32.08	사역의 제한성, 직위 문제, 임금과 서열의 차별 대우, 남성 중심의 교회 활동, 차별적 위치에서 일하기 때문에 진취력과 창의력 부족, 권위 문제,
	자기계발 및 능력	5명	9.43	현실에 안주하고 타성에 젖음, 시간 및 스트레스로 인한 피로, 전문 지식 습득의 기회 부족.
	여성 교역자의 의식	2명	3.77	선배 여교역자들의 단순한 사고
	인격적 무시와 편견	2명	3.77	각개전투
	기타	10명	18.87	사모와의 마찰, 문제 발생 시 상담할 대화 창구 부재, 결혼과 자녀 문제, 무거운 것을 들어야 할 때, 편견, 남성 동역자들과의 관계, 소명을 인정받지 못함, 잘 모르겠다, 없다(개인 성격 문제).
	무응답	27명	13.21	

〈표14〉 여성 교역자가 부딪치는 가장 큰 문제

3) 여성 리더십 활용에 나타난 문제점: 처우와 자질 문제

여성 리더십 활용과 관련하여 기장·기감·통합·합동 교단의 교회 헌법을 살필 때 나타나는 문제점은, 다른 세 교단에 비교해 합동 교단의 교회 헌법이 여성들에게 '임시직'만 허용하여 여성 리더십을 제한한다는 것이다. 그런데 합동 교단은 교회직의 '항존직'과 '임시직' 구분 기준을 '성'(性)의 차이에 놓으면서도, 실제로는 여성들에게 일은 시키고 보자는 취지로 '권사 취임'을 시키고 있는데 이는 교회 직분에 있어서 성차별인 셈이다. 또한 '여전도사'는 임시직이란 성격 때문에 평생 여전도사로 사역하지 못하고 '권사'로 취임하는 일도 비일비재하다. 더욱이 합동 교단 교회 헌법의 치리회를 보면, 여성은 모두 '임시직'이라는 직분의 성격 때문에 목사와 장로로만 구성되는 노회, 대회, 총회의 치리회에 한 명도 참여하지 못한다. 교회의 과반수를 차지하는 여성이 개교회, 노회, 대회, 총회라는 치리회에서 아무런 의견도 내지 못하도록 차단한 교회 헌법은 결국 남성만을 위한 것이라고 밖에 할 수 없다. 여성에게 '임시직'만 허용하여 의견을 반영하거나 결정에 참여하지 못하게 만드는 교회 헌법에는 일관성·공정성·평등성이 결여되어 있다.

또 다른 문제는 신학대학원에 여학생을 입학시키면서도 여교수나 여성 사역 관련 과목을 하나도 개설하지 않고 있다는 점이다. 그리고 남학생들보다 탁월한 실력과 능력을 갖추고 졸업했다 해도 교회 직분에서 임시직만 허락되어 신분이 보장되지 못함은 물론이거니와 본인의 은사와 능력과는 상관없이 심방과 어린이 사역이라는 정해진 역할만 하도록 되어 있다. 이러한 임시직의 지위는 전임 사역자임에도 불구하고 남성 사역자에 비해 낮은 사례비를 받을 수밖에 없는 구조적 차별을 낳는다.

미국의 심리학자이자 목사인 매슬로(Abraham H. Maslow)는 인간의 욕구를 생리적 욕구, 안전의 욕구, 소속의 욕구, 인정의 욕구, 그리고 자아실현의 욕구로 나누고 있다. 이를 영성 신학 분야에서는 구원의 욕구, 인정(소속)의 욕구, 봉사의 욕구, 헌신의 욕구, 그리고 그리스도와 연합하는 단계로 구분하고 있다.[13] 인간이면 남녀를 불문하고 각자의 은사에 기초한 헌신과 열정, 그리고 전문성과 능력의 정도에 따라 사역을 감당하는 것이 마땅하다. 그러나 여성은 신학교를 나오든 신학대학원을 나오든 신학 석사나 신학 박사를 취득하든 상관없이 임시직인 여전도사로 사역할 수밖에 없는 불공평과 불공정을 경험하게 된다. 이런 현실 때문에 여성 사역자들 사이에는 굳이 많이 배울 필요를 인식하지 못하고 무임승차를 즐기려는 현상도 비일비재하여 결국 자질 미달 문제도 나타난다.[14]

대한민국 헌법을 보면 국민의 기본권이란 평등권·참정권·자유권·생존권·청구권 등 국민이 당연히 누려야 하는 권리요 본질적인 것이어서 통치자에게 위임할 수 없는 권한으로 명시되어 있다(대한민국 헌법 제11조 1항). 하물며 하나님 나라 공동체인 교회 헌법이 하나님의 딸인 여성들에게 기본권조차 보장해주지 않는다는 것은 어불성설이다. 이는 세상의 법보다도 못한 '성차별법'이라고 할 수 있다. 또 개혁주의의 원리인 교회의 주권 혹은 교회의 자유(교회의 주권이 교인에게 있다는 자유), 양심의 자유(모든 교인은 각기 양심대로 판단할 권리가 있고 누구든지 이 권리를 침해할 수 없다는 자유), 그리고 복음적 분업의 자유(모든 그리스도인은 왕 같은 제사장으로서 동등하며, 단지 그 맡은 바 직분이 서로 다르다는 점이 명시되어야 한다는 자유)란 측면에서 볼 때 자유와 권리의 원칙에도 위배된다.[15]

김희자 교수는 여성 사역자에 대한 교인들의 반응을 조사한 결과, 우선적으로 남성 사역자를 선호하고 동일한 업무를 수행하더라도 남성 사역자의 능력을 더 평가해주는 경향이 있으며, 연령이 높은 부서일수록 여성

---

13   황화자, "교회 여성자원 활성화 방안 모색", 「교육교회」 223(1995): 24.

14   김희자, "한국 여성교역자의 인적자원 활용을 위한 실태조사", 299.

15   백종국, 『바벨론에 사로잡힌 교회』(서울: 뉴스앤조이, 2003), 78-83.

제2부 성경적 페미니즘에 근거한 여성 리더십의 이론과 실천

사역자보다 남성 사역자를 더 선호하고, 남성 장로가 여성사역자를 인정하지 않는 경우들이 나타났다고 했다. 그리고 이러한 결과는 여전히 교회에서 남성 사역자를 선호하는 유교 가부장제 사상이 지배하고 있음을 보여주는 사례라고 평가했다.[16]

또한 여성 사역자가 사역을 담당하는 데 장애가 되는 영역으로는, 첫째, 계속 교육받을 기회 및 교육비의 부재, 둘째, 사역 영역의 제한, 셋째, 남녀 교역자의 차별, 넷째, 재정적 어려움을 꼽고 있으며 사역자의 자질에 관한 질문에서는 여성 사역자의 전문 지식과 자기계발, 인격과 영성 개발, 그리고 분명한 소명 의식으로 조사되었다고 했다.[17] 이처럼 여성 사역자들은 남성 중심의 교회에서 무관심, 무소속, 불공정과 교인들의 편견이라는 사중고에 시달리고 있다.

지금까지 여성 사역자의 사역 영역, 교육 수준, 사례비를 비교하고, 각 교단 신학대학원에 3년간(2006-2008) 입학한 여학생 수와 여교수의 수, 여성 사역 관련 학과목 개설 유무, 여성 선교사 현황과 더불어 교단별 교회 헌법과 여성 사역자가 부딪히는 문제들을 살펴본 결과 여성 리더십 활용에 있어 다음과 같은 문제를 파악할 수 있다.

첫째, 교회의 남성 중심적 사상과 인식이 낳은 교회 헌법에 따라 정해진 교회 직위에 나타나는 성차별 문제, 여성 사역자에 대한 편견과 기피 현상, 열악한 사례비 등의 불평등한 처우 문제다. 여성 사역자의 직위와 사역 환경은 교육 수준이나 은사나 능력과는 상관없이 대부분 심방과 어린이 사역으로 영역이 정해져 있으며, 사례비와 같은 처우에서도 남성 사역자에

---

16 김희자, "한국교회 여성사역자의 정체성: 창조적인 글로벌 리더", 2015년 총신대학교 대학원 종교학술제 원고(2017. 10. 27).

17 김희자, "한국 여성교역자의 인적자원 활용을 위한 실태조사", 292-6.

비해 훨씬 낮은 대우를 받아 기초 생활 유지도 어려운 실정이다. 특히 합동 교단 여성 사역자들은 '임시직'으로서 교회·노회·총회에서 신분 보장이나 인정을 받지 못하기 때문에 노후 대책과 법적 보호 장치도 마련되지 않은 열악한 환경에서 사역을 한다는 문제점이 있다.

둘째, 신학대학원에 입학하는 여학생이 여성 사역자로서의 자기 정체성, 소명, 은사와 관련한 복음 사역의 전문화를 위한 교육을 받을 수 없으며, 단지 '여성'(female)이고 '소수'(minority)라는 이유로 신학교로부터 진로나 사역에 있어 인정과 도움을 받지 못한다는 점이다.

셋째, 합동 교단에 속한 총신 신학대학원을 졸업한 여학생이 교회에서의 사역보다는 해외 선교에서 리더십을 더 발휘하고 있는 것으로 유추되지만 이는 교단에서 제도적으로 인정과 보호를 받지 못하는 입장이었다. 또한 남성 목사 선교사들의 무시와 기초 생활 유지나 신변 보호를 받을 수 없는 열악한 선교 환경 때문에 독신 여선교사의 수가 점점 줄어드는 현상이 나타나고 있다.

넷째, 여성 리더십에 대해 부정적인 교단의 입장은 여성이 열등하다고 인식하게 할 뿐 아니라 여성 사역자가 자기 소명에 대해 불분명한 이미지를 가지게 하여 사역자로서 자격이 미달되고 비전문적이 되는 문제를 유발하고 있다.

4) 남녀 파트너십 관련 여성 사역자 설문 조사 및 분석[18]

본 연구를 위한 설문 조사 및 분석은 2013년 12월에 총신 신대원에 재학

---

18 이 부분은 2012년 한국연구재단의 지원을 받아 수행된 "개혁교회 내 남녀 파트너십 필요성

중인 여원우와 졸업한 여동문을 대상으로 직접 배부된 설문에 대한 118명의 응답 결과를 토대로 이루어졌다. 본 설문은 10문항으로 이루어졌으며 설문의 내용은 첫째, 여성 사역자의 학력, 혼인 상태, 사역 영역을 묻는 문항, 둘째, 성경적 남녀 관계, 사역에서 불평등한 부분, 성차별적 설교, 합동 교단에서 여성 리더십이 시급한 영역을 묻는 문항, 셋째, 합동 교단에서 남녀 간 파트너십 활성화를 위한 의견을 묻는 문항으로, 필자가 직접 구성하였다. 우선 최종 학력 문항에서 82%가 총신대학교 신대원 재학생이거나 신대원을 졸업하였고, 12%가 신학 석사(Th. M), 8%가 신학 박사(Th. D. 또는 Ph. D)인 것으로 조사되었다. 혼인 상태에 관해서는, 기혼이 53%, 미혼이 34%, 이혼이 8%, 무응답이 5%로 나타났는데, 여성 사역자의 혼인율이 과반수를 차지하고 있음에서 볼 때(이혼을 포함해서 61%), 향후 여성 사역자들의 사역 영역에도 많은 영향이 미칠 것으로 예상된다.

우선 **성경적 남녀 관계**를 묻는 질문에 대해 응답자의 94%가 "남녀는 동등한 관계"라고 답하였고, 2%는 "남녀 관계는 종속 관계"라고 답했으며, 4%는 응답하지 않았다. 이 응답 결과에서 파악할 수 있는 것은 보수적인 교단에서 공부한 여성 사역자 대부분이 남녀 관계가 '동등하다'고 본다는 것이며, 이는 사역 현장에서 경험하는 불평등과 불공정에 의한 갈등 때문에 타 교단에 가서 안수받고 목회하는 여성 사역자가 점점 증가하는 현재의 흐름과도 무관하지 않다(표15 참조).

에 대한 여성신학적 고찰"(NRF-2012S1A5B5A07036033), 「복음과 실천신학」 32(2014): 9-40에서 "여성사역자들의 남녀 파트너십에 관한 설문조사 및 분석"을 발췌했다.

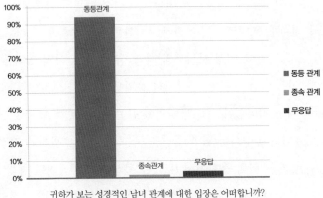

귀하가 보는 성경적인 남녀 관계에 대한 입장은 어떠합니까?

〈표15〉 성경적인 남녀 관계에 대한 입장

사역 분야를 묻는 문항에 대해서는 "단독 목회"가 24%, "심방"이 14%, "교회 교육"이 25%, "선교"가 7%, "신학교 강의"가 7%, "기타"(총회나 기독교 관련)가 5%, "사역 안 함"이 16%, 무응답이 2%로 나타났다. 합동 교단에 속한 여성 사역자의 사역 영역은 대부분이 심방과 교육임을 감안할 때 (39%), 단독 목회가 24%를 차지한다는 것은 엄청난 수치라고 여겨진다. 현재 총신 신대원 졸업 후 타 교단에서 안수를 받아 목회하거나, 합동 교단에서 전도사 신분으로 단독 목회(가정 교회 포함)를 하는 여성 사역자의 증가 추세를 볼 수 있다. 또 "사역을 안 한다"라는 응답이 16%로 나타난 부분은 목회자 사모가 이에 해당하는 것으로 보인다(표16 참조).

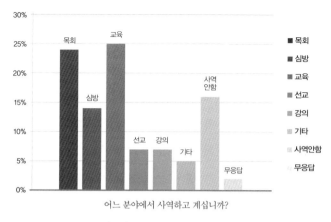

어느 분야에서 사역하고 계십니까?

〈표16〉 여성 사역자의 사역 분야

사역에서 특히 불평등하다고 생각되는 부분에 대해서는 46%가 "직위"(교회 헌법 또는 총회 차원에서)라고 답했으며, "사례비 및 대우에서" 28%, "남성 목회자의 설교에서" 12%, "성 문제에서" 4%, "사역 보조"(손님 접대 및 목사 보조) 8%, "불평등하지 않다"가 2%로 나왔다. 신대원을 졸업했음에도 목사 안수를 주지 않아 직위와 이에 따른 처우에서 가장 큰 불평등과 불공정함을 느끼고 있는 것으로 해석된다(표17 참조).

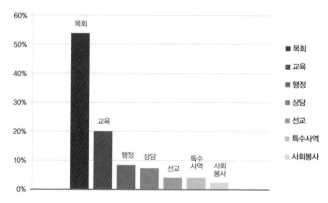

〈표17〉 여성 사역자들이 보는 사역의 불평등한 부분

합동 교단에서 여성 리더십이 가장 시급한 영역을 묻는 질문에 대해 "목회"(설교 포함)가 55%로 과반수를 차지했고 "교회 교육"이 20%, "교회 행정"이 8%, "상담"이 8%, "선교 사역"이 4%, "탈북 여성, 미혼모, 다문화권 여성들을 위한 특수 사역"이 4%, "사회봉사"가 2%였다. 이처럼 한국교회 조직 안의 여성들은 제도적 차원의 지원 없이는 여전히 권력 구조의 가장자리에서 맴돌 수밖에 없다. 목회 대상의 약 70%를 차지하는 여성들의 삶의 필요와 경험을 적절하게 원용할 수 있는 여성 목회 리더십이 시급한 것으로 보인다(표18 참조).

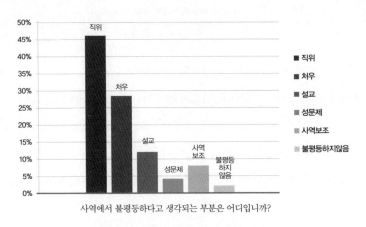

〈표18〉 본 교단에서 여성 리더십이 시급한 영역

마지막으로, 총신 신학대학원 여원우와 여동문이 합동 교단의 남녀 파트너십 활성화를 위해 제안한 내용을 정리해보면 ① 여성 안수에 의한 직분 평등이 필요하다, ② 은사에 따른 직위와 전문 사역을 확대해야 한다, ③ 성평등한 분위기에서 가정 사역의 재개발이 필요하다, ④ 성경적인 여성 목회자의 위상을 회복해야 한다, ⑤ 여성 설교자를 세워야 한다, ⑥ 바른 성경 연구 및 성경 해석과 가르침이 필요하다, ⑦ 총회 및 신학 교수들에 의

한 성경적 남녀 관계를 정립해야 한다, ⑧ 여성들이 교회 정치와 행정에 참여토록 해야 한다, ⑨ 남녀의 순기능을 적극적으로 활용하는 지혜가 필요하다, ⑩ 여성 사역자부터 자의식을 개발해야 한다 등이 있었다. 총신 신학대학원 출신 여성 사역자들은 성 평등한 분위기에서 전문성과 은사에 따른 남녀 파트너십이 이뤄지기를 희망하고 있음을 알 수 있다.

성경적 페미니즘에 근거한
여성 리더십의 활성화 과제와 방안

성경적 페미니즘에 근거한 여성 리더십은 근본적으로 여성 스스로가 여성을 향하신 하나님의 뜻과 여성에게 베푸신 독특한 지혜와 은사가 무엇인지 발견하여 교회의 갱신과 하나님 나라 복음의 확장에 기여하는 것이다. 본 장에서는 그러한 여성 리더십의 활성화를 위한 과제와 방안에 초점을 맞춰 논한다. 우선 인간학적 관점에서, 여성의 소명과 은사의 측면에서, 목회 차원과 교회 갱신의 차원에서, 그리고 사회적 책임의 전망에서 여성 리더십 활성화의 과제를 살펴본 후 그 구체적인 방안을 알아보고자 한다.

1. 성경적 페미니즘에 근거한 여성 리더십의 활성화 과제

1) 인간학적 관점에서 본 과제

인간학은 대체로 '인간됨'에 대한 철학적 인간 이해[1]와 인간 행동과 심리 과정을 이해하는 심리학적 인간 이해,[2] 그리고 신학적 인간 이해로 구분할 수 있으며 각 영역의 학문적 깊이는 참으로 방대하다. 여기서는 그중 신학적 인간 이해를 다루는데 이는 '하나님의 형상(Imago Dei)으로 지음 받은 존재'라는 전제에서 시작하여 논의된다. 코메니우스는 우선 인간으로 출생한 모든 사람은 인간으로 존재할 목적을 위해 태어났고 하나님은 남녀노소를 막론하고 모든 사람이 예외 없이 바른 인간성을 회복하길 원하시며 모든 인류가 완전한 보살핌으로 인도되기를 원하신다고 했다.[3] 남성이든 여성이

---

1   이규호, "사람됨의 뜻", 『철학적 인간학』(서울: 제일출판사, 1978)을 참조하라.

2   신응섭 외 5인, 『심리학개론』(서울: 다우문화사, 2000)을 참조하라.

3   Klaus Großmann, Henning Schröer, 정일웅 역, 『코메니우스의 발자취』(*Auf den Spuren des*

든 인간이 하나님의 형상으로서 그분과의 교제를 목표로 한다는 것은 첫째, 이성을 소유한 존재로서 둘째, 다른 피조물의 지배자로서 셋째, 창조주가 기뻐하시는 형상을 입은 이성(異性) 피조물과 함께 세움을 받았다는 것이며 이 세 가지는 서로 나눌 수 없도록 연결되어 인간적인 삶과 미래적인 삶의 근본 바탕이 된다는 것이다.[4] 중세 신학자 토마스 아퀴나스는 '인간이란 무엇인가?'라는 인간 이해의 근본적 요소와 '나는 누구인가?'라는 삶의 의미와 목표 설정 문제를 다루면서 신학적 인간 이해를 논의했다.[5] 따라서 코메니우스와 토마스 아퀴나스의 인간 이해는 하나님의 형상을 입은 피조물로서 하나님께 부여받은 가치와 목적을 붙들고 창조세계를 이끌어야 할 역할을 지닌 존재로 요약된다.[6]

그렇지만 성과 관련한 인간 이해에 있어서는 코메니우스와 토마스 아퀴나스 간에 엄청난 차이가 발견된다. 토마스 아퀴나스는 여성과 관련해서는 온전한 인간 이해를 하지 못했다. 그에게 있어 인간 이해란 오직 남성 이해에만 해당하는 것이었기 때문이다. 그는 초기 교회 교부인 아우구스티누스 신학과 아리스토텔레스의 생물학을 그대로 받아들여 남성 종자는 인간 육체의 형상을 제공해주며 여성의 생식 역할은 남성 종자의 이러한 형성력을 '육체로 구체화'하는 데만 기여할 뿐이라고 했다. 또한 남성이 하나님의 형상을 이어받았다고 봐서 오직 남성만을 온전한 인간으로 이해했다. 그 후 루터나 칼뱅 같은 종교 개혁자들이 여성을 하나님의 형상을 입은 존

Comenius, 서울: 여수룬, 1997), 235-7.

4   앞의 책, 57.

5   장욱, "토마스 아퀴나스의 형이상학적 인간 이해", 「중세영문학」 10(2002): 2-3.

6   Klaus Großmann, Henning Schröer, 정일웅 역, 『코메니우스의 발자취』(Auf den Spuren des Comenius, 서울: 여수룬, 1997), 60.

재로 보기는 했어도, 교회 안에서 여성의 역할을 제한하여 오늘에 이르게 되었다. 하지만 인간의 자존감은 성 정체성과 밀접한 관계가 있다. 2,000여 년의 교회 역사에서 여성의 성 정체성과 성 역할은 항상 남성에 의해 특징지어지고 결정되어왔다. 즉 여성을 다스려야 한다는 자존감을 가진 기독 남성들은 '여성화'의 갈등을 완화하기 위해 교회 조직을 계급 구조로 바꾸어 여성을 낮은 자리에 배치해온 것이다.[7]

복음주의 학자 존 스토트(John Stott)는 '인간됨의 의미'가 20세기의 기본적인 정치 쟁점으로서 마르크스주의와 기독교의 주된 충돌 지점 가운데 하나라고 보았다. 즉 '사람이 제도의 종인가?' 아니면 '제도가 사람의 종인가?'에 대한 인간의 주도권 이데올로기를 지적한 것이다. 스토트는 '인간됨'을 성 활동(sexuality)과 정치적 과정(political activity)을 통해 나타나는 정체성 문제로 규정한다.[8] 따라서 복음주의에 속한 기독 여성이 주체가 되어 성경적 페미니즘에 근거하여, 인간학적 관점에서 올바른 여성관과 여성 리더십을 규정하는 것이 무엇보다도 필요하다. '여성의 인간됨'이란 남성의 관점에서 이해될 수 없다. 오히려 하나님의 형상을 입은 존재로서 여성 자신이 주체가 되어 성 정체성 측면에서 인간으로서의 본질적 가치문제로서와, '여성인 나는 누구이며 무엇을 해야 하는가?'라는 자아실현의 문제로서 이해하는 것이다.

---

7   Mary Stewart Van Leeuwen, 윤귀남 역, 『신앙의 눈으로 본 남성과 여성』(Gender and Grace, 서울: IVP, 1999), 41, 130-5.

8   John Stott, 정옥배 역, 『현대사회 문제와 그리스도인의 책임』(New Issues Facing Christians Today, 서울: IVP, 2005), 73-5.

(1) 여성 리더십이 요구되는 이유

남성과 여성의 차이를 무시하는 것은 아니나 성에 의한 역할 분업은 인간이 총체적인 존재가 되지 못하게 막는다. 남성은 생계 부담자, 모험가, 전사, 사색가인 반면 여성은 주부, 위안부, 듣는 사람, 감정적 존재라는 추론적 가정은 더욱 이원적인 사회가 되게 한다. 인류의 절반을 차지하는 남성이 도구적 존재이고 여성은 반대로 표현적 존재라면 개개인의 인간성은 전체 인간성에서 그 사람의 성에 맞게 정해진 절반으로 줄어드는 결과를 초래한다. 따라서 인종차별주의, 연령주의, 계급주의와 마찬가지로 성차별주의 역시 인간성을 완전하게 발달시키는 데 장애 요인이 된다.[9] 남성성만을 지나치게 강조하는 공동체나, 그 속에서 과격하고 저급한 말과 비인격적 행동을 하며 상처를 주는 남성들이나, 이로 인해 상처받는 여성들 모두 다 비인간성으로 인해 장애와 피폐함을 경험할 뿐이다.

일찍이 남성 중심 사회가 초래한 비인간성의 한계를 감지했던 폴 투르니에(Paul Tournier)는 『여성, 그대의 사명은』(La Mission de la Femme)에서 여성도 공적 영역과 문화 영역에서 남성과 동등한 권리를 찾아 함께 활동하여 여성이 지닌 인격적 가치와 직관적 가치를 표출할 사명이 있음을 강조했다. 그가 이해한 바로는 하나님과 인간 동료, 특히 여성과 올바른 관계에 있는 인간이 될 때 비로소 하나의 온전한 인격이 된다는 것이다. 즉 하나님이 창조하신 인격이란 남성만을 가리키는 것이 아니라 남성과 여성의 불가분리한 상호 보완성이라고 했다. 그는 여성의 사명이 남성 중심의 끝없는 권력의 질주와 남성적 문명으로 위계화되고 경직된 이 사회에서 여성을 위한 정의를 찾을 뿐만 아니라 정의로운 중용과 온전함을 요구하는 것이라고 역

---

9   앞의 책, 38-40.

설했다.[10]

(2) 인간학적 관점에서 본 여성 리더십의 세 가지 과제

인간학적 관점에서 본 여성 리더십의 과제는 첫째, 여성의 인간됨 실현이다. 여성의 존재 의의(여성성)와 가치 그리고 실존적 자아실현 같은 인간됨의 문제를 축소하거나 부인하게 만드는 신념은 하나님과 관련된 신앙의 내용을 반영하지 못한다.[11] 하나님 형상으로 창조된 여성은 인격적이고 책임적인 존재이므로 남성이 이해한 여성성과 남성이 임의로 규정한 성 역할대로 살아가는 존재이기 이전에 인간됨에 근거하여 주체적으로 자유를 실천해갈 수 있어야 하며 정의와 평화를 이루어야 할 사명과 책임이 있다. 단지여성이기 때문에 차별받고 비인간화된다는 것은 인간 사이의 사회·윤리적문제일 뿐 아니라 창조의 목적과 의미를 무효화시키고 하나님과 은총의 계약 관계에 있는 존귀한 인간을 사물화시키는 것이다. 이것은 존귀한 한 인간에 대한 모독일 뿐 아니라 계약 당사자이신 하나님에 대한 도전이라고도볼 수 있다.[12]

둘째, 하나님의 형상 반영이다. 성의 상보성은 하나님의 형상을 반영하므로 남녀는 생식이라는 최소한의 성 역할을 제외하고는 배타적이거나종속적인 관계가 아니라 상호 보완적인 관계로 창조세계를 다스려야 한다.따라서 남성만을 위해 여성이 지닌 장점을 외면하거나 희생시켜서는 안

---

10 Paul Tournier, 홍병룡 역, 『여성, 그대의 사명은』(La Mission de la Femme, 서울: IVP, 1991),
    171–9.

11 강영옥, 유정원, 『신학 그 막힘과 트임, 여성신학개론』(왜관: 분도출판사, 2004), 25.

12 안상님, "기독교 전통에 나타난 성차별", 『신학과 여성 강연 제1집』(서울: 한국여신학자협
    의회출판부, 1982), 42.

된다.

   셋째, 인간성 회복과 공동체 회복이다. 기독교가 삶의 목표로 제시하는 전인성(wholeness)은 교제, 사랑, 친교 같은 인격적 용어로 이해되는 실존적 자유이다.[13] 남성성과 여성성이 조화를 이룰 때 비로소 온전한 인격을 갖춘 인간성을 이루게 되며 아울러 온전한 공동체로서의 모습을 갖출 수 있게 된다. 반면 한쪽 성(性)만을 위한 강요된 역할 분업이 지속되면 한 인간의 본래적 가치나 실존적 자아실현 문제에 있어 개인은 물론이고 공동체 전체가 비인격적 장애를 경험하게 할 수밖에 없다. 따라서 이제 남성 리더십에 편중되어 권위적이 되고 경직된 교회 공동체를 관계 지향적이고 공감 능력이 크고 변화에 민감하며 직관적·인격적 능력을 소유한 여성 리더십으로 회복해야 한다.

2) 여성의 소명과 은사 측면에서 본 과제

원래 기독교는 초기부터 '소명과 은사 공동체'였다. 그러나 교회가 직제화되어 '직분론'에만 중점을 두면서 '소명과 은사'를 간과하게 되었다. 결국 오늘날에도 초기 교회 시대처럼 교회의 복음 사역을 위해 헌신할 리더에게 소명과 은사가 필요하다. 무엇보다 교회 리더는 하나님의 소명에 대한 인식과 그가 위임받은 특별한 형태로서 인격적 정체감이 있어야 한다. 리턴 포드(Leighton Ford)는 자신이 누구인지 아는 정체감이야말로 리더십의 핵심이라고 했다.[14] 즉 리더란 '무슨 일을 얼마큼 성취해냈는가?'의 문제라기

---

13   Simon Chan, 김병오 역, 『영성신학』(*Spiritual Theology*, 서울: IVP, 2002), 108.

14   Leighton Ford, 김기찬 역, 『변화를 일으키는 리더십』(*Transforming Leadership*, 서울: 생명의말씀사, 1994), 40.

보다 '어떤 사람인가?', 즉 소명과 은사에 관한 정체성의 문제임을 지적한 것이다. 제임스 패커(James I. Packer)는 신학적으로 소명과 은사가 직분에 우선하는 것으로서, 직분이 은사를 위해 존재하는 것이지 그 반대가 아님을 명시했다.[15]

소명이란 하나님의 직접적 부르심이고 소명의 삶이란 그분의 기뻐하시는 선하신 뜻을 소원으로 품어 헌신된 삶으로써 응답하는 것이다. 성경은 노아, 아브라함, 요셉, 사무엘, 다윗, 다니엘, 이사야(사 6:1-13), 예레미야(렘 1:4-19), 바울과 같이 하나님께 '소명'을 받아 헌신한 수많은 인물을 소개한다. 특히 바울이 받은 사도의 소명을 보면 "사람들에게서 난 것도 아니요 사람으로 말미암은 것도 아니요 오직 예수 그리스도와 및 죽은 자 가운데서 그리스도를 살리신 하나님 아버지로 말미암아" 된 것이라고 했다(갈 1:1). 바울의 소명을 볼 때, 교회는 예수 그리스도를 구주로 고백하는 지체 가운데 누구든 복음 사역을 위해 특별히 하나님의 소명을 받을 수 있도록 양육할 책임이 있고 하나님께 부름 받은 이들이 소명을 따라 사역할 수 있도록 언제든지 장을 마련해 주어야 할 사명이 있다.

유기체와 관련하여 코메니우스는 전체 도구들에 관한 이론을 범유기체론(panorgania)이라 불렀고 이것을 범지혜(pansophia)와 연결시켰다. 그의 범유기체론은 특히 인간의 천성적 능력을 정제(淨齊)시키는 것과 관련한 것이다.[16] 즉 성령의 여러 가지 은사가 인간의 마음속에서 흘러넘쳐 다른 이들에게 공급되며 그 배에서 생수의 강이 흘러나오는 것으로 표현한다(요

---

15 J. I. Packer, "상이점을 이해함", Alvera Mickelsen(ed.), 홍성희 역, 『성경과 여성』(Women, Authority & The Bible, 서울: CLC, 1999), 348.

16 Johann Amos Comenius, Klaus Schaller(hg.), 정일웅 역, 『코메니우스의 범교육학』(Pampaedia-Allerziehung, 서울: 그리심, 2003), 133-5.

제2부 성경적 페미니즘에 근거한 여성 리더십의 이론과 실천

7:38). 코메니우스의 유기체론에서 빼놓을 수 없는 중요한 통찰은 하나님이 주신 모든 공동의 은사들을 중요하게 여길 뿐 아니라 나아가 은사들을 공통적으로 활용할 수 있는 과제, 즉 범조화(凡調和) 작업까지 생각한 부분에 있다. 그는 하나님의 모든 은사가 다 중요하지만 은사를 활용함에 있어서도 인간은 자긍심의 명쾌한 집합체로서 항상 하나님의 선함을 새롭게 드러내며 하나님을 기뻐하고 찬양하는 일에 조화를 이뤄야 한다고 했다.[17]

그러므로 교회가 '유기체'라는 의미를 가지려면 그것이 은사자들이 자발적으로 하나 됨을 보여주는 공동체요, 하나님과 관련된 모든 인간의 지혜의 조화로운 연합의 공동체라는 뜻임을 되새겨야 한다. 여기서 '연합'이란 첫째, 모든 필요한 것에서 협동하고, 둘째, 조금 필요로 하거나 사소한 일에서도 자유를 지키며, 셋째, 모든 사물과 모든 사람을 사랑하기에 힘쓰는 것을 의미한다.[18]

그런데 오늘날 교회는 명목상 '유기체'(organism)라고 하면서도 실질적으로는 '남녀가 구분된 직분 분업체'가 되어버렸다. 직분을 매개로 남녀의 위계가 발생했고 남녀의 직분이 분배되어 연합의 의미를 상실했다. 그런데도 교회는 오히려 이러한 남녀 직분 구별을 '질서'라며 정당화하고 있다. 그러나 이러한 질서는 남성 중심의 위계적 질서이지 그리스도 몸의 연합, 만인 제사장, 인간이 만든 모든 장벽의 타파, 사도적 권능 및 은사들과 관련된 유기적 질서라고는 볼 수 없다. 교회는 전 세계의 복음화 대신 목회자 중심의 리더십과 교회 구조(practice)와 직분 중심 체계로 제도화됨으로써 성령의 주도하심 가운데 나타나는 자유와 균형, 정의와 사랑의 가치들을 잃어

---

17 Johann Amos Comenius, 이숙종 역 『빛의 길』(*The Way of Light*, 서울: 여수룬, 1999), 162.

18 Klaus Großmann, Henning Schröer, 정일웅 역, 『코메니우스의 발자취』, 218.

가고 있다.[19]

따라서 여성의 소명과 은사 측면에서의 과제는 다음과 같다. 첫째, 교회는 주님께서 부탁하신 복음 사역을 위해 헌신할 이들이 모인 유기체이므로, 여성이 하나님으로부터 받은 소명과 은사(시 68:11)를 발휘하도록 해야 한다.[20] 둘째, 교회는 여성의 은사를 모두 환영하고 활용함으로써 종말론적 하나님 나라의 공동체를 반영하고 하나님을 예배하며 그 멤버십(membership)을 고취하여 세상에 복음을 전파하는 사명을 완수해야 한다.[21]

3) 목회적 관점에서 본 과제

(1) 목회 대상의 다수를 차지하는 여성

목회란 전통적으로 '영혼의 돌봄'(Seelsorge)으로 지칭된다. 영혼을 소유한 인간의 하나님과의 관계뿐 아니라 인간 상호 간의 인격적 교제를 파괴하는 장애물을 제거하도록 돕는 행위라고 이해할 수 있다.[22] 또 창조주에 대한 인식과 인생을 향한 하나님의 목적을 잃어버린 인간의 영혼을 그리스도께로 돌이켜 마음의 변화를 경험하게 하고, 나아가 세상에 그리스도의 빛을 비추기 위해 책임을 갖고 실천하는 자로 세우고자 하는 목적도 있다.[23]

---

19 Frank Viola, 박영은 역, 『1세기 관계적 교회』(Rethinking the Wineskin, 서울: 미션월드, 2006), 21-47.

20 Ruth. A. Tucker, Walter L. Liefeld, Daughters of the Church (Grand Rapids, MI: Zondervan, 1987), 15.

21 Stanley J. Grenz, 남정우 역, 『성윤리학』(Sexual Ethics: An Evangelical Perspective, 서울: 살림, 2003), 435-6.

22 Francis Bridger, David Atkinson, 이정기 역, 『상담신학』 (Counseling in Context, 서울: 예영미디어, 2002), 202.

23 Johann Amos Comenius는 목회자로서 세상에서 방황하는 영혼들을 위로하며 소망을 주기

한스 퀑(Hans Küng)은 현대 신학의 다양한 패러다임 가운데 하나가 실천 이론의 변증법적 비판 이론을 신학 작업에 활용하는 것이라고 했다. 즉 기독교 전통과 현재 경험 간의 상호 비판적 상관관계(mutually critical correlation)라는 신학 모델을 활용함으로써 '기독교 전통과 해석의 주체로서의 신학자'라는 관점을 긍정하는 입장이다.[24] 신학적 틀이라 불려온 경전과 전통은 그 자체가 성문화된 공동체적 인간의 경험이기에 성서와 경험 모두 목회 현실에서 잘 응용되어야 한다는 것이다.

21세기 개혁주의 목회 흐름과 리더십 차원에서 볼 때 한국교회 교인의 과반수를 차지하는 여성은 교회의 중요한 인적 자원이자 영혼 돌봄의 대상이다. 그러므로 여성의 신앙과 영성, 경험과 필요를 잘 살피고 반영하는 목회 리더십의 과제가 그 어느 때보다도 요구된다.

(2) 21세기 목회 리더십의 흐름: 자유를 향한 섬김의 리더십과 영성 리더십

21세기라는 시대 상황에서 어떤 목회 리더십이 필요한가? 황성철 교수는 현시대가 포스트모더니즘의 반동으로 획일적인 것에서 탈피하여 상대화되어가고 이성 중심에서 감성 중심으로 바뀌며 이성의 보편성(universality)에 기초한 진리(truth)의 개념이 지역과 공동체의 문화적 개별성(particularity)에 기반을 둔 다원적(pluralistic) 진리의 개념으로 바뀌어 가는 것으로 설명

위해서 『세상의 미로와 마음의 천국』(*Labyrint svĕta a ráj srdce*)을 썼다. 그는 여기서 인간은 하나님의 형상을 입었으나 타락한 존재, 그럼에도 불구하고 그리스도를 통한 새존재라고 보며 '사랑'을 인간 돌봄의 중요한 원리로 보고 있다. Johann Amos Comenius, Howard Louthan·Andrea Sterk(traus.), Jan Milic Lochman 서문, *The Labyrinth of the World and The Paradise of the Heart* (*Labyrint svĕta a ráj srdce*, New York: Paulist Press, 1998)를 참조하라.

24   손승희, "신학과 페미니즘", 「여성학논집」 17(2000), 84.

12장 성경적 페미니즘에 근거한 여성 리더십의 활성화 과제와 방안

될 수 있다고 하였다. 또한 일체의 부당한 권위에 대한 거부 및 모든 억압과 구속으로부터 해방될 것을 강조하는 일종의 저항적 사고의 시대로 표현했다.[25] 이런 시대의 목회는 신앙과 영성을 겸비한 '인간 형성' 영역이 보완되어야 하며 선교뿐 아니라 사회 복지, 상담, 음악, 기독교 교육, 교회 행정, 영성, 여성 등 '전문직 형성' 차원의 신학 교육이 강조되어 전문화 시대에 맞는 목회 전문가로서 사역의 효율성을 극대화하는 작업이 요구될 것이다.[26]

① 자유를 향한 리더십

목회 리더십의 원형은 '교회의 머리'로서 참된 지도력의 모범을 보여주신 예수님의 리더십에서 찾아야 한다. 이런 의미에서 "내가 그리스도를 본받는 자 된 것 같이 너희는 나를 본받는 자 되라"(고전 11:1)라고 했던 바울의 태도는 교회 지도자들이 취해야 할 태도다. 예수님의 리더십은 억압과 가난으로부터 자유를 선포하고(눅 4:18-19) 자기 목숨을 많은 사람의 대속물로 주신 섬김의 리더십이었다(막 10:45). 헨리 나우웬(Henri J. M. Nouwen)은 미래의 교회에서는 전적으로 새로운 형태의 리더십이 요구된다고 확신했고 그 리더십은 이 세상의 권력 투쟁을 본뜬 리더십이 아니라 자기 생명으로 많은 사람을 구원하려고 오셨던 '섬기는 지도자'이신 예수 그리스도를 본받는 리더십이라고 주장했다.[27]

또한 한스 큉(Hans Küng)은 엘리자베트 몰트만-벤델(Elisabeth Moltmann-

---

25 황성철, 『개혁주의 목회신학』(서울: 총신대학교출판부, 2000), 285.

26 이성희, 『미래사회와 미래교회』(서울: 대한기독교서회, 1997), 310.

27 Henri J. M. Nouwen, 두란노 역, 『예수의 이름으로』(In The Name of Jesus, 서울: 두란노, 1998), 46.

428

제2부 성경적 페미니즘에 근거한 여성 리더십의 이론과 실천

Wendel)의 말을 빌려, "실제적 신학의 강조점은 인간은 누구나 의
(justification)로부터 나오는 자유에 의존할 뿐만 아니라, 자유를 향해 나아
가야만 한다는 것이다. 이는 새로운 역할과 삶의 스타일로서 사회 변화와
상호 협력에로의 열림을 의미한다. 의로부터 나오는 인권 역시 여전히 많
은 사람들에게 성취되지 않은 미래다"라고 했다.[28] 따라서 21세기 목회 리
더십은 강요와 복종을 요구하는 위계적 리더십이 아니라 '자유를 향한 섬
김과 열림의 리더십'(servant and openness leadership towards freedom)이라고
할 수 있다.

② 영성 리더십

이성희 목사는 미래 교회에 관해 물질, 과학, 기계적·조직적 사회 구조로
인해 인간의 제도적 삶이 더욱 영성적 삶을 추구하게 될 것이며, 특히 서구
교회가 당면하고 있는 현실을 극복하기 위해서라도 영성적 교회로 탈바꿈
해야 할 것이라고 예견했다.[29] 기독교 영성은 기독교 역사, 신앙, 현실적 삶
과 연관해 다양하게 접근되고 다루어져 왔다. 과거의 영성에 대한 접근 방
식은 현실적 삶을 도외시하고 영성이란 내적인 생활, 영혼의 생활, 신비 추
구 등 세상과 분리되는 소극적인 것이라고 이해했다. 그러나 이런 접근법
은 일상적인 삶, 경제적 책임의 중요성, 사회적 책임, 국가와 시민 생활이
요구하는 책임, 성과 활동 사이의 올바른 통합 등을 간과했다.[30] 이에 사이
먼 찬(Simon Chan)은 영성의 신학적 원리와 관련하여 '기독교 이야기가 말

---

28 Hans Küng, *Women in Christianity*, 95-6.

29 이성희, 『미래사회와 미래교회』, 243.

30 Michael Downey, 안성근 역, 『오늘의 기독교 영성 이해』(*Understanding Christian Spirituality*, 서울: 은성, 2001), 60.

12장 성경적 페미니즘에 근거한 여성 리더십의 활성화 과제와 방안

하는 것은 어떤 삶인가?'라는 중요한 질문에 대한 답에 따라 영성의 형태가 결정된다고 했다. 기독교 공동체가 '땅에 살고 있는 천국 시민들'의 집단이라 해도 여전히 더 큰 사회정치적 상황 속에 존재하는 집단이므로 우리의 영성은 우리의 삶의 상황과 기독교 복음 모두에 충실한 변혁의 영성이 되어야 한다는 것이다.[31]

그런데 한국교회에서 영성이 '예배 잘 참석하고 봉사하고 기도 많이 하는 것'으로 치부되는 사이에 목회자들은 성적 타락, 세습, 학위 위조, 교회 재정 횡령, 가정 폭력, 성차별적 발언 등을 비롯하여 비윤리적이고 비인간적인 모습을 보이고 있다. 목회자가 외적 성장에만 몰두한 나머지 정작 목회자 자신의 정체성과 인격적 영성의 수련에 소홀했기 때문이다. 기독교 사상과 삶의 체계는 무한하시고 인격적인 하나님과 더불어 시작한다. 인격적이신 하나님은 항상 인격적 관계에 기초해서 사람을 다루신다.[32] 따라서 목회 리더십에 있어서 중요한 것은 인격이신 하나님을 경험하며 그분과 교제하는 자가 삶으로 드러내는 인격적 영성인 것이다.

오늘날 영성 용어 가운데 가장 핵심이 되는 단어는 인간 관계성이다. 여성의 의식과 경험은 남성보다 더 인간관계에 집중하는데, 여성은 이러한 관계적 관점이 그리스도인의 삶에 있어 핵심적인 것임을 일깨워 준다.[33] 쉬슬러 피오렌자는 페미니스트 성서적 영성을 언급하면서 하나님 백성으로서 여성들의 '에클레시아'에 대한 헌신은 가부장적 억압의 모든 형태에 대한 일관된 저항에서 지탱되며, 해방과 평등성을 위한 여성들의 정치적 투

---

31 Simon Chan, 『영성신학』, 18-34.
32 Francis A. Schaeffer, 『쉐퍼 전집3: 기독교 영성관』, (A Christian View of Spirituality, 서울: 생명의말씀사, 1994), 467-508.
33 Michael Downey, 『오늘의 기독교 영성 이해』, 118.

쟁에서 지탱된다고 했다.[34] 기독교 영성은 하나님이 무한하시고 인격적이신 분이라는 이해와 경험에 정초하므로 교회는 여성과 하나님의 교제 가운데 드러나는 인격적 영성과 여성의 하나님 이미지 및 신학적 연구를 중요하게 여겨야 한다.

그리스도인이 믿는 하나님은 삼위일체의 하나님, 즉 사랑의 관계에서 세 위격이 서로 교제하는 인격적인 하나님이기에 인간 상호 간의 관계를 하나님을 체험하는 축복된 장소로 보는 것이 중요하다. 그래서 프란시스 쉐퍼(Francis A. Schaeffer)는 참된 기독교인의 영성이 하나님의 사랑에 기초한 이웃 사랑의 실천이라고 정의했다.[35] 목회 리더십과 영성은 결코 분리될 수 없다. 목회란 하나의 직업이 아니라 무엇보다도 목회 대상자에게 자유와 해방을 경험하게 해주는 하나의 삶의 방식이기 때문이다. 영적인 힘은 인격적이신 하나님에게서 나온다는 것을 깊이 이해하면 할수록 섬기는 리더로서의 역할을 보다 온전하게 수행할 수 있다.[36] 따라서 21세기에 갖춰져야 할 목회 리더십은 자유를 향한 섬김과, 하나님 사랑과 인간 사랑을 통한 관계 중심의 인격적 영성을 소유한 여성 리더십인 것이다.

(3) 남성 중심의 목회 한계를 극복하기 위한 과제

지금까지의 목회는 '무엇을 위한', '누구를 위한' 목회였는가? 영혼 돌봄의 대상으로서 주류를 형성하는 여성의 경험과 영성을 이해하지 못하는 목회

---

34 Elisabeth Schüssler Fiorenza, *In Memory of Her: A Feminist Theological Reconstruction of Christian Origins* (New York: Crossroad Publishing Company, 1994), 417-26.

35 Francis A. Schaeffer, 『쉐퍼 전집3: 기독교 영성관』, 291-8.

36 Alan E. Nelson, 이장우 역, 『시대가 원하는 영성 리더십』(*Spirituality & Leadership*, 서울: 누가, 2000), 84-5.

란 그것이 아무리 최선이라 해도 오히려 상처와 배제를 낳는다. 그러므로 여성 리더십 활성화를 통해 대다수를 차지하는 여성이 성차별적 교회 구조 속에서 받게 되는 상처를 치유하고 남성 중심 목회의 결과로 인한 설교, 교육, 상담, 행정, 정치 등에서 나타나는 한계를 극복해야 한다는 과제가 있다.

① 설교에서의 과제

남성 목회자 대다수의 설교는 여성이 하나님 형상으로서 지니는 존재적 가치와 복음 사역의 일꾼으로서 지니는 사명과 상관없이 '복음적 대화'가 차단된 남성 중심의 설교로 나타나고 있다. 이러한 남성 중심적 설교는 남성 목회자가 설교할 수 있는 특권만 가질 뿐 복음을 실천할 필요는 없는 기득권층으로 비치게 한다.

반면 한국교회 남성 목회자의 설교에서 교회 여성은 '투명 인간'으로 치부되기 일쑤다. 남성 중심의 편파적 설교는 여성의 가치, 은사, 나름의 고뇌 등 실존적인 문제들을 배제한 채 여성에게 자유 의지와 탁월한 정신세계가 있는 하나님 나라 백성이자 복음 사역의 일꾼이라는 정체성을 선사하기는커녕 오히려 자신을 열등한 존재로 인식하게 한다. 사태가 이러한데도 남성 설교자들은 여성이 '여성이라는 이유로' 설교에서 차별적이고 비하적인 말을 들을 때 실존적으로나 신앙적으로 느낄 수 있는 위기를 전혀 인식하지 못하고 있다.

설교란 모름지기 하나님 말씀을 설교자의 인격에 적용해서 오늘을 살아가는 기독 여성에게 전달하여 그들이 실존적 고뇌, 갈등, 문제들을 해결하고 풀어갈 수 있도록 능력과 지혜를 줘야 한다. 그런데 기독 여성으로서 신앙적으로 고민하게 되는 정체성과 헌신의 문제, 가정과 사회에서의 역할과 삶에 관한 고민, 여성으로서 경험하는 낙태와 이혼 문제, 시부모와의 갈등, 자녀와의 갈등, 남편과의 갈등, 사회적 책임과 같은 문제에 관해 복음적 위로나 가르침을 받을 수 없다는 한계에 직면하고 있는 것이 현실이다. 여성의 문제는 생명의 문제로서 그것이 곧 교회의 문제요 가정과 사회의 문제요 인간성의 문제요 나아가 하나님 나라의 문제임을 놓쳐서는 안 된다. 하나님의 말씀을 전하는 설교가 존귀한 생명을 외면하고 여성의 실존적 고뇌와 아픔을 치유하지 못한다면 교회는 복음의 능력을 상실할 수밖에 없다.

그러므로 교회에는 객관적·절대적·보편적으로 적용되는 복음적 설교를 통해 여성을 인격적이고 주체적이며 자유롭고 책임 있는 존재로 세우기 위해, 또 여성의 실존적 문제와 고민들을 이해하고 치유하고 능력 있는 복음 사역의 일꾼으로 세우기 위해, 여성 설교자를 활성화해야 한다는 과제가 있다.

② 교회 교육에서의 과제

코메니우스(Johann Amos Comenius)는 인간을 돌보는 일을 '교육'으로 보았고 이를 전체에 해당하는 일로 여겼다. 그에게 인간을 돌보는 일이란 "이 세상의 모든 사람(Omnes)에게 모든 것(Omnia)을 포괄적으로(Omnino) 가르치는 것"이었다. 특히 그가 말하는 참된 교사상(像)은 하나님의 전체적인 지혜(범지혜)를 가진 인격성과 각 세대를 이해하는 전문성을 갖춘 자(범교사)다.[37] 코메니우스가 말하는 '범교사'에게는 인류에 대한 보편적인 교육으로서 하나님의 형상을 회복하고 선을 행할 줄 아는 사람이 되도록 인도하며 하나님께 귀 기울여 그분이 선하시고 신실하시며 자비롭고 의로운 분임

---

37 Johann Amos Comenius, 정일웅 역, 『코메니우스의 범교육학』을 참조하라.

을 알도록 해준다는 목표가 있다.[38] 하지만 오늘날 교회 교육은 주로 남성 사역자 중심으로 이루어져 교사로서의 자질이 문제가 되고 있다. 예를 들어 어린이나 청소년 사역을 볼 때 신학대학원에 재학 중인 남성 사역자들은 교회 학교 사역을 강도사와 목사가 되기 전에 '거치는 단계' 정도로 인식하고 있다. 어린이와 청소년의 성장 발달과 이들의 문화나 생활에 대한 이해도 없이 그저 업적 쌓는 기능인으로서 교육할 뿐, 본받을 만한 인격적 모델을 제시하지 못하고 있는 것이다. 필자는 이 부분이 바로 한국교회 주일 학교가 침체하게 된 원인 가운데 하나라고 본다.

코메니우스는 여성에게 교육이 주어지지 않은 당시의 사회적 상황에서도 "여성도 남성과 똑같이 하나님의 형상이며 똑같이 은혜와 미래의 왕국에 참여하며, 남성보다 더 생기 있고, 지혜를 받아들이는 정신을 타고났으며, 지존자에게 이르는 길이 여성들에게도 열려 있으므로 여성들을 교육시켜야 한다"라고 주장했다.[39] 여성이나 장애인, 가난한 자들이 교육받을 수 없었던 시대인데도 코메니우스가 "인간을 돌봄에 있어 누구도 제외

---

38 '교사'(teacher)라는 단어는 구약에서는 '부모'들을 일컬었고(신 6:7-9; 잠 22:6), 신약에서는 우선 예수님에게 사용되었으며(마 8:19; 9:11; 10:24-25), 복음 전파자(행 13:1-안디옥 교회 교사들[바나바와 사울]; 행 16:30[바울과 실라]), 은사적 의미(고전 12:28)와 직분적 의미(엡 4:11; 딤후 1:11), 그리고 '가르치는 자'로서 나타나고 있다(롬 2:20; 딤전 1:7; 히 5:12; 약 3:1; 벧후 2:1). 따라서 성경의 '교사'라는 직분과 오늘 현대 교회의 '교사'라는 직분은 직분론으로 보면 전혀 다르다. 하지만 말씀을 '가르치는 자'로서의 역할의 의미는 동일하기 때문에 목사, 사역자, 교회 학교 교사, 그리스도인 부모 모두 해당한다고 볼 수 있다. Jan Marius van der Linde, 정일웅 역, 『미래를 가진 하나님의 세계』(Die Welt hat Zukunft, 서울: 여수룬, 1999), 156-7.

39 Johann Amos Comenius는 여성을 교육시켜야 하는 이유로서, 하나님은 스스로 백성들을 통치하고, 왕과 제후들에게 유익한 충고를 하고, 의술을 제공하는 일이나 인류의 다른 유익한 목적에, 여성도 예언자 직무를 행하게 하셨으며 제사장과 감독들을 경고하는 일에도 자주 여성을 동원하셨다는 점을 들었다. Johann Amos Comenius, 정일웅 역, 『대교수학』(Didactika Magna, 서울: 창지사, 2002), 105-6.

제2부 성경적 페미니즘에 근거한 여성 리더십의 이론과 실천

되어서는 안 된다"라고 말한 것은 대단한 모험이며 예언자적 통찰과 비전 (vision)이었다. 21세기인 오늘날의 교회에서 코메니우스가 외쳤던 '모든 인간이 교육을 받아야 한다'는 주장은 이루어졌다 해도, 교회의 교사를 대부분 남성 사역자 위주로 배치하는 것은 문제다.

현대 교회에서 남녀 구분 없이 모든 사람이 모든 지혜로 교육을 받을 수 있는 권리와 자유가 있듯, 남녀 구분 없이 모든 사람이 모든 지혜로 그리스도 안에서 각 사람을 완전한 자에 이르도록 가르칠 수 있는 권리와 책임도 함께 주어져야 한다. 따라서 현재 신학대학원에 많은 여학생을 입학시키고 있는 상태라면 여교수를 채용하고 미래 사역에 대한 여성의 희망과 진로에 맞는 신학 교육 과정을 개발할 필요가 있으며, 아울러 교회 학교에서 여성 교사들을 복음 사역에 제한 없이 활용해야 할 과제가 있다.

③ 목회 상담에서의 과제

목회 상담(pastoral counseling)은 목회 돌봄에 있어 전문화된 사역이다. 목회 상담이란 영적·정신적·육체적으로 고통, 두려움, 질병 등에 빠져 있는 사람에게 하나님의 은혜와 신실하신 임재를 인식하게 함으로써 그가 위로를 얻고 회복과 치유로 더욱 풍성한 삶을 누릴 수 있도록 도와주는 것이다. 그래서 목회 상담에서 추구하는 것은 바로 상담자의 영적인 전인성 (wholeness)이다. 목회 상담의 본질을 표현하자면 상담 행위 자체보다는 상담자의 인격이나 자신을 내담자에게 드러내는 것이 더 중요하다.[40] 목회 상담자에게는 인간관계에서 오는 상처와 상실감, 낮은 자존감, 그리고 삶의 좌절에서 느끼는 우울증과 같은 고뇌와 절망을 이해하고 공감할 수 있는

---

40   전요섭, "목회상담학", 『복음주의 실천신학개론』(서울: 세복, 2002), 209-23.

능력이 필요하다. 아울러 자신의 약점과 열등감을 인정하고 오픈할 수 있는 자기 개방성이 자격으로서 요구된다. '공감 능력'과 '자기 개방성'이야말로 인간 상호 간에 소통을 가능하게 하는 인격적 요소들이기 때문이다.

그런데 이러한 공감 능력과 자기 개방성이라는 소통 능력은 여성 리더에게 더 많다. 여성의 공감 능력은 인간관계에서 상대의 입장과 내면을 함께 느끼고 생각해 주는 것으로서 고통과 기쁨을 함께 나누고 우리 안에 잠재된 하나님이 주신 가능성을 해방한다.[41] 고로 남성이 하지 못하는 영역에서부터 여성의 특별한 능력이 발휘될 수 있도록 교회 안에서 지위를 부여해야 한다. 현재 목회 상담은 대부분 남성 목회자들에 의해 이뤄지고 있어 이성과의 대화에서 오는 부담감과 위험성이 있을 뿐 아니라 여성의 육체적·정신적·영적 고통의 문제들이 외면당하고 있는 실정이다. 따라서 목회 상담을 통해 소통, 회복, 치유, 나아가 전인성을 이루려면, 공감 능력과 자기 개방성이라는 소통 능력을 갖춘 여성의 목회 상담을 활성화해야 할 것이다.

④ 교회 행정과 정치에서의 과제

교회 행정(church administration)에서 행정(administration)이라는 말은 '봉사하다'(to serve)라는 뜻을 가진 라틴어 '미니스타레'(ministare)에서 유래한다. 교회 행정은 주님의 몸 된 교회를 실질적으로 관리함에 있어 보다 성경적이고 하나님의 뜻에 맞는 방법으로 교회를 운영하는 것이다.[42] 이를 위해 하나님이 주신 비전에 기초하여 목표를 제시하며(establishing

---

41   오성춘 교수는 여성이 지니는 고유한 특성의 대표적인 것을 '공감 능력'으로 보고 있다. "교회여성문제연구소의 역할과 활용", 「교회여성문제 연구자료 제1집」(1991): 142-8.

42   양창삼, 『교회행정학』(서울: 대한예수교장로회총회, 1998), 15-7.

goal and objectives), 목표를 달성하기 위해 일들을 계획하고(planning), 교회 내의 다양한 자원(재정 및 인적·물적 자원)을 개발하고 동원하고 배치하며(organizing and staffing), 교회의 화평과 성장을 위해 사역을 감독하고 조정하며(directing and adjusting), 재정을 개발하고 분배하며(budgeting), 나타난 결과를 평가하여(evaluating) 발전적인 새로운 시도를 하도록 함으로써 하나님께 영광 돌리고 교회를 유익하게 하는 것이다.[43]

교회 행정 계획은 믿음에 바탕을 두며 일관성, 다양성, 특이성, 지속성·투명성, 철저성, 실현 가능성, 미래 지향성이라는 특징이 있다. 따라서 교회의 재무 통제, 인사 통제, 운영 통제 등을 맡는 교회의 관리자에게는 인격, 열성, 섬김, 결단성, 전문성 등이 요구된다. 특히 21세기 한국교회의 행정 리더십은 팀 리더십(team leadership), 감성 리더십(sensible leadership), 힘을 주는 리더십(empowerment leadership), 다원적 리더십(plural leadership), 전문적 리더십(professional leadership), 지구적 리더십(global leadership), 그리고 총체적 리더십(holistic leadership)의 방향으로 나아갈 것으로 전망된다.[44]

여성에게는 21세기 교회 행정이 요구하는 리더십 자질 중 남성에게 부족한 감성과 수평적 관계 측면의 특성이 있고 심지어 수적으로 많은데도 불구하고 한국교회는 여성을 교회 행정에서 제외하고 있다. 예를 들어 교회에서 여성 사역자를 결정할 때 실제로 협력할 당사자인 여성 교인들의 기대나 만족도가 반영되는 것이 아니라 남성 목회자나 장로들의 요구에 맞는 외모인지, 남성의 말에 고분고분하게 따를 성격인지 등 남성중심의 왜

---

43   현유광, "성경적인 목회의 회복", 『신학과 목양-효로 황성철 박사 은퇴기념 논총』(서울: 솔로몬, 2008), 386.

44   양창삼, 『교회 행정학』, 37-42; 172-7.

곡된 성 정체성을 기준으로 결정되고 있다. 교회의 건물 구조를 결정할 때도 실무진으로서 대다수를 차지하는 여성의 의견을 수렴하여 편리하고 합리적인 구조가 되도록 해야 함에도 대부분의 교회 건물은 '식당'을 제외하면 남성 직분자들 위주의 구조(당회장실, 당회실, 원로 목사실, 원로 장로실, 은퇴 장로실 등)로 건축되어 불공평성과 비효율성이 발생한다.

기독교 정치는 근대의 민주주의, 인권, 사회 정의 및 복지의 발전 형태와 같은 양상으로 전개되어왔다. 민주주의 자체가 기독교는 아니지만 하나님을 믿지 않는 이방인의 정치 체계와는 달리 강한 자가 오히려 약한 자의 짐을 담당하고 섬기며 그리스도 안에서 기회가 평등하게 부여되는 질서에 근거한 정치 체제라는 점에서 기독교적이라고 볼 수 있다.[45] 여성의 정치 참여의 당위성을 보면 민주주의는 사회의 모든 구성원이 자기 이익을 자유스럽게 표출하고 정책 결정 과정에 반영시키기 위해 경쟁할 수 있게 한다. 동등한 참정권을 누리는 여성이 정치에 참여하여 자신의 이익을 반영하게 하고 사회 발전에 이바지 하는 것은 민주주의의 논리적 귀결이다.

따라서 교회 행정과 정치는 권위주의보다는 당연히 민주적이 되어야 한다. 사회적 약자인 여성에게 특별한 배려가 주어지는 것은 발전된 민주 정치의 특징이다. 저급한 정치 문화의 특징은 뚜렷한 위계질서와 강자에 의한 배타적 권력 독점과 약육강식의 논리가 지배하는 모습이다. 더욱 발전된 형태의 정치 문화일수록 모든 사회 세력에 보다 평등한 기회가 주어지고 권력이 개방되며 약자가 존중되고 소수의 권익이 보호되는 이상에 가

---

45   민주주의는 하나님으로부터 부름 받은 지도자가 하나님의 뜻과 율법을 전하고 이에 근거하여 다스리는 주권 재민 및 법치주의 사상과 하나님의 형상으로 창조된 인간 개개인의 존엄성과 가치를 인정하는 인권 존중 사상, 그리고 피조물인 인간의 의존성과 제한성에 근거한 기독교적 인간관에 기초하고 있다. 주준희, "기독교 문화와 여성정치", 「한국교회 여성문제 연구자료 제4집」(1994): 132-3.

깝다. 따라서 교회에서 여성이 배제되는 정치는 비민주적이고 시대착오적인 정치라고 볼 수 있다.[46]

현재 우리나라의 행정과 정치 영역에서도 여성 장관은 물론 여성 국회의원을 배출하고 있으며 교육계나 사법계에 종사하는 여성이 기하급수적으로 증가하고 있어 오히려 남성을 일정 비율로 등용해야 하는 역 추세의 경향까지 보이고 있다. 한편 교회에는 여성이 비정치적이라는 전통적인 통념이 있다. 정치는 남성이 지배하는 남성의 세계로 이해하고 여성의 세계는 희생, 헌신, 보살핌, 양육, 순종의 가치가 강조되는 사적인 세계로 이해하여 여성 리더십 권위를 인정하지 않는 것이다. 그러나 가정에서도 아버지와 어머니 리더십의 조화가 필요하듯이 교회에서도 남성적 리더십과 여성의 민주적이고 참여 지향적이며 인간관계 지향적인 리더십이 조화되는 것이 바람직하다.[47] 게다가 여성이 교회의 다수를 차지하는 시간적·인적·물질적·영적 일꾼이라면 더더욱 교회 행정과 정치에 참여해야 한다.

교회 행정학 전공자인 이성희 목사는 이미 오래 전 미래 사회에 여성의 역할이 커지고 남성과 여성의 역할 차별이 없어질 것이므로 여성의 교회 행정과 정치에 대한 참여는 증대될 것으로 전망했다.[48] 여성이 교회 행정과 정치에 참여하면 두 가지 효과를 볼 수 있다. 첫째, 여성의 지위 향상과 삶의 치유 및 개선에 이바지할 수 있고 둘째, 여성의 행정과 정치 참여를 통해 보다 바람직한, 즉 깨끗하고 도덕적이고 투명한 행정과 정치 문화 창출

---

46 앞의 책, 135-6.

47 주준희, "기독교 문화와 여성정치", 136.

48 이성희 목사는 "여성의 성직임명: 장로교회에서의 필요성과 효력들"이라는 박사 논문으로 학위를 받았다. Sung Hee Lee, "Women's Ordination: It's Necessity and Effectiveness in the Presbyterian Church of Korea"(Pasadena, CA: Fuller Theological Seminary, 1984)를 참조하라. 이성희, 『미래사회와 미래교회』, 268-320.

에 기여할 수 있을 것이다.[49] 그러므로 교회는 유기적이고 온전한 교회 공동체가 되기 위해서라도 교인의 과반수를 차지하는 여성이라는 인적·영적 자원으로부터 나오는 경험적 통찰, 영적 능력, 인격적 리더십을 교회 행정과 정치에 마음껏 활용하여 여성의 지위 향상과 삶의 치유 및 개선은 물론 바람직한 교회 행정과 정치 문화를 이루어 가야 한다는 과제를 안고 있다.

이상에서 볼 때 목회 관점에서의 여성 리더십 활성화 과제는, 우선 교회의 다수를 차지하는 여성이 성차별적 교회 구조 속에서 받게 되는 상처를 치유하는 것과 여성의 자유를 향한 섬김 및 인격적인 영성 리더십 자질을 통해 영성적 위기를 맞은 한국교회를 치유하며 미래 교회를 준비하는 것이다. 둘째로 그동안 남성 중심의 목회로 설교, 교육, 상담, 행정과 정치에서 교회의 다수를 차지하는 여성의 삶과 영성 및 경험과 필요를 담지하지 못하는 소통 단절의 한계가 있었으므로 이를 극복하여 온전하게 영혼을 돌보고 여성을 복음 사역의 일꾼으로 세워야 한다는 과제가 있다.

4) 교회 갱신 차원에서 본 과제

한국교회가 갱신되어야 한다는 목소리가 교회 안에서 높아지고 있다. 지금 한국교회의 문제는 무엇인가? 첫째, 한국교회는 물량주의, 개교회주의, 성장을 위한 경쟁주의에 빠져 있다.[50] 한국교회와 기독교인의 삶은 기독교 정체성을 잃어버리고 경쟁 위주의 사회 환경에 맞춰 물량주의와 교회 성장주의에 편승하면서 부정직하고 불의한 모습을 드러내고 있다. 둘째, 한국교회

---

49   주준희, "기독교 문화와 여성정치", 143.
50   백종국, 『바벨론에 사로잡힌 교회』(서울: 뉴스앤조이, 2000), 204-10.

는 약한 자, 눌린 자, 가난한 자에 대한 하나님의 공의를 잃어버렸다. 원래 하나님의 공의와 정의는 '사랑'과 관계된 것이다. 이는 구약 전체에 걸쳐 나타나는 '헤세드'의 개념으로서[51] 신약의 '서로 사랑'과 일치하는 개념으로 볼 수 있다. 하지만 한국교회는 더 이상 약한 자, 눌린 자, 소외된 자, 힘없는 자, 가난한 자의 편이 아니라 돈과 권력을 소유한 강하고 힘 있는 자의 편이 되어 '서로 사랑'하라는 기독교 정체성을 잃어버렸다. 셋째, 한국교회는 비윤리적이고 비인격적인, 위험한 단계에 와 있다. 개교회 성장을 위해서라면 수단과 방법을 가리지 않는 목회자의 세속적·실용주의적 목회 경영과 남성 목회자의 성적 타락이 가장 대표적인 예다. 최근 목회자의 성추행과 성폭력 사건이 연이어 터지면서 한국교회 내 성적 타락이 위험 수위에 달했음이 드러났다. 교회 내 성폭력 문제는 대부분 절대적 힘을 가진 남성 목회자와 힘없는 여성간에 발생하는 것이므로 그것은 성(性)과 권력의 문제다. 피에르 부르디외(Pierre Bourdieu)는 『남성지배』(La Domination masculine)라는 글에서 성 성향(sexuality)의 표출은 종교의 장, 법률의 장, 관료의 장처럼 성적 실천과 담론의 합법적 정의를 독점하는 장 및 행동자의 집합체의 출현과 불가분의 관계에 있으며 가정주의 관점으로 이러한 정의를 강요할 수 있다고 했다.[52]

그 예로 성차별이 가장 심한 보수 교단(합동)에 속한 교회 여성 62.0%가 "남녀 지위가 가장 평등하다"고 보고 있으며 교회 안의 보조적·종속적 역할에 만족하고 가부장적 권위주의 체제에 훨씬 잘 순응하는 것으로 나타

---

51 NSB는 헤세드(חֶסֶד)를 'Kindness'(친절)로, NIV는 'Mercy'(자비)로 표현하고 있다. 즉 헤세드는 하나님의 사랑에 기초한 인간 상호 간의 관계에서 나타나는 친절과 자비를 뜻한다.

52 Pierre Bourdieu, 김용숙 역, 『남성 지배』(La Domination masculine, 서울: 동문선현대신서, 1998), 143.

난 조사 결과를 통해서도 확인할 수 있다.[53] 현재 한국교회 안에서 여성의 역할은 남성 지도자의 보조 역할, 잔심부름, 식당 봉사, 꽃꽂이, 대청소 등, 가사(家事)의 연장선상 정도에 머무르고 있다. 교회 내 여성의 역할과 위치를 가장 잘 확인할 수 있는 현주소는 주일 아침 예배 후 교회 식당에 모여 전교인을 위한 점심을 준비하는 모습, 총회나 노회 등 대외적 교회 행사를 위해 여성 교인들이 음식을 준비하는 일, 한복을 예쁘게 차려입고 미모를 뽐내며 교회에 찾아오는 남성 목사와 장로들을 환영하는 모습 등이다.

일찍이 자크 엘룰(Jacques Ellul)은 기독교가 왜곡된 가장 큰 이유가 여성을 배제한 남성 중심 교회로 만들었기 때문이라고 비판했다. 그는 기독교가 여성이 주로 관심을 가지는 탁월한 혁신, 은총, 사랑, 박애, 생명체에 대한 염려, 비폭력, 사소한 것에 대한 배려, 새로운 시작에의 소망 같은 것들을 남성의 성공과 영광을 위해 모두 외면해 버렸다고 했다.[54] 현재의 한국교회가 이런 모습이 된 원인은 교회의 본질인 믿음, 소망, 사랑의 가치를 비본질적인 것으로 만들고 오히려 힘과 지배로 상징되는 목사의 직무와 직위를 본질적인 가치로 두면서 기독교적 가치를 소유한 여성들을 배제하고 남성 중심의 리더십으로 일관한 데 있다. 오늘날 한국교회는 남성 중심 리더십으로 여성의 공감 능력, 섬김, 평화를 비롯하여 수평 관계 지향적이고 인격적인 여러 덕목을 침잠하게 하여 불평등, 부자유, 분열이라는 비인격적 장애를 발생시켰고 그 결과 대사회적으로 지탄을 받고 있다.

민경배 교수는 초기 한국교회 선교사들의 의료 선교가 조선 사회를 개

---

53 이원규, "종교사회학적 관점에서 본 교회여성의 교회생활과 여성의식·사회의식", 「장신논단」(서울: 장로회신학대학출판부, 2001)을 참조하라.

54 Jacques Ellul, 자크엘룰번역위원회 역, 『뒤틀려진 기독교』(La Subversion du christianisme, 서울: 대장간, 1998), 62-151.

제2부 성경적 페미니즘에 근거한 여성 리더십의 이론과 실천

혁하는 데 큰 역할을 했는데 그 가운데 "여성의 참여를 통해 사회 활동의 여건을 조성한 것"을 중요한 요인으로 꼽고 있다.[55] 우리는 교회가 그리스도의 복음으로 여성 리더십을 인정하고 활용할 때 사회를 개혁할 수 있었다는 본보기를 세계 교회 역사나 한국교회 역사에서 찾아볼 수 있다. 따라서 복음 사역을 위한 여성 리더십 활성화는 교회가 남성 중심 리더십으로 일관하면서 잃어버린 정의(justice), 사랑(love), 평화(peace)라는 기독교적 가치들을 찾아 교회를 갱신(Renewal)하고 사회를 개혁해야 한다는 과제도 안고 있다.

5) 한국교회의 사회적 책임의 전망에서 본 과제

(1) 한국교회에 요구되는 사회적 책임

한국교회의 주류를 형성하는 전통 보수 교단은 '사회적 책임'보다 '영혼 구원'에 열정을 쏟아왔다. 한국교회의 신앙 고백과 신학 사상에서 신앙의 실천과 봉사 측면을 강조하지 않은 것이 그 중요한 원인이었다.[56] 또 한 가지 이유라면 한국교회의 개교회 중심적 구조 때문일 것이다. 시찰회·노회·총회는 있어도 목회 활동 이외에 선교, 봉사, 교육 사업을 위한 연합 활동은 거의 찾아보기가 어렵다.[57] 그러나 '사회적 책임'을 간과한 한국교회는 더이상 전도도 되지 않고 교인 수도 점점 감소하는 상황에 부딪히게 되었다.

---

55 김한옥,『기독교 사회봉사의 역사와 신학』(서울: 실천신학연구소, 2004), 390.

56 존 스토트에 따르면 자유주의자들은 하나님 나라를 "기독교적 기초하에 사회를 재건하는 것"과 동일시했고, 교회와 국가의 공동 목표는 "인류를 하나님 나라로 변혁시키는 것"이라고 주장했다. 이에 복음주의자들은 자유주의자들의 '사회 복음'을 정화하기에 이르렀다. John Stott, 정옥배 역,『현대사회 문제와 그리스도인의 책임』, 27-30.

57 이삼열, "사회봉사의 신학과 실천과제",『사회봉사의 신학과 실천』(서울: 한울, 1992), 10.

내부적으로는 교단 분열과 극심한 성차별 때문에, 사회적으로는 가난한 자와 약자를 외면한 공의와 사랑이 없는 '이기적 집단'이라며 지탄받고 있다.

교회가 교회답지 못함에 대한 재고가 요청된다는 말이다. 교회란 하나님의 선택에 따라 세상으로부터(from the world) 부르심을 받아 예수 그리스도 안에서 교육된 이후 다시 세상으로(into the world) 파송될 사명이 있는 공동체이다. 더욱이 교회는 하나님 백성이 세계의 요청과 희망을 중심으로 종의 형태를 취하는 장소다. 주님은 변화하는 현대 질서 속의 완전한 참여자요 세계의 요구에 응할 수 있는 완전한 자율적 소유자로 오셨고 나아가 기존에 상정된 안정과 질서의 장벽을 넘어서는 사랑을 가지고 이 세상에 오셨다.[58] 존 스토트는 하나님의 열심과 인간에 대한 사랑에 근거하여 사회 개혁에 대한 교회의 책임을 강조했다. 즉 사회 내의 정의와 자비와 정직과 자유에 관심을 가지시는 하나님에 대한 비전과, 타락했음에도 불구하고 여전히 하나님의 형상으로 만들어져 도덕적 책임과 존중받아야 할 양심을 지닌 인간에 대한 비전이 사회적 책임의 동기라는 것이다.[59]

따라서 한국교회가 사회적 책임을 감당해야 할 근거는 다음과 같다. 첫째, 교회 복음 사역의 근거는 예수 그리스도께서 지상 사역을 통해 하나님의 사랑을 세상에 계시하셨고(마4:23; 9:35) 복음 선포를 통해 하나님의 형상을 입은 이 세상의 모든 사람이 하나님 나라에 참여할 수 있도록 하심에 기초한다는 점이다. 둘째, 교회는 인종과 남녀 구분, 주인과 종의 배타적 구분이 없는 포괄적 공동체요 그리스도의 사랑으로 맺어진 영적 공동체요 자유·공의·평화 공동체로서의 정체성을 세상에 드러내야 함에 근거한다.

---

58 류종훈, 『사회봉사와 교회복지 실천론』(서울: 은혜출판사, 2007), 258-60.

59 John Stott, 정옥배 역, 『현대사회 문제와 그리스도인의 책임』, 104-5.

셋째, 주님께서는 이러한 교회 공동체가 '세상의 빛과 소금'으로서 의무를 다하기를 요구하셨고 결국 그리스도인의 착한 행실로써 하나님께 영광을 돌려야 한다고 하셨다는 사실에 근거한다(마 5:13-16).

코메니우스는 하나님 나라를 지향하는 교회가 사회적 책임을 감당한다는 것은 세상을 개혁하는 일과 관련이 있다고 했다. 그는 『범개혁론』(Panorthosia)에서 학교(학문)와 교회(종교)와 국가(정치)의 포괄적 개혁을 외쳤다. 『범개혁론』에는 하나님 형상으로서의 인간에 대한 인식과 창조 신학, 구원 신학, 종말 신학이 그 중심에 있다. 그는 인간에게 있는 하나님의 형상이 선교, 특히 하나님께서 세상을 통치하시는 일과 관계된 것으로 보았다.[60] 그에 따르면 '개혁'이란 세상이라는 미로에 사는 모든 인간이 그리스도의 구원으로 말미암아 갱신되고 다시 세상으로 나아가 자연을 다스리고 관리하며 인간과의 관계에서 윤리적이고 봉사적인 삶을 실천하고 어둡고 무질서한 세상에 빛을 비춰 무질서를 치유하는 사명을 감당하는 것이다.[61]

그러므로 그동안 이러한 인류의 문제를 간과해온 한국교회가 이제 선교 2세기를 맞이하여 중요하게 실천해야 할 선교 과제는 무엇보다도 '사회적 책임'이다. 한국교회, 그중에서도 특히 보수 교단은 외형적 성장 추구를 멈추고 가난한 이웃과 고통당하는 사람에게로 시선을 돌려야 하며 정의와 평화를 심어 하나님 나라 공동체를 실현하는 사회적 책임에 헌신해야 할 때다.

---

60 Johann Amos Comenius, Howard Louthan · Andrea Sterk (traus.), Jan Milic Lochman 서문, *The Labyrinth of the World and The Paradise of the Heart* (*Labyrint světa a ráj srdce*, New York: Paulist Press, 1998), 36.

61 Klaus Großmann, Henning Schröer, 정일웅 역, 『코메니우스의 발자취』(*Auf den Spuren des Comenius*, 서울: 여수룬, 1997), 195-237.

(2) 한국교회의 사회적 책임의 전망에서 본 여성 리더십 활성화 과제

교회의 사회적 책임은 사랑의 공동체의 실재인 '하나님 나라'를 이루기 위한 공동체로서의 교회의 본질적 성격과 착한 행실로 하나님께 영광을 돌리는 의무로 요약된다. 교회란 정확히 하나님의 통치에 대한 표징(anticipatory sign)이다. 하나님 나라는 하나님이나 사람 중 어느 한 편에만 초점이 맞추어진 용어가 아니라 사람에게 나타나는 하나님의 사역이다. 그 사역의 성질과 내용을 표현하는 것이 '하나님 나라'이고 이런 의미에서 주체이신 하나님과 그 사역의 대상인 사람이 필연적으로 개입해야 하는 성격을 갖고 있다.[62] 이에 남성과 여성은 상호 보완과 협력으로서 창조와 구속, 사랑과 정의, 인류애의 사명, 사회적 책임과 관련하여 이 세상에서 하나님 나라를 함께 이뤄가야 한다. 그러므로 정의와 평화의 공동체인 교회가 사회적으로 감당할 책임의 전망에서 볼 때 여성 리더십 활성화에는 다음 두 가지 과제가 있다.

첫째, 하나님 나라 공동체인 교회에는 먼저 공동체적 성격을 갖추어야 한다는 과제가 있다. 다시 말해, 교회는 기본적으로 인권과 정의가 실현되는 곳이어야 한다는 뜻이다. 현재 한기총을 중심으로 한 보수 기독교는 페미니즘을 '거짓 인권', '거짓 사상', '거짓 평등'이라고 명명하면서 인권에 대한 잘못된 인식을 드러냈다. 하지만 존 스토트는 교회와 관련하여 인권에 관한 중요한 결론을 내렸다. 첫째 교회는 다른 사람들의 권리를 책임으로 받아들여야 하고, 둘째로 교회 공동체는 다른 공동체에 모범이 되어야 하며, 셋째로 교회는 인간의 존엄성과 평등이 변함없이 인정되고 서로에

---

62   정훈택, 『신학적 도약』, 356.

대한 책임이 받아들여지는 세상 속의 한 공동체가 되어야 한다는 것이다.[63]

교회는 여성 인권은 물론 '여성을 위한 정의'도 잘 지켜지게 해야 한다. 이는 여성도 남성과 도덕적·사회적으로 동등함을 인정하고 공동 선에 기여하는 사회적 역할을 하도록 도와줄 뿐 아니라 그 역할에 따른 이익도 동등하게 분배해야 함을 뜻한다.[64] 교회 공동체는 존엄성·평등·책임으로 요약되는 여성 인권을 남성 헤드십보다 우선하는 권리로 실현해야 한다. 한국교회는 "하나님의 영광을 위해 너희도 서로 받아들이라"(롬 15:7)는 말씀처럼 남성 리더 중심의 공동체가 아니라 여성 리더십을 인정함으로써, 오히려 서로를 풍요롭게 해주는 은총에 의한 사회 공동체가 되어 영적 지혜와 힘을 모아 사회적 책임을 감당해야 한다. 그럼으로써 고통을 감소시키고 상처를 치유하며 예수 그리스도께서 보여주신 구원의 인격성과 새로운 공동체를 구현하고 인간의 진정한 미래인 하나님 나라를 지향하게 되는 것이다.

아울러 한국교회는 여성 리더십을 적극적으로 활용하여 교회 연합, 북한 선교 및 남북통일, 교회 학교 교육, 세계 평화, 복음 선교, 하나님 나라의 정의 구현, 기독 윤리, 환경 보존 등과 같은 사회적 책임을 감당해야 할 과제가 있다. 특히 남북통일과 관련하여 지금까지는 남성 중심의 군사 문화와 가부장적 질서로 인해 성경이 말하는 '정의가 깃든 진정한 평화'를 이룩하지 못했다. 하지만 이제 성경적인 평화의 관점에서 남과 북의 평화 공동체를 이루기 위해 평화를 사랑하고 그것을 구현할 수 있는 본성을 지닌 기

---

63   John Stott, 정옥배 역, 『현대사회 문제와 그리스도인의 책임』, 233-44.

64   Lisa Sowle Cafill, "여성론과 그리스도교 윤리", Catherine M. Lacugna(ed.), 강영옥·유정원 역, 『신학 그 막힘과 트임: 여성신학개론』, (Freeing Theology: The Essentials of Theology in Feminist Perspective, 왜관: 분도출판사, 2004), 279-80.

독 여성이 리더십을 발휘할 때가 됐다.[65]

여성주의자들은 오랫동안 남북의 적대와 분단을 종식하기 위해 군축 운동, 반전·반핵 운동, 남북 여성 교류, 일본군 강제위안부 문제 대책 활동, 북한 식량 지원 등 화해와 평화를 이루는 일에 힘을 기울여 왔다. 1991년도에는 역사상 처음으로 민간 여성 사이의 남북 교류의 물꼬를 터서 분단선을 넘어 평양과 서울에서 '아시아의 평화와 여성의 역할' 토론회를 개최한 공적도 있다. 앞으로는 북측 여성 관련 연구, 여성 단체들의 연대, 여성 교류를 통해 남과 북의 사회 통합 과정을 평화롭게 이루며 남북의 모든 여성이 지금까지 투쟁하여 얻은 사회적 평등이나 지위가 통일 후에도 후퇴하는 일이 없도록 할 책임 또한 주어져 있다.[66]

현재 대한민국은 19대 문재인 대통령이 선출된 이후 남북 간 긴장 관계를 청산하고 남북 평화와 번영으로 가기 위해 노력하고 있다. 이러한 때 교회의 여성 리더십은 초기 한국교회 전도 부인들이 신분의 높고 낮음이나 가부장제의 철통같은 장벽을 뛰어넘는 활발한 복음 사역으로 부흥을 이룩한 것처럼 남북 평화와 선교를 위해 큰 역할을 감당할 수 있을 것으로 전망된다.

아울러 사회적 책임을 위한 여성 리더십은 기독교 윤리와 관련되기에 중요하다. 신약 성서에서 소위 윤리의 근거라고 불리는 것은 모두 이 세상에서 시작된 하나님 나라와 결부되어 있기에 예수님을 향한 인간의 믿음은 '사랑'으로 나타나야 한다.[67] 기독교 윤리는 책임 윤리, 대화 윤리, 평화 윤

---

65 윤라미, 서광선, "통일여성신학", 『연구논집 제4권』(서울: 이화여자대학교대학원, 1993)을 참조하라.
66 김윤옥, "남북여성교류의 역사와 그 과제", 308-9.
67 정훈택, 『신학적 도약』(서울: 민영사, 1994), 155-6.

리, 생명 윤리로 구분할 수 있으며 이는 하나님의 계시 사건에 참여하는 인간의 프락시스(praxis), 즉 기독인의 생활 신앙 전체를 포괄한다.[68] 특히 21세기에 와서 인간의 성 활동과 관련해 나타나는 동성애, 시험관 수정, 정자 기증에 의한 인공 수정, 낙태 등의 생명 윤리 관련 문제들은 인간됨에 있어 여성과 남성이 함께 책임지고 풀어가야 할 중요한 이슈들이다. 그동안 여성주의자들은 강제와 폭력과 분쟁이 생명과 인간관계와 공동체에 파괴적 영향을 미친다고 보아 생명 윤리, 전쟁과 평화 윤리, 경제 윤리 등을 통해 사회성, 인간관계, 연민, 권력의 희생자 관련 주제들을 부각시키며 해결하는 역할을 감당해왔다.[69] 아울러 생태 여성주의자들은(eco-feminists) 현재 지구의 생태계가 파괴된 원인을 인간의 자연에 대한 억압이요 궁극적으로는 인간의 사회적 문제로 보면서 이렇게 파괴된 환경을 되살리기 위하여 '생태정의'(eco-justice) 윤리와 예언자적 영성을 해결의 열쇠로 인식하고 있다.[70]

이제 한국교회는 복음 전파, 하나님 나라 공동체 실현, 교회 갱신, 사회 개혁, 남북통일, 그리고 21세기 인류가 직면한 생명과 평화 문제, 환경 문제 등 사회적으로 중요한 이슈에 대해 책임 의식을 가지고 수평 관계 지향성과 공감 능력과 영성 측면에서 미래 변혁적 특성이 있는 여성의 리더십을 적극적으로 활성화해야 할 것이다.

---

68   정종훈, 『기독교 사회윤리와 인권』(서울: 대한기독교서회, 2003), 24-63.

69   Lisa Sowle Cafill, "여성론과 그리스도교 윤리", Catherine M. Lacugna(ed.), 강영옥·유정원역, 『신학 그 막힘과 트임』, 283-305.

70   장윤재, "끼어들기: 보다 통전적인 생태여성주의이론과 실천을 향하여", 『장상교수 퇴임기념 논문집』(서울: 한국신학연구소, 2005), 290-307.

2. 여성 리더십 활성화의 중요성과 구체적 방안

1) 현재와 미래 교회에서 여성 사역의 중요성과 방향[71]

만일 교회에서 여성이 사라지면 어떤 일이 벌어질까? 성가대는 2/3 이상이 사라지고 반주자, 헌금 위원, 교사, 식당 봉사자, 안내 위원과 여전도회가 없는 교회의 모습을 상상하게 된다. 그럼에도 현재 교회에서 과반수를 차지하는 여성의 자리는 일종의 '수발드는 여종'의 자리뿐이다. 초기 한국교회 시절 일제로부터 핍박을 받을 때는 남녀 간 역할을 가리지 않더니 교회가 안정기에 들어서면서부터는 남성 중심의 교회 구조로 변모해버렸다. 교회에 다니는 젊은 여성이 "아기 낳고 육아하느라 지치고 힘들어 위로받고 싶은데 남자 목사는 군대에서 하나님을 체험한 얘기로 마냥 설교할 때 괴리감을 느낀다"라고 말했던 예에서 교회의 현주소를 보게 된다. 한국교회에 과연 여성을 위한 '여성 사역'이라는 게 존재하기는 하는지 묻지 않을 수 없다.

최근 페미니즘을 교육받은 20-30대 여성은 교회의 여성 혐오와 여성 차별에 염증을 느껴 교회를 떠나고 있다. 우리 사회가 인권과 성 평등을 주요 의제로 삼고 있는 이 시대에 교회는 여전히 전통적인 성 역할에 매여 사회의 눈높이를 따라가지 못하고 있다. 필자는 가부장적이었던 구약의 이스라엘과 신약의 유대 사회 시절에는 "아들 없음이 곧 미래 없음"을 뜻했으나 21세기 한국교회에서는 "여성 없음이 곧 미래 없음"이 되었다고 진단한

---

71   이 부분은 필자의 기고문 "여성 사역의 방향을 제안한다", 「목회와 신학」(2008년 11월호), 83-7을 정리한 것이다.

다. 교인의 과반수를 차지하고 있는 여성을 '투명 인간' 취급하며 여성의 경험과 신앙을 반영하지 않는 목회란 남녀 모두에게 불신과 소통 단절을 일으킬 수밖에 없다. 젊은 여성이 교회를 떠나면 젊은 남성도 교회를 떠나게 될 것이고 그들의 자녀 역시 교회를 다니지 않게 될 것은 자명한 일이다. 과연 현재의 교회의 목회가 남녀 모두를 위한 목회인지를 물어야 할 시점에 이른 것이다.

(1) 여성의 인식 수준과 상황에 맞춘 여성 사역

요즘 10대와 20-30대 젊은 교회 여성들은 학교에서 인권과 성 평등 교육을 받고 성장한 세대다. 이들의 하소연을 들어보면 "사회에서는 인정을 받는데 교회에 오면 '남편 잘 섬기라'는 설교를 들으면서 바보가 되는 것 같아 교회를 떠날 수밖에 없다"라고 말한다. 또한 어린 자녀로 인해 어쩔 수 없이 '유아실'에서 예배를 드리면서 "교회 유아실은 여성들이 예배하도록 배려하기 위해 만든 곳이 아니라 다른 예배자를 위해 격리해 놓은 곳임을 알고 절망을 느꼈다"라고 한다. "일반 직장에서는 출산 휴가를 주는데 여성 사역자는 임신과 동시에 사임할 수밖에 없는 교회 분위기라서 낙심하게 된다"라는 말도 들었다. 사회적으로 미혼모와 황혼 이혼한 이들을 포함한 이혼녀가 증가 추세에 있고 낙태 관련 문제가 뜨거운 이슈로 부상하고 있음에도 교회에서 여성을 보는 눈은 여전히 가정 안에서 남성이 정해놓은 역할 정도에 머물러 있다. 20대 여성뿐 아니라 30-40대 여성이 교회를 떠나는 이유는 바로 여성의 상황과 처지를 위로받지 못하기 때문일 것이다.

21세기는 기존의 권위적이고 수직적인 남성 리더십과는 다르게 수평적 인간관계를 중시하는 여성 리더십을 요구하는 시대이다. 또한 우리 사회에서 일고 있는 여성의 주체적 정체성 찾기와 남녀평등을 염원하는 페미니즘의 물결은 여성 개인의 삶을 바꾸는 것은 물론 공평한 사회로 전환하는 엄청난 동력으로 작동하고 있다. 따라서 오늘날 교회는 여성의 인식 수준과 상황에 눈높이를 맞추는 여성 사역, 즉 친출산적·친육아적·친여성적이고 성 평등한 교회 문화 정착을 위해 노력해야 한다. 이러한 여성 사역이야말로 시대 요구에 부응하는 '눈높이' 사역이요 하나님의 딸들을 미래 교회의 여성 리더로 세우는 길이다.

(2) 여성을 창조하신 하나님과 '여성됨'의 독특함을 드러내는 여성 사역

하나님께서 여성을 창조하신 뜻과 목적은 여성으로부터 찾아야 한다. 주님의 복음은 타락의 형벌로 남성에게 종속되고 차별받아 온 여성을 하나님 형상으로 회복시켜 본래의 존귀함과 독특함을 지닌 인격적 존재로서 세워주는 복음이다. 그리스도의 복음은 눌리고 갇힌 자들의 현실에 찾아오신 예수 그리스도로 말미암아 도래하는 구원의 인격성과 하나님 나라의 새로운 질서를 보여주신 복음이었다. 한국교회는 여성 각자가 주님의 복음에 감읍하여 자발적이고 역동적으로 살아가도록 존중해주며 여성의 은사, 소명, 감성, 직관, 공감 능력 등의 인격적 가치를 당당히 드러내도록 장을 마련해주어야 할 것이다.

그리스도의 복음을 온전한 복음으로 되돌리는 일은 여성과 함께하신 하나님을 함께 말할 때 실현될 수 있다. 그리스도 복음의 역동성과 도전성은 시대의 한계를 넘어 여성을 자유롭게 하고 온전하게 하면서 하나님 나라의 증인과 일꾼으로 일으켜 세웠다. 그러므로 교회가 여성의 하나님을 찾는 일은 여성을 창조하신 하나님의 뜻이요, 여성의 사랑과 공감 능력을 드러내는 일이요, 온전하신 하나님을 알아가는 신앙의 렌즈가 될 것이다.

(3) 하나님 나라 실현과 인간성 회복을 위한 여성 사역

남성과 여성은 하나님의 형상으로서 위엄(dignity)과 창조세계를 돌볼 책임이 있는 존재다. 여성에 대한 남성의 우월 의식은 하나님의 뜻이 아닌 죄의 결과다. 예수 그리스도께서는 여성을 열등하게 여겼던 가부장적 유대 시대에 오셔서 여성을 인격적으로 대해주셨다.

따라서 성경에 나타난 균형 잡힌 남녀 관계는 '남녀 질서'보다는 '서로 사랑'이 우선하는 복음적 원리이며 '남녀 차별'보다는 '남녀 평화'가 하나님 나라 공동체에 더 부합한다. 주님의 교회는 남녀 모두를 위한 공동체로서 한 분 성령으로부터 가르침을 받아 친밀함과 개방과 거룩한 교제가 있는 친교 공동체다. 교회가 세상의 빛과 소금이 될 것을 추구하며 인간 상호 간의 화평을 실현해야 할 하나님 나라의 공동체라면 그런 공동체가 되도록 남녀가 인격적 연합을 통해 함께 노력해야 한다. 여성을 존중하고 여성을 위하는 만큼 교회는 그리스도 복음의 실현에 한 걸음 더 다가가게 될 것이다. 여성 사역은 여성을 위한 사역만이 아니라 하나님 나라 구현과 하나님의 형상 회복, 즉 인간성 실현을 위한 사역이다.

2) 여성 리더십 인식 변화와 처우 개선

여성 리더십 활성화를 위해서는 무엇보다도 여성 리더십을 인정해주는 인식 변화가 급선무이다. 2,000여 년의 교회 역사를 볼 때 남성 교부와 신학자는 물론 심지어 종교 개혁자들조차 여성에 대한 견해가 보편적이고 객관적이지 못했다. 하지만 이제 21세기를 맞이한 한국교회는 여성의 섬세함, 부드러움, 따뜻함, 순종과 겸손의 가치들을 열등하거나 종속된 것으로 보는 남녀 차별적·가부장적 문화의 잔재를 인식하고 청산하는 것이 필수다.

현재 사회 전체적으로도 양성평등 문화 정착을 위해 다양한 시도와 제도적 개선이 이루어지고 있으며 경제계에서도 여성 인력의 활동을 제도적으로 보장하는 것을 중요한 사안으로 다루고 있다. 한국교회도 남성과 여성의 새로운 관계정립을 위한 중요한 전환기에 서 있다.

산아 제한 이후 이 땅의 여성들은 아들딸 차별을 모르고 자랐으며 경제 성장과 교육열에 힘입어 높은 수준의 교육을 받았고 복음을 위해 헌신하라는 도전을 심각하게 받아들여 왔다. 이제 하나님의 부르심에 적극적으로 순종하겠다는 교회 여성들의 헌신을 긍정하고 고무하는 구체적인 인식의 변화가 시급하다.[72] 우선 성 역할 고정 관념을 버리는 것과, 양성평등에 기초한 설교를 하는 것이 무엇보다 시급하다. 특히 남성 중심적 신앙 언어로서 발화되는 여성 비하적, 여성 배제적 단어들을 찾아내고 하나님 나라의 백성으로서 남녀 모두를 아우르는 인격적이고 포괄적인 용어(inclusive language)를 모색해야 한다.

정훈택 교수는 성경의 특성인 축자영감설과 의미영감설이 둘 다 중요하므로 성경의 글자만을 강조해서는 안 되며 하나님의 말씀을 현대인들에게 전달하기 위해서는 사람들이 이해할 수 있는 언어로 번역해야 한다고 했다.[73] 예를 들어 야고보서 4:4에 "간음하는 여자들이여"는 그리스어로 μοιχαλίδες(adulteress)라는 여성 명사다. 그러나 NIV는 "You adulterous people"로 번역했고 PNT에는 "Ye adulterers and adulteresses"로 되어 있으며 TYN에는 "Ye advouterars and wemen"으로 되어 있다. 이는 '하나님을 떠나 세상과 벗 된 남녀 모두'를 지칭하는 것이다. 이런 말씀을 보

---

72   이정숙, "한국개신교 여교역자의 인권", 「아세아여성연구」 42(2003), 150.

73   정훈택, 『신약개론』(서울: 대한예수교장로회총회, 1998), 18.

고 여성을 '간음하는 존재', '음녀'와 같은 존재로 이해하고 그렇게 표현하면 여성의 성 정체성과 이미지에 치명적 오해와 손상을 입히게 된다. 따라서 양성 평등적인 성경 개역이 필요하다. 또한 교회의 다수를 차지하는 오늘날의 교회 여성에게 '남성의 하나님'이 아닌 성을 초월한 하나님에 대한 바른 이미지를 심어줘야 할 것이며 성경에서 여성을 배제하거나 여성 자체를 비하하는 의미의 용어로 번역된 부분은 찾아서 개정할 필요가 있다. 아울러 교회가 의사 결정 조직에 여성을 가담시켜 교회에서 성 인지적 정책이 채택되도록 노력해야 한다.

기독교 역사는 예수님의 실천에 대한 신앙 고백으로 시작되는데 오늘날 교회의 실천에는 무엇보다 교회 내 여성의 지위가 중요하다. 기독교 신앙으로부터 동기를 부여받은 과반수의 여성이 어떤 지위를 갖고 어떤 역할을 하는지가 교회의 기독교다움을 좌우하는 가장 핵심적인 범주 중 하나인 것이다.[74] 여성 리더십이 자연스럽게 발휘되기 위해서는 개개인의 노력뿐 아니라 개교회 차원과 시찰·노회·총회 등 교단 차원의 제도적 지원이 반드시 필요하다. 제도적인 차원의 지원이 없다면 한국교회 조직 내 여성들은 여전히 권력 구조의 가장자리에서 맴돌 뿐 진정한 의미의 여성 리더십을 결코 발휘할 수 없다.[75]

그러므로 하나님의 부르심을 받아 복음 사역을 위해 헌신하려는 여성 사역자를 위해 성 평등에 대한 인식을 변화시키고 법적 권리와 보호 장치를 마련하여 소신 있게 사역할 기회를 보장해주며 사역 영역과 사례비 등

---

74 Susanne Heine, 정미현 역, 『초기 기독교 세계의 여성들』(*Frauen der frühen Christenheit: Zur historischen Kritik einer feministischen Theologie*, 서울: 이화여자대학교출판부, 1990), 242-3.

75 박보경, "한국교회의 효과적인 미래목회를 위한 여성 리더십의 중요성", 『한국교회의 영적 부흥과 리더십』(서울: 장로회신학대학교출판부, 2006), 83-91.

의 측면에서도 능력과 은사에 따라 공정하고 평등한 기회와 처우를 받을
수 있도록 제도를 개선할 것을 제안한다.

3) 신학대학원의 여성 교수 채용 및 여성 리더십 개발 교육 과정 개설

21세기 한국교회 리더십 양성을 위해서는 교회 다수를 차지하는 여성의
고유한 가치와 경험 및 그들의 필요를 알고 대처함과 동시에 인적·영적·
질적 자원으로서의 여성 인력을 활용하는 방향성이 필요하다. 김희자 교수
는 21세기 한국교회가 여성의 잠재력을 마음껏 발휘할 수 있는 개척지라
고 보면서 여성 사역자의 핵심 역량을 구축할 방법으로 여성 리더십 전문
화 교육의 필요성을 제언했다. 21세기 정보화 사회에서 한국교회 여성 인
적 자원의 활용을 위해서는 첫째, 전문 지식의 소유, 둘째, 사회적 하부 구
조(social infrastructure)의 자생적 사회적 관계망 형성, 셋째, 정보화 인프라
와 첨단 정보 기술 습득과 효율적 복음 전도 방법의 연구·개발이 필요하
다.[76]

여기에 추가로, 성경적 페미니즘 교육과 여성 고유의 심리적 특성 및
가치를 발휘하는 리더십 개발 교육 방안을 제안하고 싶다. 지금까지는 여
성 리더십이 남성 리더십에 종속된 것으로 여겨졌지만 21세기 미래 사회
의 리더십은 교회의 인적 자원인 여성의 정체성을 남성과 구별된 독자적
이미지로 구축하는 것이 필수다. 따라서 여성적 특징의 장단점을 균형 있
게 평가하고 자신의 은사에 맞는 다양한 여성 리더십의 능력을 개발하는

76　김희자 교수는 여성에게 요구되는 전문적인 지식을 하나님의 말씀을 전파하고 가르칠 수
　　있는 능력, 상담 능력, 모성애적 사랑으로 돌보는 능력 등으로 보고 있다. 김희자, "한국 여
　　성교역자의 인적자원 활용을 위한 실태조사", 「기독교교육정보 제12집」(2005): 299-301.

것이 중요하다.[77] 이는 여성만의 공감 능력과 의사소통 능력, 수평적 인간관계와 보살핌을 중시하는 경향, 직관과 감수성을 갖춘 인격과 영성, 변화에 민감한 미래 지향적 리더십 개발 교육을 통해 미래 세대를 위한 전문적 여성 리더십을 준비하기 위함이다.

그러므로 여성에게 주신 독특한 은사와 사명을 발견하여 남성과 동등한 입장에서 한국교회의 갱신과 하나님 나라 확장에 기여할 수 있도록 신학교에서 여교수 할당 채용은 물론 성경적 페미니즘 관련 과목과 여성 심리 과목, 여성 리더십 개발 교육 과정을 개설할 수 있을 것이다. 예를 들어 "성경적 페미니즘", "기독교 신앙과 성", "여성주의 목회", "여성 리더십과 디아코니아", "여성학과 여성 심리학", "종교 개혁과 여성 리더십", "여성 리더십과 영성", "여성과 설교", "여성 리더십 개발 교육 프로그램" 등을 신학대학원에 개설할 것을 제안한다.

4) 설교, 교육, 상담, 행정과 정치, 사회적 책임에서의 여성 리더십 활성화 방안

현재 교회 구성원의 과반수를 차지하는 여성이라는 인적 자원을 수렴하고 활용하지 못하면 복음 사역의 효과를 극대화할 수 없다. 여성 리더십이 배제된 설교, 교육, 상담, 행정과 정치, 사회봉사에서는 소통의 단절 문제가 일어나고 성차별과 젠더 불균형으로 야기되는 목회자의 성 문제, 대다수를 차지하는 인적 자원인 여성의 가치와 은사들을 사장하는 문제, 남성 리더십 구조 때문에 나타나는 여사역자에 대한 불공정한 대우 문제, 한국 교회의 정체 및 부정적 한계 상황, 그리고 시대의 눈높이를 따라가지 못하는 부

---

77   박보경, "미래 목회를 위한 여성 리더십", 「교회와 신학」 61 (2005): 41.

적응 문제 등이 발생하기 때문이다.

오늘날 예배, 교육, 전도, 선교, 봉사, 행정 등으로 나타나는 한국교회의 복음 사역은 그리스도의 주되심에 대해 개인뿐 아니라 공동체, 사회, 국가, 세계를 포괄하는 열린 해석자가 되어야 한다는 시대적 사명과 과제를 요청 받고 있다. 그러므로 하나님의 형상으로 지음 받은 여성 본래의 존재적 가치와 개개인의 은사와 능력에 맞게 여성 리더십 영역은 기존의 종속적 역할에만 머물 것이 아니라 설교, 교육, 상담, 행정과 정치, 사회봉사 등으로 확대되어야 하며 여성 리더십은 복음 사역뿐 아니라 한국교회의 갱신, 나아가 사회적 책임을 위해 활성화해야 할 것이다.

교회의 사회적 책임을 가장 현실적으로 실천할 수 있는 방법은 '섬김'(디아코니아)이다. 빈부 격차, 실업, 빈곤, 범죄, 소년 비행, 빈민 지역 문제, 가정불화, 이혼, 마약 혹은 알코올 중독, 정신병, 노인 문제, 성 문제, 공해 문제 등의 사회 병리 현상이 심화하고 있는 상황을 감안할 때 교회의 사회에 대한 책임은 더욱 막중하다.[78] 사회적 책임을 활성화하려면 첫째, 동기(motivation) 유발, 둘째, 능력(capacity) 훈련의 개발, 셋째, 기회(opportunity) 창출, 즉 실제로 봉사할 수 있는 장을 마련하는 등의 준비가 필요하다.[79] 교회에 산재해 있는 여성 자원을 관찰하고 상담하여 그들 각자가 하나님의 선물로 받은 은사를 바람직하게 개발하여 이웃을 위해 내어놓을 수 있는 나눔과 섬김의 영성의 길잡이가 되도록 해야 한다. 이로써 그들이 만인을 위한 제사장으로 이웃과 사회에 나설 동기를 유발하며 복음 선교를 위해

---

78 이원규, "봉사활동과 지역사회의 조사", 『사회봉사의 신학과 실천』(서울: 한울, 1992), 156-7.

79 박종삼, "사회사업의 시각에서 본 교회의 봉사활동", 앞의 책, 186.

일할 장을 마련해야 할 것이다.[80]

　오늘날 한국 사회는 노령 인구의 증가로 인해 생산 인구보다 부양 인구가 더 많아지면서 국민연금과 노인 의료 문제 같은 노후 소득 보장 문제에 대한 정책과 노인 돌봄 정책 마련이 시급해지고 있다. 또 핵가족화와 여성의 사회 활동 증가로 인한 가족 부양 기능의 약화 때문에 노인 부양과 아동 보육 시설의 수요가 증대되고 있다. 게다가 경제 개발로 환경 문제와 공해 문제는 더욱 악화되고 빈민층과 소외 계층을 위한 복지 행정은 더욱 구체화, 복잡화, 다양화되며 전문화를 요구하고 있는 추세다.[81]

　이런 맥락에서, 여성 리더십 활성화 방안으로 두 가지를 제안한다. 첫째, 한국교회는 여성 인력이 사회봉사에 대한 동기를 얻고 자발적·자생적 능력과 네트워크를 형성할 수 있도록 장을 마련해야 한다. 둘째, 교회 여성이 개교회 차원을 넘어 교단적으로나 초교파적으로 혹은 사회기관 및 정부 기관과 연계하여 사회적 책임을 감당할 수 있도록 총회 차원에서 여성 복지사, 의사, 간호사, 영양사, 법조인, 전문 사역자와 같은 여성 인재들을 발탁해야 한다.

80　황화자, "교회 여성자원 활성화 방안 모색", 「교육교회」 223(1995): 26.
81　정건작, "사회복지정책과 봉사활동의 과제", 196-200.

나가는 말

· 하나님 나라 실현과 인간성 회복을 위한
  남녀 파트너십을 지향하며

21세기 사회는 개인의 가치를 인정하고 개인이 지닌 다양성과 차이를 존중하는 민주주의 사회다. 또한 지식기반 사회로 전환하고 정책 환경이 변화하면서 여성의 역할과 여성적 가치에 대한 인식의 전환과 재평가가 이루어지게 되었고 그로 인해 좀 더 바람직한 사회의 실현을 위한 남녀 파트너십의 형성이 중요한 과제로 제기되고 있다. 로버트 웰시(Robert K. Welsh)는 남녀 파트너십의 관점이야말로 그리스도 안에서 교회의 통일성을 이루는 새로운 접근이라고 했다.[1] 한국교회 내에서도 성 평등의 흐름에 따라 여성 신학과 여성 안수가 증가 추세에 있지만 복음주의권이나 보수 교단 안에서는 성경적 페미니즘에 근거한 여성 리더십이나 남녀 파트너십에 관한 연구는 전혀 이루어지지 않고 있다. 이제는 종교 개혁자들이 외친 '만인 제사장 설'의 신학적 토대 위에서 성경적 페미니즘 관점에 따라 이 시대에 맞는 성경신학적, 교회사적, 실천신학적 연구를 진행하는 동시에 남녀 파트너십에 관심을 가져야 할 때라고 본다.

1. 교회 공동체와 남녀 파트너십의 신학적 의미[2]

1) 교회 공동체의 성격과 리더십과의 관계

교회 리더십의 두 가지 측면을 살펴보자면 첫째는 하나님의 뜻과 목적으

---

1   Robert K. Welsh, "Ecumenical Partnership: Its Meaning and Mandate for Church Unity," *Lexington Theological Quarterly* 20:4 (1985): 123-9.

2   이 부분은 2012년 한국연구재단의 지원을 받아 수행된 "개혁교회 내 남녀 파트너십 필요성에 대한 여성신학적 고찰"(NRF-2012S1A5B5A07036033), 「복음과 실천신학」 32(2014): 9-40에서 일부를 실었다. 송인자, "양성평등과 교육", 「여성과 여성학」(부산: 부산대학교출

로부터 나오는 '권위'(authority)와 '섬김'(serving)이라는 두 요소에 대해 교회 리더가 어떻게 반응하는가이다. '권위'란 모든 것을 창조하신 하나님께서 타락한 인간을 구원하고자 하시는 뜻으로부터 나온다(고후 10:8). 따라서 리더십이 권위와 결부된다 하더라도 권위는 섬김을 위한 도구가 되어 '사람을 세우며 사람을 위하는' 권위로 사용될 때만 정당화될 수 있다.[3] '섬김'에 관해서는 우리를 구원하기 위해 자신을 내어주신 주님께서 "너희 중에 누구든지 으뜸이 되고자 하는 자는 모든 사람의 종이 되어야 하리라.…"(막 10:44-45)라고 하신 말씀에서 섬김의 리더십(servant leadership)의 근거를 발견하게 된다. 현재의 교회 리더십을 섬김의 리더십으로 전환하는 것이 시급하다.

둘째는 교회 리더십이 교회 공동체의 성격과 관련되고 있는가이다. 이는 교회의 정체성과 역할에 대한 강조와 세상 속에서 역동적으로 어떻게 존재해야 하는가에 대한 고민이 목회 리더십으로 나타나기 때문이다.[4] 현대 신학자 한스 큉(Hans Küng)의 말을 빌려보면 "초기 교회는 권력 기관이나 재판소가 아니라 자유로운 사람들의 친교 공동체였고 특정 계층이나 인종이나 목사의 교회가 아니라 동등함을 원칙으로 하는 공동체였으며 가부장적 조직이 아니라 형제들과 자매들의 공동체였다."[5]

또한 교회는 '신랑 되신 주님을 기다리는 신부 공동체'(마 25:1-13; 고후

판부, 2006), 163.

3   오명선, "권력 사용 및 이에 대한 성경적 원칙', 한국복음주의실천신학회, 「복음과 실천」 11(2006): 385-400.

4   Millard J. Erickson, *Christian Theology* (Grand Rapids, MI: Baker Books House, 2003), 1037-8.

5   Hans Küng, John Bowden(tr.), *Women in Christianity* (London, New York: Continuum, 2001), 6-8.

11:2; 계 19:7; 21:2, 9; 22:17), 남녀 차별이 없는 '은사 공동체요 유기적 공동체'(고전 12장)이며 '주님의 만찬 공동체'(고전 11:23-26), 자유, 공의, 사랑, 평화를 추구하는 '하나님 나라의 공동체'(마 5:13-16)다. 이처럼 주님이 원하시는 교회는 조직과 법과 제도가 사람을 좌우하고 사람을 차별하거나 위계를 세우는 공동체가 아니라 주님 안에서 하나로 연합하는 공동체다(갈 3:28). 기존의 교회 리더십이 교회 공동체를 남성 중심의 직분적인 관점에서 위계적으로 접근해왔다면 이제는 포괄적이고 전인적 성격을 지닌 남녀 파트너십이 요구된다.

2) 남녀 파트너십의 신학적 의미

'파트너'(partner)라는 단어는 상속 동반자(co-heirship)란 뜻을 가리키는 앵글로-불어 'parcener'에서 파생되었는데 이는 인간 발달사에 있어 재산권, 소유권, 신분과 위엄뿐 아니라 힘, 부, 견제, 논쟁적 권리를 대상으로 함축하고 있다.[6] 남녀 모두가 하나님의 형상으로 지음 받아 그분의 신적인 것을 반영하는 영적 존재라는 것은 남녀 파트너십에 있어 가장 중요한 신학적 기초다(창 1:26-28). 따라서 인간됨을 신학적으로 이해할 때 중요한 지점은 남성과 여성 각각이 '고유하면서도 함께 존재해야 하는 상호 보완적 관계'라는 사실에 있다.

또한 남성과 여성을 하나님의 "오이쿠메네", 즉 가족이나 동료라는 의미로 해석할 때 파트너십의 의미가 보다 넓어질 수 있다. 요하네스 니

---

6   Cathy Ross, "The Theology of Partnership," *International Bulletin of Missionary Research* 34 (2010): 145-8.

센(Johannes Nissen)은 하나님의 집인 오이쿠메네(oikoumene)와 생태학 (ecology)과 경제(economy)라는 단어가 모두 그리스어 '오이코스'(집, οἶκος) 에서 나온 것이며 이 세 단어는 하나님의 창조(creating), 화해(reconciling), 구속(redeeming)이라는 신학적 의미를 내포하고 지구에 거하는 세상 모든 사람을 포함하는 에큐메니컬적 특징을 지닌다고 했다.[7] 이를 바탕으로 남 녀 파트너십의 신학적 의미를 살펴보려 한다.

첫째, 하나님의 창조에서 나타나는 남녀 파트너십의 의미는 하나님께 서 남성과 여성을 다르게 창조하심으로써 하나님의 가족으로서 다양성 가 운데 통일성(Unity with Diversity)을 이루게 하신 파트너십이라는 점에 있다. 남성과 여성의 창조에서는 고유성(uniqueness), 다름의 위엄(the dignity of diversity), 연합(union)이 나타난다(창 2:18-24). 여기에는 흡수 합병(merger) 이나 획일화나 배제가 끼어들 여지가 없으며(고전 11:11) 오히려 평등성 (equality), 상호주의(reciprocity), 조화(harmony), 하나 됨(oneness)이라는 인 격적인 성격이 내포되어 있다.[8]

둘째, 남녀 간의 파트너십은 창조세계에 대한 남녀의 왕적 파트너십 (kingship partnership)이다. 왕이신 하나님을 대표하는 남성과 여성은 신적 인 왕의 명령을 받은 수납자와 창조세계와 하나님의 백성의 영혼을 돌보는 왕적 지도자로서의 두 가지 역할을 감당해야 할 파트너라는 것이다.[9]

셋째, 하나님께 응답하는 남녀 모두는 친교의 파트너다(fellowship

---

7   Johannes Nissen, "Unity and Diversity: Biblical Models for Partnership," *Mission Studies* 14:1-2 (1997): 121-46.

8   Johannes Nissen , "Unity and Diversity: Biblical Models for Partnership," 122-5.

9   Christopher J. H. Wright, *Old Testament Ethics for the People of God* (Downer Grove, IL: InterVarsity Press, 2004), 121.

partnership). 남녀는 인격적 관계로서 자신의 주체성을 상실하지 않으면서 '나란히'(side-by-side) 코이노니아(fellowship)와 화해(reconciling)를 실천하고 함께 성찬에 참여(engaging)하는 자들이요 하나님께 예배(worshipping)하며 삶으로 반응(responding)하는 파트너다.[10]

넷째, 남녀 파트너십은 종말론적 구원의 관점에서 보는 청지기 파트너십이다(stewardship partnership).[11] 하나님께서는 남녀 모두에게 동일한 계명(commandment)과 예수 그리스도의 구원과 성령의 은사(고전 12:4-30)를 주셨으며 하나님 나라의 상속을 위해 부르셨다.[12] 남성과 여성은 종말론적 하나님 나라 공동체를 반영하고 주님이 주신 사명과 달란트를 맡은 청지기로서 온 세상에 주님의 복음을 전해야 할 에큐메니컬한 사명을 지닌 파트너다.

정리하자면 남녀 파트너십의 신학적 의미는 남녀 관계에 있어 직분이나 기능의 위계적 의미보다는 하나님의 가족으로서 남녀가 다름을 존중하는 가운데 유기적 통일성을 이루며 왕적 지도권을 갖는 동반자로서의 교제를 통해 창조세계와 인간을 돌보고 섬기는 청지기 리더십이라는 점에 있다. 보다 전인적이고 포괄적인 의미를 지닌 파트너십이라는 것이다.

---

10 Letty M. Russell, 김상화 역 , 『파트너십의 미래』(The Future of Partnership, 서울: 대한기독교출판사, 1979), 18-203.

11 Nissen Johannes, "Unity and Diversity: Biblical Models for Partnership," 126-9.

12 Scheffler Marcia, "Partnership and Participation in a Northern Church-Southern Church Relationship," Transformation 25 (2008, 10): 255-72.

2. 성경적 페미니즘 관점에서 본 남녀 파트너십

필리스 트리블(Phyllis Trible)이 "히브리 문헌들이 남성 지배적인 사회에서 나왔고 여자들에게 불리한 영향을 끼치고 있음을 안다. 또한 주석이 내포하고 있는 위험들도 안다. 그럼에도 불구하고 성경적 믿음의 의도는 가부장제를 창출하거나 이를 영속시키려는 게 아니라 남성과 여성 모두에게 구원을 주려는 것이라고 단언한다"[13]라고 한 말은 성경의 의도를 잘 이해시켜주며 특히 여성의 신앙과 삶에서 나타날 수 있는 언약 백성으로서의 역할을 새롭게 조명하도록 도와준다.

1) 구약성경에 나타난 남녀 파트너십의 근거

(1) 여성들은 가정 내 역할뿐 아니라 하나님의 섭리와 약속을 위해 헌신한 자들이다

보수 교단에서는 구약의 사라(창 18:15), 하갈(창 21:11-12), 리브가(창 25:22-23), 레아와 라헬(창 29:31-30:24; 35:16-20), 마노아의 아내(삿 13:2-7, 23-24), 요게벳(출 2:2-3), 한나(삼상 2:1-10) 등을 자녀 출산과 관련한 '현모양처'의 위치에 둠으로써 교회 여성의 역할 또한 가사일의 연장으로 해석하고 이를 고정해왔다. 그러나 구약에서 여성들은 남성들과 똑같이 하나님의 섭리와 약속을 위한 계시의 수납자요 전달자였다. 구약 여성들의 삶을 자세히 살펴보면 그들은 단순히 자녀를 낳아 기르는 일만 한 게 아니라 하나님을 향한 믿음 가운데 계시의 수납자와 계시 전달자로서 하나님의 섭리와 약속을

---

13   Phyllis Trible, "Depatriarchalizing in Biblical Interpretation," *JAAR* 41 (1973): 31.

받았으며(하갈, 리브가, 마노아의 아내), 하나님의 지혜와 사랑으로 가정과 민족을 세웠고(룻, 한나, 아비가일), 위험과 전쟁에 처한 민족과 나라를 건지기 위해 헌신했으며(야엘, 에스더, 아벨의 한 여인), 하나님 나라를 위해 믿음의 모험과 도전을 한 위대한 여성 리더였다(요게벳, 미리암, 라합, 슬로브핫의 딸들).

또한 구약 여성들은 하나님의 언약과 섭리에 있어 남편과 동일하게 리더십을 발휘했다. 비록 이스라엘이 남성 족장 중심의 공동체로서 여성의 위치가 종속적이었다 해도 하나님과 언약을 맺은 자로서 능동적으로 결정하기도 했으며(창 21:10-12; 삿 13:23; 삼상 1:11-28), 남편과 자신을 동등하게 세우고 있음을 보여준다. 한나와 아비가일은 하나님의 지혜로 남편에게 지도력을 발휘했으며(삼상 1:11-28), 남편과 동일하게 율법의 모든 도덕적 가르침을 준수해야 했고(신 31:12-13), 독자적으로 제물과 헌물을 가져갔으며(레 12:6; 15:29), 남편과 똑같은 방식으로 하나님께 나아갈 수 있는 존재이자 계시의 전달자로서 하나님에 대한 인식과 통찰이 탁월했음을 알 수 있다(삿 13:3-23; 삼상 1장).[14]

(2) 여성도 남성과 똑같이 성적 존재로 존중받고 성적 권리를 가진 주체자로 세워 성 평등하고 거룩한 공동체를 만들어가야 한다

구약성경을 보면 가부장적 이스라엘 공동체에서 여성의 인권이나 성 윤리에 대해 침묵함으로써 그것을 그다지 중요하게 보지 않는다는 인상을 받게 된다. 예를 들어 족장들의 일부다처제, 롯이 천사들을 지키기 위해 이미 정혼한 두 딸을 내주는 사건(창 19:8), 레위인의 첩에 관한 사건(삿 19장), 다

---

14 Mary J. Evans, 정옥배 역, 『성경적 여성관』(Woman in the Bible: An Overview of All the Crucial Passages on Women's Role, 서울: IVP, 1992), 34-43.

윗과 밧세바의 간통(삼하 11장), 암논이 다말을 강간한 사건(삼하 13장), 여성 혐오의 기원이 된 레위기 12장 등의 본문이다. 하지만 여성을 성적으로 함부로 취급한 것은 하나님 앞에 큰 죄악이었으며 인간성을 훼손하는 일로서 이는 이스라엘 공동체에 부정적인 결과를 낳았다. 예를 들어 롯이 하나님의 천사를 보호하려다 정혼한 두 딸을 성적 노리개로 내준 행위는 나중에 다시 두 딸이 아비를 범하는 근친상간의 죄악을 낳았고(창 19:30-38) 여기서 모압과 암몬이 탄생하여 이스라엘을 괴롭히는 족속이 되었다(왕하 1장-3장). 또 족장들이 채택한 일부다처제는 하나님이 묵인하신 부분으로 볼 것이 아니라 가정 내 긴장과 많은 문제를 야기한 대목이었음을 주목해야 하며 다윗과 암논의 성추행 사건은 하나님의 말씀을 업신여기고 행한 악이었음을 깨달아야 한다(삼하 12:9-12, 삼하 13-19장).[15] 따라서 오늘날 이를 반면교사로 삼아 여성의 성적 자존감을 고취하고 성적 권리의 주체자로 세워 성적으로 평등하며 거룩한 교회 공동체가 되도록 해야 한다.

(3) 하나님께서는 남성 리더와 함께 여성 리더를 세워 이스라엘 공동체를 살리셨다

하나님께서는 비록 수는 적었지만 미리암, 훌다, 드보라 같은 여성 리더를 세워서 남성 리더들과 함께 이스라엘 공동체를 살리게 하셨다. 미리암은 모세와 아론과 함께 이스라엘의 출애굽을 위해 예언자 역할을 감당했으며 (대상 6:3; 미 6:4) 드보라는 여사사요 예언자로서 옷니엘, 에훗, 기드온, 입다, 삼손과 함께 대사사에 속했으며 훌다는 당시 예레미아, 스바냐 같은 탁월한 남성 예언자가 있었음에도 요시야 왕의 종교 개혁에서 말씀의 진정성을 확증하는 자로 쓰임 받았다.

---

15   강호숙, "개혁교회 성윤리에 대한 여성신학적 고찰", 「복음과 실천신학」 26(2012): 181-5.

남녀 간 파트너십의 관점에서 볼 때 미리암은 모세를 돕고, 바락은 드보라를 돕고, 훌다는 요시야 왕을 도우면서 이스라엘 공동체 안에서 남녀가 상호보완적으로 활동했음을 알 수 있다.[16]

3) 신약성경에 나타난 남녀 파트너십의 근거

(1) 그리스도의 말씀과 행하신 사역은 남성과 여성 모두를 위한 복음이라는 것에 근거한다

주님의 복음은 남성뿐 아니라 특히 사회적으로 남성에게 눌려 있었던 여성들을 자유케 하였고(눅 4:16-19) 하나님과 교제하며 살아가는 의로운 주체자로 세운 복음이었으며(마 5:1-16) 여성도 하늘 아버지의 뜻대로 살아가는 예수님의 제자가 될 수 있다는 포괄성을 드러낸 복음이다(마 12:50). 또 예수님의 여성관은 간음(마 5:28)과 이혼에 대한 가르침(마 19:4-9; 막 10:10-12; 눅 16:18), 사마리아 여인과의 대화(요 4:3-26), 간음하다 붙잡힌 여인과의 대화(요 8:9-11), 마르다와 마리아와의 대화(눅 10:38-42) 등으로 볼 때 당시 열등하게 취급받던 여성을 인격적 존재로 대우하신 것이었다.

(2) 남성 제자와 여성 제자들 모두 그리스도의 복음 사역에서 증인 역할을 감당했음에 근거한다

주님은 남녀 모두를 하나님 나라에로 초청하시려는 종말론적·우주적 구원 사역에 남성 제자(사도)뿐만 아니라 여성 제자들을 세워, 그리스도의 성육

---

16 박유미, "구약의 여선지자들", 『심창섭 교수 은퇴 기념논문집: 세상 속에 존재하는 교회 Ⅱ』(서울: 총신대학교출판부, 2011), 633-51.

신 탄생 및 초기 생애의 목격자가 되게 하셨고 남성 제자가 부재한 상태에서 여성 제자를 십자가 사역의 유일한 증인과 부활의 첫 증인으로 세워 남녀 파트너십의 사역을 이루게 하셨다.[17]

(3) 성령 충만과 은사 공동체였던 신약 교회에서 남녀 모두 은사에 참여하고 있었다는 데 근거한다

주님께서 승천하신 후 마가의 다락방에 모인 남녀 제자는 오순절에 성령 충만을 통해 주님의 증인으로서 세움을 입었으며(행 1:8) 그 후 성(性)의 구별 없이 성령으로 거듭난 믿음의 증인으로서 함께 사역했다(행 16:5; 18:24-26; 롬 16:1, 7; 빌 4:2). 그리스도의 몸인 교회 공동체는 모든 사람 가운데서 역사하시는 하나님의 뜻에 따라 여러 은사의 조화를 통해 함께 동역하는 남녀 파트너십 공동체였다(고전 12:4-31).

(4) 신약 교회에서는 평등한 제자직과 신랑 되신 주님을 기다리는 신부 공동체로서 남녀 파트너십이 실천되었다는 것에 근거한다

쉬슬러 피오렌자는 "평등한 자들의 제자직에서 여성들의 '역할'은 주변적이거나 사소하지 않았고, 중심에 있었으며…이처럼 '밑에서부터의 연대성'의 프락시스(praxis)는 가장 중요하다. 예수에게 기름 부은 한 여성의 이야기가 이 통찰을 표현한다. 이 여성의 프락시스는 [주님의 복음과 함께] 회상될 것이다"라고 말하였다.[18] 그리스도께서 승천하시기 전 교회를 향

17　Robert Gordon Maccini, *Her Testimony is True* (Sheffield, UK: Sheffield Academic Press, 1996), 250-2.

18　Elisabeth Schüssler Fiorenza, *In Memory of Her: A Feminist Theological Reconstruction of Christian Origins* (New York: Crossroad Publishing Company, 1994), 151-4.

해 "세상 끝날까지"(마 28:20) 복음을 전파하라는 지상 명령을 남녀 제자에게 위임하신 후에 예언자인 빌립의 네 딸, 바울의 동역자인 브리스길라(행 18:2), '여제자' 다비다(행 9:36), 사도인 유니아(롬 16:7) 등 많은 여성 제자가 실제로 복음 전파 사역에 동참했다.

제럴드 브레이(Gerald Bray)는 "성경이 말하는 첫 번째 사실은 남성과 여성이 상호 보완적이고 한쪽이 없으면 다른 한쪽도 오래 존재할 수 없다는 것이다. 물론 항상 '모두 남성으로 이뤄진' 활동과 '모두 여성으로 이뤄진' 활동이 있어왔고 이것은 문화마다 다르다. 기독교 교회는 종종 하나님을 섬기고 복음을 전하려는 목적에서 한쪽 성으로만 구성된 종교 공동체를 증진해왔다. 하지만 바울이 남녀가 상호 작용하는 공동체가 인간의 생존에 필수적이라고 이해한 것처럼, 궁극적으로 남성과 여성이 함께 살면서 상호 작용하는 공동체 모델을 옹호하고 증진해야 한다"라고 했다.[19]

성경에 나오는 남성과 여성의 역할은 하나님의 뜻과 방식에 따라 그 시대의 사회문화적 배경 안에서 이루어졌음을 보게 된다. 그럼에도 남성과 여성은 하나님 앞에서 동일한 존재가치를 지니며, 남성과 여성은 서로 협력하면서 하나님의 뜻을 성취했음을 볼 수 있다. 그리스도의 복음 사역에서 남녀 모두는 성령 충만을 힘 입고 은사에 따라 자유롭고 주체적이며 역동적으로 사역을 감당했다. 그리스도를 따르는 온전한 제자의 자격은 남성이냐 여성이냐 하는 성(性)의 구분이나 '여성은 이래야 한다'라는 성 역할 고정이나 차별에 있는 게 아니라 주님의 말씀을 듣고 사랑하며 그분께 헌신한 자들 모두에게 주어지고 있는 것이다.

---

19   Gerald Bray, 김귀탁·노동래 역, 『갓 이즈 러브』(God is Love: A Biblical and Systematic Theology, 서울: 새물결플러스, 2019), 468-70.

레티 러셀(Letty M. Russell)은 『파트너십의 미래』(The Future of Partnership)에서 "혼자서 꾸는 꿈은 꿈에 지나지 않지만 모여서 꾸면 현실의 시작이 된다"라는 까마라(Dom Helder Camâra)의 말을 인용하며 교회의 표시는 케리그마(kerygma), 코이노니아(koinonia), 디아코니아(diakonia), 레이투르기아(leitourgia)의 선물만이 아니며 하나님의 사랑을 다른 사람과 나누는 파트너십이 교회의 형태와 기능에 있어서 중요하다고 지적했다.[20] 또한 "우리가 하나님의 이야기 속에 소외인들을 포함하고 배움과 삶의 파트너십에 그들을 초대하는 것은 모든 인간성과의 연합에서 오는 것이다. 남성과 여성을 포함한 모든 인간 사이의 배움은 전시적일 뿐만 아니라 종말론적이다. 나눔의 공동체에서 물음을 배우고 서로 사랑하면서 살아가는 동역자가 됨으로써 희망적 미래를 나누는 것은 바로 우리를 향한 하나님의 사랑과 희망 때문이다. 따라서 우리가 하나의 새로운 신학으로서 파트너십의 의미를 찾는 것이 아니라, 하나님이 약속한 미래에 대한 우리의 믿음에서 찾는 것"이라고 했다.[21] 아울러 그녀는 기독교의 남녀 파트너십이 '그리스도를 중심으로 하는 인격적 관계'라고 주장한다. 그녀는 파트너십이라는 단어가 모든 인간관계는 물론 하나님에게까지(롬 8:15-17) 확대 사용될 수 있는 용어로서 묘사된다고 하였다. 파트너십의 요소는 ① 다른 재능과 능력을 지닌 개인과 집단 간의 책임성·자발성·평등·신뢰를 수반하는 참여(commitment), ② 위험을 무릅쓰고 함께 투쟁하며 목표를 향해 나아가는 희망, ③ 파트너십을 지지, 교정 혹은 피드백을 제공할 수 있는 조직과 가치 및 신념 등의

---

20 Dom Helder Camâra, quoted from a speech at the International Eucharistic Congress in 1976 by Nancy E. Kordy를 재인용, Letty M. Russell, 김상화 역, 『파트너십의 미래』(The Future of Partnership, 서울: 대한기독교출판사, 1983), 132-8.

21 Letty M. Russell, 김상화 역, 『파트너십의 미래』, 180-97.

상호 활동이라고 하였다.[22]

볼프하르트 판넨베르크(Wolfhart Pannenberg)는 "인간 운명의 공동체적 성격은 사람이 타인을 대면할 때 갖게 되는 무한한 관심의 기초이다. 상호 존경(Gegenseitige Achtung)은 모든 참된 인간관계의 기초이다. 인간관계는 각 사람이 다른 사람을 하나의 인격적인 존재가 되도록 허용하는 데까지만 된다"라고 했다.[23] 한스 큉(Hans Küng)은 포스트모던 시대의 네 가지 다양한 특징 속에서─① 우주적 특징: 인간과 자연(생태 운동), ② 문화인류적 특징: 남성과 여성(여성 운동), ③ 사회정치적 특징: 부와 가난(공평한 분배), ④ 종교적 특징: 인간과 하나님(에큐메니컬과 초교파 운동)─교회에게는 인권 수행과 남녀 파트너십의 특징에 공헌해야 할 막대한 과제가 있다고 지적했다.[24]

김세윤 교수는 예수 그리스도의 정신을 가장 잘 표현한 갈라디아서 3:28에서 '남녀의 하나 됨'은 복음의 사회적 실현을 가져오는 것으로서 가정을 살리기 위해서도 중요하고 교회를 살리기 위해서도 중요하며 위협받고 있는 우리 기독교 문명을 살리기 위해서도 중요하다고 강조했다.[25] 덴버 성명서(Denver Statement)는 "세계 인구의 반은 복음이 미치지 않은 상태이며 질병과 영양실조, 홈리스, 문맹, 무지, 노화, 마약 중독, 범죄, 투옥, 노이로제, 고독이라는 스트레스와 고통 속에 살아가고 있다. 남성과 여성이 그리스도의 영광과 이 타락한 세상의 유익을 위해 사명을 가지고 봉사해야 한다"라고 밝혔다.[26]

---

22   앞의 책, 118-203.

23   Wolfhart Pannenberg, 유진열 역, 『인간이란 무엇인가?』(Was ist der Mensch?, 서울: 쿰란, 2010), 114-7.

24   Hans Küng, Women in Christianity, 79-94.

25   김세윤, "여성, 그 복음적 이해와 목회적 적용", 「목회와 신학」(2004): 56-71.

26   John Piper, Wayne Grudem, Recovering Biblical Manhood and Womanhood; A Response to

남녀 파트너십은 종말론적 하나님 나라의 성취를 위한 교회 공동체의 과제인 동시에 교회의 미래다. 남녀 파트너십이야 말로 인간 창조의 원리요, 그리스도 복음의 전인성을 이루는 길이요, 주님이 세우신 교회 공동체를 살리는 길이며 나아가 인류애와 사회적 책임을 다할 수 있는 원동력인 것이다(롬 15:7; 골 4:16; 갈 3:28). 필자는 남녀로 이뤄진 교회 공동체에서 교회의 본질과 교회의 지향성(목표)을 붙잡는 것은 매우 중요하다고 본다. 교회 공동체에는 예수 그리스도로 말미암는 구원의 인격성과 정의와 평화, 사랑과 자유가 있는 하나님 나라의 구현이라는 지향성이 있다. 따라서 교회에서 남녀가 함께 이뤄가야 할 인간성의 회복이라는 측면과 유기체적 구조의 문제, 하나님 나라를 공유하는 공동체의 지향성이라는 세 가지 측면에 대한 끊임없는 물음과 열린 논의가 있을 때 자유와 정의, 평화와 희망이 솟아나리라 생각한다.

21세기 복음주의와 보수 교단은 보다 포괄적이고 전인적인 남녀 파트너십의 새로운 도전과 변화의 요구에 직면해 있다. 예언자 이사야가 내다본 "어린 양과 사자가 함께 뛰노는" 하나님 나라는 강자인 사자가 자신의 이빨을 빼낼 때 비로소 가능한 나라다. 현재 한국교회에서 강자인 남성들이 기득권을 내려놓고 예수 그리스도께서 보여준 긍휼과 인격 존중으로 여성을 대할 때 교회 공동체는 평화를 맛보게 되리라 믿는다. 남성은 여성에게 열리고 여성은 남성에게 열릴 때 교회가 친밀함과 소통, 연합과 평등, 조화와 균형을 통해 인간성을 이뤄나가는 아름다운 하나님 나라 공동체가 될 것이다. 향후 복음주의 안에서 성경적 페미니즘에 근거한 여성 리더십 및 남녀 간 파트너십과 관련된 연구들이 더욱 활발해지기를 희망하면서 마지

Evangelical Feminism (Wheaton, IL: Crossway Books, 1991), 59.

막으로 양성이 모두 윈윈(win-win)할 수 있는 하나님 나라 공동체를 위한 남녀 파트너십의 과제를 제안해본다.

첫째, 남녀 파트너십의 과제에 있어 선행되어야 할 일은 남녀가 평등하다는 인식과 동등한 직분 관계로의 전환이며 이를 위해 여성 신학자들을 연구에 가담시켜 남녀 파트너십에 대한 신학적·성경적·교회사적·실천적 논의를 할 수 있게 하는 것이다.

둘째, 남녀에게 은사와 전문성에 따른 직위를 부여함으로써 영적 통찰과 경험 및 아이디어(idea)를 수렴하고 공유하여 결혼, 이혼과 재혼, 자녀 교육, 인생의 주기(태아기-유아기-청소년기-청년기-장년기-노년기-사망기)와 관련된 목회 담론 인프라를 구축해야 한다.

셋째, 페미니즘 목회를 할 수 있는 여성 리더를 적극적으로 활용해야 한다. 여선교사들에게 성례권을 줌으로써 모슬렘 여성들이나 미전도 종족 여성들에게 복음을 전파하여 세례를 베풀게 해야 하고 여군목을 세워 군선교가 활발히 이뤄지도록 해야 하며 성매매 여성, 이혼녀, 가출 청소년, 탈북 여성, '미혼모' 등을 돌보는 사역에 헌신할 여성 리더를 발굴하고 후원해야 한다.

넷째, 신학대학원 교육에서부터 남성과 여성이 상호 파트너십을 형성할 수 있도록 여성 교수를 확보하고 성경적 페미니즘과 관련한 다양한 교과 과정을 개설하여 여성 사역자뿐 아니라 남성 사역자도 파트너십 교역을 할 수 있도록 준비시켜야 한다.

다섯째, 교회의 노령화 시대에 직면하여 노년부 활성화와 장애인 돌보기, 소년·소녀 가장 돕기, 교도소 선교, 각종 중독 치료(성 중독, 마약 중독, 인터넷 중독), 정신적 질병 케어, 호스피스(Hospice), 장례 등 삶의 총체적 돌봄(holistic care)을 위해 조정자, 의사, 간호사, 목사, 사회 복지사, 영양사, 지원

성경적 페미니즘과 여성 리더십

봉사자 등 남녀 전문 인력을 세워 교회와 지역 사회 봉사를 위한 남녀 파트너십 네트워킹(net-working)을 구축해야 한다.

　여섯째, 복음주의와 보수 교회는 하나님 나라 구원의 인격성 실현, 복음 전파, 교회 교육의 활성화, 교회 연합, 기독 윤리와 젠더 문제는 물론 기후와 환경 문제, 남북 평화와 통일, 경제 침체, 정의 실현, 가난 문제, 세계 평화 등에 관한 사회적 책임과 관련하여 남녀 파트너십의 역량이 발휘되도록 제도적 훈련 과정과 지원 체계를 마련해야 한다.

성경적 페미니즘과 여성 리더십
복음주의와 페미니즘의 만남

Copyright ⓒ 강호숙 2020

1쇄 발행 2020년 2월 26일

지은이 강호숙
펴낸이 김요한
펴낸곳 새물결플러스

편 집 왕희광 정인철 노재현 한바울 정혜인
          이형일 서종원 나유영 노동래 최호연
디자인 윤민주 황진주 박인미 이지윤
마케팅 박성민 이원혁
총 무 김명화 이성순
영 상 최정호 조용석 곽상원
아카데미 차상희

홈페이지 www.holywaveplus.com
이메일 hwpbooks@hwpbooks.com
출판등록 2008년 8월 21일 제2008-24호
주 소 (우) 04118 서울시 마포구 마포대로19길 33
전 화 02) 2652-3161
팩 스 02) 2652-3191

ISBN 979-11-6129-143-7 03230

책값은 뒤표지에 있습니다.

이 도서의 국립중앙도서관 출판예정도서목록(CIP)은 서지정보유통지원시스템 홈페이지(seoji.nl.go.kr)와 국가자료공동목록시스템(nl.go.kr/kolisnet)에서 이용하실 수 있습니다. CIP2020006302